AF316031

A₀G
53

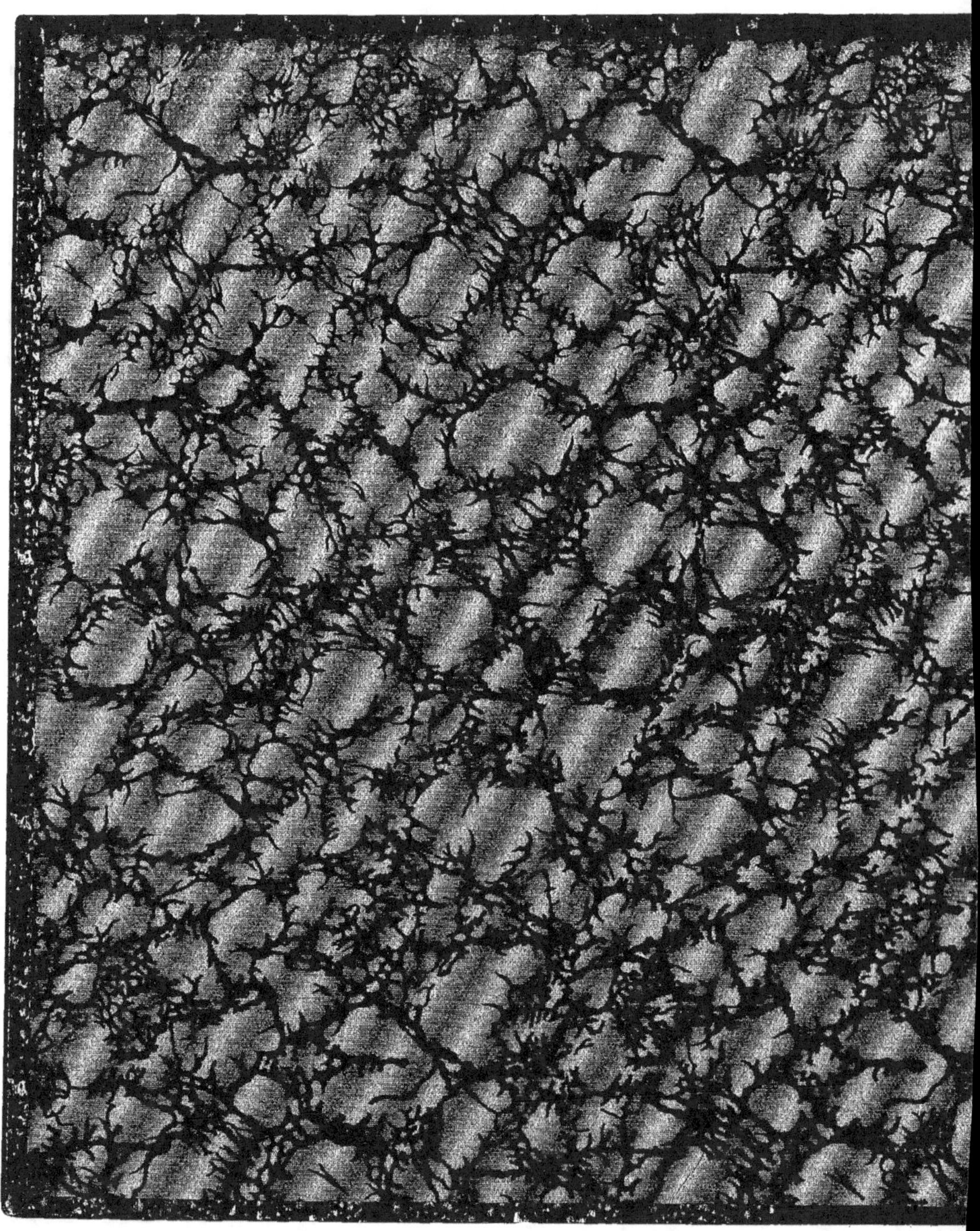

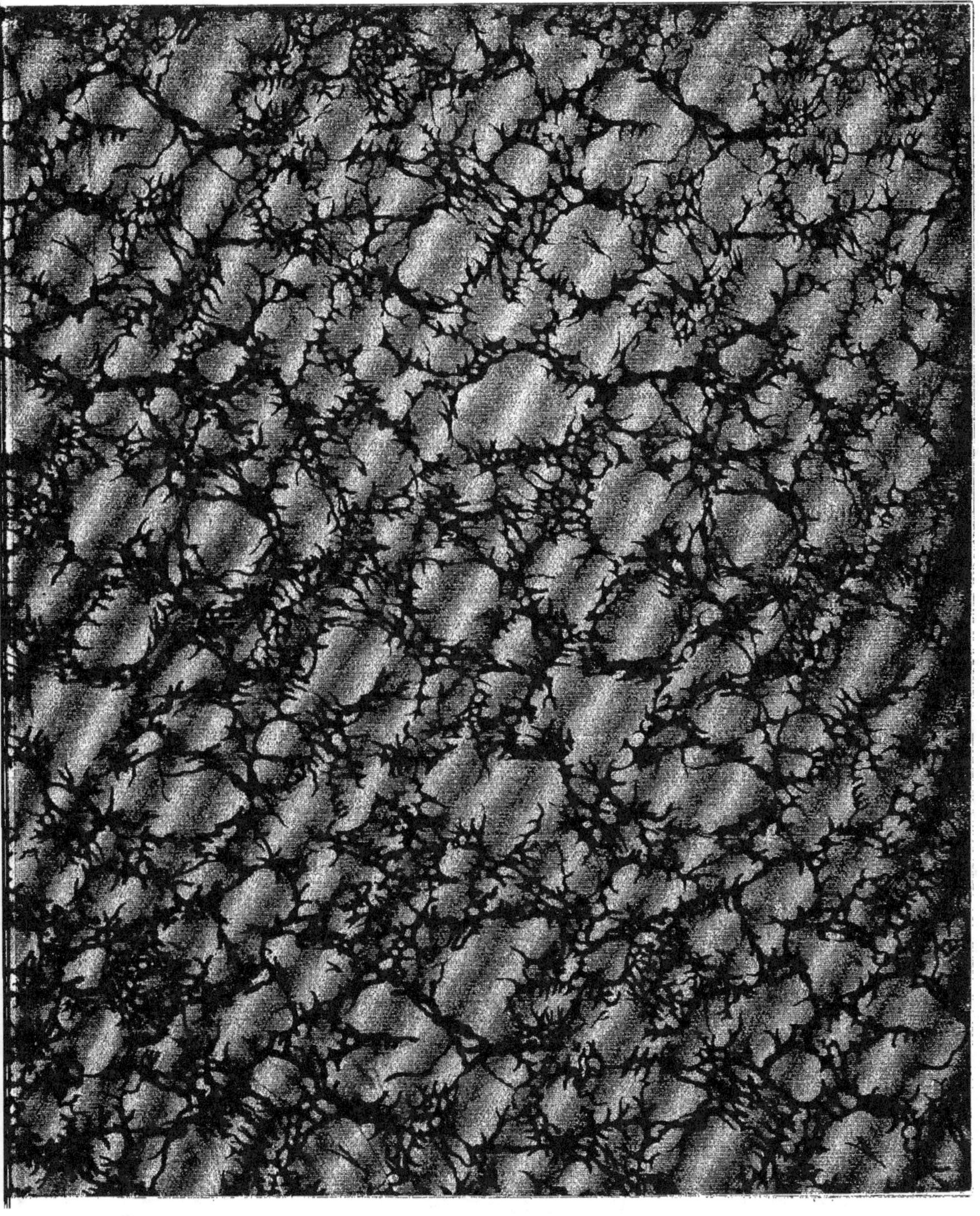

DICTIONNAIRE DES NOMS PROPRES

ENCYCLOPÉDIE ILLUSTRÉE

DE BIOGRAPHIE, DE GÉOGRAPHIE, D'HISTOIRE ET DE MYTHOLOGIE

SUPPLÉMENT

A

ABD

AALI-PACHA (Méhémed-Emin), ministre turc. — En 1864, il présida la conférence des représentants des puissances signataires du traité de Paris, chargée de régler la situation de la Roumanie. Nommé de nouveau grand-vizir en 1867, il fut investi de la régence lorsque le sultan vint visiter la France et l'Angleterre. Il essaya tour à tour la douceur et la sévérité contre les insurgés candiotes et se rendit même en Crète; mais il ne put réussir à pacifier le pays. Il mourut au mois de septembre 1871, après avoir fait d'impuissants efforts pour réaliser en Turquie les réformes qu'il jugeait indispensables.

AASEN (And.), philologue norvégien. — Outre les ouvrages déjà cités, il a publié un recueil de chants populaires, *Symra* (1863); une *Grammaire norvégienne* (1864); un *Dictionnaire norvégien-danois* (1866), et un *Dictionnaire des locutions norvégiennes* (1878).

ABBADIE (Ant.-Thomson et Arnaud-Mich. n'), voyageurs français. — Le premier est entré à l'Académie des sciences en 1867 et a été nommé membre du Bureau des longitudes en 1878. Il a publié récemment : *l'Arabie* (1866); *l'Abyssinie* (1868); *Observations sur la physique du globe, faites au Brésil et en Ethiopie* (1873); et, en collaboration avec son frère : *Douze ans dans la Haute-Ethiopie* (1868).

ABD-EL-KADER (Sidi-el-Hadj-Ouled-Mahiddin), émir arabe. — En 1863, il traversa l'Egypte, visita les travaux de l'isthme de Suez et fit le pèlerinage de la Mecque. Il vint à Paris au moment de l'Exposition universelle de 1867, et, en 1869, il assista à l'inauguration du canal. Au moment de la guerre franco-allemande, il écrivit à l'empereur Napoléon III pour lui offrir ses services, puis au gouvernement de la Défense nationale, pour l'assurer de son inaltérable dévouement. Il resta jusqu'au bout fidèle à la parole jurée de ne jamais retourner en Algérie. En 1871, il désavoua énergiquement un de ses fils qui s'était laissé entraîner à des intrigues contre notre domination en Afrique. Il mourut à Damas le 24 mai 1883.

ABD-UL-ASIZ, sultan ottoman. — De 1864 à 1868, il eut à réprimer des insurrections dans la Turquie d'Asie et en Crète. Au mois de mai 1866, sur la demande d'Ismaïl-Pacha, il décida que la succession au trône d'Egypte

ABD

se ferait en ligne directe, au lieu de se faire en ligne collatérale, comme le veut la loi musulmane. En 1867, il accorda au vice-roi le titre de khédive et le droit d'établir des règlements d'administration intérieure sans en référer à la Porte. Il sanctionna, vers cette époque, une loi autorisant les étrangers à posséder des biens immobiliers. Au moment de l'Exposition universelle, il fit un voyage en France et en Angleterre. A son retour, il créa un Conseil d'Etat (mai 1868), et il fonda un observatoire météorologique à Constantinople et un lycée à Galata. La même année, les Bulgares, exaspérés par des vexations de toute nature, se soulevèrent en masse, et le vieux parti turc, mécontent des idées progressistes du sultan, ourdit contre lui une conspiration qui fut découverte. En 1869, la Cour suprême qu'il avait chargée d'étudier un nouveau Code civil inspiré par l'esprit moderne, fit paraître une partie de son travail. Pendant la guerre franco-allemande, le sultan se vit obligé de subir l'influence de la Russie qui demanda la résiliation de la plupart des clauses du traité de Paris. En 1873, il reconnut, en échange d'un tribut, l'indépendance politique de l'Egypte. Il essaya également de modifier la loi de succession au trône, en faveur de son fils, au détriment de son neveu Mourad; mais, ayant rencontré la plus vive opposition dans le cheik-ul-islam, il ne donna pas suite à ses projets. En 1875, l'intérêt de la dette ne put être payé; l'argent des emprunts faits annuellement depuis 1862 avait été dilapidé; les abus étaient restés intacts, et l'assiette de l'impôt toujours aussi mal établie; l'emprunt de 1873 n'avait pas été couvert, et, cependant, les dépenses du sultan croissaient immodérément. Abd-ul-Asiz augmenta les impôts déjà trop lourds; la Bosnie et l'Herzégovine se soulevèrent. Les puissances européennes s'émurent; dans une note collective rédigée par le comte Andrassy, elles demandèrent des réformes sérieuses. Le sultan les promit solennellement (mai 1876) et ne fit rien; le mécontentement grandissait à Constantinople même; pour satisfaire le parti de la jeune Turquie, Abd-ul-Asiz destitua le cheik-ul-islam et nomma Midhat-Pacha ministre sans portefeuille (mai 1876). Cependant, la Bulgarie ravagée par les bachibouzouks se soulevait; l'insurrection continuait dans la

ABI

Bosnie et dans l'Herzégovine; les troupes non soldées étaient dans le dénuement le plus absolu; les fonctionnaires, les fournisseurs de l'Etat ne pouvaient arriver à se faire payer, les ressources disponibles se trouvant absorbées par les coûteuses fantaisies d'Abd-ul-Asiz. Le 27 mai, les ministres résolurent d'en finir et se décidèrent à exiger du sultan son abdication; le cheik-ul-islam Haïrulhah déclara qu'il s'était rendu indigne du trône, et, le 30 mai, le grand-vizir Méhémet-Ruschid-Pacha, le ministre de la guerre Hussein-Avni-Pacha et Midhat-Pacha firent signer à Abd-ul-Asiz son abdication et proclamèrent son neveu sous le nom de Mourad V. L'ex-sultan fut relégué avec sa mère et ses femmes dans le palais de Top-Capou. Depuis cette époque, il vécut dans un état d'exaspération voisin de la folie, et, le 4 juin 1876, le bruit se répandit qu'il s'était suicidé en s'ouvrant les veines. Cette version eut cours pendant toute la durée du règne de Mourad; cependant, des doutes s'étaient élevés sur la réalité de cette mort étrange, et, à l'avènement d'Abd-ul-Hamid, une enquête rigoureuse fut ouverte. Elle démontra que les membres de la commission qui avaient exigé d'Abd-ul-Asiz son abdication, avaient également ordonné sa mort. C'était au palais de Férié, où le sultan avait été transféré après son internement à Top-Capou, que l'assassinat avait été commis par un officier de la maison de Mourad, Fakri-Bey, avec l'aide de trois domestiques : le sultan avait été jeté sur un sofa, et les meurtriers lui avaient ouvert les veines avec un canif pour faire croire à un suicide. Les débats s'ouvrirent à Constantinople au mois de juin 1881, et se terminèrent par la condamnation à mort des neuf principaux accusés, dont aucun cependant ne fut exécuté.

ABEGG (Fréd.-H.), jurisc. allem. — Son dernier ouvrage a pour titre : *la Demande* (Leipz., 1864). Il est mort à Breslau au mois de mai 1868.

ABICH (W.-Herm.), naturaliste et voyageur all. — Il fut nommé en 1879 correspondant de l'Académie des sc. de Paris. Nous mentionnerons, parmi ses derniers ouvrages : *Observations géologiques dans les régions du Kur et de l'Arax* (1867); *Note sur la solfatare de Tandurek; Recherches géologiques dans le Caucase* (1878);

Sur la grêle cristallisée dans le Caucase (1879). Il a découvert un minéral (chaux arséniatée) auquel on a donné en son honneur le nom d'*abichite*. Il est mort à Vienne en 1886.

ABOUT (Edm.-Fr.-Valentin), littérateur français. — Après ses romans fantaisistes : *le Cas de Monsieur Guérin, l'Homme à l'oreille cassée, le Nez d'un notaire*, parus en 1862, il a publié : *Madelon* (1863); *la Vieille roche* (1865); *Causeries* (1865); *le Turco* (1866); *l'Infâme* (1867); *les Mariages de province* (1868); *l'A, B, C du travailleur* (1868), manuel populaire d'économie politique; *Ahmet le Fellah* (1869); des *Nouvelles* (1870); *l'Alsace* (1872); *le Roman d'un brave homme* (1880); *De Pontoise à Stamboul* (1884). De plus, il a fait jouer au théâtre : *le Capitaine Bitterlin* (Gymnase, 1860); *Un mariage de Paris* (Vaudeville, 1861); *Une vente au profit des pauvres* (Odéon, 1862); *Gaëtana* (Odéon, 1862), qui n'eut que quatre représentations et dut être retirée devant les manifestations tumultueuses du public; *Nos gens* (Gymnase, 1866); *Histoire ancienne* (Comédie Française, 1868); *l'Education d'un prince*, pièce tirée de son *Théâtre impossible* et jouée en 1869 sur la scène de l'Union artistique; *Retiré des affaires* (Vaudeville, 1869). La plupart de ces pièces ont été écrites en collaboration avec Em. de Najac. About fut attaché à la rédaction de plusieurs journaux : en 1863, il rédigea dans *l'Opinion nationale* une chronique hebdomadaire, sous le titre de *Lettres d'un bon jeune homme à sa cousine Madeleine*; en 1868, il fournit au *Gaulois* une série de *Lettres* remarquables, et, en 1870, il écrivit dans le *Soir* le récit de l'invasion allemande en Alsace. En 1872, dans un voyage qu'il fit à Saverne, il fut arrêté et emprisonné pendant huit jours pour avoir soutenu le droit de la France à la revendication de ses provinces perdues. La même année, il devint directeur du journal républicain le *XIXe siècle*, dans lequel il soutient une polémique qui lui attira en 1873 un duel avec M. Hervé, alors directeur du *Journal de Paris*. Au mois de janvier 1884, l'Académie française lui ouvrit ses portes. Il mourut un an après (janvier 1885), avant d'avoir prononcé son discours de réception.

ABRAHAMS (Nic.-Chr.), érudit danois. — Il est mort à Copenhague au mois de janvier 1870.

ABYSSINIE. *Histoire.* — Les violences de Théodoros ne tardèrent pas à soulever des insurrections et multiplièrent les difficultés autour de lui. En 1864, il fit arrêter le consul anglais ainsi que 150 Européens, et refusa formellement de les remettre en liberté. Le gouvernement britannique envoya alors une expédition en Abyssinie sous les ordres de sir J. Napier; Théodoros, mis en déroute, se réfugia dans sa forteresse de Magdala où il se tua quand il vit les Anglais disposés à lui donner l'assaut. A sa mort, Ménélik, roi de Choa, Gobsié, roi d'Amhra, Kassaï, roi de Tigré, et Mékhaba, fils de Théodoros, se disputèrent sa succession. Ce fut Kassaï qui l'emporta sur ses concurrents; en 1871, le patriarche d'Ethiopie le sacra *négus* sous le nom de Jean. Quelque temps après, sous prétexte d'incursions et de pillages sur la zone frontière d'Egypte, le khédive, qui avait conçu le dessein de s'emparer de l'Abyssinie, envoya une expédition à Massouah sous les ordres du colonel Arendrup-Bey (1875); elle fut repoussée, et Arendrup fut tué ainsi que le gouverneur de Massouah, Arakel-Bey. Une seconde expédition en 1876 n'eut pas plus de succès. Le khédive s'étant enfin décidé à faire la paix, elle fut négociée par l'intermédiaire de Gordon, officier anglais gouverneur du Soudan égyptien, et signée en 1877. En 1881, Ménélik, roi de Choa, s'étant révolté, le roi Jean marcha contre lui et le mit en déroute. Le négus songea alors à réclamer à l'Egypte les districts annexés de la mer Rouge. Gordon fut de nouveau chargé des négociations; elles traînèrent en longueur jusqu'en 1881, époque où le roi Jean fut tué dans un combat contre les Gallas révoltés. Enfin, en 1884, une convention fut conclue, par l'intermédiaire de l'amiral anglais Héwett, donnant en partie satisfaction à l'Abyssinie qui recouvrait les villes de Kassala, d'Amhédib et de Sanhit. Tout en voyant sans trop de regrets l'insurrection qui mettait aux prises le Mahdi et l'Egypte, le nouveau négus consentait une fois à marcher contre Osman-Digma; il envoya contre lui le général Ras-Aloula qui le battit à Kufeit le 27 septembre 1885. La même année, il signa, non sans hésitation, un traité de commerce avec l'Italie. Lorsqu'il fut tué en 1889 dans un combat contre les Derviches, ce fut Ménélik, roi de Choa, le plus puissant souverain de l'Abyssinie, qui s'empara de la couronne; mais, malgré l'appui de l'Italie qui a jugé le moment propice pour proposer son protectorat et étendre ses possessions sur la mer Rouge, son autorité est loin d'être affirmée sur toute l'Abyssinie, et, à l'heure actuelle, il est difficile de prévoir quelle sera l'issue de la lutte qu'il a engagée contre ses rivaux.

ACHARD (Jacq.-Mich.-Fr.), baron), général français. — Il est mort à Ste-Lucie (Antilles) au mois de janvier 1865.

ACHARD (L.-Amédée-Eug.), litt. français. — Il est mort à Paris au mois de mars 1875. Parmi ses derniers ouvrages, nous citerons : *le Duc de Carlepont* (1864); *les Fourches caudines* (1866); *la Chasse à l'idéal* (1867); *Marcelle* (1868); *le Serment d'Edwige* (1869); *les Trois Grâces* (1870); *Olympe de Maizières* (1871); *le Mari de Delphine*; *Histoire d'un soldat* (1871); *Souvenirs personnels d'émeutes et de révolutions* (1872); *Sur la guerre de 1870*; *Histoire de mes amis* (1874); *la Toison d'or* (1875). Au théâtre, il a donné : *le Clos-Pommier* (1865), en collaboration avec Ch. Deslys; *Albertine de Mierris* (Gymnase, 1867), pièce tirée de son roman *les Fourches caudines*; *les Tyrannies du colonel* (1872); *le Sanglier des Ardennes* (1875).

ACHENBACH (André), peintre allemand. — Depuis 1864, il a exposé : *le Quai d'Ostende à marée haute*; *Marine* (1865); *Environs d'Ostende par temps pluvieux* (1866); *Vue d'Amsterdam* (1867); *la Demande indiscrète*; *Intimité* (1868); *Un naufrage*, à la Pinacothèque de Munich; *les Marais Pontins*; *Au milieu des icebergs*; *le Hardangerfjord*; *les Rochers des Cyclopes*, au Musée de Philadelphie; *Forêts et Marais*, au Musée de Berlin, etc. En 1878, il a envoyé à l'Exposition universelle une série de six paysages représentant des vues de Belgique et de Hollande.

ACHTERFELD (J.-H.), théol. allemand. — Il est mort à Rome au mois de mai 1877.

ACHTERMANN (W.), sculpteur allemand. — Il est mort à Rome au mois de mai 1884.

ADALBERT (H.-Guill.), prince de Prusse. — Il est mort à Carlsbad au mois de juin 1873.

ADAM (J.-Vict.), peintre français. — Il est mort à Viroflay au mois de décembre 1865.

AFGHANISTAN. *Histoire.* — Dost-Mohammed mourut le 29 mai 1863, en désignant son fils Schir-Ali-Khan pour son successeur. Cette investiture n'empêcha cependant pas les compétitions de ses frères qui prirent les armes contre le nouvel émir. Abd-ur-Rhaman, son neveu, le chassa de Caboul; mais, battu lui-même à Ghazni en 1869, il dut s'enfuir en Russie. L'année suivante, Yacoub-Khan, fils de Schir-Ali et vice-roi de Hérat, se révolta contre l'autorité de son père; l'émir le fit prisonnier et le déshérita en désignant pour lui succéder, Abdullah, un autre de ses fils. Ayant peu de sympathies pour les Anglais, Schir-Ali se rapprocha de la Russie; en 1875, il refusa l'établissement d'une mission anglaise à Caboul, et, lorsque le général sir Névill Chamberlain fut envoyé en Afghanistan comme ambassadeur extraordinaire, le passage des défilés de Kaïber lui fut interdit. L'émir n'ayant rien répondu à l'ultimatum qui lui avait été adressé, les troupes anglaises, conduites par le général Stewart, pénétrèrent dans l'Afgh., s'emparèrent des défilés de Kaïber et entrèrent à Kandahar (janvier 1879). Sur ces entrefaites, Schir-Ali mourut. Yacoub-Khan, son successeur, soutenu par l'Angleterre, signa avec cette puissance le traité de Gandamak, par lequel il lui abandonnait les principaux passages des montagnes, et agréait un résident anglais à Caboul (mai 1879). Quatre mois après, une insurrection formidable éclatait, la mission anglaise était massacrée, et Yacoub, fait prisonnier, était déclaré déchu et remplacé par son fils Mousa. Les Anglais rentrèrent en campagne, et, le 12 octobre, le général Roberts fit son entrée à Caboul; presque aussitôt surgirent de nouveaux compétiteurs au trône : Ayoub-Khan, frère de Yacoub, et Abd-ur-Rhaman, le petit-fils de Dost-Mohammed. L'Angleterre prit parti pour ce dernier; mais, le 27 juillet, les troupes du général Burrows furent écrasées près de Maïvand par Ayoub qui vint mettre le siège devant Kandahar où s'était renfermé le général Primrose; le 24 septembre, les Afghans durent, à leur tour, battre en retraite devant les forces du général Roberts. En 1881, lorsque les Anglais évacuèrent la place, l'insurrection recommença. Ayoub, soutenu par les Russes, s'empara de Kandahar; mais, au mois d'octobre, Abd-ur-Rhaman fut victorieux à son tour, et son concurrent fut repoussé. Pendant ce temps, la Russie s'était annexé Merv et le district d'Akhal. L'Angleterre chercha à couper court à toute nouvelle entreprise en demandant la création d'une commission mixte, chargée de la délimitation des frontières. Les Russes firent traîner les négociations en longueur, refusèrent d'abandonner les points occupés et cherchèrent à soulever un conflit; le 1er avril 1885, le général Komaroff, à la suite de provocations et d'actes hostiles, attaqua les Afghans sur les rives du Koushk, affluent du Mourgh-ab, et les mit en déroute. Le cabinet britannique fit des représentations au gouvernement russe; les négociations recommencèrent à Londres; enfin, la commission de délimitation put se réunir, et les points litigieux furent réglés. La frontière fut établie sur la ligne du Mourgh-ab et au N. des passes de Zulfikar, Pendjeh restant à la Russie et Méroutchak à l'Afghanistan.

AFRIQUE. *Etats et colonies.* — Voici la nomenclature des possessions européennes en Afrique ou dans les îles qui en dépendent. A la France : l'Algérie, la Tunisie, le Sénégal et ses dépendances, Assinie, Grand-Bassam et le Gabon, une partie du Congo, Madagascar et Ste-Marie de Madagascar, Nossi-bé et les îles de la baie de Passandava, Mayotte et les Comores, la Réunion, Obock, Tadjourah et la baie d'Adulis. — A la Grande-Bretagne : la Gambie, Sierra-Léone, la Côte d'Or, Lagos, les îles Ascension, Ste-Hélène et Tristan d'Acuñha, le Cap et ses dépendances (Cafrerie, Griqualand, Basoutoland. Angra Pequeña), Natal, le Zoulouland, le pays des Betschouanas, les îles St-Paul et Amsterdam, Maurice, les îles Seychelles et les Amirantes, l'île Rodrigues et les îles Cargados et Chagos. — A l'Espagne : Ceuta, les présides du Maroc, les îles Canaries, Fernando-Pô, Corisco, Annobon, Elobey et le territoire du Cap San-Juan. — Au Portugal : les îles Açores et du Cap-Vert, Bissao, les îles St-Thomas et du Prince, une partie du Congo, l'Angola et le Benguéla, Mozambique et Sofala. — Aux Pays-Bas : Elmina, sur la côte de Guinée. — A l'Allemagne : le territoire de Togo, Cameroun, le Luderitzland ou pays des Namaquas et des territoires contestés sur la côte orientale. — A l'Italie : la baie d'Assab, Massouah et quelques points sur la côte de la mer Rouge. — A la Turquie : l'Egypte et la Tripolitaine. — Les états indépendants sont : le Maroc, Libéria, le Congo, l'Orange, le Transvaal, Zanzibar et l'Abyssinie.

Découvertes géographiques relatives à l'Afrique. — Notre cadre ne nous permet pas de faire l'historique de toutes les tentatives entreprises depuis la fin du siècle dernier jusqu'à cette heure pour enrichir la science géographique ou pour ouvrir au commerce européen de nouveaux débouchés. Cependant nous rappellerons les plus importantes, soit quand nous parlerons des diverses contrées de l'Afrique, soit quand nous ferons la biographie des intrépides explorateurs qui ont fouillé les profondeurs du mystérieux continent. Voici dans l'ordre chronologique la liste des voyages exécutés dans ces dernières années : Carlo Piaggia, dans la zone équatoriale (1864); du Chaillu (1864); Guillaume Lejean, dans la Haute-Nubie (1864); Samuel Baker, dans la région de l'Albert - Niauza (1865); de Decken et Link, dans le pays des Somâlis (1865); Gerhardt Rohlf, dans le Bornou (1865); Livingstone, dans la région comprise entre le Nyassa et le Tanganyika (1866-73); Mauch, dans le Transvaal (1867); Le Saint, dans la région du Bahr-el-Ghazal (1867); Brenner, dans le pays des Somâlis (1868); Schweinfurt, dans le bassin du Bahr-el-Ghazal (1868-71); Stanley, à la recherche de Livingstone (1871-73); Samuel Baker, dans l'Egypte équatoriale (1871-74); Nachtigal, dans le Kanem, le Baghermé et le Darfour (1873-74); Marche et Compiègne, dans le Gabon et l'Ogôoué (1873); Paul Soleillet, dans le Sahara central (1874); Gerhardt Rohlf, dans le Sahara oriental (1874); Cameron, de Bagamoyo à Catombela (1873-75); Stanley, de Bagamoyo à Boma, à l'embouchure du Congo (1874-77); Savorgnan de Brazza, Marche et Ballay, dans la région de l'Ogôoué (1874-75); Serpa Pinto, de St-Philippe de Benguela à Durban (1877-79); Bonnat, dans l'Ashanti (1877-80); Lenz, de Tanger à St-Louis du Sénégal (1879-80); Mateucci et Massari, de Souakin à l'embouchure du Niger (1880-81); Galliéni, dans le Haut-Sénégal (1880-81); Savorgnan de Brazza, dans le Gabon et le Congo (1880-82); Revoil, dans le pays des Somâlis (1881); Flatters, dans le Sahara central (1881); Wissmann, de St-Paul de Loanda à Sadani (1881-82); Arnot, de Durban à St-Philippe de Benguela (1882-84); Victor Giraud, de Bagamoyo à Quilimane par le Tanganyika et le Nyassa (1882-84); Brito Capello et Ivens, de Mossamèdes à Quilimane (1884-85); Lenz, de Boma à Bagamoyo (1884-85); Gleerup, également de Boma à Bagamoyo (1885-86); Wissmann, de Boma à Quilimane (1886-87); Stanley, à la recherche d'Emin-Pacha, le gouverneur des provinces équatoriales de l'Egypte, du Congo à Bagamoyo (1887-89); Binger, de St-Louis du Sénégal à la côte de Guinée (1889); Trivier, du Gabon à Mozambique (1888-89).

AGASSIZ (J.-L.-Rod.), natural. suisse. — Il est mort à New-York au mois de décembre 1873. En 1867, le gouvernement français lui renouvela l'offre qu'il lui avait déjà faite en 1859, de venir occuper au Muséum la chaire d'histoire naturelle; il préféra rester en Amérique. De 1870 à 1872, il fit plusieurs voyages scientifiques, et, en 1873, il fonda un laboratoire d'études dans l'île de Penikésé (Etat de New-York). Il fut élu en 1872 associé étranger de l'Institut. Aux ouvrages de lui que nous avons déjà cités, il faut ajouter : *Voyage au Brésil*, publié dans le *Tour du Monde* en 1868; *Esquisses générales de zoologie* (1869); *Etudes sur les échinodermes*, mémoire adressé à l'Académie des sciences (1873).

AHLQUIST (Aug.-Engelbert), philol. finlandais. — Il a publié en 1871 des *Recherches sur les langues ouralo-altaïques* (Helsingford), et, en 1874, une *Etude sur les langues du Finnmark occidental*.

AHRENS (H.), philos. all. — Il est mort à Salzgitter au mois d'août 1874. Son dernier ouvrage a été : *Fausse route du nouvel esprit allemand* (Prague, 1873).

AIMARD (Gustave), litt. français. — Pendant la guerre franco-allemande, il organisa un corps de francs-tireurs de la Presse, qui se distingua au Bourget. A citer, parmi ses derniers ouvrages : *le Guaranis, l'Araucan* (1864); *la Castille d'or* ; *Zéno Cabral* (1865) ; *le Désert* (1867); *les Scalpeurs blancs* (1870) ; *le Vautour fauve* (1872); *les Aventures de Michel Hartmann* (1873) ; *le Fort Duquesne* (1874) ; *Une vendetta mexicaine, les Bois brûlés* (1875); *le Baron Frédérick* (1878); *les Révoltés* (1879) ; *les Bandits de l'Arizona* (1882); *Cornélio d'Armor* (1883) ; *le Bastréador* (1884), et plusieurs autres romans écrits en collaboration avec M. J.-B. d'Auriac. Il est mort à l'asile Ste-Anne au mois de juin 1883.

AINSWORTH (Guill.-Harrison), litt. anglais. — Il est mort à Reygate au mois de janvier 1882. Parmi ses derniers ouvrages, nous mentionnerons : *Jean Law* (1864); *le Connétable de Bourbon* (1866) ; *Boscobel* (1869) ; *le Bon vieux temps* (1873); *la Femme de l'orfèvre* (1875); *Beatrice Tyldesley* (1878), etc.

AIRD (Th.), litt. angl. — Il est mort à Edimbourg au mois d'avril 1876.

AIRY (G.-Biddell), astron. anglais. — Il fut élu en 1872 membre associé de l'Académie des sciences de Paris, et, en 1874, il dirigea les observations anglaises relatives au passage de Vénus. Il vit dans la retraite depuis 1886.

AIVAZOVSKI (J.), peintre russe. — Il a envoyé à l'Exposition universelle de 1867 une *Vue des côtes de Crimée*, et à celle de 1878 : *Nuit dans l'Archipel près du Mont Athos* ; *Aux bords de la mer Noire; Effet de brouillard dans le golfe de Naples*.

AKRELL (Ch.-Fréd. d'), lieutenant-général suédois. — Il est mort à Stockholm au mois de septembre 1868.

ALARD (J.-Delphin), violoniste français. — Il quitta en 1875 ses fonctions de professeur au Conservatoire et prit sa retraite. Il a écrit depuis cette époque plusieurs motifs pour violon.

ALARY (Jul.-Eug.), compos. ital. — Il est resté jusqu'en 1870 directeur du chant au Théâtre-Italien et pianiste accompagnateur de la chapelle impériale. Son dernier ouvrage est un opéra bouffe, *Locanda gratis*, qui fut représenté au Théâtre-Italien en 1867.

ALAUX (J.), peintre fr. — Il est mor au mois de mars 1864.

ALAUX (Jul.-Em.), litt. français. — Il a publié récemment de nouveaux ouvrages de philosophie et d'économie politique : *la République* (1871); *l'Analyse métaphysique* (1872); *Histoire de la philosophie* (1882); *Instruction morale et physique* (1884). Il a écrit aussi des poésies : *Tendresses humaines* (1867) ; *Un fils du siècle* (1882), et des études esthétiques.

ALAUZET (Fr.-Isid.), jurisc. français. — Après avoir pris sa retraite, il fut nommé en 1876 président du tribunal supérieur de Monaco. Il est mort à Monaco au mois de juin 1882.

ALBÉRI, histor. ital. — Il est mort au mois de juin 1878.

ALBERS (J.-Fréd.-Hermann), méd. all. — Il est mort à Bonn au mois de mai 1867.

ALBERT (Alex. Martin, dit). — Il se porta sans succès aux élections de février 1871 dans le dép. de la Seine. En 1884, il eut à soutenir un procès en usurpation de nom et de titre contre deux individus qui prétendaient que c'étaient eux, et non Martin, que le peuple avait acclamés après les journées de février 1848. L'un, Romanetti, dit *Albert*, fut condamné à 3000 fr. de dommages-intérêts ; la demande de l'autre, Louis *Albert*, publiciste, fut repoussée.

ALBERTI (Fréd.-Aug. D'), ingénieur des mines all. — Il est mort au mois de septembre 1878.

ALBONI (Marietta). — Devenue veuve en 1865 du comte Pepoli, elle se retira du théâtre et se fixa à Paris. Elle ne reparut plus sur la scène que pour chanter la *Messe solennelle* de Rossini au Théâtre-Italien en 1869, et, en 1872, pour une représentation du *Mariage secret* au même théâtre. Elle s'est remariée en 1877 à un capitaine de la garde républicaine, M. Zieger.

ALBRECHT (Guill.-Ed.), jurisc. all. — Il est mort à Leipzig au mois de mai 1876.

ALBY (Ern.), littér. fr. — Il est mort au mois de juin 1868.

ALEXANDER (Jacq.-Ed.), voyageur et litt. angl. — Il est mort dans l'île de Wight au mois d'avril 1885.

ALEXANDRE (Ch.), helléniste fr. — Il est mort à Paris au mois de juin 1870.

ALEXANDRE II, *Nicolaïewitch*, empereur de Russie. — Après la répression de l'insurrection de 1862-63, il avait adopté pendant quelque temps, vis-à-vis de la Pologne, une politique plus clémente; les châtiments corporels avaient été supprimés, et il avait autorisé l'usage de la langue nationale. Mais, dès 1865, de nouvelles mesures coercitives furent prises dans le but de faire passer peu à peu la propriété du sol entre les mains des Russes; l'ukase du mois de décembre défendit aux Polonais d'acquérir des fiefs seigneuriaux dans leur pays;

un autre, de septembre 1866, conféra la noblesse aux Russes acquéreurs des biens séquestrés; en même temps, l'usage de la langue russe fut rendu obligatoire dans les affaires publiques. Une révolte, qui éclata à cette époque en Sibérie, et qui avait pour chefs des Polonais déportés, fut sévèrement réprimée. Au mois de février 1867, le tzar prononça la dissolution du Conseil d'Etat polonais, et, par l'ukase du mois d'avril 1868, il supprima définitivement le royaume de Pologne (voy. ce mot). Pendant la guerre de 1866 entre l'Autriche et la Prusse, Alexandre conserva la neutralité; cependant, à la fin de l'année, il ordonna la mobilisation de l'armée russe, et, en 1867, il se servit d'une partie de ses armements pour envoyer une expédition dans le Turkestan contre l'émir de Boukhara. Elle se termina par la prise de Samarcande et par la dispersion de l'armée de l'émir (juin 1868). En 1867, le tzar céda pour 30 millions l'Amérique russe aux Etats-Unis. Au début du conflit entre la France et la Prusse, en 1870, M. de Bismarck obtint d'Alexandre II la promesse qu'il garderait la neutralité; en échange, le gouvernement prussien s'engagea à laisser la Russie reviser, comme elle l'entendrait, les clauses du traité de Paris concernant les questions d'Orient. En effet, au mois d'octobre 1870, le prince Gortschakoff adressa aux puissances une circulaire par laquelle il dénonçait le traité de 1856. Un congrès fut tenu à Londres au mois de mars 1871, où furent abolies la plupart des stipulations gênantes pour la Russie. Vers la fin du siège de Paris, le tzar s'entremit en faveur de la paix, en faisant accorder à M. Thiers un sauf-conduit lui permettant d'entrer à Paris, afin de se hâter de remettre les pouvoirs nécessaires pour signer un armistice. Il fut des premiers à féliciter le roi Guillaume de ses victoires et de son couronnement à Versailles comme empereur d'Allemagne, et, après la guerre, il engagea la Russie dans une triple alliance avec l'Allemagne et l'Autriche. En 1873, une seconde expédition fut envoyée dans le Turkestan; le général Kauffmann s'empara de Khiva le 11 juin; en 1875, le khanat de Khokand fut occupé, et, au mois de février 1876, le Turkestan, définitivement annexé, reçut un gouverneur russe. En 1874, les relations entre les cabinets de Paris et de Berlin étaient extrêmement tendues, et on prétend que ce fut l'intervention énergique du tzar qui empêcha une aggression de la part de l'Allemagne. Le 24 avril 1877, dans le but avoué de soutenir les chrétiens persécutés de la Bosnie et de l'Herzégovine, Alexandre déclara la guerre à la Turquie; les armées russes franchirent la frontière; le tzar s'avança en personne jusqu'à Kichenew (Bessarabie), et présida au passage du Danube. La campagne dura un an, avec des alternatives de succès et de revers, et se termina par l'écrasement de la Turquie, qui dut signer le traité de San-Stéphano (3 mars 1878). Ce traité fut revisé au mois de juillet de la même année par le congrès de Berlin; mais la Russie réussit à en conserver les clauses les plus avantageuses. Le 17 septembre 1879, le tzar conclut avec la Chine une convention relative à la révision des frontières du Kouldcha. Au mois de juillet 1880, il envoya dans le Turkestan une nouvelle expédition sous les ordres du général Skobeleff, et, au mois de septembre de la même année, devenu veuf de l'impératrice, morte le 3 juin, il épousa morganatiquement la princesse Dolgorouki. Depuis ce moment jusqu'à sa mort, sa vie n'offre plus rien qui mérite d'être signalé. Exaspéré par l'audace croissante des nihilistes, il avait ordonné une série de mesures destinées à mettre un terme à leurs attentats. En février 1878, Véra Sassoulitch avait essayé de tuer le général Trépoff, gouverneur de Saint-Pétersbourg; le 16 août, un autre attentat avait été commis contre Mézensew, le chef de la gendarmerie; en février 1879, Krapotkine, le gouverneur de Charkoff, avait été assassiné; puis était venu le tour de Drentelew, le successeur de Mézensew (mars 1879) et de Loris Mélikoff, le président de la haute commission exécutive (4 mars 1880); le tzar lui-même avait été l'objet de plusieurs attentats : celui de Karagosoff en 1864, celui de Berezowski en 1867, pendant son voyage à Paris au moment de l'Exposition universelle; en 1879, Alex. Solowjew, maître d'école à Toropetz, avait tiré sur lui quatre coups de revolver; malgré toutes les précautions prises, le 1er décembre de la même année, une mine avait éclaté, près de Moscou, sur le passage du train impérial, et, trois mois après (fév. 1880), une explosion formidable avait crevé le plancher de la salle à manger du Palais d'hiver à St-Pétersbourg, tuant ou blessant 53 personnes. Les nihilistes devaient cependant finir par arriver à leur but : le 13 mars 1881, le tzar revenait de chez la princesse Dolgorouki, quand, tout à coup, un homme s'approcha de la voiture impériale et lança une bombe qui tua 5 hommes de l'escorte; l'empereur descendit pour s'assurer de leur état, mais, au même moment, un second conjuré lança à ses pieds une autre bombe qui, en éclatant, lui brisa les jambes et la tête et lui ouvrit le ventre; beaucoup d'autres personnes furent blessées, et, parmi elles, Elnikoff, le meurtrier, qui succomba quelques

heures après. Le tzar, transporté immédiatement au Palais d'hiver, y mourut sans avoir repris connaissance. On lui fit des funérailles magnifiques, et son corps fut déposé dans la cathédrale de St-Pierre-et-St-Paul. 6 accusés furent traduits devant la cour de justice, qui se réunit le 6 avril : Rissakoff, un étudiant de dix-neuf ans, arrêté sur le lieu du crime, après avoir jeté la première bombe ; Schiélaboff, qui, emprisonné depuis quelques jours pour participation à un attentat précédent, s'était dénoncé comme l'organisateur de la conspiration ; Sophie Perowskaïa, une femme de la noblesse, l'âme de la bande ; deux paysans, et une fille Jessa Hoffmann. Tous furent condamnés à mort et exécutés, sauf la dernière qui, étant enceinte, eut sa peine commuée.

ALEXANDRE III, *Alexandrowitch*, empereur de Russie, fils du précédent, né le 10 mars 1845, avait 36 ans quand la mort tragique de son père le porta sur le trône. Dès son avènement, les nihilistes lui adressèrent une proclamation menaçante, dans laquelle ils exigeaient une amnistie pleine et entière pour les délits politiques, et une constitution libérale. Par une cruelle ironie du sort, le jour même de l'assassinat, Alexandre II s'était décidé, sur les instances du comte Loris Mélikoff, à donner à la Russie d'importantes réformes libérales. Pour ne pas paraître céder à la peur, le nouvel empereur crut devoir en ajourner la promulgation ; le général Ignatieff, connu pour ses opinions réactionnaires, remplaça le comte Mélikoff, et de nouvelles mesures de rigueur furent prises contre les nihilistes ; un certain nombre de provinces furent mises en état de siège, et les autres étroitement surveillées. Par contre, Alexandre III fit sortir une série d'ukases qui rendirent son nom populaire : un grand nombre de paysans affranchis par son père ne l'étaient guère que de nom, se trouvant, par suite de leur extrême misère, dans l'impossibilité absolue de payer à leurs seigneurs la terre dont ils étaient autorisés à devenir les maîtres; après l'avoir achetée aux propriétaires, l'Etat la leur céda, en leur donnant toutes facilités pour le remboursement. Les *vieux croyants* virent lever les interdictions qui pesaient sur eux, et les évêques catholiques polonais amnistiés purent remonter sur leurs sièges. Le 27 mai 1883, la solennité du sacre eut lieu à Moscou, dans la cathédrale de l'Assomption. En 1884, le tzar se rapprocha de l'Allemagne et de l'Autriche; les trois empereurs eurent une entrevue à Skierniewice, dans la Pologne russe. La même année, en Asie, les Russes soumirent les Tekkes et s'emparèrent de Merv et du district d'Akhal; l'Angleterre, occupée au Soudan, ne put que s'incliner devant le fait accompli ; les négociations au sujet de l'Afghanistan, commencées en 1882 entre les cabinets de Londres et de St-Pétersbourg, et plusieurs fois interrompues, avaient été reprises de nouveau, quand, le 1er avril 1885, on apprit que le général Komarof avait battu les Afghans et s'était emparé de Pendjeh. La guerre faillit éclater; heureusement, la question finit par se régler à l'amiable (voy. Afghanistan). Le 23 août 1884, le tzar signa une loi sur l'enseignement supérieur, copiée sur les institutions similaires de l'Allemagne. Depuis cette époque, il a continué à prendre une part très active aux événements qui se sont succédé en Europe, particulièrement en Bulgarie. Poursuivant les travaux de réorganisation commencés par son père, il s'est appliqué à tirer le meilleur parti possible des ressources de son immense empire, et, préoccupé avant tout du bien de ses sujets et de la grandeur de la Russie, il a su, en conservant une indépendance absolue, devenir un des arbitres de la paix européenne.

ALEXANDRESKO (Grégoire), poète roumain. — Il est mort à Bucharest au mois de décembre 1885.

ALEXANDRIE, ville et port d'Egypte. — Le 11 juillet 1882, elle fut bombardée par la flotte anglaise sous les ordres de l'amiral Seymour, et en partie détruite. Pendant toute la journée qui suivit le bombardement, les scènes les plus horribles remplirent la ville d'épouvante; ce fut le 13 seulement que le commandant anglais se décida à faire descendre ses troupes à terre, après s'être assuré que les Egyptiens avaient disparu. Depuis cette époque, Alexandrie s'est relevée de ses ruines : les palais et les maisons ont été rebâtis, et le commerce est devenu plus florissant que jamais ; la population est aujourd'hui de 231,396 hab. ; les 2 ports ont été améliorés, et des chemins de fer aboutissant à Ramleh, à Aboukir et au Caire la relient aux différentes parties de l'Egypte.

ALFORD (H.), litt. angl. — Il est mort à Canterbury au mois de janvier 1871.

ALGÉRIE. *Gouvernement général et administration.* — Le décret du gouvernement de la Défense nationale, en date du 24 octobre 1870, avait soustrait l'Algérie au régime d'exception auquel elle avait été soumise jusque-là; celui du 6 septembre 1881 opéra le rattachement complet à la métropole. Le gouverneur général n'agit plus qu'en vertu de délégations; mais, par le décret du 6 avril 1882, toute l'administration a été concentrée entre ses mains;

les actes de gouvernement, les nominations qui ne concernent ni l'armée, ni la marine, ni la justice, ni l'instruction publique et les cultes, sont présentés au président de la République par les ministres compétents, sur les propositions du gouverneur, et contresignés par eux.

— Voici la liste des gouverneurs généraux qui se sont succédé depuis 1871 : amiral de Gueydon (1871-1873), général Chanzy (1873-79), Albert Grévy (1879-81), et Tirman (1881).

Instruction publique. — La loi sur la gratuité, l'obligation et la laïcité de l'instruction publique a été appliquée à l'Algérie par un décret du mois de février 1883 ; mais le principe de l'obligation a été suspendu pour les indigènes. Le gouverneur général a dans ses attributions exclusives les écoles françaises-arabes et les écoles indigènes. L'Algérie possède actuellement 3 lycées, dans les chef-lieux de dép., 9 collèges, 1 grand séminaire, 2 écoles normales et 2 écoles secondaires pour les jeunes filles. On trouve à Alger des écoles préparatoires de médecine, de pharmacie, de droit, de sciences et de lettres, qui permettent aux jeunes gens de terminer toutes leurs études dans la colonie.

Justice. — La justice européenne est rendue d'après les lois françaises par une cour d'appel siégeant à Alger, 16 tribunaux de 1re instance, 4 cours d'assises (Alger, Oran, Bône et Constantine) et 4 tribunaux de commerce. En territoire militaire, les prévenus sont jugés par les conseils de guerre ou de discipline. — Un décret de septembre 1886 a apporté des modifications importantes dans l'administration de la justice musulmane : en 1874, les *djemaas* et les tribunaux de cadis avaient été supprimés dans la grande Kabylie et remplacés par des tribunaux français jugeant d'après les lois françaises ; dans tout le reste du territoire, les indigènes étaient restés soumis à leur juridiction spéciale et aux tribunaux français jugeant d'après la loi musulmane. Aux termes du décret de 1886, les contestations au sujet des successions et du statut personnel seront seules portées devant les tribunaux des cadis, et tous les autres différends, rentrant dans la compétence des tribunaux français, seront jugés d'après les lois françaises. Une loi du 26 juillet 1873 a constitué la propriété individuelle, et une autre, en date du 23 mars 1882, a créé l'état civil des musulmans.

Voies de communication. — Parmi les mesures qui ont contribué le plus efficacement à développer à la fois toutes les branches de la production en Algérie, il faut mettre au premier rang les travaux publics qui ont eu pour objet de faciliter les communications. L'Algérie possède actuellement 18 routes nationales d'un développement de 3200 kil. ; le réseau des routes départementales s'est considérablement accru, et il en a été de même de celui des chemins de fer, qui comprend aujourd'hui les lignes exploitées ou projetées d'Arzew à Saïda, Méchéria et Aïn-Saffra (Cie Franco-Algérienne) ; celles d'Oran à Aïn-Témouchent, de Ste-Barbe à Ras-el-Ma par Sidi-Bel-Abbès ; de Mostaganem à Relizane (Cie de l'Ouest algérien) ; d'Oran à Alger, par Orléansville, Milianah et Blidah, avec embr. sur Tenez et sur Médéah, et d'Alger à Bône par Sidi-Brahim, Sétif et Guelma, avec embr. sur Médéah par Aumale, sur Batna et Biskra, sur Constantine et Philippeville, et enfin sur Souk-Ahras et Tunis.

Population. — La population totale de l'Algérie, d'après le recensement de 1886, s'élève à 3,817,465 hab., en augmentation de 850,629 sur celui de 1861. Dans ce chiffre, les indigènes musulmans figurent pour 3,284,800 ; les Juifs indigènes sont représentés par le chiffre de 42,600 ; quant aux Européens, leur nombre s'élève à 425,800, dont 229,600 Français. En ajoutant à ces chiffres celui de la population flottante, des Marocains, des Tunisiens, etc., on retrouve précisément le chiffre donné ci-dessus.

Divisions politiques. — L'Algérie est divisée en 3 départements : Alger au centre, Oran à l'O. et Constantine à l'E. Le premier comprend 5 arrondissements : Alger, Médéah, Milianah, Orléansville et Tizi-Ouzou ; 89 communes de plein exercice et 23 communes mixtes (territoire civil), 3 communes mixtes et 6 communes indigènes (territoire de commandement) ; sa population est de 1,380,600 hab., dont 106,950 Français. Le dép. d'Oran comprend 5 arr. : Oran, Mascara, Mostaganem, Sidi-bel-Abbès et Tlemcen ; 74 communes de plein exercice et 20 communes mixtes (territoire civil), 3 communes mixtes et 2 communes indigènes (territoire de commandement). La popul. est de 870,500 hab., dont 44,700 Français. Le dép. de Constantine comprend 7 arr. : Constantine, Batna, Bône, Bougie, Guelma, Philippeville et Sétif ; 69 communes de plein exercice et 35 communes mixtes (territoire civil), et 5 communes indigènes (territoire de commandement). Sa popul. est de 1,566,420 hab., dont 74,950 Français.

Histoire. — Une tentative d'insurrection eut lieu en 1864 sur la lisière du Tell oranais, et en 1870, les tribus nomades du Sud, enhardies par nos désastres, s'avancèrent jusqu'à Souk-Ahras et El-Mikra ; mais ces soulè-vements furent promptement réprimés. En 1871, la Kabylie tout entière se souleva à la voix de l'aga Mokrani. Les insurgés bloquèrent Dellys, Tizi-Ouzou, et menacèrent la Mitidja ; mais, battus le 22 avril, ils se virent successivement repoussés de la vallée du Sébaou et des montagnes du Djurjura ; Mokrani fut tué dans un combat près de l'Oued-Soufflat, et, le 24 juin, la colonne Lallemand débloqua Fort-National. La Kabylie paraissait pacifiée quand une nouvelle révolte éclata dans le cercle de Cherchell, puis successivement dans ceux de Djidjelli, Bou-Saada, Sétif et Bougie ; le combat de Bou-Taleb, où les insurgés furent écrasés, mit fin, dès le début, à ce soulèvement qui menaçait de gagner toute la Kabylie orientale. Pendant ce temps, Bou-Choucha ayant levé le Sud à l'étendard de la révolte, le général Lacroix s'empara de Touggourt et de Ouargla, et la rébellion fut étouffée. Au mois d'avril 1876, une nouvelle tentative eut lieu au S. de l'oasis d'El-Aurir ; elle fut réprimée en quelques jours. Des troubles éclatèrent encore en 1879 dans l'Aurès : pendant la nuit du 8-9 juin, les Ouled-Daoud attaquèrent le bordj de Rbaa, qui fit une vigoureuse résistance ; le 13, une colonne partie de Batna sous les ordres du général Logerot arriva à Rbaa ; elle campa le 16 à El-Hammam, le village le plus important des insurgés ; ceux-ci s'enfuirent vers l'E. avec leurs tentes ; mais, arrêtés par nos goums, ils durent se replier vers le S., dans le Sahara, où ils périrent pour la plupart. Deux ans plus tard (1881), éclata une nouvelle insurrection provoquée par les prédications fanatiques d'un marabout, Bou-Améma, qui depuis 1878 cherchait à soulever contre notre domination les tribus arabes du Sud-Oranais. L'assassinat du sous-lieutenant Weinbrenner, du bureau arabe de Geryville (20 avril), fut le prélude de la révolte qui s'étendit rapidement dans les cercles de Geryville, de Tiaret et de Saïda. Les troupes disponibles furent réunies, en avant de ce dernier poste, sous les ordres du colonel Innocenti qui, après avoir ravitaillé Geryville, marcha contre les insurgés ; la rencontre eut lieu le 19 mai ; elle se termina par la déroute de Bou-Améma qui s'enfuit vers l'Est, pendant que la colonne française remontait vers le Nord pour renouveler ses approvisionnements dispersés pendant le combat. Au commencement de juin, le général Detrie, à la tête de la division d'Oran, s'avança par Khadra contre l'insaisissable marabout qui se retira vers Saïda où, le 10 juin, il massacra les ouvriers espagnols employés aux chantiers d'alfa. Le 9 juillet, il fut signalé du côté du Kheider, et, le 13, le colonel Brunetière, qui s'était mis à sa poursuite, lui infligea un échec sérieux. Les opérations interrompues pendant l'été reprirent au mois d'octobre : 3 colonnes parties du Kheider, de Geryville et de Mécheria de l'Antar s'avancèrent vers le S. O. ; les tribus hostiles furent soumises, et Bou-Améma dut passer la frontière du Maroc.

ALGREEN-USSING (Tage), jurisc. danois. — Il est mort à Taurbock au mois de juin 1872.

ALIGNY (Cl.-Fél.-Théod. **Caruelle** **d'**), paysagiste fr. — A citer parmi les dernières toiles qu'il a exposées : *Soleil couchant* (1865) ; *Hylas et les Nymphes* (1867) ; *Paysage à Capri* (1869).

ALISON (Archibald, **Sir**), histor. angl. — Il est mort à Glascow au mois de mai 1869.

ALLARD (J.-B.-P.), général français. — Il fut en 1867 rapporteur du projet de loi sur l'armée et la garde nationale mobile. Les événements de 1870 le rendirent à la vie privée ; mais, en 1876, il se représenta aux élections législatives dans l'arr. de Parthenay, fut élu et vint siéger au centre droit. Il est mort à Passy au mois d'octobre 1877, quelque temps après la dissolution de la Chambre des députés. Il avait publié en 1871 des *Souvenirs d'une vie militaire, politique et administrative.*

ALLEMAGNE. *Situation, superficie, population.* — L'empire d'Allemagne, tel qu'il est constitué aujourd'hui, a pour bornes : au N. la mer Baltique ; au N.-E. la Russie ; au S. l'Autriche et la Suisse, et à l'O. la France, le Luxembourg, la Belgique et la Hollande. Il s'étend entre 47° 16' et 55° 53' lat. N. et 3° 32' et 20° 32' long. E. Sa superficie est de 540,650 kil. carrés, et sa population de 47,240,000 hab. dont 27,900,000 de protestants.

Divisions politiques. — L'Allemagne se divise en 26 États, dont voici les noms : 1° les royaumes de Prusse, de Bavière, de Wurtemberg et de Saxe ; 2° les grands-duchés de Bade, de Hesse-Darmstadt, de Mecklembourg-Schwérin, de Mecklembourg-Strélitz, d'Oldenbourg et de Saxe-Weimar ; 3° les duchés d'Anhalt, de Brunswick, de Saxe-Altenbourg, de Saxe-Cobourg-Gotha et de Saxe-Meiningen ; 4° les principautés de Lippe-Detmold, de Schombourg-Lippe, de Reuss-Greiz, de Reuss-Schleiz, de Waldeck-Pyrmont, de Schwarzbourg-Rudolstadt et de Schwarzbourg-Sondershausen ; 5° les villes libres de Brême, Hambourg et Lubeck ; 6° l'Alsace-Lorraine.

Organisation politique. — La constitution politique de l'empire allemand date du 16 avril 1871. Aux termes de cette constitution, l'Empire se compose des États ci-dessus mentionnés ; le roi de Prusse porte le titre d'empereur d'Allemagne ; il commande les armées, représente l'Allemagne à l'extérieur, déclare la guerre avec l'assentiment du Conseil fédéral (*Bundesrath*), et possède enfin le pouvoir exécutif ; ses ordonnances, pour être valables, doivent être contresignées par le chancelier de l'Empire. Le pouvoir législatif est réparti entre le *Reichstag* et le *Bundesrath*. Le Reichstag est élu pour 3 ans, par le suffrage universel, à raison d'un député pour une moyenne de 100,000 hab. ; le nombre de ses membres est de 397, dont 235 pour la Prusse ; il est chargé de proposer et de discuter les lois et ne peut être dissous qu'avec le consentement du Bundesrath ; il vérifie lui-même les pouvoirs de ses membres et nomme ses président, vice-président et secrétaires ; ses décisions sont prises à la majorité absolue, à la condition que le nombre des présents soit égal à la moitié plus un du nombre de ses membres ; les députés ne peuvent être poursuivis qu'après une autorisation de la Chambre ; leur mandat n'est pas rétribué ; l'Empereur convoque, clôt ou proroge le Reichstag, qui ne peut être réuni sans que le Bundesrath le soit en même temps. Le Bundesrath (Conseil fédéral), au contraire, peut être convoqué seul ; il se compose des représentants des États ou villes confédérées, au nombre de 58, dont 17 pour la Prusse ; mais, au vote, chacun de ces États, tout en ayant un nombre plus ou moins considérable de délégués, n'a droit cependant qu'à une seule voix ; le Conseil statue sur les décisions prises par le Reichstag ; il reçoit, met en discussion toutes les propositions qui lui sont adressées et les fait soutenir au Reichstag ; ses décisions sont prises à la majorité absolue, le président ayant voix prépondérante ; aucun de ses membres ne peut faire partie du Reichstag ; la présidence appartient de droit au chancelier ; le Conseil choisit dans son sein les commissions permanentes de l'armée, de la marine, des finances, etc. ; la présidence du comité des affaires étrangères appartient de droit à un des délégués de la Bavière. L'Empire ne possède pas de ministères ; il est gouverné par une chancellerie divisée en plusieurs offices, et ayant à sa tête un grand-chancelier nommé par l'empereur et responsable devant lui.

Finances. — Voici sommairement quel a été l'emploi des 5 milliards payés par la France après la guerre de 1870-71 : 2,350 millions donnés à la Confédération du Nord pour la répartition des frais de guerre ; 550 millions donnés pour le même objet aux États du Sud ; 610 millions pour les dotations. 270 millions ont été consacrés à la construction de forteresses dans l'Empire et 150 à la construction de forteresses et de camps retranchés en Alsace-Lorraine ; la marine a eu 120 millions pour sa part ; 160 millions en or monnayé ont été déposés dans la citadelle de Spandau pour subvenir aux frais d'une mobilisation éventuelle ; 500 millions ont été dépensés pour l'achat des chemins de fer de l'Est et pour la construction de nouvelles lignes en Alsace-Lorraine ; enfin, les frais généraux ont absorbé environ 300 millions.

Armée. — L'armée allemande est régie par la loi organique du 2 mai 1874, complétée par la loi sur le landsturm du 12 février 1875 et par celles du 6 mai 1880 et du 11 mars 1887. Le service militaire est obligatoire et dû dans l'armée active depuis le jour de l'accomplissement de la 20e année jusqu'au jour de l'entrée dans la 28e, savoir : 3 ans sous les drapeaux et 4 ans dans la réserve. Le soldat passe ensuite pendant 5 ans dans la *landwehr*. Quant au *landsturm*, tout Allemand en fait partie depuis 17 ans jusqu'à 42 ans. Les hommes propres au service participent seuls au tirage au sort ; par là, point de déchet ; ces hommes sont ensuite classés dans chaque arme d'après leurs aptitudes spéciales, et, suivant leurs numéros de tirage, ils sont incorporés immédiatement, ou bien restent pendant 3 ans à la disposition de l'autorité militaire. Les hommes impropres au service des armes sont placés dans les services auxiliaires. Les engagements volontaires d'un an sont admis pour les jeunes gens instruits, d'une bonne conduite, pouvant s'habiller, s'équiper et s'entretenir à leurs frais, et justifiant de certaines capacités déterminées. Les engagements volontaires se font pour 3 ans dans toutes les armes, sauf dans la cavalerie, pour laquelle la durée est portée à 4 ans. Chaque année, les corps congédient un certain nombre d'hommes (environ le dixième de leur effectif) ayant servi pendant 2 ans et jugés suffisamment instruits ; ces hommes restent à la disposition du corps dans lequel ils rentrent sur un ordre direct jusqu'à ce qu'ils passent dans la réserve. Sur le pied de paix, l'armée allemande forme 18 corps d'armée : le 1er ayant son quartier général à Kœnigsberg, le 2e à Stettin, le 3e à Berlin, le 4e à Magdebourg, le 5e à Posen, le 6e à Breslau, le 7e à Münster, le 8e à Coblentz, le 9e à Altona, le 10e à Hanovre, le 11e à Cassel, le 12e à Dresde, le 13e à Stuttgart, le 14e à Carlsruhe, le 15e à Strasbourg, le 16e à Munich, le 17e à Wurtzbourg, et enfin, le corps d'armée de la Garde, qui se recrute dans tout l'Empire.

Les bataillons d'infanterie ont 4 compagnies ; ceux du train 2 et 3. Dans l'infanterie, 3 bataillons réunis, dans la cavalerie 5 escadrons, dans l'artillerie de campagne 2 ou 3 *abtheilungen* (composées chacune de 4 ou 3 batteries), dans l'artillerie à pied 2 ou 3 bataillons forment un régiment. 2 ou 3 régiments réunis composent une brigade ; 2 ou 3 brigades d'infanterie, une division ; 2 ou 3 divisions, avec l'artillerie, les troupes du génie et les services du train nécessaires, forment un corps d'armée. En temps de guerre, les corps d'armée eux-mêmes sont groupés par 3 ou 4 pour former les armées. Au moment d'une mobilisation, chaque régiment tenant toujours garnison dans le district où il puise ses réservistes, il en résulte que le degré d'homogénéité des corps est aussi grand que possible : tous ces hommes, en effet, font partie de la même circonscription territoriale, ils ont tous été élevés au métier des armes dans le même régiment, ils retournent dans les compagnies, escadrons et batteries qui les ont comptés à leur effectif pendant leur service actif, et ils se retrouvent sous le commandement d'officiers et de sous-officiers qui les connaissent déjà. L'effectif de guerre pour la compagnie étant de 250 hommes, et l'effectif de paix, y compris les cadres, étant de 133, on voit qu'il y a environ un soldat présent pour un réserviste rappelé. En temps de guerre, l'armée allemande se partage en troupes de campagne, troupes de dépôt et troupes de réserve et de garnison. Les troupes de dépôt sont formées des 4ᵉˢ bataillons des régiments d'infanterie, des 5ᵉˢ escadrons des régiments de cavalerie, de 2 batteries par régiment d'artillerie et des 4ᵉˢ compagnies des bataillons de chasseurs, de pionniers et du train. Leur objet est d'organiser et d'expédier vers le théâtre de la guerre tous les ravitaillements, personnel et matériel, pour maintenir les troupes actives au pied de guerre. Les troupes de réserve et de garnison sont formées avec les troupes de réserve excédant l'effectif pour porter au pied de guerre les troupes de campagne et de dépôt, et avec la landwehr ; elles sont destinées au service des étapes, à la garde du territoire et à la défense des places fortes. — L'effectif de l'armée allemande sur le pied de paix est de 427,280 hommes ; ce chiffre se porte en temps de guerre, rien que pour les troupes de campagne, à 744,000 hommes répartis en 573 bataillons d'infanterie, 372 escadrons de cavalerie, 340 batteries et 77 compagnies de pionniers, de troupes de chemins de fer, de pontonniers, etc. Les troupes de dépôt et les troupes de réserve, sans compter le landsturm, qui donnerait environ 993,000 hommes, comprennent ensemble 702,646 hommes (soit 296,614 hommes pour les troupes de dépôt et 416,032 hommes pour les troupes de réserve et de garnison), répartis en 580 bataillons d'infanterie, 246 escadrons de cavalerie, 149 batteries et 396 compagnies.

Marine. — Depuis 1870, l'Allemagne a consacré chaque année des sommes considérables à l'accroissement des forces de sa marine. Le port de Wilhelmshafen a été créé en 1875 à l'embouchure de la Yade, et un canal, actuellement en voie d'exécution, permettra prochainement aux navires de passer des eaux de la Baltique dans celles de la mer du Nord, sans faire le détour du Skager-Rack. Des chantiers de construction sont établis à Wilhelmshafen, à Kiel et à Dantzig. Kiel, port d'attache de l'escadre de la Baltique, est en outre le siège de l'école et de l'Académie de marine et de l'école des mécaniciens, des pilotes et des torpilleurs. — L'effectif de la marine militaire, y compris les cadres, ne s'élève guère qu'à 18,000 hommes, destinés à assurer le service de la défense des côtes et de l'armement des bateaux.

ALLIER (Ant.), sculpteur fr. — Sa dernière œuvre est une statue de *Viala*, qui a été exposée au Salon de 1866. Il est mort à Paris au mois de décembre 1870.

ALLIOLI (Jos.-Fr. d'), théol. cathol. all. — Il est mort à Augsbourg au mois d'août 1873.

ALMONTE (J.-Népomucène), général mexicain. — Il fit partie, avec le général Salas et M. de la Bastida, du triumvirat nommé par la consulta. Maximilien le nomma lieutenant de l'Empire au mois d'avril 1864, puis grand-maréchal, après son arrivée. En 1866, Almonte vint à Paris comme ministre plénipotentiaire ; il s'efforça dans ce poste d'obtenir la prolongation du séjour des troupes françaises au Mexique ; mais il ne put y parvenir. Lorsque Maximilien fut tué (16 juin 1867), il continua à résider à Paris où il mourut au mois de mars 1869.

ALMQUIST (Ch.-Jonas), littér. suédois. — Il est mort à Brême au mois d'octobre 1866.

ALPHONSE XII (Fr. d'Assise, Ferd.-Pie-J.-Marie de la Conception-Grégoire-Pélage), roi d'Espagne, né à Madrid le 29 novembre 1857, m. dans cette ville le 29 novembre 1885. Fils d'Isabelle II et du roi François d'Assise, il avait 11 ans quand la révolution de 1868 chassa sa mère du trône. Au commencement de 1870, il entra au Thérésianum de Vienne ; mais, au mois de juin, Isabelle ayant abdiqué en sa faveur ses droits à la couronne d'Espagne, le jeune roi quitta Vienne et vint continuer ses études, d'abord en France, puis au collège de Sandhurst en Angleterre. Il se trouvait à Paris à la fin de l'année 1874, quand le général Martinez-Campos, profitant de l'incapacité des républicains et de la lassitude du pays, le proclama roi d'Espagne sous le nom d'Alphonse XII (29 décembre). Don Carlos seul et les ministres protestèrent. Un conseil de régence fut formé immédiatement sous la présidence de M. Canovas del Castillo, en attendant l'arrivée du roi qui fit son entrée à Madrid le 14 janvier 1875 au milieu des acclamations du peuple. Cependant, malgré une habile proclamation adressée aux rebelles, l'insurrection carliste continuait dans les provinces du Nord. Les troupes royales, sous les ordres de Jovellar et de Martinez-Campos, d'abord battues à Lucar et à Lorca, reprirent ensuite l'avantage ; au mois de mars, le général carliste Cabréra signa un *convenio* ; Estella fut prise en février 1876 par Alphonse XII en personne qui s'avança jusqu'à St-Sébastien ; une amnistie générale assura la pacification des provinces insurgées, et, le 20 mars, le roi victorieux rentra à Madrid à la tête de ses troupes. Il fit en 1877 un voyage d'inspection à travers l'Espagne. Le 23 janvier 1878, il épousa sa cousine, la princesse Mercédès, fille du duc de Montpensier ; mais cette union devait être brisée presque aussitôt : le 26 juin, la jeune reine mourait à Madrid. Cinq mois après, Alphonse XII se remariait à la basilique d'Atocha avec l'archiduchesse d'Autriche Marie-Christine. Pendant ce temps, Martinez-Campos apaisait une insurrection à Cuba. Le 29 octobre, le roi avait failli être victime d'un attentat : il passait à Madrid sur la Plaza-Mayor, quand un coup de pistolet fut tiré sur lui ; l'assassin, Oliva Moncasi, membre de l'Internationale, fut arrêté, condamné à mort et exécuté. En 1883, Alphonse XII fit un voyage à Vienne, puis il se rendit en Allemagne où il assista aux grandes manœuvres, à la suite desquelles l'empereur Guillaume 1ᵉʳ lui conféra le titre de colonel honoraire du régiment de Slessvig-Holstein n° 15, en garnison à Strasbourg. L'opinion publique en France crut voir là un défi, et, lorsque le jeune roi passa par Paris, il fut accueilli à la gare du Nord par des sifflets et des cris de « à bas le uhlan ». Le président de la République, qui était allé à la rencontre du royal visiteur, lui présenta des excuses pour le manque d'égards de la foule, et l'incident n'eut pas de suites. En 1885, le choléra éclata en Espagne et s'y propagea avec une rapidité foudroyante ; à Aranjuez notamment, le fléau faisait des ravages terribles ; le roi s'y rendit incognito, visita les casernes, l'hôpital ; mais il fut reconnu, et, à son retour à Madrid, il fut reçu par des acclamations enthousiastes. Quelque temps après, la nouvelle arriva qu'une canonnière allemande venait de prendre possession, au nom de l'empereur Guillaume, de l'île de Yap, une des Carolines. Les Espagnols indignés arrachèrent et brûlèrent le drapeau de l'ambassade d'Allemagne, et on crut un instant que la guerre allait éclater ; heureusement, il n'en fut rien ; le pape Léon XIII, choisi comme arbitre du différend, prononça son jugement en faveur de l'Espagne. Depuis quelque temps, la santé du roi était altérée ; mais rien ne faisait prévoir un dénouement fatal ; il était sur le point de quitter Madrid pour aller passer l'hiver en Andalousie, quand, le 24 novembre, le mal empira subitement. Quatre jours après, il rendait le dernier soupir. Son corps fut déposé à l'Escurial en face du caveau de la reine Mercédès. Il laissait deux filles : dona *Maria de las Mercédès-Isabelle*, princesse des *Asturies*, née le 12 septembre 1880, et dona *Maria-Térésa-Isabelle*, née le 13 novembre 1882, et un fils posthume, né le 17 mai 1886 et proclamé roi d'Espagne sous le nom d'Alphonse XIII. La politique intérieure d'Alphonse XII fut constamment respectueuse du régime parlementaire et de la promesse qu'il avait faite de donner à l'Espagne des lois libérales. Malgré les difficultés de tout genre auxquelles il se heurta, il sut maintenir la balance égale entre les partis nombreux et irréconciliables qui se disputaient le pouvoir. Il se rendit populaire par son courage et par son affabilité, et, en fermant l'ère des pronunciamentos, il donna à l'Espagne onze ans d'une tranquillité à laquelle elle était peu habituée.

ALQUIÉ (Alexis), méd. français. — Il est mort au mois de septembre 1865.

ALSACE-LORRAINE. *Bornes, superficie, population.* — L'Alsace-Lorraine est limitée au N. par le Luxembourg et le Palatinat, à l'E. par le Rhin, au S. par la Suisse, au S. E. par le territoire de Belfort et par le dép. de la Haute-Saône, et à l'O. par les dép. des Vosges et de Meurthe-et-Moselle. La frontière française actuelle commence sur le Rhin, entre Bâle et Huningue, traverse la trouée de Belfort, tout au contrefort des Vosges jusqu'au Ballon d'Alsace, puis les Vosges elles-mêmes jusqu'au mont Donon, court ensuite directement vers le N.-O. jusqu'à la Moselle qu'elle rejoint en face de Pagny, suit la rive droite de la Moselle jusqu'à Novéant, traverse cette rivière, se dirige vers le N. en passant entre Gravelotte et Mars-la-Tour, et rejoint l'ancienne frontière, à l'E. de Longwy, près du point de départ de la frontière entre la Belgique et le Luxembourg. La superficie de l'Alsace-Lorraine est de 14,510 kil. carrés, et la population de 1,566,300 hab.

Divisions politiques. — L'Alsace-Lorraine est divisée en trois départements (*bezirk*) : Haute-Alsace, Basse-Alsace et Lorraine, administrés par des présidents et subdivisés en vingt-deux cercles (*kreis*), placés sous l'autorité de directeurs de cercle. La Haute-Alsace comprend les six cercles d'Altkirch, Colmar, Guebwiller, Mulhouse, Ribeauvillé et Thann. La Basse-Alsace comprend les huit cercles de Erstein, Haguenau, Molsheim, Saverne, Schlestadt, Strasbourg ville, Strasbourg campagne et Wissembourg. La Lorraine comprend les huit cercles de Boulay, Château-Salins, Forbach, Metz ville, Metz campagne, Sarrebourg, Sarreguemines et Thionville. Au point de vue judiciaire, l'Alsace-Lorraine est répartie entre six tribunaux de 1ʳᵉ instance : Colmar, Metz, Mulhouse, Sarreguemines, Saverne et Strasbourg, ressortissant à la cour d'appel de Colmar. Elle forme quinze circonscriptions électorales nommant chacune un député au Reichstag.

Histoire. — L'Alsace-Lorraine, réclamée par M. de Bismarck, après la guerre, au nom de la sûreté de l'empire, fut cédée à l'Allemagne par le traité de Francfort (10 mai 1871). Soumise tout d'abord à la dictature, elle se vit appliquer le 1ᵉʳ janv. 1874 la constitution allemande, et elle fut admise à une représentation au parlement ; mais l'état de siège fut maintenu. La même année, le chancelier créa un comité consultatif (*landesauschuss*) choisi dans les conseils généraux et destiné à donner son avis sur les projets de loi concernant les affaires de la province. La loi du 4 juillet 1879 donna à l'Alsace-Lorraine une organisation nouvelle : aux termes de cette loi, elle forme un pays d'empire gouverné par un *statthalter* (lieutenant) assisté d'un Conseil d'État et d'un Conseil impérial élu par les conseils des districts. Au-dessous du statthalter, responsable devant l'empereur seul, se trouve un ministre secrétaire d'État, assisté de quatre sous-secrétaires. Le Landesauschuss ou Conseil consultatif est composé de 58 membres nommés par les conseils généraux (34), les 20 cercles (20) et les conseils municipaux de Colmar, Metz, Mulhouse et Strasbourg (4). — Les députés au Reichstag se sont toujours partagés en deux camps : les protestataires, c'est-à-dire ceux qui ne reconnaissent pas l'annexion, et les autonomistes, c'est-à-dire ceux qui demandent pour les provinces annexées une administration spéciale et indépendante. Les élections de 1877 avaient donné la majorité aux autonomistes, celles de 1878 la donnèrent aux protestataires ; en 1881, les autonomistes n'ayant présenté aucun candidat, la députation fut tout entière protestataire. Le chancelier et statthalter, alors le maréchal de Manteuffel, complètement déçus dans leurs espérances, voyant le peu de progrès de la germanisation, inaugurèrent alors une politique toute de violence : les journaux furent supprimés, les corporations dissoutes et la langue française interdite dans les délibérations des corps constitués et dans tous les actes de la vie publique ; au mois de septembre 1884, des mesures de rigueur furent prises contre les jeunes gens dont les parents avaient opté pour la France. Les élections de 1884 renvoyèrent au Reichstag tous les députés sortants. En 1885, le prince de Hohenlohe, ambassadeur d'Allemagne à Paris, vint remplacer Manteuffel mort le 16 juin. Les élections de 1887, malgré l'énorme quantité des émigrants, malgré l'effroyable pression de l'administration, furent encore protestataires. Un dernier parti restait à prendre : expulser tous ceux qui, de près ou de loin, tenaient pour la France ; les Français ne purent séjourner ni même passer en Alsace-Lorraine sans autorisation officielle, et la frontière fut en quelque sorte murée de notre côté. Or les élections du 20 février 1890 viennent encore d'envoyer au Reichstag 15 députés Alsaciens-Lorrains, dont 12 sont protestataires et 3 autonomistes.

ALTAROCHE (Marie-Michel), litt. français. — Il est mort à Vaux au mois de mai 1884.

ALTIERI (L.), cardinal italien. — Il est mort à Albano au mois d'août 1867.

ALTKIRCH, ville d'Alsace-Lorraine, ch.-l. de cercle. Pop. 3,228 hab. Le *cercle d'Altkirch* comprend 4 cantons : Altkirch, Dannemarie, Ferrette et Hirsingue ; 116 communes et 53,480 hab.

ALTMEYER (J.-J.), litt. belge. — Outre les ouvrages déjà cités, on lui doit encore : *les Gueux de la mer et la prise de La Brielle* (1864) ; *Histoire des campagnes de Louis XIV en Belgique* ; *les Précurseurs de la Réforme aux Pays-Bas* (1885), ouvrage posthume. Il est mort à Bruxelles au mois de septembre 1877.

ALVIN (L.-J.), litt. belge. — Nous mentionnerons parmi les œuvres récentes de cet écrivain : *les Académies et les autres écoles de dessin de la Belgique* (1867) ; *l'Exposition universelle de Vienne* (1874) ; *Souvenir du quatrième centenaire de Michel-Ange* (1875) et des biographies : *Gruyer, Van Hasselt*, etc. Il est mort à Bruxelles le 18 mai 1887.

ALZOG (J.), théol. all. — Il fit partie en 1869 de la commission des dogmes au concile du Vatican. Outre les ouvrages déjà cités, il a publié des *Esquisses de patrologie* (1866), trad. en français par l'abbé P. Belet (1867). Il est mort à Fribourg en Brisgau au mois de février 1878.

AMARI (Mich.), histor. ital. — Il a été élu, en juin 1871, membre associé de l'Académie des inscriptions, et, en 1877, il a présidé le congrès des orientalistes à Florence. Ses derniers ouvrages sont : *Inscriptions arabes de la Sicile* (Palerme, 1871), et *Ricordi arabici sulla storia di Genova* (Gênes, 1873).

AMARIN (SAINT-), bg d'Alsace-Lorraine, ch.-l. de cant., cercle et à 10 kil. de Thann. Pop. 2,160 hab.

AMAURY-DUVAL (Eug.-Emmanuel), peintre français. — On cite parmi ses dernières toiles : *Etude d'enfant, Portrait de femme* au Salon de 1864; *Daphnis et Chloé* en 1865; *Psyché* et *Portrait du général de Brayer* en 1867, etc. On lui doit aussi deux volumes de mémoires : *l'Atelier d'Ingres* (1878) et *Souvenirs*, 1829-1830 (1885). Il est mort à Paris au mois de décembre 1885.

AMBERT (Joach.), gén. français. — Nommé conseiller d'Etat en 1866, il rentra dans la vie privée après le 4 septembre 1870, et se consacra entièrement à la littérature. Outre les ouvrages déjà cités, il a écrit : *Etudes tactiques* (1865); *Conséquences des progrès de l'artillerie* (1866); *Histoire de la guerre de 1870-71* (1873); *l'Héroïsme en soutane* (1876); *le Chemin de Damas* (1878); *les Soldats français* (1878-1882); *le Connétable Anne de Montmorency*; *le Général Drouot* (1880); *Louvois d'après sa correspondance* (1881); *Cinq épées* (1882); *Récits militaires* (1884-86), etc., et un grand nombre de biographies.

AMBROS (Aug.-Guill.), compositeur all. — Il devint en 1870 professeur d'histoire musicale à l'Université de Prague, et, quelque temps après, il fut appelé à Vienne où il eut pour élève le prince impérial Rodolphe. Il est mort dans cette ville au mois de juin 1876. Il avait terminé en 1868 la publication de son *Histoire de la musique* (Breslau, 3 vol.).

AMÉLIE (Marie-Frédérique-Augusta), princesse de Saxe. — Elle est morte à Pilnitz, près de Dresde, le 18 septembre 1870.

AMÉRIQUE. — L'Amérique comprend aujourd'hui comme Etats indépendants, dans l'Amérique septentrionale : les Etats-Unis de l'Amérique du N. et le Mexique; dans l'Amérique centrale : le Honduras, le Guatemala, le San-Salvador, le Nicaragua et le Costa-Rica; dans l'Amérique méridionale : le Vénézuéla, la Colombie, l'Equateur, le Brésil, le Paraguay, l'Uruguay, la république Argentine, la Patagonie, le Chili, la Bolivie et le Pérou; dans les Antilles : la république de Hafti et la république Dominicaine. Les possessions françaises sont : St-Pierre et Miquelon, la Guadeloupe, la Martinique, Marie-Galante, les Saintes, la Désirade, St-Barthélemy, les deux tiers de St-Martin, et un tiers de la Guyane. Les possessions anglaises sont : le Dominion of Canada, Terre-Neuve, les îles Bermudes, les îles de Bahama, les îles Turk, la Jamaïque, St-Christophe, l'île Vierge, Antigoa, Dominique, Tabago, Ste-Lucie, St-Vincent, la Grenade, la Barbade, Monserrat, Névis, la Trinité, un tiers de la Guyane, le Honduras et les îles Falkland. Le Danemark possède le Groenland et les îles Ste-Croix et St-Thomas dans les Antilles. Les colonies espagnoles sont Cuba et Porto-Rico. Le dernier tiers de la Guyane et de l'île St-Martin et l'île Curaçao appartiennent à la Hollande.

ANDERSEN (Hans-Cristian), litt. danois. — On a encore de lui : *le Camarade de voyage, Sous le saule, les Avantages du chardon, Nouveaux contes danois* (1875). Il est mort à Rolighed au mois d'août 1875.

ANDERSON (H.), savant américain. — Il est mort à Lahore (Hindoustan) au mois d'octobre 1875, à la suite d'une maladie contractée pendant un voyage dans les monts Himalaya.

ANDERSSON (Nic.-J.), botaniste suédois. — Il est mort à Lund au mois de mars 1880.

ANDERSSON (Ch.-J.), voyageur suédois. — Il est mort en 1867.

ANDORRE (République d'). — La population actuelle est de 5,750 hab. Depuis 1866 des troubles continuels ont agité les vallées d'Andorre. A cette époque, l'ancien Conseil général et les délégués des paroisses furent remplacés par un conseil de vingt-quatre membres, renouvelable par moitié tous les deux ans et élu par les chefs de famille; la durée des fonctions du syndic fut réduite à un an. Quelque temps après, une émeute eut lieu, causée par une demande de concession pour un établissement de jeux; finalement, la demande fut repoussée. Le calme régna jusqu'en 1880; à cette époque, de nouveaux troubles éclatèrent, provoqués par le parti espagnol et par la Compagnie des jeux; un gouvernement révolutionnaire s'installa à Vieille-Andorre; le commissaire français envoyé pour rétablir l'ordre fut menacé, et, grâce à quelques coups de fusil tirés autour des salles de vote, les élections du 8 mars 1881 donnèrent raison aux émeutiers. Cependant, la France et l'Espagne, après s'être mises d'accord contre l'établissement de la Compagnie des jeux, cassèrent les élections et bloquèrent les Andorrans dans leurs vallées. Une contre-révolution ne tarda pas à se produire; le gouvernement révolutionnaire dut se retirer, et la tranquillité fut rétablie pendant quelque temps. En 1882, les désordres recommencèrent au sujet de l'établissement d'une ligne télégraphique par les soins du gouvernement français. En 1884, à la suite des élections, le suppléant du viguier espagnol fit jeter en prison et condamner arbitrairement les électeurs du parti français qui avaient protesté contre l'illégalité du dépouillement du scrutin; le gouvernement français dut encore intervenir pour les faire remettre en liberté. En 1886, une nouvelle rébellion éclata à propos d'un différend entre le viguier français et le viguier espagnol; elle se termina par la retraite du viguier espagnol que le Conseil général obligea à démissionner. Aujourd'hui les esprits sont apaisés, et le calme semble rétabli dans la République.

ANDRAL (Ch.-Guill.-Paul), avocat et homme pol. français. — Il se présenta sans succès aux élections générales de 1869 dans le dép. de la Mayenne. Le 28 mars 1871, M. Thiers le nomma préfet de la Gironde, et, en 1873, il fut appelé au conseil supérieur de l'instruction publique. Elu le 22 juillet 1872 membre du Conseil d'Etat, il en devint vice-président l'année suivante à la mort d'Odilon Barrot. Il donna sa démission le 1er février 1879, aussitôt après la retraite du maréchal de Mac-Mahon. Il est devenu depuis président du conseil d'administration de la compagnie du chemin de fer d'Orléans.

ANDRAL (Gabr.), méd. français. — Il est mort à Paris au mois de février 1876.

ANDRÉ (Michel), ecclésiastique franç. — Nous citerons parmi ses derniers ouvrages : *Dictionnaire théorique et pratique du droit civil et ecclésiastique* (1874, 2 vol. in-4°).

ANDRÉ (Jul.), paysagiste français — Parmi les dernières toiles exposées par cet artiste, nous citerons : *les Bords de l'Oise* (1865); *Environs de St-Dié* (1866); *la Mare Noire* (1867); *Environs du Tréport* (1868); *l'Etang des chênes* (1869); *la Fosse aux loups* (1870). Il est mort à Auteuil en 1869.

ANDRÉ (J.-Fr.), litt. fr. — Il est mort à Vaucluse le 3 juillet 1881.

ANDRÉE (Ch.-Th.), litt. all. — Il est mort au mois d'août 1875.

ANGELIS (P. DE), publiciste ital. — Il est mort à Buenos-Ayres en 1860.

ANGLEMONT (Ed.-Hubert-Scipion D'), litt. fr. — Il a encore publié quelques poésies : *l'Internationale, la Résurrection de la colonne*, etc., qui lui ont valu en 1874 un des prix de l'Académie française. Il est mort à Paris le 22 avril 1876.

ANGLETERRE. Voy. GRANDE-BRETAGNE.

ANHALT (Duché d'). — Le duché d'Anhalt fait actuellement partie de l'empire d'Allemagne. Le contingent de l'armée forme un régiment appartenant à la 7e division du 4e corps d'armée. La population s'élève à 247,600 hab., dont 27,600 pour *Dessau*, la capitale. Il est traversé par les lignes ferrées de Magdebourg à Leipzig par Dessau; de M. à L. par Köthen et Halle, et d'Halberstadt à Wittenberg par Köthen et et Dessau. Le duc actuel est Frédéric (Léopold) né le 29 avril 1831; il a succédé à son père le 22 mai 1871.

ANICET-BOURGEOIS (Auguste), aut. dr. franç. — Il a écrit depuis cette époque : en collaboration avec J. Barbier, *la Sorcière*, dr. en 5 a. (1864); avec Ponson du Terrail, *Rocambole*, dr. en 5 a. (1864); avec Paul Féval, *le Mousquetaire du Roi* (1865) et *la Reine Cotillon* (1866). Il est mort à Paris le 12 janvier 1871.

ANJER ou **ANDJER**, ancienne ville maritime de Java. — Cette ville n'existe plus : elle a été submergée, le 27 juillet 1883, pendant le cataclysme du Krakatoa.

ANOT DE MAIZIÈRES (Cyprien), litt. français. — Il est mort à Versailles au mois de janvier 1879.

ANSTED (Th.), géol. angl. — Il est mort au mois de mai 1880. Parmi les ouvrages récents de ce savant devenu secrétaire de la Société géologique de Londres, nous citerons : *Application de la géologie aux arts et aux manufactures* (1865); *Géographie physique* (1867); *le Monde où nous vivons* (1869), etc.

ANTIGNA (J.-P.-Al.), peintre fr. — Parmi les toiles récentes exposées par cet artiste, nous mentionnerons : *Sérénade à Echo* (1866); *Aux écoutes* (1867); *l'Enfant et son ombre* (1868); *Fascination* (1869); *Bohémiennes* (1872); *la Tache de sang* (1873); *Après la tempête* (1874); *les Deux voix* (1875); *Plage de la Roche-Rouge* (1876); *le Feu de la St-Jean* (1877); *l'Enfer* (1878). Il est mort à Paris au mois de février 1878.

ANTONELLI (Jacq.), cardinal et homme d'Etat italien. — Il s'efforça en 1864 d'atténuer au dehors les effets du fameux *Syllabus*. En 1867, après la défaite de Garibaldi à Mentana, il entama avec le chef du ministère espagnol, Narvaez, des négociations ayant pour but le remplacement à Rome des troupes françaises par des troupes espagnoles. La révolution de 1868 qui renversa Isabelle empêcha ce projet d'aboutir. Lorsque les Italiens s'emparèrent de Rome le 20 septembre 1870, Antonelli adressa au nom du pape une protestation aux puissances, et il usa de toute son influence pour décider le Saint-Père à ne pas quitter la ville éternelle. Après la chute du pouvoir temporel, son rôle s'amoindrit, et il ne s'occupa plus guère que de l'organisation des finances du Saint-Siège. Il mourut à Rome le 6 novembre 1876 d'une attaque de goutte.

APEL (Guido-Théod.), poète all. — Il est mort à Leipzig au mois de novembre 1867.

APPONY ou **APPONYI** (Rod., comte D'), diplomate autrichien. — En 1864, il représenta l'Autriche, comme ministre plénipotentiaire, à la conférence qui se réunit à la suite de la guerre du Danemark. Il quitta l'ambassade de Londres, au mois de décembre 1871, pour venir occuper celle de Paris, en remplacement du prince de Metternich. Le mauvais état de sa santé l'obligea, en avril 1876, à se démettre de ses fonctions, et il se retira à Venise où il mourut deux mois après.

APPONY (G., comte D'), cousin du précédent. — Il donna en 1863 sa démission de *judex curiæ*, et fut remplacé dans ses fonctions par le comte Andrassy.

ARAGO (Et.), litt. et homme pol. franç. — Il fut chargé en 1865 de la rédaction du feuilleton théâtral à l'*Avenir national*. Le 4 septembre 1870, nommé maire de Paris par le gouvernement de la Défense nationale, il se signala par son activité dans la mise en état de défense de la capitale. Le jour de l'envahissement de l'Hôtel-de-Ville (31 octobre), il fut fait prisonnier, gardé à vue, et ne fut relâché que sur la promesse, qu'il crut pouvoir faire au nom du gouvernement, que les élections se feraient à bref délai. La date en ayant été reculée, Arago donna sa démission. Il fut nommé le 17 novembre commissaire général des monnaies; mais il n'accepta pas cet emploi. Il se trouvait en Italie, chargé d'une mission par le gouvernement, quand le dép. des Pyrénées-Orientales l'envoya comme député à l'Assemblée nationale. Il donna sa démission, et, de retour à Paris, reprit ses travaux littéraires. Il a publié en 1874 un ouvrage très intéressant sous le titre de : *l'Hôtel-de-Ville de Paris au 4 septembre et pendant le siège*; et, en 1878, *les Tuileries et le Carrousel*. Il a été nommé en 1878 archiviste de l'Ecole des beaux-arts, et, en 1880, conservateur du musée du Luxembourg.

ARAGO (Emm.), litt., avocat et homme pol. franç. — Chargé en 1867 de la défense de Bérézowski, il obtint en sa faveur des circonstances atténuantes. Il plaida également dans l'affaire de la souscription Baudin. Aux élections de 1869, il posa sans succès sa candidature dans les Pyrénées-Orientales et dans le Var. Il se représenta ensuite à Paris pour les élections complémentaires de novembre, fut élu, et vint siéger dans les rangs de la gauche. Il protesta contre la déclaration de guerre et devint, au 4 septembre, membre du gouvernement de la Défense nationale. Il se trouvait le 31 octobre à l'Hôtel-de-Ville où les émeutiers le gardèrent un moment prisonnier. Au moment de l'armistice, il se rendit à Bordeaux et remplaça Gambetta au ministère de l'intérieur jusqu'à l'élection de Thiers à la présidence de la République. Le 8 février 1871, le dép. des Pyrénées-Orientales l'envoya comme député à l'Assemblée nationale; il y vota constamment avec la gauche républicaine. Aux élections sénatoriales du 30 janvier 1876, il se présenta dans le même dép. et fut élu. Il a remplacé en 1880 M. Challemel-Lacour comme ambassadeur de France en Suisse, et, en 1882, il a été réélu sénateur.

ARANY (J.), poète hongrois. — Il a achevé en 1879 la dernière partie de sa trilogie de *Toldi*, la plus populaire de ses œuvres. Il est mort à Bude-Pesth au mois d'octobre 1882.

ARBOIS DE JUBAINVILLE (Marie-H. D'), érudit franç. — Il fut élu en 1867 correspondant de l'Académie des inscriptions et belles-lettres, dont il devint membre en 1884. Il est depuis 1881 professeur au Collège de France. Outre les ouvrages et les mémoires que nous avons déjà cités, il a publié : *Archives du département de l'Aube* (1864); *Recherches philologiques sur l'anneau sigillaire de Pouan* (1870); *la Déclinaison latine en Gaule* (1872); *les Premiers habitants de l'Europe* (1877); *Etudes sur les langues celtiques* (1881); *Cours de littérature celtique* (1884); *Origines de la propriété foncière en France* (1887), etc; et de nombreux articles dans les journaux spéciaux, notamment dans la *Revue celtique*, dont il est directeur depuis 1886.

ARCHIAC (Et.-Jul.-Adolphe DESMIER DE SAINT-SIMON, vicomte D'), géologue franç. — Il disparut au mois de janvier 1869; son corps fut retrouvé dans la Seine, à Meulan, le 30 mai de la même année. Ses derniers ouvrages ont pour titres : *Paléontologie stratigraphique* (1865);

Géologie et Paléontologie (1866); *Paléontologie de la France* (1868).

ARCTIQUES (Océan et Terres). — L'histoire des explorations faites dans les régions arctiques présente une grande disproportion entre les périls courus, les tentatives sans cesse renouvelées avec une audace inouïe et les résultats obtenus. En 1869, une expédition, composée des navires *Hansa* et *Germania*, partit de Brême pour explorer les régions polaires. La *Hansa*, sous les ordres du capitaine Hegemann, fut broyée par les glaces, et l'équipage, échoué sur la banquise, se vit entraîné par les courants vers la côte du Groenland où il fut recueilli. La *Germania*, commandée par le capitaine Koldewey, arriva le 5 août à l'île Sabine, poussa jusqu'au 77e parallèle ; mais les provisions étant épuisées, la mission dut rentrer en Europe après s'être bornée à la détermination de quelques points géographiques intéressants. En 1871, le *Polaris*, sous les ordres du capitaine américain Hall, quitta la rade de New-York, passa le détroit de Smith, suivit le canal de Kennedy, découvrit le canal Robeson et atteignit le 3 septembre le 82e 16′ lat.; Hall mourut le 8 novembre ; au mois d'août suivant, le *Polaris* fut pris par la banquise et emporté avec elle par les courants, jusque par le travers de Terre-Neuve où il fut rencontré par le navire *Tigresse* (30 avril 1878). Dans le courant du mois de juin 1872, une mission, conduite par le lieutenant Prayer, partit de Brême sur le *Tegethoff* commandé par le lieutenant Weyprecht. Après avoir reconnu la côte O. de la Nouvelle-Zemble, le *Tegethoff* se vit bloqué par les glaces (21 août); au printemps, les explorateurs entraînés vers le N.O. découvrirent la terre François-Joseph sous le 82e parallèle, et, après un second hiver passé sur la banquise, ils rallièrent la Nouvelle-Zemble où ils furent recueillis par le navire russe *Nikolaï*. En 1875, deux navires, l'*Alert* et la *Discovery*, armés par l'amirauté anglaise sur les instances de la Société royale de géographie, et commandés par le capitaine Nares, partirent de Portsmouth pour l'océan Arctique. La *Discovery* prit ses quartiers d'hiver dans la baie Lady Franklin ; l'*Alert* poussa jusqu'au 82e degré, et, au printemps, le lieutenant Markham arriva en traîneau au 83°20′ lat., au delà de la terre de Grinnel, sans avoir aperçu la mer libre de Kane. Nares constata au contraire que les glaces de la mer polaire avaient une épaisseur inouïe, et il lui donna pour cette raison le nom de *mer paléocrystique*. En 1878 eut lieu le voyage remarquable du professeur suédois Nordenskjœld. Parti de Gothenbourg le 4 juillet, sur la *Véga*, avec l'intention de traverser tout l'océan Arctique de l'O. à l'E., il hiverna près des îles Liakhof, reconnut ensuite les côtes de la Sibérie, passa le détroit de Behring, et arriva à Yokohama le 2 septembre 1879, ayant découvert ainsi la route septentrionale d'Europe en Amérique. En 1882, le lieutenant Lookwood de l'expédition du capitaine américain Greely, atteignit sur la côte du Groenland le point le plus septentrional où l'homme soit parvenu : 83°24′; il constata comme Markham que la banquise se continuait toujours vers le Nord. Il est possible cependant que l'étendue de la mer libre varie chaque année; l'existence de cette mer si discutée est loin d'être contraire aux lois de la physique du globe ; le Gulf-Stream, après avoir réchauffé les côtes de l'Europe occidentale, peut se prolonger vers le N. sous les banquises du Spitzberg et de la Nouvelle-Zemble. D'un autre côté, les vents du Sud, saturés d'humidité, forment des brouillards intenses en arrivant au contact des régions glacées, et s'y dépouillent de toute leur vapeur d'eau ; or, pendant l'été, époque où ces vents sont dominants, les régions arctiques sont directement soumises aux rayons du soleil, qui, impuissants à traverser la couche épaisse de brouillards accumulés entre les 70e et 82e degrés lat., échauffent en revanche considérablement la région du pôle où le ciel est serein. Il n'est donc pas impossible que la calotte polaire soit plus dégagée de glaces à son centre qu'à son pourtour. Le docteur norvégien Fritjof Nansen, qui s'est déjà signalé en 1888 par une exploration dans le Groenland entre le 64e et le 65e parallèle, prépare actuellement une expédition aux régions arctiques qui nous apportera peut-être la solution de cette question si controversée.

ABGELANDER (Fr.-Guill.-Aug.), astronome all. — Il est mort à Bonn le 17 février 1875.

ARLT (Ferd.), médecin all. — Il a publié récemment : *Des lésions de l'œil et de leur appréciation en médecine légale* (Vienne, 1875); *Des causes de la myopie* (Vienne, 1876), etc., et un grand nombre d'articles dans les journaux spéciaux, notamment dans les *Archives ophthalmologiques* dont il a été un des fondateurs.

ARMAND (Alf.) archit. fr. — Il est mort en janvier 1888. Il a laissé un ouvrage remarquable sur *les Médailleurs italiens des* xve *et* xvie *siècles* (1887, 3 vol. in-8°).

ARMENGAUD (J.-E.), ing. fr. — Il a ouvert un cabinet d'ingénieur conseil pour les brevets d'invention. Ses derniers ouvrages sont intitulés : *Progrès de l'industrie à l'Exposition universelle de* 1867 (1868, avec atlas in-f°); *Production industrielle du froid par la détente des gaz*.

ARMENGAUD (Ch.), frère du précédent. — Comme son frère, il est à la tête d'une agence de brevets.

ARMSTRONG (Guill.-G.). — Depuis cette époque, il continue la fabrication des pièces d'artillerie dans son usine d'Elswick près de Newcastle. Il a publié un opuscule intitulé : *Discussion sur l'abolition des brevets d'invention*.

ARNAUD de l'*Ariège* (Fréd.), publiciste et homme pol. franç. — Il se présenta sans succès aux élections de 1869 dans le dép. de l'Ariège. Après la révolution du 4 septembre, il fit partie de la commission provisoire qui remplaça le Conseil d'Etat, fut élu ensuite maire du viie arr. de Paris, puis député de la Seine le 8 février 1871, et enfin sénateur de l'Ariège le 30 janvier 1876. Il mourut à Versailles au mois de mai 1878. Les derniers ouvrages qu'il a publiés sont : *la Révolution et l'Eglise* (1869), ouvrage dans lequel il cherche à réconcilier l'Eglise avec les idées démocratiques.

ARNAULT (Fr.-Alph.), acteur et aut. dr. fr. — Il est mort à Saint-Pétersbourg au mois de décembre 1860.

ARNDTS (L.), jurisc. all. — Il entra en 1867 à la Chambre des seigneurs, fut honoré en 1871 du titre de von Arnsberg, et devint en 1872 membre de l'Académie des sciences de Vienne. La maladie le mit, peu de temps après, dans l'obligation de se démettre de ses fonctions de professeur de droit romain à l'Université. Il mourut à Vienne au mois de mai 1878. Son dernier ouvrage important est un traité de droit intitulé : *la Doctrine des legs* (Erlangen, 1869-78).

ARNOULD (Math.), poète anglais. — Il fit en 1864 un voyage d'études en France, en Allemagne et en Hollande, et à son retour, il publia les résultats de ses observations dans deux opuscules intitulés : *Un Eton français* (1864), et *Ecole et université sur le continent* (1868). Il donna en 1867 sa démission de professeur de poésie à l'université d'Oxford, où il avait été nommé en 1857, et vint se fixer à Londres. Il publia alors des *Leçons de littérature celtique* et des *Nouveaux poèmes* (1868) qui contiennent des morceaux remarquables. Depuis cette époque, il a écrit sur l'histoire, la philosophie, la littérature et la religion, un nombre considérable d'études parmi lesquelles nous citerons : *Culture et anarchie* (1869); *S. Paul et le protestantisme* (1870); *les Guirlandes de l'amitié* (1871); *Littérature et dogme* (1873); *Dieu et la Bible* (1875); *Etudes irlandaises* (1882), etc. Il est mort à Liverpool le 15 avril 1888.

ARNOTT (Kéill), médecin angl. — Il est mort au mois de mars 1874.

ARNOULD (Fr.-Désiré), économiste belge. — Il est mort à Verviers le 16 avril 1860.

AROUX (J.-R.-Cl.), ingén. fr. — Il est mort le 2 juin 1866.

ARNOUX (Eug.), littér. fr. — Il est mort à Paris le 17 octobre 1859.

ARREST (H.-L. d'), astron. all. — Il termina en 1867 son *Catalogue des nébuleuses* (Copenhague, 1867). Son dernier ouvrage a pour titre : *Etude des nébuleuses par l'analyse spectrale* (Copenh., 1872). Il est mort à Copenhague au mois de juin 1875.

ARRIGHI de Casanova (Ern.-T.-H.-Hyac.), duc de Padoue, homme pol. franç. — Il siégea au Sénat jusqu'à la fin de l'empire, et devint après le 4 septembre un des chefs les plus actifs du parti bonapartiste. Il dirigea la manifestation du 16 mars 1874 à Chislehurst, et, le 18 octobre de la même année, il se présenta dans le dép. de Seine-et-Oise avec un programme nettement bonapartiste; malgré les 45,000 voix qu'il obtint, il fut battu par son concurrent M. Sénard. Il se représenta sans plus de succès aux élections du 7 février 1875, mais il réussit à se faire élire en Corse le 20 février 1876. Il vint siéger à la Chambre dans le groupe de l'appel au peuple où il soutint constamment le ministère de Broglie. Après la dissolution de la Chambre, il posa sa candidature en Corse et dans la Seine, et fut élu dans le premier dép. Il ne se représenta pas aux élections de 1881, ni à celles qui suivirent. Il est mort au mois de mars 1888.

ARRIVABENE (J., comte), économiste ital. — Il a été élu en 1865 correspondant de l'Académie des sciences morales et politiques. Il a publié en 1870 un choix de ses *Ecrits moraux et économiques* (Florence). Il est mort à Mantoue au mois de janvier 1881.

ARROM (Cécile d'), romancière espagnole. — Elle est morte à Séville au mois d'avril 1877.

ASBIORNSEN (P.-Christ.), littér. norvégien. — Il a gardé jusqu'à sa mort ses fonctions de conservateur des forêts. Ses derniers travaux ont porté sur l'*Amélioration des marais* (1864) et sur l'*Exploitation des tourbières* (1868). Il est mort à Christiania au mois de janvier 1886.

ASCHBACH (Jos.), hist. all. — Il quitta en 1872 sa chaire d'histoire générale à l'Académie de Vienne, et vécut ensuite dans la retraite. Il est mort à Vienne au mois d'avril 1882. Outre les ouvrages déjà cités, il a écrit un grand nombre de savantes études historiques parmi lesquelles nous mentionnerons : *l'Impératrice Livie* (1863); *Histoire de l'université de Vienne* (1865-1877); *Hroswitha et Conrad Celtès* (Vienne, 1867); *Inscriptions et noms des navires des deux flottes romaines de Misène et de Ravenne* (Vienne, 1875).

ASOPIOS (Constantin), littér. grec. — Il est mort à Athènes au mois de décembre 1874.

ASSAKI (G.), littér. moldave. — Il est mort à Iassy le 29 novembre 1869.

ASSELINEAU (Ch.), littér. franç. — Il est mort à Châtel-Guyon (Puy-de-Dôme) au mois de juillet 1874. Outre les ouvrages que nous avons déjà cités, on lui doit encore : *l'Italie et Constantinople* (1869); *Bibliographie romantique*; *les Sept Péchés capitaux de la littérature*; *Vie de Claire-Clémence de Maillé-Brézé* (1872); *la Ligne brisée, histoire d'il y a trente ans* (1873), etc.

ASSOLANT (J.-B.-Alfred), littér. fr. — Il est mort à Paris le 4 mars 1886. Candidat aux élections de 1869 dans la 5e circ. de Paris, il obtint en tout 93 voix. Il se représenta sans plus de succès en février 1871 dans le dép. de la Creuse, puis à Paris le 2 juillet de la même année. Il posa encore en 1878 sa candidature à l'Académie française, concurremment avec le duc d'Audiffret-Pasquier qui fut élu. Nous citerons parmi les ouvrages récents du fécond et spirituel écrivain : *Gabrielle de Chénevert*; *Une ville de garnison* (1865); *les Mémoires de Gaston Phœbus* (1866); *les Aventures du capitaine Corcoran* (1867); *le Droit des femmes* (1868); *le Docteur Judassohn* (1873); *l'Aventurière* (1873); *François Bûchamor* (1874); *le Puy de Montchal* (1875); *Montluc le Rouge* (1877); *la Croix des prêches* (1878); *le Tigre* (1879); *Pendragon* (1880); *Chiffon* (1881); *la Fête de Champdebrac* (1882); *Acacia* (1883); *les Crimes de Polichinelle* (1884); *Plantagenêt* (1885), etc.

AUBANEL (Jos.-M.-J.-B.-Théod.), litt. franç. — Il présida en 1875 les fêtes de Forcalquier, et, au mois de mars 1878, il fit représenter, sur la scène du théâtre de Montpellier, un drame provençal, *lou Pan dou pecca* (le *Pain du péché*), qui eut un assez vif succès. Il écrivit encore un grand nombre de poésies, entre autres *lou Pastre, lou Raubatori, li Filho d'Avignoun*, qui ont paru dans les feuilles spéciales du Félibrige et notamment dans le *Prouvençau*. Il est mort à Avignon au mois de novembre 1886.

AUBER (Denis-Esprit-Ferd.), compos. franç. — Il fit encore représenter, en 1868, *le Premier Jour de bonheur*, et, en 1869, *le Rêve d'amour*. Bien qu'écrites dans les dernières années de sa vie, ces œuvres renferment encore des parties remarquables, et on y retrouve, malgré quelques défaillances, l'élégance et le charme de ses meilleures productions. Il mourut à Paris le 11 mai 1871. Un monument funéraire a été élevé sur sa tombe dans le cimetière du Père-Lachaise le 29 janvier 1877.

AUBER (Ch.), prêtre fr. — Nous citerons parmi les derniers ouvrages de cet écrivain : *Histoire de S. Martin* (Nantes, 1870); *Histoire du symbolisme religieux* (1872, 4 vol.); *Etude sur les sculptures symboliques du* xie *et du* xiie *siècle* (1872).

AUBER (Théoph.-Ch.-Emm.-Ed.), méd. fr. — Il est mort au mois de juin 1873.

AUBERT-ROCHE (L.), méd. fr. — Devenu médecin en chef de la Compagnie du canal de Suez, il publia un rapport sur *la Santé des travailleurs dans l'isthme, de* 1862 à 1867. Il est mort à Paris le 12 octobre 1874.

AUDEBRAND (Philibert), litt. franç. — C'est par erreur que nous avons fait naître Aud. à Paris vers 1812 ; il est né en réalité à St-Amand-Mont-Rond le 31 décembre 1815. Parmi les derniers ouvrages dus à la plume féconde de ce spirituel écrivain, nous citerons : *les Mariages d'aujourd'hui* (1865); *Histoire intime de la révolution du 18 mars* (1871); *le Drame de la Sauvagerie* (1874); *la Lettre déchirée* (1876); *Un petit-fils de Robinson* (1878); *César Berthelin*; *les Yeux noirs et les Yeux bleus* (1879); *le Secret de Chamblis* (1880); *les Petites comédies du bonheur* (1880); *les Gasconnades de l'amour* (1881); *le Péché de Son Excellence* (1882); *Petits mémoires d'une stalle d'orchestre* (1883); *la Dot volée* (1885); *Nos révolutionnaires* (1886); *Sérénade de don Juan* (1887), etc.

AUDIBERT (L.-Fr.-Hil.), littér. fr. — Il est mort à Paris le 12 octobre 1861.

AUDIFFRET (Ch.-L.-Gaston, marquis d'), admin. fr. — Une 3e édition de *Système financier de la France*, considérablement augmentée, a paru de 1864 à 1870 (6 vol. in-8°). On lui doit encore : *Progrès de la fortune nationale et du crédit public de 1789 à 1873* (1873); *Souvenirs de ma carrière* (1876), etc. Il est mort à Paris au mois d'avril 1878.

AUDIGANNE (Arm.), publiciste fr. — Il quitta en 1869 les fonctions qu'il remplissait au ministère du commerce et se présenta sans succès, la même année, aux élections législatives dans le dép. de la Loire-Inférieure. Il est mort à Paris le 9 janvier 1875. Outre les ouvrages déjà cités, il a écrit : *l'Économie de la paix* (1866); *la Lutte industrielle des peuples* (1868); *la Morale dans les campagnes* (1870); *la Crise des subsistances et la cherté des vivres* (1871); *le Travail et les ouvriers sous la 3ᵉ République* (1873); *Mémoires d'un ouvrier de Paris* (1871-73); *la Nouvelle loi sur le travail des enfants* (1874), etc.

AUER (Alois), typographe all. — Il est mort à Vienne au mois de juillet 1869.

AUERBACH (Berthold), écrivain all. — Il a publié depuis une nouvelle série de romans philosophiques et d'histoires villageoises : *Sur la hauteur* (Stuttg., 1865); *Au village et à la cour* (1866); *la Maison de campagne des bords du Rhin* (1868). Au moment de la guerre de 1870, il s'attacha à chauffer l'enthousiasme teutonique en écrivant des pamphlets virulents contre la France : *Ce que veut le Français et ce que veut l'Allemand; Proclamation aux Alsaciens*, etc. Ses derniers ouvrages sont : *Waldfried, histoire patriotique d'une famille* (Stuttg., 1874); *Depuis trente ans* (Stuttg., 1876); *le Forestier* (1879); *Brigitte* (1880); etc. Il est mort à Cannes au mois de janvier 1882.

AUERSPERG (Ant.-Alex., comte d'), poète et homme pol. all. — Il est mort à Gratz au mois de septembre 1876.

AUGER (Hipp.-Nic.-Just.), aut. dr. fr. — Il est mort à Menton le 29 janvier 1881.

AUGIER (Guill.-Victor-Emile), poète dram. français. — En 1866, il fit représenter *la Contagion*; cette pièce, reçue tout d'abord au Théâtre-Français sous le titre de *Baron d'Estrigaud*, fut retirée par son auteur à cause des retards que lui faissit subir le succès du *Lion amoureux* de Popsard, et portée à l'Odéon où elle n'obtint qu'un succès relatif (17 mars). Deux ans plus tard (25 janvier 1868), il donna au Théâtre-Français *Paul Forestier*, com. en quatre actes et en vers, puis, en 1869, *le Post-Scriptum* et une comédie en cinq actes, *Lions et Renards*, qui fut représentée en décembre et n'eut qu'un succès d'estime. *Jean de Thomery*, com. en cinq actes, tirée d'un roman de Jules Sandeau et écrite en collaboration avec ce dernier, ne réussit pas mieux (déc. 1873). En 1876, il fit jouer au Vaudeville *Madame Caverlet*, com. en quatre actes, et au Palais-Royal, *le Prix Martin*, com. en trois actes, écrite en collaboration avec E. Labiche. Une comédie en trois actes et en prose, *les Fourchambault*, représentée au Théâtre-Français le 8 avril 1878, obtint un très grand et très légitime succès et fut le couronnement de la carrière dramatique du célèbre auteur qui, depuis cette époque, renonça définitivement au théâtre. Il est mort à Paris le 25 octobre 1889.

AUMALE (H.-Eug.-Ph.-L. d'Orléans, duc d'). — En 1865, il fit imprimer son *Histoire des princes de Condé;* mais les premiers exemplaires en furent saisis, et les réclamations en fin de restitution auxquelles cette saisie donna lieu n'aboutirent que quatre ans après (mais 1869). A la nouvelle de nos premières défaites en 1870, il demanda à reprendre du service dans l'armée française; sa lettre ne reçut aucune réponse. Après le 4 septembre, il posa sa candidature dans la Charente; mais les élections furent ajournées. Lorsqu'elles eurent lieu, après la capitulation de Paris, il se présenta dans l'Oise et adressa d'Angleterre aux électeurs de ce département une profession de foi dans laquelle, tout en proclamant l'excellence d'une royauté constitutionnelle, il se déclarait prêt à s'incliner devant le gouvernement demandé par la France. Il fut élu. Le 8 juin, l'abrogation des lois d'exil fut votée; son élection ayant été validée, il rentra en France et vint siéger à l'Assemblée nationale. Le 30 décembre, il fut élu membre de l'Académie française en remplacement de Montalembert. Il obtint en mars 1872 sa réintégration dans les cadres de l'activité comme général de division, et, la même année, un vote de l'Assemblée le remit en possession de sa part des biens de Louis-Philippe, confisqués en 1852 par Napoléon III. Désigné en 1873 pour présider le conseil de guerre chargé de juger Bazaine, il dirigea les débats de ce triste procès avec une habileté et une impartialité remarquables. Après la condamnation à mort de l'ex-maréchal, il signa, de concert avec les autres membres du conseil, un recours en grâce auprès du président de la République qui commua la peine capitale en une détention de vingt ans. Le duc d'Aumale fut à cette époque (28 septembre) placé à la tête du 7ᵉ corps d'armée à Besançon, et, absorbé par les devoirs de son commandement, il ne participa plus que rarement aux travaux de l'Assemblée. Au moment des élections de 1875, il s'adressa à ses électeurs de l'Oise pour leur déclarer qu'il déclinait toute candidature, et que, fidèle à la promesse qu'il leur avait faite en 1871 de s'incliner devant la volonté de la France, il continuerait à servir loyalement son pays. En septembre 1876, il fut maintenu dans son commandement, et, au mois de février 1879, un décret présidentiel le

nomma aux fonctions d'inspecteur général des corps d'armée. L'Académie des beaux-arts le reçut l'année suivante comme membre libre. Au commencement de l'année 1883, il se vit accusé de tramer un complot contre la République, et un décret du 23 février le mit en retrait d'emploi. Le gouvernement ne s'en tint pas à cette mesure de rigueur : au mois de juin 1886, tous les princes d'Orléans furent mis en réforme et rayés des cadres de l'armée. Le duc d'Aumale introduisit devant le conseil d'État un pourvoi qui fut rejeté; il envoya en même temps une lettre de protestation au président de la République, qui, en réponse, l'envoya en exil (13 juillet). Au mois d'octobre il fit don à l'Institut de son magnifique domaine de Chantilly. Il vivait à Bruxelles, où il semblait s'être fixé définitivement, quand, le 7 mars 1889, un décret du président de la République est venu mettre un terme à son exil. Le duc d'Aumale a épousé le 25 nov. 1844 la duchesse *Caroline*, fille du prince de Salerne, morte en 1869 après lui avoir donné deux fils : *L.-Phil.-Marie-Léopold d'Orléans*, prince de *Condé*, né le 15 nov. 1845, m. de la fièvre typhoïde en sept. 1866 à Sydney, pendant un voyage en Australie; et *Fr.-L.-Marie-Phil.* *d'Orléans*, duc de *Guise*, né le 5 juin 1854, qui, après avoir failli être tué à la chasse en janvier 1869, est mort d'une fièvre cérébrale en juillet 1872. — Outre les ouvrages déjà cités, le duc d'Aumale a encore publié : *les Institutions militaires de la France* (Brux., 1868); des discours : *Discours sur la réorganisation de l'armée* (1872); *Discours de réception à l'Académie française* (3 avril 1873). Il a écrit dans la *Revue des Deux-Mondes* du 15 oct. 1867 un article intitulé : *l'Autriche*, et il a terminé sa grande *Histoire des princes de Condé*.

AUSTIN (Alfred), litt. angl. — Nous citerons parmi les ouvrages récents de cet écrivain : *la Poésie contemporaine* (1870); *l'Age d'or* (1871); *le Fils de la Madone* (1873); *la Tour de Babel* (1874); *Lesako le bâtard* (1877).

AUSTIN (Sarah), femme de lettres angl. — Elle est morte en 1867.

AUSTRALIE. *Divisions politiques, superficie, population.* — Le continent australien est divisé actuellement en sept parties: *Queensland* (205,000 hab.); cap. Brisbane; v. pr., Ipswich, Maryborough, Rocktampton et Warwick. *Nouvelle Galles du Sud* (*New South Wales*) ou *Australie orientale* (725,000 hab.); cap. Sydney; v. pr., Bathurst, Maitland, Goulburn, Newcastle et Paramatta. *Victoria* (750,000 hab.); cap. Melbourne; v. pr., Ballarat, Belfast ou Port-Fairy, Geelong et Sandhurst. *Australie méridionale* (238,000 hab.); cap. Adélaïde; v. pr., Gawler. *Australie du Nord*, encore sous l'administration de l'Australie méridionale; cap. Port-Darwin; v. pr., Essington. *Australie occidentale* (29,400 hab.); cap. Perth; v. pr., Albany ou King-George's Sound et Freemantle. *Tasmanie* ou *Terre de Van-Diemen* (107,200 hab.); cap. Hobart-Town; v. pr., Launceston. *Histoire des découvertes en Australie.* — Depuis les expéditions de *Franck Grégory* (1861) et de *Landsborough* (1862), de nombreux voyageurs ont fouillé l'intérieur du continent australien. En 1873, *Gosse* reconnut l'Ayers-Rock et les monts Reynold et Mac-Donald. En 1874, *Forrest* visita les sources du Murchison, et, de 1875 à 1878, *Giles* fit plusieurs voyages à travers les régions stériles du centre. En 1876, *Hodgkinson* explora le Queensland et reconnut le cours de la rivière Diamantina. L'année suivante, *Barklay* détermina la situation exacte de l'Herbert-Creek. Tous ces voyages avaient pour but la recherche de nouveaux pâturages et de terrains propres à l'agriculture; *Sergison* et *Forrest* en découvrirent, le premier sur la rivière Victoria (1877), et le second sur les bords du Fitz-Roy dans le Nord de l'Australie occidentale (1879). En 1880, *Tietkins* reconnut les monts Musgrave, et, la même année, une expédition maritime, sous les ordres du capitaine *Pennefather*, commandant la *Pearl*, visita les rives du golfe de Carpentarie et reconnut les îles Wellesley. De 1882 à 1883, *Mac-Minn* explora les régions arrosées par les affluents du golfe de Van-Diemen, dans l'Australie septentrionale, à l'O. de l'Alligator-River. Le pays situé entre ce dernier fleuve et le golfe de Carpentarie, fut reconnu en 1883 par *David Lindsay*, et, la même année, *Favenc* et *Crawford* explorèrent toute la contrée entre le fleuve Grégory et le fleuve Mac Arthur. Plus récemment, les monts Warburton ont été reconnus par *Chambers* et *Coates*, et *Vinnecke* a parcouru toute la région sinée au N. du lac Eyre.

AUTRAN (Jos.), poète français. — Il fut nommé en 1868 membre de l'Académie française en remplacement de Ponsard. En 1869, il publia les *Paroles de Salomon*, puis, en 1873, des *Sonnets capricieux*, et en 1875, *la Légende des Paladins*. Il est mort à Marseille le 6 mars 1877. La publication de ses *Œuvres complètes*, commencée par lui en 1874, a été continuée après sa mort (1874-78, 8 vol.).

AUTRICHE-HONGRIE. *Superficie, population, divi-*

sions politiques. — La population de l'Autriche-Hongrie, y compris la Bosnie et l'Herzégovine, sans le sandjak de Novi-Bazar, est de 40,495,400 hab. pour une superficie de 674,360 kil. carrés, soit environ 60 hab. par kil. carré (recensement de 1885). L'empire est formé par la réunion des États autrichiens et des États de la couronne de Hongrie. Les premiers comprennent : la Haute-Autriche, la Basse-Autriche, la Bohême, la Styrie, la Carinthie, la Carniole, l'Istrie, la Dalmatie, le Tyrol, le Vorarlberg, la Moravie, la Silésie, la Galicie, la Bukovine, Salzbourg, et les territoires de Trieste, de Goritz et de Gradishka. Les États de la couronne de Hongrie sont : la Hongrie, la Transylvanie, la Croatie, l'Esclavonie, les Confins militaires et les territoire de Fiume.

Histoire. — Le manifeste du 20 septembre 1865, favorable aux idées de décentralisation, donna une première satisfaction aux Slaves et aux Hongrois qui l'approuvèrent, mais rencontra une vive opposition chez les peuples allemands qui se voyaient enlever la prépondérance dont ils avaient joui jusque-là. Le gouvernement de l'empire se débattait au milieu de ces difficultés, dans à l'impossibilité de concilier les intérêts de populations si diverses de langues, de races et de religions, quand la guerre de 1866 éclata. La convention de Gastein, du 14 août 1865, venue à la suite de la guerre faite au Danemark de concert avec la Prusse, donnait à cette dernière puissance le Lauenbourg et l'administration du Sleswig, pendant que l'Autriche occupait le Holstein et recevait une indemnité de 7 millions; mais ce condominium dans les provinces danoises ne pouvait durer longtemps. La Prusse refusa de reconnaître comme souverain des duchés le prince Fréd. d'Augustenbourg, présenté par la diète et accepté par l'Autriche, et envahit le Holstein. L'Autriche déféra cette violence à la diète qui décréta immédiatement la mobilisation de l'armée fédérale (juin 1866). La guerre eut lieu sur trois théâtres : en Allemagne, contre les troupes fédérales, en Bohême et en Italie. La Prusse s'était en effet assuré le concours de cette dernière puissance en lui promettant la Vénétie. La campagne fut désastreuse pour l'Autriche : malgré les succès remportés par l'archiduc Albert à Custozza (24 juin) et par l'amiral Tégethoff à Lissa (20 juillet), l'écrasement des troupes fédérales en Allemagne et la défaite de Bénédeck, commandant des troupes de l'empire, à Sadowa (3 juillet), obligèrent l'empereur à signer le 26 juillet les préliminaires de paix de Nikolsbourg, et, le 10 août, le traité de Prague. Par ce traité, l'ancienne Confédération germanique était dissoute; l'Autriche exclue des nouvelles Confédérations de l'Allemagne du Nord et de l'Allemagne du Sud, abandonnait la Prusse le Sleswig-Holstein, renonçait à la Vénétie et payait une indemnité de guerre de 150 millions. Après la guerre, François-Joseph se retrouva en face des anciennes difficultés intérieures. Il se décida enfin à donner pleine satisfaction aux réclamations de la Hongrie; un pacte particulier fut conclu le 17 février 1867, sous le ministère de M. de Beust, et, le 8 juin, l'empereur se fit couronner, à Bude-Pesth, roi de Hongrie. Ce pacte, confirmé par le Reichsrath autrichien dans le courant de la même année, partage l'empire en deux moitiés, les provinces *cisleithanes* (en deçà de la Leitha), formant l'empire d'Autriche proprement dit, et les provinces *transleithanes*, formant le royaume de Hongrie. Chacune de ces deux parties possède un cabinet et une représentation spéciale; le pouvoir exécutif est entre les mains de l'empereur-roi assisté d'un chancelier. Trois ministères seulement, ceux de l'armée, des finances et des affaires étrangères, sont communs à toute la monarchie. Les affaires d'intérêt général sont traitées par les *Délégations* des parlements cisleithan (*Reichsrath*) et transleithan (*Diete hongroise*). Le Reichsrath se compose de deux chambres distinctes, la Chambre des seigneurs (*herrenhaus*) et la Chambre des députés (*abgeordnetenhaus*). En Hongrie, la diète comprend de même la *Table* des magnats (*Felso-haz*) et la *Table* des députés (*Also-haz*). Les diètes provinciales qui statuent seules sur les affaires non communes ont une composition très variable suivant qu'elles représentent des pays Allemands, Slaves, Hongrois, Dalmates, etc.; dans le Tyrol, par exemple, ce sont les grands propriétaires qui forment la diète, et, à Trieste, c'est le conseil municipal qui en remplit les fonctions. Ce ne fut que le 30 juin 1867, que cette organisation fut définitivement complétée. Après la guerre de 1870-71, l'Autriche se rapprocha de l'Allemagne victorieuse, et, depuis cette époque, elle a suivi cette puissance dans sa ligne de conduite politique à l'extérieur. En 1878, lorsque la Russie voulut imposer à l'empire Ottoman écrasé les dures conditions du traité de San-Stefano, le comte Andrassy, alors ministre des affaires étrangères, provoqua la réunion d'un congrès, qui se tint à Berlin le 13 juillet 1878, et à la suite duquel l'Autriche-Hongrie fut autorisée à occuper, pour un temps indéterminé, la Bosnie, l'Herzégovine et le sandjak de Novi-Bazar. La prise de possession de ces provinces ne se fit pas sans difficulté : l'archiduc Jean-

Salvator et le maréchal **Philippowitch**, commandants des troupes d'occupation, mirent près d'un mois pour arriver à Serajévo (19 août). En 1881, lorsque, malgré les protestations de la Porte, le gouvernement autrichien voulut astreindre les peuples annexés au service militaire, une nouvelle insurrection éclata. Rapidement étouffée, elle reprit l'année suivante dans la Dalmatie (Crivoscie), et le général Jowanowitch ne put en venir à bout qu'après une lutte de plus de trois mois. Actuellement, les tendances séparatistes s'accusent de plus en plus dans toutes les parties de l'empire : Allemands, Hongrois, Roumains, Slaves du Nord (Tchèques, Moraves, Ruthènes, Slovaques, Polonais), Slaves du Sud (Slovènes, Croates, Esclavons, Bosniaques, Hérzégoviniens), veulent tous conquérir leur autonomie. Les Allemands, autrefois tout-puissants, ont vu depuis 1867 leur influence diminuer par la reconnaissance du royaume de Hongrie; la population slave s'est accrue dans des proportions considérables, et aujourd'hui, ce sont les Tchèques de la Bohême qui réclament énergiquement leur indépendance. Après avoir reçu à Bude la couronne de saint Étienne, l'empereur ira-t-il ceindre à Prague celle de saint Venceslas? Depuis 1883, l'Autriche a conclu avec l'Allemagne et l'Italie une triple alliance dont le but avoué est de maintenir la paix de l'Europe, mais dont les conditions ne sont qu'imparfaitement connues.

Armée. — L'armée austro-hongroise est actuellement régie par la loi du 5 décembre 1868, modifiée par celle du 20 octobre 1882 et par la loi sur le landsturm de 1886. Le service militaire est obligatoire pendant douze ans à partir de l'âge de vingt ans. Le tirage au sort classe les jeunes gens dans trois catégories : 1° les hommes de l'armée active, qui doivent trois ans dans l'armée active, sept ans dans la réserve et deux ans dans la landwehr; la réserve est destinée à fournir à l'armée les contingents complémentaires pour atteindre les effectifs de guerre; les hommes qui en font partie sont tenus à trois exercices de quatre semaines chacun et à une revue annuelle; 2° les hommes classés dans la réserve de remplacement (*ersatz-réserve*), qui doivent dix ans dans cette réserve et deux dans la landwehr; cette réserve est destinée à combler en temps de guerre les vides qui se produisent dans l'armée; 3° les hommes classés dans la landwehr; ces derniers sont instruits pendant huit semaines et font en outre des exercices annuels de deux à trois semaines. Il y a trois sortes de *landwehr* : celle de la monarchie autrichienne, celle de la Hongrie (*honved*), placées chacune sous l'autorité d'un ministre spécial de la défense, et celle du Tyrol et du Vorarlberg. Les moyens complémentaires de recrutement comprennent les rengagements, les engagements volontaires de trois ans ou de douze ans, et les engagements volontaires d'un an, pour les jeunes gens qui justifient d'un certain degré d'instruction. Le recrutement étant territorial, comme en Allemagne, l'homogénéité des corps mobilisés est complète, puisque les réservistes rejoignent le régiment où ils ont été instruits et élevés. La partie défectueuse du recrutement autrichien, c'est la faible proportion d'hommes présents par rapport aux appelés en cas de mobilisation; en effet, l'effectif de l'armée austro-hongroise qui, sur le pied de paix, est de 286,500 hommes, atteint sur le pied de guerre 1,070,000 hommes, soit à peine un soldat présent pour trois réservistes. Le *landsturm,* créé en 1886, donnerait de son côté approximativement 450,000 hommes. A la tête de l'armée est un ministre de la guerre assisté des deux ministres (autrichien et hongrois) de la *défense du pays,* chargés spécialement du recrutement et de la landwehr. L'armée se compose de quatorze corps d'armée. L'infanterie compte 102 régiments de ligne, 1 régiment de chasseurs tyroliens et 32 bataillons de chasseurs. La cavalerie forme 41 régiments et 1 escadron de gardes du corps. L'artillerie comprend 14 régiments d'artillerie de corps, 28 batteries de division indépendantes, 12 bataillons d'artillerie de place et l'artillerie technique. Le génie forme 2 régiments du génie, 1 régiment de pionniers et 5 sections des chemins de fer.

Marine. — L'effectif de la marine en temps de paix est d'environ 7,500 hommes (cadres compris). Ce chiffre se porte en temps de guerre à 11.500 hommes formant l'équipage des 102 navires de la flotte.

AUZOUX (L.-Th.-Gérôme), anatomiste fr. — Il est mort à Paris le 7 mai 1880.

AVÉ-LALLEMANT (Fréd.-Christian-Ben), magistrat all. — Il a quitté la magistrature en 1868, et, depuis cette époque, il a publié plusieurs ouvrages parmi lesquels nous citerons : le *Cœur et l'Argent* (Hanovre, 1871, 3 vol.); *Jada* (Dresde, 1878, 3 vol.); le *Magnétisme et le Mysticisme* (Dresde, 1881), et la *Police en Allemagne* (Leipz., 1882; trad. fr., Paris, 1887).

AVÉ-LALLEMANT (Robert-Christian-Berthold), méd. et voyageur all. — Nous mentionnerons parmi les ouvrages récents dus à la plume de cet écrivain : *Fata morgana,* impressions de voyage en Égypte (Altona, 1872); *A travers Paris* (Gotha, 1877); le *Séjour de A. de Humboldt à Paris,* dans la biographie de Humboldt (Leipz., 1872); *A travers le monde des plantes aux tropiques* (Breslau, 1880). Il a écrit aussi un drame : *Carranza, archevêque de Tolède* (Gotha, 1877).

AVELLANEDA (Gertrude GOMEZ DE), femme poète espagnole. — Elle est morte le 1er février 1873 dans le couvent de Loreto à Séville, où elle s'était retirée après la mort de son second mari en 1860. Le dernier ouvrage sorti de sa plume est intitulé : *Dévotion* (Madrid, 1867).

AVENEL (Denis-L.-Martial), litt. fr. — Il est mort à Paris au mois d'août 1875.

AVENEL (Paul), litt. franç. — Outre les ouvrages que nous avons cités, on lui doit encore : les *Lipans,* roman historique faisant suite au *Duc des moines* (1865); les *Calicots* (1866), et des *Chansons* qui ont été plusieurs fois réunies en volumes sous des titres divers : *Chansons* (1869); *Nouvelles chansons politiques* (1870), *Chants et chansons politiques* (1872); *Chansons de Paul Avenel* (1875). En 1873, il a publié : *Souvenirs de l'invasion* et les *Prussiens à Bougival.* Depuis cette époque, il a fait paraître un volume de vers, les *Deux mères,* et des romans: *Une amie dévouée* (1884); le *Docteur Hatt* (1886), etc. Parmi les pièces qu'il a données au théâtre nous mentionnerons : *Un oncle du Midi,* com. en 1 a. (1867); la *Belle Léna,* opéra-bouffe en 1 a. (Athénée, 1875).

AVEZAC-MACAYA (Marie-Arm.-Pascal D'), géographe franç. — On doit encore à cet écrivain érudit : *Esquisse générale de l'Afrique ancienne et moderne* (Univers pittoresque, 1869); les *Voyages terreneuviens de Jean et Sébastien Cabot* (1870); *Année véritable de la naissance de Christophe Colomb* (1873), et un grand nombre de mémoires sur plusieurs points particuliers de géographie ou d'histoire. Il est mort à Paris le 14 janv. 1875.

AVOLD (SAINT-), bg d'Alsace-Lorraine, ch.-l. de cant., cercle et à 19 kil. de Forbach. Pop. 3087 hab.

AVOLSHEIM, bg d'Alsace-Lorraine, canton et cercle de Molsheim. Pop. 620 hab. Chemins de fer de Strasbourg à Molsheim et de Wasselonne à Saverne.

AYLIES (Raym.-And.-Sévérin), magistrat fr. — Élu député aux élections générales de 1869 dans le départ. du Gers, il rentra dans la vie privée après la révolution du 4 sept. 1870. Il est mort à Paris le 25 janv. 1875.

B

BABAUD-LARIBIÈRE (Léonide), publiciste fr. — En 1870, il fut élu pour un an grand-maître de la franc-maçonnerie en remplacement du général Mellinet, et, au 4 septembre, il devint préfet de la Charente. Après la guerre, il posa sans succès sa candidature à l'Assemblée nationale, et, au mois d'août 1872, il fut nommé préfet des Pyrénées-Orientales. Outre les ouvrages déjà cités, il a écrit des *Lettres charentaises* (Angoulême, 1865-66), et une étude intitulée : *Questions de chemins de fer* (1867). Il est mort à Perpignan le 25 avril 1873.

BABBAGE (Ch.), mathém. angl. — Il est mort le 18 oct. 1871.

BABINET (Jacq.), physicien fr. — Il est mort à Paris le 21 oct. 1872.

BACH (Alex., baron DE), homme d'Etat autrichien. — Il a quitté en 1867 ses fonctions d'ambassadeur à Rome auprès du gouvernement pontifical.

BACHELET (J.-L.-Théod.), litt. fr. — Il fut nommé ensuite professeur d'histoire au lycée Corneille à Paris. Outre les ouvrages déjà cités, on lui doit : les *Hommes illustres de la France* (1864); *Histoire ancienne, grecque et romaine* (1868); *Histoire du moyen âge* (1870); *Histoire de France* (1872); *Histoire contemporaine* (1874); *Histoire des temps modernes* (1875); les *Arabes, origines, mœurs, religion* (1882), œuvre posthume. Il est mort à Rouen le 24 sept. 1879.

BACHMANN (Gottlob-L.-Ern.), philol. all. — Il est mort le 15 avril 1881. Il avait pris en 1865 sa retraite de professeur de littérature classique à l'Université de Rostock.

BACK (George), navigat. angl. — Il est mort à Londres le 23 juin 1878. Il avait été promu à la dignité d'amiral en 1867.

BADE (Grand-duché de). *Population.* — La pop. de cet Etat est, d'après le recensement du 1er déc. 1885, de 1,600,850 hab. dont 14,520 étrangers, en augmentation de 8,7 pour 100, sur le chiffre du recensement de 1864. La densité moyenne est de 106 hab. par kilom. carré. La capitale, Carlsruhe, possède actuellement 61,074 hab.

Administration. — Aucune modification importante n'a été apportée à l'admin. qui est toujours régie par la charte constitutionnelle du 22 août 1818. Le grand-duc actuel est Frédéric-Guillaume, né le 9 sept. 1826, marié à la grande-duchesse Louise, fille de l'empereur Guillaume Ier, née le 3 déc. 1838.

Armée. — L'armée badoise, incorporée dans l'armée prussienne, forme la plus grande partie du 14e corps dont le quartier général est à Carlsruhe. Le grand-duché fournit en effet 6 régiments d'infanterie, 3 régiments de cavalerie, 1 brigade d'artillerie de campagne, 1 bataillon d'artillerie à pied, 1 bataillon de pionniers et 1 bataillon du train. Toutes les places fortes, sauf Rastadt, ont été déclassées.

Histoire. — Le grand-duché faisait partie depuis 1867 de la Confédération de l'Allemagne du Nord lorsque la guerre contre la France éclata. Les troupes badoises firent partie du 14e corps qui, sous les ordres du ministre de la guerre, appuyé de Beyer, puis sous ceux du général de Werder, coopéra au siège de Strasbourg et aux opérations autour de Dijon. Le 15 nov. 1870, le grand-duché a adhéré à la constitution du nouvel empire d'Allemagne, et, depuis cette époque, la politique intérieure est restée constamment en accord parfait avec celle du chancelier.

BAECKER (L. DE), archéol. fr. — Outre les nombreux ouvrages que nous avons déjà cités, nous mentionnerons : les *Tables engubines,* étude sur les origines du peuple et de la langue d'une province de l'Italie (1867); *De l'origine du langage d'après la Genèse* (1869); *Essai de grammaire comparée des langues germaniques* (1872); *Histoire de la littérature néerlandaise* (1873); l'*Archipel Indien* (1874); *Bidasari,* poème malais (1875); le *Vieux langage normand* (1882); le *Présent et le Passé* (1884); la *Liberté chrétienne et le pape Léon XIII* (1885).

BÆHR (J.-Christian-Fél.), philol. all. — Il est mort à Heidelberg le 29 nov. 1872.

BAER (Ch.-Ern., DE), natur. russe. — Il est mort à Dorpat le 28 nov. 1876.

BAILEY (Phil.-Jacq.), poète angl. — Son dernier ouvrage, intitulé l'*Hymne universel,* a paru en 1867.

BAILLARGER (Jules-Gabr.-Fr.), méd. fr. — A mentionner parmi ses ouvrages récents : *Des symptômes de la paralysie générale* (1865); *Enquête sur le goitre et le crétinisme* (1873). Il a collaboré au *Dictionnaire encyclopédique des sciences médicales.*

BAILLON (H.), botan. fr. — Il fut nommé en 1865 professeur d'hygiène et d'histoire naturelle appliquées à l'Ecole centrale, et il est devenu depuis professeur à la Faculté de médecine de Paris. Outre les ouvrages déjà cités, il a publié : *Histoire des plantes,* ouvrage capital (1866-85, 11 vol. in-8°); *Traité du développement de la fleur et du fruit* (1868); *Zoologie médicale* (1868); *Botanique générale* (1869); *Leçons sur les familles naturelles des plantes,* en collaboration avec Payer; *Anatomie et physiologie végétales* (1881); *Cours élémentaire de botanique* (1882); *Traité de botanique médicale phanérogamique* (1884); *Guide élémentaire d'herborisation et de botanique pratiques* (1886), etc.

BAILY (Ed.-Hodges), sculpt. angl. — Il est mort à Londres en 1867.

BAIREUTH ou **BAYREUTH**, v. de Bavière, ch.-l. du cercle de la Haute-Franconie. — Pop. 23,530 hab. Chemins de fer sur Nuremberg, Ratisbonne, Eger et Bamberg. C'est dans cette ville que se trouve le théâtre construit par les architectes Semper et Otto Bruckwald d'après les idées de Richard Wagner. Commencé en 1872, il a été inauguré en 1876 pour les représentations de *l'Anneau des Nibelungen*.

BAITER (J.-G.), philol. suisse. — Il est mort à Zurich le 10 oct. 1877. Il avait résigné en 1865 ses fonctions de prorecteur de l'Université de Zurich.

BAKOUNINE (Michel), révolutionnaire russe. — Après son évasion, il gagna les États-Unis, puis revint en Europe où il se livra avec ardeur à la propagande anarchiste. Il devint un des collaborateurs du journal *la Cloche*, et fut bientôt reconnu comme chef du nihilisme. Son programme, qui tendait à l'établissement du communisme de la propriété et des instruments de travail et à la suppression du capital, rencontra peu d'adeptes au congrès socialiste de Berne de 1868. Ses dissentiments avec Karl Marx l'empêchèrent d'assister au congrès de La Haye en 1872 et l'obligèrent même l'année suivante à se séparer de l'Internationale dont il avait précédemment recherché l'appui. Il se retira alors à Lugano où il passa les dernières années de sa vie dans une retraite presque absolue. Il mourut le 30 juin 1876 pendant un voyage à Berne.

BALARD (Ant.-Jérôme), chim. fr. — Il est mort le 30 mars 1876.

BALBI (Eug.), géogr. ital. — On cite parmi les ouvrages qu'il a publiés depuis la mort de son père à l'œuvre duquel il avait activement collaboré : *l'Italie et ses limites naturelles* (Venise, 1860); *Notre patrie* (Milan, 1861); *Monuments géographiques du moyen âge et des temps modernes* (Pavie, 1876).

BALDUS (Ed.-Denis), artiste fr. — Il a publié depuis une collection d'ouvrages artistiques, pour lesquels il a exécuté de nombreuses planches héliographiques reproduisant les principaux monuments et les plus beaux morceaux d'art de nos musées : *Palais du Louvre et des Tuileries* (1875, in-f°); *les Monuments principaux de la France* (1875, in-f°).

BALFE (Mich.-Guill.), compos. angl. — Il est mort au mois d'octobre 1870.

BALLU (Théod.), architecte fr. — Après la restauration de l'église St-Germain-l'Auxerrois, il construisit l'église d'Argenteuil (1866), l'église St-Ambroise (1868), le temple de la rue d'Astorg, l'église de la Trinité (1867-70) et l'église St-Joseph (1869). Il devint membre de l'Institut en 1872, en remplacement de Vaudoyer. En 1873, la ville de Paris ayant mis au concours la reconstruction de l'Hôtel-de-Ville, le projet qu'il présenta fut classé premier, et il fut chargé des travaux en collaboration avec M. Deperthes. Il fut nommé en 1874 inspecteur général des édifices diocésains en remplacement de Viollet-le-Duc, et, l'année suivante, inspecteur général honoraire. Il est mort à Paris le 22 mai 1885.

BALTARD (Victor), architecte fr. — En 1868, il construisit l'église St-Augustin. Le Marché aux bestiaux et les Abattoirs de la Villette ont été bâtis sur ses plans. On lui doit encore : le temple protestant de Nérac, le château de Cestas, le monument commémoratif d'Hipp. Flandrin à St-Germain-des-Prés, et plusieurs tombeaux parmi lesquels nous citerons ceux d'Ingres, de V. Cousin et de Flandrin.

BALTZER (J.-B.), théol. cathol. all. — Il fut au concile du Vatican un des adversaires de l'infaillibilité du pape. Il a publié depuis 1866 une série d'ouvrages dans lesquels il s'efforce de démontrer scientifiquement la vérité de la légende biblique : *Histoire primitive de l'homme* (Paderborn, 1869); *la Création biblique* (1867-73), etc. Il est mort à Bonn le 1er octobre 1871.

BALTZER (Guill.-Ed.), philos. all. — Parmi les ouvrages qu'il a publiés depuis 1866, nous citerons : *Manière naturelle de vivre pour arriver à la santé et au salut social* (1867); *Catéchisme pour l'école et la maison dans les communes libres* (1870); *l'Edda* (1879); *Livre de cuisine végétarienne* (1880). Partisan de la commune libre et du régime végétarien, il a fondé en 1868 une Société des Amis de la manière naturelle de vivre.

BALUFFI (Guétan), cardinal ital. — Il est mort le 11 novembre 1866.

BALZE (J.-Et.-Paul), peintre et mosaïste fr. — Parmi les œuvres récentes de cet artiste, nous mentionnerons : des peintures sur faïence pour l'église de la Trinité (1868); d'autres pour la façade de l'église de Puiseaux (1869). En 1875, il a exécuté des émaux pour les tympans de l'église Saint-Joseph. Il est mort à Paris le 24 mars 1884.

BALZE (J.-Ant.-Raymond), peintre et mosaïste fr. — A citer parmi ses dernières œuvres : *Une suivante des mystères d'Isis* (1867); *les Vendeurs chassés du temple* (1868); *Elégie nationale* (1872); *Jésus-Christ apaisant la tempête* (1873); *Bénédiction pontificale à Sainte-Marie-Majeure* (1874); *Jeanne d'Arc à Patay* (1877); *Sic transit gloria mundi* (1878); *le Dessin d'art à l'asile* (1879); *il Campo d'oro* (1880); *la Réprimande maternelle* (1883); *Diane protégeant Endymion contre Jupiter* (1886), etc.

BANCEL (Fr.-Désiré), homme pol. fr. — Aux élections générales de 1869, il posa sa candidature dans la 1re circ. de la Drôme, la 3e circ. de la Seine, contre Em. Ollivier, et la 2e circ. du Rhône. Il fut élu dans le Rhône et à Paris et vint siéger à l'extrême gauche du Corps législatif. Déjà atteint par la maladie qui devait l'emporter, il ne prit aucune part aux événements de 1870. Il est mort le 2 janvier 1871. Outre les publications que nous avons mentionnées, on lui doit : *le Génie de Corneille* (1869); *les Révolutions de la parole* (1869); *les Origines de la Révolution* (1870), etc.

BANCROFT (G.), histor. et homme politique américain. — Il fut chargé en 1866 de prononcer l'éloge funèbre du président Lincoln au congrès de Washington. En 1867, il vint à Berlin comme ministre plénipotentiaire des Etats-Unis, et, dès son entrée en fonctions, il eut à faire signer la convention relative à la naturalisation des Allemands en Amérique. Au moment de la guerre franco-allemande, il proposa sans succès la médiation de son gouvernement entre les deux Etats belligérants. Il est rentré dans la vie privée en 1874 et, depuis cette époque, il a publié de nouveaux ouvrages historiques : *Action de la France dans l'indépendance des Etats-Unis* (tr. fr. par A. de Circourt; Paris, 1876); *Histoire de l'établissement de la constitution aux Etats-Unis* (1882), et une réédition de son *Histoire des Etats-Unis* (6 vol. in-8°).

BANDEL (Jos.-Em. DE), sculpt. all. — Après l'inauguration de la statue colossale d'Hermann ou Arminius dans le Teutoburgerwald, près de Detmold (1875), le gouvernement lui accorda à titre de récompense nationale une rente annuelle de 30,000 francs en partie reversible sur sa veuve. Il est mort à Donauwerth le 25 septembre 1876.

BANKS (Nathaniel-Prentiss), homme polit. américain. — Depuis 1866, il a été envoyé au Congrès à plusieurs reprises. Il a quitté en 1874 la présidence du comité des affaires étrangères.

BANVILLE (Théod. DE), litt. fr. — Voici les ouvrages nouveaux que le célèbre poète a ajouté à la liste de ses œuvres : *les Exilés*; *les Parisiennes de Paris* (1866); *Camées parisiens* (1866-73); *Nouvelles odes funambulesques*; *Etudes grecques* (1869); *Idylles prussiennes* (1871); *Petit traité de poésie française* (1872); *Trente-six ballades joyeuses* (1873); *le Sang de la coupe*; *les Princesses* (1874); *Occidentales*, *Rimes dorées*, *Rondels* (1875); *Contes pour les femmes* (1881); *Contes féériques*; *Mes souvenirs* (1882); *Paris vécu*; *la Lanterne magique* (1883); *Contes héroïques* (1884); *Contes bourgeois* (1885); *Dames et demoiselles*; *Fables mises en prose* (1886); etc. De plus, il a écrit pour le théâtre: *Gringoire* (Théâtre-Fr., 1866); *Deïdamia* (Odéon, 1870); *Riquet à la houppe* (1884); *Socrate et sa femme* (Théâtre-Fr., 1885); etc. Un recueil de *Poésies complètes* et un autre de *Comédies* ont été publiés en 1878-79. Théod. de Banville a collaboré à un grand nombre de revues et de journaux, notamment au *National* et au *Gil Blas*.

BAPAUME, ville de France (Pas-de-Calais), ch.-l. de cant., arr. cta à 22 kil. S. E. d'Arras. Pop. 3291 hab. L'armée prussienne, commandée par Gœben, y a été battue par le général Faidherbe le 2-3 janvier 1871.

BARAGUEY-D'HILLIERS (Achille, comte DE), général fr. — Nommé gouverneur de Paris au moment de la déclaration de la guerre contre la Prusse, il résigna ces fonctions un mois après (11 août) et resta sans commandement pendant toute la durée de la campagne. Il fut investi en 1871 de la présidence du conseil d'enquête formé pour examiner les causes des capitulations de nos places fortes, et, en 1872, de celle du conseil de guerre chargé de juger le général Crémer. Le mauvais état de sa santé lui fit refuser, en 1873, la présidence du conseil de guerre chargé de juger le maréchal Bazaine. Il est mort à Amélie-les-Bains le 6 juin 1878.

BARBARA (L.-Ch.), litt. fr. — Parmi ses ouvrages plus récents, nous citerons : *Mademoiselle de Sainte-Luce* (1866); *Un cas de conscience*; *l'Officier d'infanterie de marine* (1866). Il est mort à Paris le 19 septembre 1866.

BARBAROUX (Ch.-Ogé), litt. fr. — Il est mort à Vaux (Seine-et-Oise) le 10 juillet 1867.

BARBÈS (Armand), homme pol. fr. — Il habita d'abord la Belgique, puis l'Espagne et le Portugal. Il vint ensuite en Hollande et se fixa définitivement à la Haye où il passa les dernières années de sa vie. Au moment des élections de 1869, sa candidature fut posée dans la troisième circ. de Paris; mais, épuisé par la maladie, il se vit obligé de décliner l'offre qui lui était faite. Il mourut quelque temps après, sans avoir revu la France, après quinze ans d'exil volontaire.

BARBEY D'AUREVILLY (Jules), litt. fr. — Après le *Prêtre marié* qui parut en 1865, il publia en 1868 des études critiques, *les Romanciers*, *les Bas-bleus du dix-neuvième siècle*; en 1874, il écrivit *les Diaboliques*, mais l'ouvrage fut saisi chez l'éditeur dès son apparition; puis successivement parurent : *Gœthe et Diderot* (1880); *les Ridicules du temps* (1883); *les Vieilles actrices*

(1884); *Sensations d'art* (1886); etc. Il est mort à Paris le 23 avril 1889.

BARBIER (Olivier-Al.), bibliogr. fr. — Il est mort à Paris le 6 février 1882. Il avait quitté en 1872 ses fonctions à la Bibliothèque nationale, et, depuis cette époque, il s'était consacré à la publication d'une nouvelle édition du *Dictionnaire des ouvrages anonymes et pseudonymes* de son père (1872-77).

BARBIER (H.-Aug.), poète fr. — En 1865, il fit paraître des *Satires*, et, en 1867, un recueil de nouvelles intitulé : *Trois Passions*; mais ces œuvres passèrent inaperçues. Il fut élu en avril 1869, contre Théophile Gautier, membre de l'Académie française en remplacement d'Empis. Depuis cette époque, il a publié : une traduction de la *Chanson du vieux marin de Coleridge* (1876); *Souvenirs et tableaux* (1880); *Contes du soir* (1881). Il est mort à Nice le 13 février 1882. Un recueil de *Poésies posthumes*, qui a paru en 1884, n'a rien ajouté à sa réputation.

BARBIER (Jules), aut. dr. fr. — Il a composé depuis plus souvent en collaboration avec Mich. Carré, un nombre considérable de pièces et de livrets d'opéras : *Roméo et Juliette*, *Mignon* (1867); *Hamlet* (1868); *don Quichotte* (1869); *la Guala de l'émir* (1873); *dom Mucarade* (1875); *les Amoureux de Catherine*; *Sylvia*; *Paul et Virginie* (1875); *le Timbre d'Argent* (1877); *Polyeucte* (1878); *Graziella*, *la Reine Berthe* (1879); *Françoise de Rimini*; *la Taverne des Trabans* (1882); *Néron*; *Une nuit de Cléopâtre* (1885); *Bianca Capello* (1886). On lui doit encore : *le Maître de la chapelle*, comédie écrite en collaboration avec M. Foussier; *Maxwell*, drame (1867); *Jeanne d'Arc*, drame (1873); *le Franc-tireur*, chants de guerre (1875); *Un retour de jeunesse* (1877); *Un homme à plaindre*, *Théâtre en vers* (1879); *la Petite sœur* (1881); *la Gerbe*, poésies (1884); etc. Il a été nommé directeur provisoire de l'Opéra-Comique de Paris, après l'incendie de ce théâtre en 1887.

BARDELEBEN (H.-Ad.), chirurg. all. — Nommé en 1868 directeur de la clinique chirurgicale à l'hôpital de la Charité de Berlin, il suivit en 1870 les troupes allemandes en qualité de chirurgien en chef. Outre une nouvelle édition de son *Traité de chirurgie et de médecine opératoire* (Berlin, 1879), il a publié depuis 1866 de nombreux mémoires dans les recueils spéciaux, notamment dans les *Archives de Müller et Wirchow*.

BARGÈS (J.-Léandre), orient. fr. — Parmi les nombreux mémoires qu'il a publiés depuis 1866, il faut citer : *l'Autel antique de St-Zacharie* (Var); *Inscriptions phéniciennes de Marseille* (1868); *Recherches archéologiques sur les colonies phéniciennes* (1878); *l'Inscription hébraïque de la chaire de St-Marc* (1881); etc.

BARIATINSKI (Alex.-Ivanowitch, prince), gén. russe. — Il prit part de 1872 à 1873 aux travaux de la commission qui se réunit à cette époque à Saint-Pétersbourg dans le but d'étudier un projet de réorganisation de l'armée. Il est mort à Genève le 9 mars 1879.

BARING (Francis-Thornhill), homme pol. angl. — Il est mort en 1864.

BARING (Th.), financier angl. — Il est mort en 1873.

BARITIU (G.), litt. roumain. — Il a fondé à Hermanstadt, en 1878, un nouveau journal, organe des intérêts roumains. On cite parmi les derniers ouvrages de cet écrivain, des *Etudes sur l'économie politique et la civilisation en Transylvanie* (1877).

BARJAVEL (C.-F.-H.), méd. fr. — Il est mort à Carpentras le 27 septembre 1868.

BARNI (Jules-Romain), philos. et homme polit. fr. — Il était président du congrès de la paix qui se réunit en 1870, lorsque la guerre franco-allemande éclata; et ce fut en cette qualité qu'il adressa aux puissances une circulaire de protestation. Il revint ensuite à Paris où le gouvernement de la Défense nationale le nomma inspecteur général de l'instruction publique. Le 9 juin 1872, le département de la Somme l'envoya à l'Assemblée nationale où il siégea dans les rangs de la gauche républicaine. Réélu le 20 février 1876, il se fit remarquer à la Chambre par plusieurs discours relatifs à la liberté de l'enseignement. Il rentra dans la vie privée en 1877, après la dissolution, et se retira à Mers (Somme) où il mourut le 4 juillet 1878. Outre les ouvrages déjà cités, on lui doit : *la Morale dans la démocratie* (1868); *Napoléon Ier* (1870); *Manuel républicain* (1872); *les Moralistes français du dix-huitième siècle* (1873).

BARNUM (Phinéas-Taylor), charlatan américain. — Il a posé sans succès en 1865 sa candidature à l'Assemblée du Connecticut. Il vit actuellement retiré des affaires dans sa propriété de Waldemère, près de Bridgeport. Outre son *Autobiographie*, trad. en fr. par La Bédollière en 1855, il a publié en 1866 un livre intitulé : *les Blagues de l'univers*, puis *Luttes et triomphes* (Hartford, 1869).

BAROCHE (P.-Jul.), homme polit. fr. — Au mois de septembre 1868, lors de l'affaire Baudin, il adressa aux parquets une circulaire leur recommandant la plus grande rigueur dans la poursuite des journaux ayant ouvert des souscriptions; mais, devant le bruit causé par la démission du baron Séguier, procureur impérial à Toulouse, il dut se démettre de ses fonctions, et le portefeuille de la justice fut donné à M. Duvergier (17 juillet 1869). Après le 4 septembre 1870, il se retira à Jersey où il mourut le 29 octobre de la même année.

BARON (H.-Ch.-Ant.), peintre fr. — Parmi les toiles que cet artiste a exposées plus récemment, nous mentionnerons : *la Fête de S. Luc à Venise* (1867) ; *le Bénitier ; l'Arrivée* (1868) ; *Joueurs de boules, Son Éminence chez ses neveux* (1873) ; *Arlequinade ; Une vue à Catane* (1876) ; *Hébé* (1878). Il est mort à Genève le 13 septembre 1885.

BARR, bg d'Alsace-Lorraine, ch.-l. de cant., cercle et à 18 kil. N. de Schlestadt. Pop. 6200 hab. Chemin de fer de Strasbourg à Barr et de Schlestadt à Barr et à Saverne.

BARRAL (J.-Aug.), chim. fr. — Élu le 30 septembre 1871 secrétaire perpétuel de la Société d'agriculture dont il faisait partie depuis 1856, il se consacra tout entier aux études agronomiques. Les rapports et les mémoires qu'il a écrits sur l'agriculture sont innombrables ; nous nous bornerons à mentionner les plus importants : *les Irrigations dans le département de Vaucluse* (1878) ; *Sur les irrigations* (1880) ; *la Lutte contre le phylloxera* (1883) ; *l'Agriculture, les prairies et les irrigations dans la Haute-Vienne* (1884). On lui doit encore : *l'Agriculture du nord de la France* (1867-70) ; *Trilogie agricole* (1867) ; *Notions d'agriculture et d'horticulture* (1883), en collaboration avec Sagnier ; *l'Almanach de l'agriculture* (1867-76). Le *Journal d'agriculture*, qu'il avait fondé avec Bixio, est devenu entre ses mains le principal organe du progrès agricole en France. L'illustre savant est mort à Fontenay-sous-Bois le 10 septembre 1884.

BARRAULT (Em.), litt. fr. — Il fit partie en 1869 de a rédaction du nouveau *National*, et mourut le 2 juillet de la même année.

BARRE (J.-Aug.), sculpt. fr. — Parmi les dernières œuvres de cet artiste, nous mentionnerons : la statue de la *Princesse Mathilde* ; celle de l'amiral *Protet* (1869) ; celle de *Berryer* sur la place du Palais de Justice à Marseille (1879), et un grand nombre de bustes : *Tête d'Apollon* (1881) ; *Mme Jane Hading* (1886), etc.

BARRE (Désiré-Alb.), grav. fr., frère du précédent. — Il est mort à Paris le 29 décembre 1878.

BARRESWIL (Ch.-L.), chim. fr. — On lui doit encore : un *Répertoire de chimie appliquée* (1866), et, en collaboration avec plusieurs savants, un *Compte rendu des applications de la chimie en France et à l'étranger* (1866). Il est mort à Boulogne-sur-Mer le 23 nov. 1870.

BARRIAS (Félix-Jos.), peintre fr. — Il a exécuté depuis les peintures qui ornent le petit salon du foyer du Grand-Opéra de Paris, et, en 1877, les peintures murales de la chapelle de Ste-Geneviève à la Trinité. En 1869, il a exposé deux *Portraits*, puis successivement : *Luisa l'Albanaise* (1870) ; *Électre au tombeau de son père* (1873) ; *l'Homme est en mer* (1875) ; *Ève* (1877) ; *la Fée aux perles ; Portrait de l'auteur* (1878) ; *Portrait de jeune fille* (1880) ; *Sous les murs de Mansourah* (1882) ; *Bains de mer en famille* (1883) ; *l'Aumône à Venise* (1884) ; *Mort de Chopin* (1885) ; *Triomphe de Vénus* (1886) ; *la Conversion de Ste Madeleine* (1887) ; etc.

BARRIER (Fr.-Marie), méd. fr. — Il est mort à Montfort-l'Amaury le 9 juillet 1870. Les derniers ouvrages qu'il a publiés sont : *Principes de sociologie* (1867) ; *Catéchisme du socialisme libéral et rationnel* (1869).

BARRIÈRE (J.-Fr.), litt. fr. — Il est mort au mois d'août 1868.

BARRIÈRE (Théod.), aut. dr. fr. — Voici les pièces nouvelles que l'éminent écrivain a ajoutées depuis 1866 à la liste de ses œuvres : *le Chic* (1866), avec Lambert Thiboust ; *les Brebis galeuses* (1867) ; *Théodoros* (1868) ; *les Bêtises du cœur* (1871) ; *la Comtesse de Sommerive* (1872), avec Mme de Prébois ; *Dianah ; le Gascon* (1873) ; *le Chemin de Damas* (1874) ; *les Scandales d'hier* (1875) ; *les Demoiselles de Montfermeil*, et quelques autres pièces en collaboration avec Léon Beauvallet : *le Sacrilége* (1869) ; etc. Il est mort le 16 octobre 1877 à l'apogée de son talent. On a représenté en 1877 au Théâtre-Historique une pièce posthume de lui, *la Centième d'Hamlet*, et, en 1882, Edmond Gondinet a terminé et fait jouer au Vaudeville une comédie, *Tête de linotte*, qu'il avait laissée inachevée.

BARROT (Camille-Hyac.-Odilon), homme d'État fr. — Il refusa en 1869 le portefeuille de la justice qui lui était offert dans le cabinet Ollivier. Au mois de février 1870, nommé président de la commission de décentralisation, il demanda la création des conseils cantonaux déjà réclamés par lui en 1861 dans son livre sur *la Centralisation et ses effets*. Après la guerre, sa candidature fut posée, mais sans succès, dans l'Aisne et dans le Var. L'Assemblée nationale l'envoya au Conseil d'État le 22 juillet 1872, et, le 30 juillet suivant, il devint vice-président de cette

assemblée et président de la section du contentieux. Le 4 janvier 1873, l'Académie des sciences morales et politiques, dont il faisait partie depuis 1855, le choisit pour son président. Il mourut à Bougival le 6 août de la même année, laissant à l'Institut une somme de 50,000 fr. pour la fondation d'un prix en faveur de l'auteur du meilleur ouvrage sur la réforme judiciaire et sur la décentralisation. Outre les ouvrages déjà cités, il a laissé un livre intitulé : *De l'organisation judiciaire en France* (1872), et des *Mémoires posthumes* très curieux qui ont été publiés de 1875 à 1876, en 4 vol. in-8°, par ses exécuteurs testamentaires.

BARROT (Ferd.), homme polit. fr. — La révolution du 4 septembre 1870 le rendit pour quelque temps à la vie privée. Après une tentative infructueuse aux élections du 14 octobre 1877, il fut élu sénateur inamovible le 4 décembre de la même année. Il est mort à Paris le 12 novembre 1883.

BARROT (Ad.), diplomate fr. — Il est mort à Paris le 16 juin 1870.

BARTH (J.-B.-Phil.), méd. fr. — Il est mort à Paris le 2 décembre 1877. Une nouvelle édition de son *Traité pratique d'auscultation* a été publiée en 1874.

BARTHÉLEMY (Aug.-Marseille), poète fr. — Il est mort le 23 août 1867.

BARTHÉLEMY (Anatole-J.-B.-Ant. de), archéol. fr. — Il a été élu membre de l'Académie des inscriptions et belles-lettres le 11 novemb. 1887 en remplacement d'Eug. Benoist. Nous mentionnerons parmi ses œuvres récentes : *Mélanges historiques et archéologiques sur la Bretagne* (1869) ; *Origines de la maison de France* (1873) ; *Documents sur la Bretagne au seizième siècle* (1877) ; *Vases sigillés et épigraphiques de la période gallo-romaine* (1878) ; *Études héraldiques* (1879) ; *la Colonne de Catherine de Médicis à la halle au blé* (1880) ; etc.

BARTHÉLEMY (Ed.-Marie de), archéol. fr. — Il est mort à Paris le 30 mai 1888. Nous mentionnerons parmi les nouveaux ouvrages qui sont venus s'ajouter à la liste déjà longue de ses travaux archéologiques ou historiques : *Mesdames de France, filles de Louis XV* (1870) ; *les Filles du Régent* (1874) ; *Une nièce de Mazarin, la princesse de Conti* (1875) ; *Carrelages émaillés de Champagne* (1878) ; *Sézanne et l'abbaye de Reclus* (1880) ; *Sapho, le Mage de Sidon, Zénocrate* (1880) ; *la Marquise d'Huxelles et ses amis* (1881) ; *les Correspondants de la marquise de Balleroy* (1883) ; *Gazette de la Régence, janvier 1715, juin 1719* (1887) ; etc.

BARTHÉLEMY-SAINT-HILAIRE (Jules), érudit et homme d'État fr. — Il se présenta en 1869 aux élections législatives dans la première circonscription de Seine-et-Oise, fut élu, et vint siéger dans les rangs de l'opposition. En 1871, il posa sans succès sa candidature à Paris, mais il fut réélu dans Seine-et-Oise. Il devint chef du cabinet particulier de M. Thiers, lorsque ce dernier fut élu président de la République. En 1875, l'Assemblée l'envoya au Sénat ; il y prit place dans les rangs de la gauche républicaine. Il fut en 1877 un des exécuteurs testamentaires de Thiers dont il publia le testament politique en collaboration avec Mignet. Le 16 janvier 1880, il fut appelé à la vice-présidence du Sénat, et, le 28 septembre de la même année, il succéda à M. de Freycinet au ministère des affaires étrangères. Il quitta le pouvoir le 14 novembre 1881 à l'avènement du ministère Gambetta. Nommé en 1883 président de la commission sénatoriale chargée d'examiner le projet de loi relatif à l'expulsion des princes, il se prononça contre son adoption. Depuis cette époque, il a siégé constamment au Sénat ; mais les occupations de la vie publique ne l'ont pas absorbé au point de l'empêcher de continuer ses travaux littéraires ; il a ajouté à sa magistrale traduction d'Aristote, commencée en 1837, les traités suivants : *Du ciel* (1865) ; *De la production et de la destruction des choses* (1866) ; *la Rhétorique* (1870) ; *la Métaphysique* (1879) ; *l'Histoire des animaux* (1883) ; *Des parties des animaux* (1885) ; *De la génération des animaux* (1887). On lui doit encore une traduction des *Pensées de Marc-Aurèle* (1866) ; une traduction en vers de l'*Iliade* (1869), et un ouvrage politique intitulé : *A la démocratie française* (1874).

BARTHÉLEMY (SAINT-), île de l'Atlantique. — En 1875, à la suite d'un vote du parlement reconnaissant le peu d'intérêt pour la Suède à conserver cette colonie et donnant pleins pouvoirs au gouvernement, le roi fit à la France des propositions en vue d'une cession éventuelle. Un traité préliminaire fut signé le 10 août 1877. Les habitants de l'île, appelés à faire connaître leur opinion, s'étant à l'unanimité prononcés en faveur de l'annexion à la France, les ratifications furent échangées à Paris le 6 mars 1878. Moyennant une somme de 400,000 francs donnée à la Suède, St-B. est depuis cette époque colonie française. Elle forme une dépendance de la Guadeloupe. La population est actuellement de 2925 hab.

BARTHET (Armand), litt. fr. — Il est mort à la maison de santé d'Ivry en février 1874. Depuis la publication de

son *Théâtre complet*, il avait encore écrit : *Montauciel* (1869).

BARTHEZ (Ant.-Ch.-Ern.), méd. fr. — On lui doit encore une *Étude clinique des causes de la claudication chez les enfants* (1881), ouvrage écrit en collaboration avec le Dr Sanné.

BARTLETT (J.-Rob.), naturaliste américain. — Il a quitté en 1872 les fonctions de gouverneur de l'État de Rhode-Island auxquelles il avait été élevé en 1861. Outre les ouvrages déjà cités, on lui doit : *Annales de la colonie de Rhode-Island ; Mémoires d'un officier de Rhode-Island pendant la guerre de Sécession* (1867) ; *Bibliographie relative à la guerre de Sécession ; l'Homme primitif* (1868), etc.

BARTSCH (Ch.-Fréd.), érudit allem. — Il quitta en 1871 la chaire de philologie allemande et romane qu'il occupait à Rostock depuis 1858. Il a ajouté à la liste des ouvrages que nous avons déjà cités de nouvelles études sur le vieux français, sur le provençal et sur l'ancienne langue germanique. A citer notamment : *Chrestomathie de l'ancien français* (Leipz., 1866) ; *Romances et pastourelles en vieux français* (Leipz., 1870) ; *Sainte-Agnès*, mystère provençal (Berlin, 1869) ; *Poésies de Conrad de Wurtzbourg ; les Chansonniers allemands du XIIe au XIVe siècle*. Il a fait paraître de 1870 à 1880 une grande édition des *Nibelungen* (Leipz., 3 vol.), puis successivement : *le Poème de la Plainte* (Leipz., 1875) ; *Légendes et contes du Mecklembourg* (Vienne, 1880) ; des traductions de *Dante*, etc., et un grand nombre d'articles de critique philologique insérés dans diverses revues spéciales. Il est mort le 19 février 1888.

BARYE (Ant.-L.), sculpt. fr. — Il fut nommé en 1868 membre de l'Académie des beaux-arts. Parmi ses dernières œuvres, il faut citer : la statue équestre de *Napoléon Ier*, exécutée pour la ville d'Ajaccio, et celle de *Napoléon III*, qui se trouvait avant le 4 septembre 1870 au-dessus du guichet du Louvre devant le pont des Sts-Pères. Il est mort à Paris le 26 juin 1875.

BASCHET (Arm.), litt. fr. — Il publia en 1870 la suite de ses recherches sur les archives de la république de Venise, puis : *le Journal du concile de Trente* (1870) ; *le Duc de Saint-Simon, son cabinet et l'histoire de ses manuscrits* (1874) ; *Histoire du dépôt des archives des affaires étrangères* (1875). Appelé en 1882 à faire partie de la commission de réorganisation des archives, il fut chargé quelque temps après de la publication des *Instructions aux ambassadeurs de France en Angleterre, de 1648 à 1789*. La mort le surprit au milieu de ce travail (26 janvier 1886). Entre temps, il avait fait un voyage à Mantoue où il avait trouvé les matériaux de son curieux ouvrage sur *les Comédiens italiens à la cour de France* (1882).

BASCLE DE LAGRÈZE (Gust.), jurisc. franç. — Il a depuis cette époque continué la série de ses publications archéologiques et juridiques : *Histoire du droit dans les Pyrénées* (1867), ouvrage honoré d'une mention honorable par l'Académie des inscriptions et belles-lettres ; *Pompéi, les Catacombes, l'Alhambra* (1872) ; *le Parlement de Navarre* (1873) ; *S. Savin et les Normands* (1878) ; *la Navarre française* (1882) ; *Henri IV, détails inédits sur sa vie privée* (1884). On lui doit encore une traduction des *Legendes et Poèmes du roi Charles XV*, et plusieurs monographies.

BAST (L.-Améd. de), litt. fr. — Il est mort en 1864.

BASTARD D'ESTANG (J.-Fr.-Aug., comte de), officier fr. — Il est mort à Bouglon (Lot-et-Garonne), le 20 avril 1883.

BASTARD D'ESTANG (H.-Bruno de), jurisc. fr. — Il devint président de chambre à la Cour d'appel de Paris, puis président honoraire, et mourut à Paris en 1875.

BASTIAN (Ad.), explorateur all. — Au moment où nous l'avons quitté, en 1864, Bastian était à Batavia et se proposait de gagner le Japon, de visiter le fleuve Amour et de revenir en Europe par la Sibérie, l'Oural, la Caspienne et la mer Noire. Il suivit exactement l'itinéraire qu'il s'était tracé, et, en 1865, il rentra en Allemagne par la Galicie. En 1875, il entreprit une nouvelle expédition dans l'Amérique centrale, le Pérou, la Colombie et l'Équateur, puis, de 1878 à 1880, il parcourut la Perse, l'Hindoustan, les îles de l'archipel Indien, l'Australie, le Pacifique, les États-Unis et le Mexique. Nommé en 1866 directeur du musée d'ethnologie de Berlin, il devint ensuite président de la Société de géographie, de la Société d'anthropologie et de l'Association africaine. Outre de nombreux mémoires insérés dans les revues périodiques, notamment dans les *Mittheilungen* de Petermann et dans la *Revue d'ethnologie*, fondée par lui en 1869, on doit à B. plusieurs ouvrages importants de linguistique, de géographie ou d'ethnographie : *les Peuples de l'Asie orientale* (Iéna, 6 vol., 1866-71) ; *la Fixité des races humaines* (Berlin, 1868) ; *Essais de physiologie comparée* (Berlin, 1869) ; *Études de linguistique comparée* (Leipz., 1870) ; *la Conception du monde par les Bouddhistes* (1870) ; *Tableaux* *géographiques et ethnologiques* (Iéna, 1873); *Création ou Génération* (Iéna, 1875); *les Pays civilisés de l'anc. Amérique* (Berlin, 1878); *la Légende sacrée des Polynésiens* (Leipz., 1881), etc.

BASTIDE (Jenny *Dufourquet*, femme). — Elle est morte à Paris en 1851.

BASTIDE (J.), publiciste fr. — Il est mort à Paris le 2 mars 1879.

BASTIDE (L.), litt. fr. — Il est mort à St-Valéry-en-Caux en 1854.

BATBIE (Ans.-Polyc.), écon. et homme pol. fr. — Il fut nommé le 8 février 1871 député du Gers à l'Assemblée nationale où il siégea au centre droit. Il fit partie de la commission chargée d'assister aux négociations de la paix avec l'Allemagne, de la commission des grâces, de la commission d'enquête sur l'organisation administrative de Paris, de la commission de réforme des Facultés de droit, et vota pour l'abrogation des lois d'exil. Le 20 janvier 1872, il présenta l'ordre du jour invitant M. Thiers à retirer sa démission; cependant, le 13 novembre de la même année, ayant été nommé rapporteur de la commission chargée d'examiner le message du Président, exposant la nécessité d'organiser le gouvernement de la République, il se prononça dans un sens opposé. Après la chute de M. Thiers (24 mai 1873), à laquelle il contribua puissamment, il fut pendant quatre mois ministre de l'instruction publique. Rapporteur de la commission sur la loi électorale, il se prononça contre le suffrage universel. Après la dissolution de l'Assemblée, il se présenta aux élections sénatoriales dans le Gers, fut élu et vint reprendre sa place dans les rangs de la droite. En 1877, il vota la dissolution. Après les élections du 14 octobre, le maréchal de Mac-Mahon voulut le charger de la formation d'un nouveau cabinet; mais M. Batbie crut devoir décliner l'offre qui lui était faite. Réélu dans le Gers aux élections sénatoriales de 1879, il prit part activement à la discussion de plusieurs questions importantes étrangères à la politique. Il est mort à Paris le 12 juin 1887. Il avait été élu, le 14 février 1885, membre de l'Académie des sciences morales et politiques, en remplacement de Faustin-Hélie. Outre les ouvrages déjà cités, on lui doit : *le Luxe* (1866); *Grèves et coalitions* (1867); *Revision du Code Napoléon* (1867). La publication de son grand *Traité théor. et prat. de droit public et administratif* (7 vol. in-8°), commencée en 1861, a été achevée en 1868.

BATISSIER (L.), archéol. fr. — Il est mort à Enghien le 9 juin 1882.

BATTAILLE (Ch.-Amable), artiste fr. — Il est mort à Neuilly le 2 mai 1872, après avoir rempli, de septembre 1870 à juillet 1871, les fonctions de sous-préfet d'Ancenis.

BAUCHER (Fr.), écuyer fr. — Il est mort à Paris le 14 mars 1873.

BAUDELAIRE (Ch.-P.), litt. fr. — Dans les dernières années de sa vie, il se retira à Bruxelles. Il y fut frappé, à la fin de 1866, d'une attaque de paralysie dont il ne se releva plus. Sa famille le ramena à Paris où il mourut dans une maison de santé le 31 août 1867. Ses *Œuvres complètes* ont été recueillies en 7 vol. in-12 (1871-72).

BAUDEMENT (Théoph.-Ch.-Et.), philol. fr. — Il est mort le 17 octobre 1871.

BAUDET-DULARY (Marie), méd. fr. — Il est mort à Paris le 29 juin 1878.

BAUDRILLART (H.-Jos.-Léon), publiciste et écon. fr. — Une chaire d'histoire de l'économie politique fut créée pour lui en 1866 au Collège de France. En 1868, il devint rédacteur en chef du *Constitutionnel*, en remplacement de Paulin Limayrac. Il donna sa démission l'année suivante et fut alors nommé inspecteur général des bibliothèques. C'est en cette qualité qu'en 1871 il présenta au ministre de l'instruction publique un rapport sur les pertes éprouvées par les bibliothèques pendant le siège et la Commune. En 1871, l'Académie des sciences morales et politiques, dont il est membre depuis 1863, le chargea de faire une étude d'ensemble sur les populations agricoles de la France; les premiers résultats de cette enquête ont déjà fait l'objet de plusieurs communications. Il a été nommé en 1881 professeur d'économie politique à l'Ecole des ponts et chaussées. Outre les ouvrages déjà cités, on doit à cet éminent écrivain : *Eléments d'économie rurale, industrielle et commerciale* (1867); *De l'enseignement moyen industriel en France et à l'étranger* (1873); *la Famille et l'éducation en France* (1874); *Histoire du luxe public et privé depuis l'antiquité jusqu'à nos jours* (1882, 4 vol. in-8°); *Economie politique populaire* (1883); *Manuel d'éducation morale et d'instruction civique* (1885), et un nombre considérable de conférences, de mémoires et d'articles sur la littérature et l'économie politique, disséminés dans une multitude de journaux, de dictionnaires et de revues.

BAUDRIMONT (Al.-Ed.), chimiste fr. — Il est mort à Bordeaux au mois de mars 1880. Il avait été élu en 1875 membre correspondant de l'Académie des sciences.

On cite parmi les derniers ouvrages de ce savant : *Recherches sur le choléra asiatique* (1865); *De la préparation et de l'amélioration des fumiers* (1866); *Théorie de la formation du globe terrestre* (1867); *Théorie de la musique* (1870); *Dynamique corpusculaire* (1875); *le Phylloxera dans le Médoc, moyens proposés pour remédier à son action* (Bordeaux, 1877).

BAUDRY (Paul-Jacq.-Aimé), peintre fr. — Il fut chargé en 1864 de l'exécution des peintures décoratives du foyer du Nouvel-Opéra; cette œuvre considérable, qui mit le sceau à sa réputation, fut terminée en août 1874 et exposée alors dans son ensemble à l'Ecole des beaux-arts. Il envoya aux salons de 1869, 1872, 1877 et 1880 les portraits de M. *Ch. Garnier*, d'*Edmond About*, du général *Cousin-Montauban* et de *M. Guillaume*. En 1881, il exposa le portrait de *M. L. de Montebello* et la *Glorification de la Foi*. L'année suivante, il envoya *la Vérité*. Mais l'œuvre de B. se compose surtout de travaux de décoration dont quelques-uns n'ont jamais été exposés, tels que, par exemple, ceux de l'hôtel de Païva, aux Champs-Elysées, représentant *les Heures du jour* et *les Divisions du temps*. En 1882, une réunion partielle de ses œuvres fut organisée dans l'orangerie du jardin des Tuileries; on y admira une *Phœbé*, destinée à un hôtel de New-York, un plafond peint pour M. Vanderbilt, représentant *l'Hymen de Psyché et de l'Amour*, et une *Vision de S. Hubert* pour le château de Chantilly. Quelques mois avant sa mort, il exécuta encore, pour la décoration du même château, un *Enlèvement de Psyché* qui passe pour une de ses plus remarquables créations. Il est mort à Paris le 17 janvier 1886. Il avait été élu en 1870 membre de l'Académie des beaux-arts. Un monument dû aux sculpteurs Mercié et Dubois a été élevé sur son tombeau, au cimetière du Père-Lachaise, le 20 février 1890.

BAUER (Bruno), philos. all. — Il est mort à Rixdorf, près de Berlin, le 13 avril 1882. Nous mentionnerons, parmi ses derniers ouvrages : *Philon, Strauss, Renan et le christianisme primitif* (Berlin, 1874); *l'Evangile primitif* (1879).

BAUER (Edg.), publiciste all. — Il a fait paraître, depuis 1866, quelques nouveaux ouvrages de polémique, entre autres : *les Allemands et leurs voisins* (Hambourg, 1870); *la Vérité sur l'Internationale* (Altona, 1872); *la Question d'Orient* (Altona, 1877). Il est directeur de la *Revue religieuse et politique*.

BAUERNFELD (Ed. de), poète comique all. — Ses *Œuvres complètes* ont été publiées (Vienne, 1871-73, 12 vol.). Depuis, il a encore fait paraître un roman, *les Libertés* (Berlin, 1875); quelques comédies, et une tragédie, *Alcibiade* (1882).

BAUMGARTEN (Michel), théol. all. — De 1874 à 1879, il a fait plusieurs fois partie du Reichstag comme député de Rostock. Défenseur ardent de la liberté religieuse, il a formulé sa doctrine dans des conférences qui ont été recueillies et publiées à Brême (1869) et à Rostock (1874). Il a encore écrit un ouvrage intitulé : *l'Union des protestants allemands* (Berlin, 1871).

BAUMGARTNER (André, baron de), homme pol. all. — Il est mort à Vienne le 28 juillet 1865.

BAUMGARTNER (Gallus-Jacq.), publiciste suisse. — Il est mort à St-Gall le 12 juillet 1869. Son dernier ouvrage, interrompu par sa mort, est une *Histoire de la république Suisse et du canton de St-Gall*.

BAUMGARTNER (Ch.-H.), méd. all. — Il est mort à Baden-Baden le 11 décembre 1886. Il faut ajouter à la liste de ses ouvrages : *les Cellules de l'Univers* (Leipz., 1865), où il applique à tout l'univers sa théorie cellulaire des végétaux et des animaux; *la Nature et Dieu* (Leipz., 1870).

BAUMSTARK (Ant.), philol. all. — Il est mort le 28 mars 1876. Il avait quitté en 1871 ses fonctions de professeur de philologie et de directeur du séminaire philologique de Fribourg. Le dernier ouvrage sorti de sa plume est intitulé : *Antiquités politiques de l'empire allemand* (Berlin, 1873). Une étude de lui sur la *Germania* de Tacite a été publiée après sa mort (Leipz., 1880).

BAUMSTARK (Ed.), frère du précédent. — Nommé en 1864 curateur de l'Université de Greifswald, il est devenu membre du Reichstag en 1866.

BAUR (Gust.-Ad.-L.), théol. protestant all. — Il a quitté Hambourg en 1870 pour venir à Leipzig. Ses Sermons ont été publiés à Hambourg, à Giessen et à Leipzig sous différents titres. On lui doit encore des *Principes de pédagogie* (Giessen, 1876) et quelques autres ouvrages de moindre importance.

BAUTAIN (L.-Eug.-Marie), théol. fr. — Il est mort à Paris en 1867. Outre les ouvrages déjà cités, il a laissé les suivants, qui n'ont été publiés qu'après sa mort : *Idées et Plans pour la méditation et la prédication* (1867); *les Choses de l'autre monde* (1868); *Méditations chrétiennes* (1873).

BAVIÈRE (Royaume de). *Population.* — La popul. de cet Etat est, d'après le recensement du 1er déc. 1885, de 5,146,180 hab., en augmentation de 608,740 hab. sur le chiffre du recensement de 1864, soit 7,9 pour 100. La densité moyenne est de 71,4 hab. par kilom. carré. Munich possède actuellement 261,980 hab.; Nuremberg, 114,632 hab.; Augsbourg, 65,476 hab., et Wurtzbourg, 55,109 hab.

Armée. — L'armée bavaroise forme 2 corps d'armée à 2 divisions et fournit sur le pied de guerre 164,500 hommes. Elle est distincte de l'armée de l'empire et possède une administration particulière sous l'autorité du roi de Bavière; mais, en fait, cette souveraineté est toute nominale, et, en temps de guerre, les troupes bavaroises rentrent sous le commandement direct de l'empereur d'Allemagne. Le quartier général du 1er corps est à Munich; celui du 2e à Wurtzbourg. Munich possède un Institut des cadets, une Ecole de guerre, une Ecole d'artillerie et du génie, et un Institut d'équitation militaire. Les places fortes du royaume sont : Ulm, Landau, Ingolstadt, Germersheim, Oberhaus et Marienbourg.

Histoire. — Le jeune roi Louis II laissa ses ministres gouverner à sa place. En 1870, les troupes bavaroises coopérèrent aux opérations de l'armée prussienne, notamment à Bazeilles, sous les ordres de Von der Tann, et devant Orléans. Lorsque le roi de Prusse voulut rétablir l'empire d'Allemagne et se faire couronner empereur, Louis II donna aussitôt son assentiment et se chargea même d'obtenir celui des autres princes allemands. En 1886, le roi, déjà depuis longtemps déséquilibré, donna des signes non équivoques d'aliénation mentale. A la suite d'un arrangement avec le président du conseil des ministres, le prince Luitpold, oncle du roi, fut proclamé régent (10 juin). Louis II fut transféré à Hohenschwangau, puis au château de Berg; mais, le lendemain même de son arrivée dans cette résidence, son corps fut retrouvé dans le lac de Starnberg (16 juin). Son frère, dont les facultés mentales sont altérées depuis longtemps, se trouvant dans l'impossibilité de lui succéder, le prince Luitpold conserva le pouvoir. Depuis cette époque, la Bavière est de plus en plus inféodée à la Prusse.

BAYARD (Ant.), aut. dr. fr. — Il est mort à Paris le 1er mai 1872.

BAZAINE (Fr.-Achille), gén. fr. — Au moment de la déclaration de la guerre contre la Prusse, ou plutôt après le désastre de Wœrth, l'opinion publique réclama pour Bazaine le commandement en chef de l'armée du Rhin, et, sous sa pression, le maréchal fut investi de cette suprême fonction (12 août). Désireux avant tout de se soustraire à la tutelle de l'empereur, il ne voulut pas voir l'intérêt primordial qu'il y avait pour lui à se dégager rapidement du flot de l'invasion, et il s'appliqua à se laisser cerner par l'ennemi qui, arrivant à marches forcées, termina dès le 18 son mouvement tournant, et nous coupa définitivement la retraite à Saint-Privat. Ce ne fut cependant que le 26 que le maréchal se décida à faire connaître sa véritable situation; en écrivant qu'il était toujours libre de se retirer vers le Nord, il détermina la marche funeste que Mac-Mahon exécuta dans cette direction pour lui tendre la main, et qui aboutit au désastre de Sedan. Après la catastrophe, l'armée du Rhin se replia sur Metz. Sur ces entrefaites, Bazaine apprit à la fois la déchéance de l'empereur et la proclamation du gouvernement de la Défense nationale. Presque aussitôt, des relations personnelles et secrètes s'établirent entre lui et le prince Frédéric-Charles; aucun effort ne fut plus tenté pour forcer le blocus, et, dès le 23, des offres furent faites en vue d'une capitulation. Elle eut lieu le 28 octobre : 170,000 soldats, les blessés, les canons, les drapeaux, toutes les munitions furent livrés à l'ennemi. La captivité fut douce pour Bazaine qui, après la guerre, revint tranquillement s'installer à Paris. Cependant, le conseil d'enquête chargé d'examiner les capitulations, ayant jugé celle de Metz criminelle, le maréchal fut arrêté, conduit à Versailles, et, le 14 juillet 1873, une ordonnance du ministre de la guerre, général du Barail, rendue sur les conclusions du général Séré de Rivière, rapporteur, et du général Pourcet, commissaire du gouvernement, envoya Bazaine devant un conseil de guerre. Ce conseil, composé des généraux de La Motterouge, Tripier, Princeteau, de Chabaud-Latour, Ressayre et de Malroy (ces deux derniers comme juges suppléants), se réunit le 6 octobre sous la présidence du duc d'Aumale, le plus ancien des généraux de division, le général Pourcet remplissant les fonctions du ministère public. Les débats, qui eurent lieu au Petit-Trianon, se terminèrent le 10 décembre, après une éloquente plaidoirie de Me Lachaud, par la condamnation du maréchal à la peine de mort et à la dégradation militaire; mais les membres du conseil, après avoir prononcé cette sentence à l'unanimité, adressèrent un recours en grâce au maréchal de Mac-Mahon, qui commua la peine en vingt ans de détention, avec dispense des formalités de la dégradation militaire. Transporté au fort de l'île Sainte-Marguerite, sur la côte de Provence (27 décembre 1873), il réussit à s'échapper dans la nuit du 9 au 10 août 1874. Il se réfugia d'abord en Italie, passa en Suisse, où il rendit visite au château d'Arenenberg à l'ex-impératrice, vint ensuite en Angleterre et se fixa enfin définitivement en Espagne. Il fut admis pendant quelque temps à la cour d'Alphonse XII; mais, à la suite des protestations du gouvernement français, il dut s'abstenir de paraître aux cérémonies officielles. En 1887, il fut l'objet d'un attentat de la part d'un voyageur de commerce de La Rochelle, nommé Hillairand, qui le blessa à la tête d'un coup de poignard. B. est mort à Madrid au mois de septembre 1888. Il avait essayé de se justifier en publiant une brochure, *la Vérité sur le fort Sainte-Marguerite* (1878), et un ouvrage intitulé : *le Blocus de Metz* (Madrid, 1883).

BAZIN (Ant.-P.-E.), méd. fr. — Il est mort à Paris le 14 décembre 1878. Ses derniers ouvrages sont : *Leçons sur la syphilis et les syphilides* (1866); *Leçons sur le traitement des maladies chroniques en général et des affections de la peau en particulier* (1870).

BAZIN (Fr.-Emin.-Jos.), compos. fr. — Il devint en 1871 professeur de composition au Conservatoire, puis directeur de l'enseignement musical dans les écoles municipales de Paris. En 1873, il fut élu membre de l'Académie des beaux-arts, en remplacement de Caraffa. Sa dernière partition est un opéra comique, *l'Ours et le Pacha*, écrit sur un vaudeville de Scribe. Il est mort le 2 juillet 1878.

BEAUCHESNE (Alcide-Hyac. DUBOIS DE), litt. fr. — On doit encore à cet écrivain : *Vie et Légende de Ste Notburg* (1867); *Vie de Madame Elisabeth* (1869). Il est mort à La Varenne (Allier) le 5 décembre 1873.

BEAUME (Jos.), peintre fr. — Il est mort à Paris le 10 septembre 1885. Nous citerons parmi les tableaux exposés par cet artiste depuis 1866 : *le Retour de la chasse* (1867); *Louis XVII au Temple* (1868); *Bonaparte à Toulon* (1869); *le Printemps*; *l'Automne* (1870); *la Sortie de l'école* (1872); *le Rendez-vous de chasse* (1874); *la Tentation de S. Antoine* (1876); *le Déjeuner du chasseur* (1877); *Don Quichotte et Sancho Pança* (1878).

BEAUMONT (J.-Bapt.-Arm.-L.-Léonce Elie DE), géol. fr. — Il est mort au château de Canon (Calvados) le 22 septembre 1874. Une statue a été élevée en son honneur, l'année suivante, dans cette commune.

BEAUMONT-VASSY (Ed.-Ferd. DE LA BONINIÈRE, vicomte DE), litt. fr. — Il est mort à Paris le 25 juillet 1875. Outre les ouvrages déjà cités, on doit encore à la plume féconde de cet écrivain : *les Salons de Paris et la société parisienne sous Louis-Philippe* (1866); *les Salons de Paris et la société parisienne sous Napoléon III* (1868); *Histoire authentique de la Commune* (1871); *Histoire intime du second empire* (1874); *Papiers curieux d'un homme de cour* (1875).

BEAUNE-LA-ROLANDE, bg de France (Loiret). — Ce village a été le 28 nov. 1870 le théâtre d'un combat heureux entre les Français et les Prussiens. Après une lutte très vive, le prince Frédéric-Charles dut céder le place à nos troupes commandées par le général Crouzat et par son chef d'état-major, le général Billot.

BEAUREGARD (P.-Gust. TOUTANT, dit DE), gén. américain. — Il est devenu président de la compagnie des chemins de fer du Mississipi.

BEAUSSIRE (Em.), litt. et homme pol. fr. — Le dép. de la Vendée l'envoya en 1871 à l'Assemblée nationale où il soutint constamment la politique de M. Thiers. Battu aux élections sénatoriales de janvier 1876, il fut réélu le 5 mars de la même année dans l'arr. de Fontenay-le-Comte. Après la dissolution de la Chambre, il rentra dans la nouvelle Assemblée, à la suite de l'invalidation de son concurrent. Il ne se représenta pas aux élections de 1881 ni à celles de 1885. Il fut élu en 1880 membre de l'Académie des sciences morales et politiques en remplacement de Bersot. On cite parmi ses derniers ouvrages : *la Guerre étrangère et la guerre civile* (1871); *la Morale laïque* (1880); *la Liberté de l'enseignement et de l'Université sous la troisième République* (1884); *les Principes de la morale* (1885), etc. Il est mort à Paris le 15 juin 1889.

BEAUVALLET (P.-Fr.), acteur et aut. dr. fr. — Il est mort à Passy le 21 décembre 1873.

BEAUVALLET (Léon), aut. dr. fr. — Outre les ouvrages déjà cités, on doit encore à ce fécond écrivain : *le Comte de Faverne*, drame, en collaboration avec Th. Barrière (1868); *le Sacrilège*, drame, avec le même (1869); *les Quatre Henri ou la Destinée*, drame, avec V. Koning (1869); *le Fils d'une comédienne*, drame, avec son frère Frantz B. (1874); *les Femmes de Paul de Kock*, com., avec le même (1875); *Auguste Manette*, drame, avec Alexis Bouvier (1875); *la Mère Gigogne*, féerie, avec V. Koning (1875); *les Jolies filles de Grévin*, vaud., avec son frère (1876); *Loup, y es-tu?* revue, avec de Jallais (1876); *les Rosières de Bas-Meudon*, vaud. (1880); *la Belle Polonaise*, avec son frère (1882); *la Vicomtesse Alice*, drame, avec Alberic Second (1885), etc. Il est mort à Paris le 22 mars 1885.

BECHER (Sigefroy), écon. all. — Il est mort à Vienne le 4 mars 1873.

BECHSTEIN (Reinhold), philol. all. — Après avoir été nommé en 1869 professeur extraordinaire à l'Université d'Iéna, il est devenu en 1871 professeur de littérature allemande et contemporaine à l'Université de Rostock. Outre les ouvrages déjà cités, il a fait paraître en 1869 une édition du *Tristan* de Gottfried de Strasbourg, et en 1877 une autre édition du *Tristan* de Henri de Freyberg.

BECK (J.-Tobie), théol. prot. all. — Il est mort à Tubingen, le 28 décembre 1878. On cite parmi les plus importants de ses derniers ouvrages : *Essais de psychologie biblique* (Stuttg., 1871); *la Doctrine des sacrements* (Stuttg., 1874); *Instructions pastorales sur le Nouveau Testament*, ouvrage posthume (1880).

BECK (Ch.), poète all. — Il est mort à Wœhring, près de Vienne, le 10 avril 1879. Son dernier ouvrage est un volume de vers intitulé : *Repos et mouvement* (Berlin, 1870).

BECKER (Ch.-Ferd.), mus. all. — Il est mort à Leipzig le 26 octobre 1877.

BECKER (J.-Ph.), homme pol. all. — Il fut un des fondateurs de l'Internationale et il assista à tous les congrès de cette association révolutionnaire. Les idées qu'il développa dans son journal *le Précurseur* eurent une influence considérable sur le parti socialiste dont il fut jusqu'à sa mort un des chefs les plus écoutés. Il est mort à Genève le 7 décembre 1886.

BECKX (P.-J.), général des Jésuites. — Lorsque les établissements des Jésuites furent supprimés à Rome, il se retira dans la petite ville de Fiesole, près de Florence, d'où il continua à diriger les affaires de la Société. En 1883, sentant le poids de l'autorité devenir trop lourd pour ses 88 ans, il provoqua la réunion du Conseil suprême à l'effet de se faire donner un collaborateur appelé à lui succéder. Ce fut un Suisse, le père Anderledy, qui fut désigné. Après lui avoir remis ses pouvoirs, le père B. se retira à Rome dans le couvent de Saint-André du Quirinal où il mourut le 4 mars 1887. Il a laissé un grand nombre de sermons et d'écrits ascétiques ou dogmatiques parmi lesquels nous mentionnerons : *Allocutio ad PP. Procuratores provinciarum Societatis Jesu* (1868); *Lettre aux agents diplomatiques auprès du Saint-Siège* (1871).

BECQUEREL (Ant.-César), phys. fr. — En 1874, l'Académie des sciences, dont il faisait partie depuis 45 ans, fit frapper une médaille en son honneur. Il publia en 1875 dans un ouvrage intitulé : *Des forces physico-chimiques et de leur intervention dans la production des phénomènes naturels*, l'ensemble des nombreuses recherches faites par lui sur ce sujet, en collaboration avec son fils. Il est mort à Paris le 18 janvier 1878. Une statue lui a été élevée à Châtillon-sur-Seine, sa ville natale, le 24 septembre 1882.

BECQUEREL (Alex.-Edm.), phys. fr., fils du précédent. — Il a été nommé en 1863 membre de l'Académie des sciences, et en 1876 professeur de physique et de météorologie à l'Institut agronomique de Versailles. En 1878, il a remplacé son père dans la chaire de physique du Muséum. Outre les ouvrages déjà cités, on lui doit : *la Lumière, ses causes et ses effets* (1867-68, 2 vol. in-8°); *les Phénomènes lumineux de l'amosphère* (1873), et un grand nombre de mémoires insérés dans les Annales de chimie et de physique ou dans les Comptes rendus.

BÉDOLLIÈRE (Em. GIGAULT DE LA), litt. fr. — Il est mort à Paris le 24 avril 1883. On cite parmi ses derniers ouvrages : *Histoire complète de la guerre d'Italie et d'Allemagne* (1866); *la France et la Prusse* (1867); *Bazaine et la capitulation de Metz* (1873); *Histoire générale des peuples anciens et modernes* (1879).

BEECHER (Esther-Cath.), femme de lettres améric. — Elle est morte à Elmira (New-York) en 1878.

BEECHER-STOWE (Henriette), femme de lettres améric. — Plus récemment, elle a publié : *le Coin du feu* (1868), plaidoyer en faveur de l'égalité civile de la femme; *Une poignée de contes* (1870); *les Petits Renards* (1872); *Coups d'épingle* (1874); *la Tyrannie rose et blanche* (1874), etc. La plupart de ces romans ont été traduits en français. En septembre 1869, elle fit paraître dans le *Macmillan's Magazine*, sous le titre de : *la Véritable histoire de Lady Byron*, des révélations scandaleuses sur la vie privée du poète anglais, qui donnèrent lieu à des polémiques passionnées dans la presse anglaise et américaine. Cette publication fut suivie d'une autre, *Lady Byron vengée*, qui parut en 1870. Mme B.-S. est morte en mars 1872, dans la propriété qu'elle avait acquise dans la Floride et où elle s'était retirée dans les derniers temps de sa vie.

BÉGAS (Oscar), peintre all. — On cite parmi les dernières œuvres de cet artiste, les peintures décoratives de la salle des fêtes de l'hôtel de ville de Berlin (1872). Il est mort le 10 novembre 1883.

BÉGAS (Reinhold), sculpt. all. — Sa statue de Schiller a été érigée à Weimar en 1871. Parmi ses œuvres récentes nous mentionnerons : *Mercure enlevant Psyché* (1878); *le Centaure et la Nymphe* (1881). Il a été nommé en 1876 directeur de l'atelier de sculpture à l'Académie de Berlin.

BÉGAT (Pierre), ingén. fr. — Il est mort à Paris le 29 octobre 1882.

BÉHIER (L.-Jules), méd. fr. — Il fut nommé en 1867 médecin à l'hôpital de la Pitié, puis il passa à l'Hôtel-Dieu. En 1874, il publia le compte rendu d'une opération remarquable faite dans ce dernier établissement, et par laquelle il réussit à sauver une malade condamnée, en opérant la transfusion du sang dans des conditions nouvelles. Il est mort à Paris le 8 mai 1876.

BEKE (Ch.-Tilstone), explorateur angl. — Le gouvernement anglais l'envoya en 1866 en Abyssinie pour négocier avec le négus Théodoros la mise en liberté des prisonniers anglais. Il échoua dans sa mission. En 1873-74, il fit un voyage en Arabie, dans le but de déterminer la situation exacte du Sinaï; il trouva la montagne sacrée à une journée de marche au N.-E. d'Akabah, et déclara que la position qu'on lui assignait d'ordinaire était erronée. Ses conclusions, vivement discutées, obtinrent peu de succès. Il mourut à Londres le 31 juillet 1874.

BEKKER (Emm.), philol. all. — Il fut nommé depuis correspondant de l'Académie des inscriptions et belles-lettres. Il est mort à Berlin le 7 juin 1871.

BELCHER (Ed.), navig. angl. — Il est mort à Londres le 20 mars 1877.

BELÈZE (Guill.-L.-Gust.), litt. fr. — Il a donné en 1872 un *Supplément* à son *Dictionnaire universel de la vie pratique*, et en 1877 un *Dictionnaire d'instruction primaire*. Il est mort en 1878.

BELFORT. — La population de Belfort, d'après le recensement de 1886, est de 22,181 hab. Chemins de fer sur Paris, Mulhouse, Giromagny, Delle et Montbéliard. — Le *territoire de Belfort*, formé d'une partie de l'anc. dép. du Haut-Rhin, est borné au N. et à l'E. par l'Alsace, au S. par la Suisse et par le dép. du Doubs, et à l'O. par les dép. de la Haute-Saône et des Vosges. Il comprend 6 cantons et 106 communes : Belfort (32 communes), Delle (27), Giromagny (19), Fontaine (21), Rougemont-le-Château (4), et renferme une pop. de 79,758 hab. pour une sup. de 610 kilom. carrés. Il appartient au 7e corps d'armée et au 17e arr. forestier. Il élit deux députés et un sénateur.

BELGIOJOSO (Christine TRIVULZIO, princesse DE). — Elle est morte à Milan le 5 juillet 1871, après avoir écrit un dernier ouvrage intitulé : *Réflexions sur l'état actuel de l'Italie et sur son avenir* (1869).

BELGIQUE (Royaume de). *Population*. — La population de la Belgique, au recensement de 1885, était de 5,853,278 hab., en augmentation de 960,257 sur le chiffre du recensement de 1863, soit une moyenne d'accroissement annuel de plus de 2 pour 100. La densité de la population se trouve portée à 200 hab. par kilom. carré. Relativement à l'étendue de son territoire, le royaume de Belgique est le plus peuplé de tous les Etats de l'Europe. 4 villes ont plus de 100,000 hab. Ce sont : Bruxelles, avec 438,843 hab.; Anvers, avec 198,174 hab.; Gand, avec 143,242 hab., et Liège, avec 125,371 hab.

Armée. — Le service personnel n'est pas obligatoire. D'après la loi du 18 septembre 1873, modifiée par la loi de juillet 1887, l'armée belge se recrute par des engagements volontaires et par des appels annuels. En cas de guerre, le roi peut rappeler à l'activité le nombre de classes congédiées qu'il juge utiles, en commençant par la dernière. La durée du service est de 8 ans. Tout Belge qui a 19 ans accomplis est tenu de se faire inscrire. Après le tirage au sort, le contingent de l'armée active est formé par les numéros les plus bas, les numéros intermédiaires sont libérés du service, les numéros les plus élevés forment la réserve. Les hommes incorporés font 30 mois de service dans l'infanterie; ils font 3 ans dans les autres armes, sauf dans la cavalerie et dans l'artillerie à cheval, où ils restent pendant 4 ans sous les drapeaux. Après ce temps, ils sont envoyés en congé illimité. Les hommes en congé provenant de l'infanterie sont tenus à 3 appels d'un mois; les hommes de la réserve sont appelés 4 mois pendant la 1re année et 1 mois pendant chacune des 3 suivantes. Le remplacement est autorisé : c'est l'Etat qui y pourvoit par des volontaires touchant une prime en argent. Le contingent annuel fixé par les Chambres est d'environ 12,000 hommes, dont 1000 pour la réserve. L'effectif de l'armée, sur le pied de paix, est de 48,200 hommes, répartis en 12 régiments de ligne, 3 régiments de chasseurs, 1 régiment de grenadiers, 1 régiment de carabiniers, 4 régiments d'artillerie, 8 régiments de cavalerie, 1 bataillon du train, 1 régiment du génie et 5 compagnies spéciales de télégraphistes, de pontonniers et d'ouvriers de chemins de fer. En temps de guerre, l'effectif de l'armée belge s'élève à environ 104,000 hommes, 13,500 chevaux et 240 canons. L'arsenal militaire est à Anvers. Partant de cette idée que l'armée belge était incapable à elle seule de repousser une invasion, et qu'il fallait à tout prix conserver intact un point du territoire où elle pût trouver un abri en cas de besoin, le gouvernement a fait d'Anvers le réduit de la Belgique; toutes les autres places du royaume, sauf Termonde, Diest, Namur et Liège ont été démantelées (loi du 8 septembre 1859), et les nouveaux forts construits autour d'Anvers par le général Brialmont ont fait de cette ville une des plus puissantes forteresses modernes. Ce principe de la concentration de toutes les forces belges autour d'un seul point, et de l'abandon volontaire de toutes les lignes de défense du pays, a paru dans ces derniers temps beaucoup trop absolu : en 1887, le gouvernement a présenté un plan de fortification de la vallée de la Meuse; les crédits nécessaires ont été votés, et, depuis cette époque, les travaux sont poussés avec rapidité à Liège et à Namur.

Histoire. — Le roi actuel *Léopold II (L.-Phil.-Marie-Vict.)*, né à Bruxelles le 9 avril 1835, a succédé à son père le 10 décembre 1865. Il s'est marié le 22 août 1853 à Marie-Henriette-Anne, archiduchesse d'Autriche, fille de l'archiduc Joseph, palatin de Hongrie. De ce mariage sont issus : *Louise-Marie-Amélie*, née à Bruxelles le 18 février 1858, mariée en 1875 au prince Ferd.-Phil. de Saxe-Cobourg-Gotha; *Stéphanie-Clotilde*, née à Laecken le 21 mai 1864, mariée en 1881 à l'archiduc Rodolphe, prince héritier d'Autriche-Hongrie, et *Clémentine-Albertine*, née le 30 juillet 1872.

BELHOMME (Jacq.-Et.), méd. fr. — Il est mort à Neuilly en 1880.

BELL (Th.), natural. angl. — Il est mort le 13 mars 1880.

BELL (Robert), litt. angl. — Il est mort à Londres en 1867.

BELLAGUET (L.-Fr.), littér. fr. — Il est mort au mois de février 1884.

BELLECOMBE (André-Ursule CASSE DE), litt. fr. — Il a terminé en 1870 la publication de son *Histoire universelle*, commencée en 1849. Outre les ouvrages déjà cités, on lui doit encore : *Considérations générales sur le monogénisme et le polygénisme* (1867); *la Vie ou la Mort*; *Constitution républicaine ou monarchie libérale* (1872).

BELLEL (J.-Jos.), peintre fr. — Parmi les dernières toiles exposées par cet artiste, nous mentionnerons : *Marche de Bohémiens* (1865); *les Bords du Thérain* (1866); *Salvator Rosa au milieu des brigands* (1867); *Arabes fuyant un incendie* (1868); *les Derniers beaux jours*; *Environs de Médéah* (1869); *Montagnes de Lachaux* (1870); *Environs de Cassis* (1873); *Environs d'Allevard* (1874); *Route de Constantine à Batna* (1875); *Arabes à la recherche d'un campement* (1876); *Jésus et les disciples d'Emmaüs* (1878); *Route de Médéah a Boghar* (1879); *Environs de Toulon* (1880); *Improvisateur arabe* (1881); *Une scierie dans la vallée du Thérain* (1882); *Environs de Puy-Guillaume* (1883); *le Château de Châteldon* (1885); *Environs de Cannes* (1886); *La Roche près Châteldon* (1887). On lui doit aussi un nombre considérable de fusains.

BELLERMANN (J.-Fréd.), philol. all. — Il est mort à Berlin le 5 février 1874. — Son fils, *Henri B.*, a été nommé en 1866 professeur à l'Université de Berlin. Il a publié récemment un ouvrage intitulé : *la Grandeur des intervalles musicaux* (Berlin, 1873).

BELLOC (J.-Hilaire), peintre fr. — Il est mort le 9 décembre 1866. — Sa femme, *Louise Swanton B.*, a écrit quelques nouveaux ouvrages pour l'enfance : *la Tirelire aux histoires* (1869); *le Fond du sac de la Grand'mère* (1873). Elle est morte à Paris le 6 novembre 1881.

BELLOGUET (Domin.-Fr.-L., baron ROGET DE), archéol. fr. — Il est mort à Nice le 3 août 1873, après avoir terminé le 4e et dernier vol. de son *Ethnogénie gauloise*, commencée en 1858 et couronnée en 1859 par l'Acad. française.

BELLOY (Aug., marquis DE), litt. fr. — Il est mort à Drosmesnil (Somme) le 15 avril 1871. Il avait publié en 1870 une traduction remarquable en vers des *Comédies de Plaute*.

BELLY (Léon-Aug.-Ad.), peintre fr. — Parmi les tableaux exposés récemment par cet artiste, nous mentionnerons : *le Nil près de Rosette* (1867); *le Canal de Mahmoudieh* (1868); *Fête religieuse au Caire* (1869); *les Ruines de Balbeck* (1874); *les Bords de la Sauldre* (1875); *Dahabieh engravée sur le Nil* (1877). Une exposition générale de ses œuvres a été faite au mois de février de l'année suivante.

BELMONTET (L.), litt. et homme pol. fr. — Réélu en 1869 à Castelsarrazin, il rentra en 1870 dans la vie privée. En janvier 1876, il posa sans succès sa candidature aux élections sénatoriales dans le dép. de Tarn-et-

Garonne. Au mois de février de la même année, il se représenta aux élections législatives dans l'arr. de Castelsarrazin; mais il se désista en faveur de M. Buffet, qui d'ailleurs ne fut pas élu. Il est mort à Paris le 24 octobre 1879. Outre les ouvrages déjà cités, on lui doit : *les Enfants du Soleil*, trag. en 5 a. (1870); *Choix de maximes et de pensées tirées de l'Imitation*, poésies suivies de *Mes Pensées* (1873).

BÉLOUTCHISTAN. — La partie occidentale du B. a été cédée à la Perse en 1872.

BÉNARD (Ch.), philos. fr. — Il a publié en 1866 un *Petit traité de dissertation philosophique*; en 1869, des *Questions de philosophie*, et, en 1875, un *Manuel de philosophie*. Tous ces ouvrages sont destinés à l'enseignement. On lui doit encore un important ouvrage intitulé : *Philosophie ancienne, histoire générale des systèmes*, dont la première partie, parue en 1885, a valu à son auteur un prix de l'Académie française.

BENARY (Fr.-Ferd.), oriental. all. — Il est mort à Berlin le 7 février 1880. — Son frère, *Albert-Agathon B.*, est mort le 5 décembre 1860.

BENDMANN (Ed.), peintre all. — On lui doit encore les dessins du monument élevé par Knauer en l'honneur de Séb. Bach à Saudstein.

BÉNÉDEK (L. DE), gén. autrichien. — Il est mort à Gratz le 27 avril 1881.

BÉNÉDICT (Jules), compos. all. — Il fut élu en 1864 correspondant de l'Académie des beaux-arts. Après avoir été pendant quelque temps maître de chapelle à Covent-Garden, il devint en 1876 directeur de la Société philharmonique de Liverpool. Outre les œuvres que nous avons déjà citées, il a encore écrit des *Cantates* et des *Oratorios* parmi lesquels nous mentionnerons ceux de *Ste-Cécile* (1866) et de *St-Pierre* (1870). Il est mort à Londres le 5 juin 1885.

BENEDIKTOW (Wladimir), poète russe. — Il est mort à St-Pétersbourg le 26 avril 1873.

BÉNÉDIX (Julien-Roderich), litt. all. — Il est mort à Leipzig le 26 septembre 1873. Il avait publié en 1871 une brochure intitulée : *Dégénérescence de l'esprit français*.

BENFEY (Théod.), oriental. all. — Il est mort à Gœttingen le 26 juin 1881. Ses derniers ouvrages ont pour titres : *Dictionnaire sanscrit* (1866); *Hist. de la philologie allemande au dix-neuvième siècle* (1869).

BENNETT (Guill.-Sterndale), compos. angl. — Il est mort à Londres le 1er février 1875.

BENOIST (Fr.), compos. fr. — Il est mort à Paris le 6 mai 1878.

BÉNOUVILLE (J.-Achille), peintre fr. — Parmi les toiles récemment exposées par cet artiste, nous mentionnerons : *le Colisée* (1865); *Vue de Torre del Chiave*, 1867; *le Ravin*, panneau pour le Grand-Opéra (1870); *Pic du Midi de Bigorre* (1872); *Château de Lugagnan* (1873); *l'Arriccia* (1874); *les Bords de la Nive* (1875); *Vallon de Maurevieille* (1876); *le Lac d'Albano* (1877); *Saint-Marc de Venise* (1880); *Gorges d'Apremont* (1881); *les Bords de l'Aumance* (1882); *La Garde et le Coudon, environs de Toulon* (1883); *la Cascade de l'Ardoisière, le Gué de Malavaux, environs de Vichy* (1883); *l'Aumance près de Châteloy* (1886).

BERBRUGGER (L.-Adr.), érudit fr. — Il fit encore paraître en 1868, *le Tombeau de la Chrétienne*, mausolée des derniers rois de Mauritanie. Il est mort à Mustapha, près d'Alger, le 2 juillet 1869.

BÈRES (Em.), économ. fr. — Il est mort à Saint-Mandé le 8 décembre 1877.

BERG (Ch.-H., baron DE), botan. all. — Il a pris sa retraite en 1868. Son dernier ouvrage est intitulé : *Hist. des forêts allemandes* (Dresde, 1871).

BERGER (Julien-Fr.-Ad.), humaniste fr. — Il est mort à Paris le 26 octobre 1869. Outre les ouvrages déjà cités, on lui doit encore une *Hist. de l'éloquence latine depuis l'origine de Rome jusqu'à Cicéron* (1872), ouvrage posthume.

BERGER (J.-Népom.), jurisc. all. — Il est mort à Vienne le 9 décembre 1870.

BERGHAUS (H.), géographe all. — Il a terminé en 1875 la publication de sa *Géographie générale de la Poméranie* (1862-1875, 8 vol.). Il est mort à Stettin le 19 février 1884.

BERGK (Théod.), philol. all. — Il est mort à Ragatz le 20 juillet 1881. Il avait quitté en 1869 ses fonctions de professeur de philologie à Halle. Ses derniers ouvrages ont pour titres : *Histoire de la littérature grecque* (Berlin, 1872); *Inscriptions romaines* (Leipzig, 1876).

BERGMANN (Fréd.-Guill.), litt. fr. — Il opta après la guerre pour la nationalité allemande et conserva sa chaire de littérature étrangère à la Faculté des lettres de Strasbourg. Outre les ouvrages déjà cités, il a publié : *Dante, sa vie et ses œuvres* (1866); *Origine et signification du nom de Franc* (1866); *les Prétendues maîtresses du Dante* (1869); *Résumés d'ontologie générale* (1869);

Cours de linguistique (1875). Il est mort à Strasbourg le 14 novembre 1887.

BÉRIOT (Ch.-Aug. DE), violoniste belge. — Il est mort à Bruxelles le 8 avril 1870.

BERKELEY (G.-Ch. *Grantley Fitz-Hardinge*), litt. angl. — Son dernier ouvrage est intitulé : *Hist. de vie et de mort* (1869). Il est mort à Londres le 23 février 1881.

BERLAGE (Ant.), théol. cath. all. — Il est mort à Munster le 6 décembre 1881.

BERLIOZ (Hector), compos. fr. — Il est mort à Paris le 8 mars 1869. Ses *Mémoires* ont été publiés après sa mort (1870).

BERNARD (Jos.), litt. fr. — Il est mort à Cauterets en 1864.

BERNARD (Aug.-Jos.), archéol. fr. — Il est mort à Paris le 5 septembre 1868.

BERNARD (Claude), physiol. fr. — Il devint en 1867 président de la Société de biologie, et, au mois de mai 1868, membre de l'Académie française en remplacement de Flourens. Il fut nommé en décembre 1868 professeur de physiologie générale au Muséum, et, le 6 mai de l'année suivante, il reçut un siège au Sénat. La Société royale de Londres lui décerna en 1876 la médaille de Copley. Outre les nombreux ouvrages déjà cités, on doit encore à cet illustre savant : *Traité complet de l'anatomie de l'homme*, en collaboration avec Bourgery (1867-71); *De la physiologie générale* (1872); *Leçons sur la chaleur animale* (1875); *Leçons sur les anesthésiques et sur l'asphyxie* (1875); *le Diabète et la Glycogénèse animale* (1877); *Leçons sur les phénomènes de la vie communs aux animaux et aux végétaux* (1879), œuvre posthume, et un grand nombre d'articles, notamment dans la *Revue scientifique*. Son *Discours de réception à l'Académie française* a été publié en 1869. Il est mort à Paris le 10 février 1878. Une statue en bronze, due à M. Guillaume, a été érigée en son honneur devant le Collège de France en 1886.

BERNARD (Thalès), litt. fr. — Outre les ouvrages déjà cités, il a encore écrit : *Orphée aux Enfers*, parodie (1868); *le Progrès*, poème didactique (1869); *Mélodies pastorales* (1871). Il est mort à Paris le 10 janvier 1873.

BERNECK (Ch.-Gust. DE), litt. all. — Il est mort à Berlin le 8 juillet 1871.

BERNHARD (Carl), litt. danois. — Il est mort à Copenhague le 24 novembre 1865.

BERNHARDY (Godefroi), philol. all. — Il est mort à Halle le 14 mai 1875.

BERNSTEIN (Aaron), litt. all. — On lui doit encore quelques études biographiques : entre autres, une sur *Humboldt* (1869); un ouvrage de critique : *Origines des traditions d'Abraham, d'Isaac et de Jacob* (1871); des travaux historiques : *les Journées de mars 1848; 1849* (1873), et des études philosophiques : *les Forces naturelles et l'intelligence* (1874), etc.

BERRIAT-SAINT-PRIX (Ch.), jurisc. fr. — Il est mort à Riom le 11 septembre 1870.

BERRIAT-SAINT-PRIX (Aimé-Julien-Fél.), jurisc. fr. — Il fut nommé en 1872 juge de paix à Charenton. Ses derniers ouvrages, publiés sous le pseudonyme de François Smith, sont intitulés : *Traité d'économie politique ancienne et moderne* (1878); et *Philosophie, Droit, Morale* (1882). Il est mort à Paris le 18 avril 1883.

BERRY (Marie-Caroline-Ferdinande-Louise DE BOURBON, duchesse DE). — Elle est morte le 16 avril 1870 dans ses propriétés de Styrie.

BERRYER (Ant.-P.), avocat et homme pol. fr. — Il est mort à Angerville-la-Rivière (Loiret) le 29 novembre 1868. Ses *Œuvres*, comprenant ses *Discours* et ses *Plaidoyers*, ont été réunies et publiées de 1872 à 1876.

BERSOT (P.-Ern.), litt. fr. — Il fut élu en juin 1866 membre de l'Académie des sciences morales et politiques en remplacement de G. de Beaumont, et, le 1er octobre 1871, il succéda à Francisque Bouillier comme directeur de l'École normale supérieure. En 1876, il devint membre du Conseil supérieur de l'instruction publique. Il est mort à Paris le 31 janvier 1880. Outre les ouvrages déjà cités, il a publié : *Morale et Politique*; *le Libre Philosophe* (1868); *Études et discours* (1879); *Conseils d'enseignement de philosophie et de politique* (1880); quelques brochures politiques telles que : *la Presse dans les départements*, et des *Rapports sur le fonctionnement de l'École normale*.

BERTALL (Ch.-Alb. D'ARNOUX, dit), dessinateur et écriv. fr. — Parmi ses dernières productions, nous signalerons comme ayant été plus particulièrement remarquées : *la Comédie de notre temps* (1873-74); *la Vie hors de chez soi* (1875); *les Contes de ma mère* (1876); *la Vigne* (1877); *Jean le Paresseux* (1879); *les Plages de France* (1880-83). Il est mort à Soyons, près de St-Péray, le 24 mars 1881.

BERTAULD (Ch.-Alfred), jurisc. et homme pol. fr. —

Aux élections de 1871, il fut élu député dans le Calvados, et vint siéger au centre gauche. Il fut choisi plus tard comme président de ce groupe où il appuya constamment la politique de Thiers. En 1872, il fut rapporteur du projet de loi Tolain relatif au droit d'association. Il prononça à l'Assemblée nationale, dont il fut un des membres les plus écoutés, un grand nombre de discours remarquables. Après la chute de Thiers, il passa dans les rangs de l'opposition. Élu sénateur par l'Assemblée, il devint en 1876 procureur général à la Cour de cassation. Il est mort à Paris le 9 avril 1882. Outre les ouvrages déjà cités, il a publié : *Questions pratiques et doctrinales sur le code civil* (1867); *l'Ordre social et l'Ordre moral* (1873); *De la philosophie sociale* (1878); *la Loi du progrès et le libre arbitre* (1881).

BERTHELOT (P.-Eug.-Marcellin), chim. fr. — Pendant le siège de Paris, il fut choisi comme président du Comité scientifique de défense. Le 3 mars 1873, il entra à l'Académie des sciences en remplacement de Duhamel. Il fut nommé en 1876 inspecteur général de l'enseignement supérieur, et en 1878 président de la commission des substances explosibles. Élu sénateur inamovible en 1881, il vint siéger dans le groupe de l'Union républicaine et présida la commission de réorganisation de l'instruction primaire. Il fut de 1881 à 1886 président du conseil supérieur de l'instruction publique. Au mois de décembre 1886, il entra dans le cabinet Goblet comme ministre de l'instruction publique, et il conserva ces fonctions jusqu'au 30 mai 1887, époque où il fut remplacé par M. Spuller. Outre les ouvrages déjà cités, il a publié un nombre considérable de mémoires et d'articles dans les *Comptes rendus* de l'Académie des sciences, dans les *Annales de physique et de chimie*, dans la *Revue scientifique*, etc. On lui doit encore : *Traité élémentaire de chimie organique* (1872); *Sur la force de la poudre et des matières explosives* (1872); *la Synthèse chimique* (1875); *Essai de mécanique chimique fondée sur la thermochimie* (1879); *les Origines de l'alchimie* (1885); *Science et philosophie* (1886).

BERTHET (Élie-Bertrand), litt. fr. — Parmi les productions plus récentes de ce fécond écrivain, nous mentionnerons : *l'Enfant des bois* (1865); *les Houilleurs de Polignies* (1866); *le Réfractaire* (1867); *les Drames de Cayenne* (1868); *le Séquestré* (1869); *le Gouffre* (1872); *l'Incendiaire* (1873); *les Drames du cloître* (1874); *Maître Bernard* (1875); *Romans préhistoriques* (1876); *le Sauvage*; *l'Incendiaire* (1877); *les Cagnards de l'Hôtel-Dieu de Paris* (1878); *la Fontaine de la Fidélité* (1879); *le Mariage secret* (1880); *Tête à l'envers* (1881); *la Bonne femme* (1882); *Fleur de Bohème* (1883); *la Femme du fou* (1884); *l'Œil de diamant* (1885); *la Maison du malheur* (1886); *l'Herboriste Nicias* (1887). Au théâtre, il a donné : *le Pacte de famine*, avec P. Foucher; *les Garçons de recette*, avec Dennery, etc.

BERTHET (J.-Ferd.), instituteur fr. — Il prit sa retraite en 1865. Outre les ouvrages déjà cités, on lui doit : *le Code Napoléon à l'usage des sourds-muets* (1869), et une étude très complète sur *l'abbé Sicard* (1873). Il est mort à Paris au mois de juillet 1886.

BERTHOUD (Sam.-H.), litt. fr. — Nous mentionnerons parmi les derniers ouvrages de cet écrivain : *les Hôtes du logis* (1867); *la Cassette des sept amis* (1868); *les Os d'un géant* (1869); *les Soirées du docteur Sam* (1871); *la Paysanne parvenue* (1872); *Histoire et romans de végétaux* (1881); *Causeries sur les insectes* (1882), etc.

BERTIN (Ed.-Fr.), peintre fr. — Il est mort le 13 septembre 1871.

BERTIN (Louise-Angélique). — Elle est morte à Paris le 26 avril 1877. Elle avait publié en 1876 un nouveau volume de vers intitulé : *Nouvelles glanes*.

BERTIN (J.-L.-H.), juriscons. fr. — Outre les ouvrages que nous avons cités, on lui doit : *Du pouvoir discrétionnaire du président du tribunal* (1866); *De la diffamation envers les morts* (1867); *la Colonie agricole de Mettray* (1874); *Ordonnances sur requête*; *Ordonnances de référé* (1874); *Projet de loi sur la chambre du conseil et les autorisations sur requête* (1876). Il est mort à Paris le 7 mai 1881.

BERTIN DE VAUX (Aug.-Fr.-Th.), gén. fr. — Il est mort à Villepreux (Seine-et-Oise) le 3 septembre 1879.

BERTINI (H.-Jérôme), music. fr. — Il est mort le 1er octobre 1876 à Maylan, près de Grenoble, où il vivait retiré depuis longtemps.

BERTRAND (Jos.-L.-Fr.), mathém. fr. — Il succéda en 1874 à Élie de Beaumont, comme secrétaire perpétuel de l'Académie des sciences, et, le 4 décembre 1884, il fut élu membre de l'Académie française en remplacement de Dumas. Outre les ouvrages déjà cités, il a publié plus récemment : *l'Académie des sciences et les académiciens de 1666 à 1793* (1868); *les Fondateurs de l'astronomie moderne* (1873); *Thermodynamique*

(1887). Son *Discours de réception à l'Académie française* a été publié en 1885.

BERVILLE (Saint-Albin), jurisc. fr. — Il est mort à Paris le 25 septembre 1868.

BESCHERELLE (L.-Nic.), gramm. fr. — Il est mort à Auteuil le 4 février 1883. Les derniers ouvrages qu'il a publiés sont : *Dictionnaire usuel de la langue française* (1876), et *les Grands guerriers des Croisades* (1877).

BESCHERELLE (dit *le jeune*), gramm. fr., frère du précédent. — Il a publié en 1874 *la Christeïde*, poème en douze chants.

BESKOW (Bernard DE), poète suédois. — Il est mort à Stockholm le 7 novembre 1868.

BEULÉ (Ch.-Ern.), litt. et homme polit. fr. — Aux élections du 8 février 1871, le département de Maine-et-Loire l'envoya à l'Assemblée nationale. Il y siégea au centre droit et y prononça plusieurs discours remarquables. Après la chute de Thiers, à laquelle il prit une part très active, il accepta le portefeuille de l'intérieur, dans le cabinet de Broglie, en remplacement de Casimir Périer. Il signala son entrée au ministère par un remaniement préfectoral presque complet; il interdit les adresses des conseils municipaux et supprima un certain nombre de journaux républicains. Le 4 juin 1873, il adressa aux préfets une circulaire confidentielle, dans laquelle il les invitait à rechercher et à lui indiquer les journaux conservateurs ou susceptibles de le devenir, la situation de leurs rédacteurs, et le prix qu'ils pourraient attacher au concours bienveillant de l'administration. Cette circulaire fut lue par Gambetta à la tribune de l'Assemblée qui repoussa par une majorité de soixante voix un vote de blâme présenté par M. Christophle. La situation parlementaire du ministre finit cependant par devenir impossible, et, le 26 novembre, il dut se démettre de son portefeuille. Il ne reparut plus qu'une seule fois à la tribune pour parler sur la surveillance de la haute police. Quelques mois plus tard, on le trouva mort sur son lit : il s'était frappé de deux coups de couteau au cœur. Son suicide fut attribué par les uns à des pertes d'argent, et par les autres aux souffrances que lui causait une maladie de cœur dont il était atteint depuis longtemps. Outre les ouvrages déjà cités, il avait publié : *Auguste, sa famille et ses amis* (1867); *Tibère et l'héritage d'Auguste* (1868); *Histoire de l'art grec avant Périclès* (1868); *le Sang de Germanicus* (1870); *Titus et sa dynastie* (1870); *Causeries sur l'art* (1870), et un grand nombre d'articles dans la *Revue des Deux-Mondes*, la *Gazette des beaux-arts*, le *Journal des savants*, etc.

BEUST (Fréd.-Ferdin., baron DE), homme d'État all. — Le désastre de Sadowa avait mis fin à l'action de M. de B. dans son pays : la Saxe amoindrie devenait la vassale de la Prusse. Ce fut alors que l'empereur François-Joseph l'appela dans ses conseils. Chargé du ministère des affaires étrangères, il fit réunir un Reichsrath extraordinaire et y proposa un plan de réorganisation basé sur les principes de liberté et d'autonomie. A force d'énergie, il finit par triompher des résistances qu'il rencontra dans l'entourage de l'empereur : le président du conseil, comte Belcredi, chef de l'opposition, dut donner sa démission, et M. de B. se vit appelé à recueillir sa succession avec le titre de chancelier. Le 17 février 1867, il conclut avec la Hongrie un pacte particulier donnant à cette partie de l'empire pleine et entière autonomie pour les affaires non communes, et, le 8 juin de la même année, le couronnement de l'empereur comme roi de Hongrie, vint sceller la réconciliation définitive avec les Madgyars. Pendant ce temps, il poursuivait à l'intérieur son plan de réformes libérales : admission des Israélites aux droits civils et politiques, égalité de toutes les confessions religieuses devant la loi, adoption du mariage civil, abolition de la contrainte par corps, etc. Pour relever la situation financière, il créa en 1868 un impôt de 16 pour 100 sur la dette, et, en 1869, une loi portant l'effectif de l'armée à un million d'hommes vint rendre à l'Autriche son rang parmi les puissances militaires. Le chancelier avait mis trois ans pour mener à bonne fin l'œuvre difficile de la reconstitution de l'empire. Au mois de mai 1871, sa tâche terminée, il se retira volontairement du ministère; mais, malgré son départ, sa politique de réserve et de conciliation a continué à prévaloir auprès de l'empereur. Nommé membre de la Chambre des seigneurs, il fut envoyé comme ambassadeur d'Autriche-Hongrie à Londres, puis à Paris (oct. 1878). Il quitta ce dernier poste en juillet 1882, et, à partir de cette époque, il passa dans la retraite les dernières années de sa vie. Il est mort à Altenbourg, près de Vienne, le 24 octobre 1886. Ses *Mémoires* ont été publiés à Stuttgart en 1887 (2 vol. in-8°).

BEWER (Clément), peintre all. — Parmi les dernières toiles exposées par cet artiste, nous mentionnerons : *Loreley* (1867); *Portrait du général de Blumenthal* (1870); *Judith* (1873).

BIARD (Aug.-Fr.), peintre fr. — Parmi les tableaux récemment exposés par cet artiste, nous mentionnerons : *Branle-bas de combat* (1867); *Pêcheuses* (1868); *Mort de Dupetit-Thouars à Aboukir* (1869); *Mort de Bisson* (1870); *Bataille d'Aboukir* (1872); *Ouverture de la chasse* (1873); *Convives en retard* (1874); *le Vengeur* (1875); *Maison à louer* (1876); *Compartiment de dames seules* (1877); *Pirates guettant une proie* (1878); *Une veillée* (1879); *Femmes sauvages à la pêche* (1881), etc. Il est mort le 20 juin 1882 aux Plâtreries, près de Fontenebleau. — Mme *Biard*, sa femme, née *Léonie d'Aunet*, est morte à Paris le 21 mars 1879.

BIBRA (Ern., baron DE), naturaliste et litt. all. — Il est mort à Nuremberg le 3 juin 1877. Parmi les derniers ouvrages qu'il a publiés, nous mentionnerons : *Choses vécues et choses rêvées* (Iéna, 1867); *Souvenirs de jeunesse et de vieillesse* (Iéna, 1868); *le Comte Ellern* (Leipz., 1869); *Aventures d'un jeune Péruvien en Allemagne* (Iéna, 1870); *les Premiers anneaux d'une longue chaîne* (Nuremberg, 1871); *Fiancée et mariée* (Ellwangen, 1874); *les Braves femmes* (Iéna, 1876); *Une ancienne faute* (Stuttg., 1879).

BIDA (Alex.), peintre et dessinateur fr. — Parmi les productions plus récentes de cet artiste, nous mentionnerons : *les Vierges folles* (1867); *Décollation de S. Jean-Baptiste* (1868); *la Cène* (1870); *Jésus au milieu des docteurs* (1872). Tous ces dessins ont été exécutés pour une magnifique édition des *Évangiles* en 2 volumes in-f°, commencée en 1867 et terminée en 1873. On lui doit encore les dessins de l'édition de *Musset* de 1866, en 10 volumes in-4°; ceux de l'*Histoire de Ruth* (1876, in-f°); de l'*Histoire de Joseph* (1878, in-f°); de l'*Histoire de Tobie* (1880, in-f°); et de l'*Histoire d'Esther* (1882, in-f°). Il a publié en 1878 une traduction illustrée d'un vieux roman français du douzième siècle : *Aucassin et Nicolette*.

BIEDERMANN (Fréd.-Ch.), publiciste et homme pol. all. — Il a fait partie du Reichstag de 1871 à 1874. Le dernier ouvrage qu'il a publié est intitulé : *Trente années de l'histoire d'Allemagne, 1840-1870* (Breslau, 1882). On lui doit encore une tragédie : *le Dernier bourgmestre de Strasbourg* (1870).

BIEFVE (Ed. DE), peintre belge. — Il est mort à Bruxelles le 7 février 1882.

BIELOWSKI (Aug.), litt. polonais. — Il est mort à Lemberg le 12 octobre 1876.

BIENAIMÉ (P.-Em.), compos. fr. — Il est mort à Paris au mois de janvier 1869.

BIENAYMÉ (Irénée-Jul.), admin. fr. — Il est mort à Paris le 12 octobre 1878.

BIENNOURRY (Vict.-Fr.-Eloi), peintre fr. — Nous mentionnerons parmi les derniers tableaux de cet artiste : *la Maison du peintre à Pompei*; *Socrate s'exerçant à la patience* (1868); *le Rôdeur* (1870). On lui doit encore plusieurs travaux de décoration, notamment au Louvre (1867), à l'église Ste-Elisabeth (1874), et au lycée Saint-Louis (1880).

BIÉVILLE (Ch.-H.-Et.-Edm. DESNOYERS DE), litt. fr. — Il est mort à Paris le 1er janvier 1880.

BIGELOW (J.), diplomate améric. — Il a encore écrit en 1869 : *Souvenirs de Berryer*.

BILLING (Archibald), méd. angl. — Il est mort à Londres le 10 septembre 1881.

BIMBENET (J.-Eug.), érudit fr. — Il est devenu conservateur de la bibliothèque municipale d'Orléans, sa ville natale. Son dernier ouvrage est intitulé : *l'Université d'Orléans, chronique historique* (Orléans, 1875).

BIONDELLI (Bernardino), philol. ital. — On lui doit encore d'intéressants travaux de numismatique : *l'Hôtel des monnaies de Milan*, etc., et d'archéologie : *Sur les antiquités et les restaurations de Milan*; *Sur la tombe gallo-romaine de Sesto-Calende*, etc.

BIORNSON ou **BJORNSON** (Björstjerne), poète et homme pol. norvég. — Nous citerons parmi ses derniers romans : *la Fille de la pêcheuse* (1868; trad. fr., 1883), et *Magnhild* (1877). On lui doit encore plusieurs œuvres dramatiques : *Une faillite* (1876); *Kongen* (1877); *Léonarda* (1879); un poème épique : *Arnot Gelline* (1870), et un recueil de *Poésies et chants*.

BIRCH-PFEIFFER (Charlotte), actrice all. — Elle est morte à Berlin le 25 août 1868.

BIRMAN (Empire). *Histoire*. — En 1873, le roi Mendsh-Men entama au gouvernement français des négociations en vue d'un traité de commerce; une ambassade extraordinaire fut même envoyée à Paris en 1874 auprès du maréchal de Mac-Mahon; mais, le 2 oct. 1878, le roi étant mort, son successeur, Thibo, suspendit provisoirement toutes relations avec les puissances étrangères. Les négociations interrompues ne furent reprises qu'en 1883, et, le 15 janvier 1885, les ambassadeurs signèrent avec le gouvernement français une convention qui fut acceptée par le Parlement et promulguée le 26 novembre. Dans le courant de la même année, le roi Thibo ayant infligé une amende considérable à une compagnie anglaise, le commissaire anglais en Birmanie adressa à ce monarque des observations qui furent mal accueillies. L'ultimatum envoyé par le vice-roi des Indes, lord Dufferin, ayant été repoussé, le gouvernement indien donna l'ordre au général Prendergast de commencer les hostilités. Les troupes anglaises entrèrent en Birmanie le 16, et le 26, elles arrivèrent devant Mandalé, la capitale, sans avoir trouvé de résistance. Thibo fit sa soumission, et, le 1er janv. 1886, lord Dufferin proclama l'annexion de son empire. Le 24 juillet de la même année, une convention fut signée entre l'Angleterre et la Chine, aux termes de laquelle le gouvernement anglais reconnaissait la suzeraineté de la Chine sur la Birmanie, et s'engageait à continuer l'envoi d'un tribut décennal à la cour de Pékin. En revanche, la Chine laissait la Grande-Bretagne administrer la Birmanie à son gré, et s'engageait à faciliter le commerce entre ce pays et le Yunnân.

BIRNBAUM (J.-Michel-Fr.), jurisc. all. — Il est mort à Giessen le 14 décembre 1877.

BISCHOF (Ch.-Gust.), chim. et géol. all. — Il est mort à Bonn le 30 novembre 1870.

BISCHOFF (Théod.-L.-Guill.), anatomiste all. — Il est mort à Munich le 6 décembre 1882. Il avait publié depuis 1866 plusieurs mémoires d'anatomie comparée, parmi lesquels nous signalerons : *Anatomie comparée des muscles des singes et de l'homme* (1870); *Manuel des préparations anatomiques* (1873); *Observations historiques et critiques sur les nouvelles études concernant le développement de l'œuf chez les mammifères.*

BISCHWILLER, ville d'Alsace-Lorraine, ch.-l. de cant., cercle et à 7 kilom. de Haguenau. Pop. 8300 hab. Chemin de fer de Strasbourg à Wissembourg.

BISMARCK-SCHOENHAUSEN (Ch.-Othon, prince DE), homme d'État all. — L'année 1867 fut consacrée par B. à l'organisation de la Confédération du Nord. Au mois de mars, il s'opposa formellement à la cession du Luxembourg à la France. Dès cette époque, cette question faillit amener la guerre entre la France et la Prusse; cependant une transaction eut lieu, en vertu de laquelle cette province fut neutralisée et eut ses forteresses démantelées. En juin, il obtint des États du Sud l'envoi de représentants au parlement douanier destiné à diriger les affaires commerciales de l'Allemagne entière, et, en octobre, il fut autorisé par la Confédération à contracter un emprunt de 40 millions pour assurer la défense des côtes et augmenter la marine militaire. En 1868, le mauvais état de santé le mit à deux reprises différentes dans l'obligation de quitter la direction des affaires. Au mois d'avril, il proposa sans succès au parlement de l'Allemagne du Nord un projet de loi tendant à supprimer la liberté de la parole à la tribune; mais, en revanche, il réussit vers la même époque à faire abolir la contrainte par corps dans tous les États confédérés, et, au mois d'avril 1869, il se fit donner le droit de nommer les ministres fédéraux sous sa responsabilité. Au moment des complications diplomatiques qui marquèrent les débuts de l'année 1870, il fit triompher la candidature du prince Léopold de Hohenzollern, et, lorsque cette candidature fut abandonnée, ce fut lui qui poussa le roi Guillaume à refuser à la France les garanties qu'elle réclamait pour l'avenir. La réponse qui fut signifiée à Ems à notre ambassadeur, M. Bénédetti, équivalait à une déclaration de guerre. En même temps il dévoila aux puissances européennes les tentatives faites par le gouvernement impérial pour obtenir le consentement de la Prusse à une augmentation de territoire du côté de la Belgique (29 juillet 1870). Lorsque la guerre fut déclarée, B. passa le Rhin à la suite des armées allemandes, et, après la capitulation de Sedan, il eut à Frénois avec Napoléon III une entrevue, au cours de laquelle il manifesta la volonté de mettre la paix au prix de l'Alsace et de la Lorraine (2 septembre). Il soutint de nouveau cette prétention lors de la nouvelle entrevue qu'il eut à Ferrières avec M. J. Favre au moment de l'investissement de Paris. A la fin de décembre, il concerta avec les représentants des États allemands du Sud leur entrée dans la Confédération du Nord, et, à la suite de l'accord intervenu, le roi Louis II de Bavière, auquel quelques prérogatives spéciales étaient laissées, proposa la reconstitution de l'empire d'Allemagne en l'honneur du roi Guillaume qui fut couronné à Versailles le 18 janvier 1871. Quelques jours après (23-28 janvier), les négociations qui devaient aboutir à l'armistice furent entamées avec M. J. Favre; elles se continuèrent, après les élections, avec M. Thiers assisté d'un Comité de résistance, et se terminèrent, après une prolongation de l'armistice, par la signature des préliminaires de paix qui eut lieu à Versailles le 26 février. Le 10 mai suivant, le chancelier signa à Francfort avec MM. J. Favre et Pouyer-Quertier le traité de paix définitif, dont les ratifications furent échangées le 20 du même mois. La guerre terminée, M. de B. commença une lutte acharnée contre le parti ultramontain. Dès le mois de juillet 1872, il fit expulser les Jésuites, et, en 1873, il présenta au Landtag les projets de loi devenus célèbres sous le nom de lois de mai. Ces lois, qui avaient pour but

de substituer la suprématie de l'empereur à celle du pape sur le clergé catholique allemand, limitaient l'usage des mesures disciplinaires dans le clergé, réglaient les nominations des ecclésiastiques, créaient un tribunal pour les affaires religieuses, etc. Les évêques ayant protesté, le chancelier les fit poursuivre rigoureusement. En 1874, il fit prononcer par le Conseil d'État la suppression d'un grand nombre de congrégations, notamment celles de l'Esprit-Saint et du Sacré-Cœur. Cette lutte, à laquelle il donna le nom de *kulturkampf*, causa dans le parti catholique une très vive irritation. Au mois de juillet 1874, une tentative d'assassinat, commise à Kissingen sur la personne du prince qui reçut une balle dans le bras droit, ne fit qu'aviver les haines; l'auteur de l'attentat, un ouvrier tonnelier nommé Kullmann, membre d'un cercle catholique, fut condamné à quatorze ans de travaux forcés. A l'extérieur, la virulence des mandements des évêques français donna au chancelier un prétexte pour adresser des représentations à notre gouvernement. Après la mort de Pie IX, les relations se détendirent entre le Saint-Siège et le gouvernement prussien, les lois de mai cessèrent d'être appliquées aussi strictement, et, en 1885, on vit M. de B. accepter la médiation du pape Léon XIII pour régler l'affaire des Carolines entre l'Espagne et l'Allemagne. En 1878, la double tentative d'assassinat dont l'empereur Guillaume fut l'objet de la part d'Hœdel et de Nobiling, força le chancelier à s'occuper des questions sociales. Il crut en trouver la solution dans le socialisme d'État, en donnant à la classe ouvrière quelques satisfactions et en contenant les chefs du mouvement par des lois d'exception. Le 16 septembre, il présenta au Reichstag un projet de loi dictatorial contre le parti socialiste, mais, en même temps, il déclara qu'il se considérait comme obligé de réaliser des réformes promises, et, comme première satisfaction, il fit voter la loi sur les assurances ouvrières. A l'extérieur, la politique du chancelier, en ce qui concerne la France, a eu pour objet constant de l'isoler en Europe par des alliances et de l'obliger à considérer la perte de l'Alsace-Lorraine comme un fait accompli. Pendant toute la durée des événements d'Orient (1875-1878), il conserva une impassibilité absolue ; mais, après le traité de San-Stefano, lorsqu'un congrès fut jugé nécessaire pour régler la situation dans les Balkans, ce fut à Berlin que les représentants des puissances se réunirent, et ce fut le prince de Bismarck qui présida leurs travaux (13 juin-13 juillet). Le 11 octobre 1878), il obtint de l'Autriche l'annulation des articles du traité de Prague relatifs aux provinces danoises. Quand Alexandre II fut assassiné, le nouveau tzar se rapprocha de M. de Bismarck; mais cette alliance, constituée en 1883 et consacrée aux yeux de l'Europe par l'entrevue de Skierniewice (1884), n'eut qu'une durée éphémère. En revanche, l'Italie, devenue violemment hostile à la France depuis les événements de Tunisie, se mit à la remorque de la politique de l'Allemagne. En 1887, le pape, désireux de faire disparaître les derniers vestiges des lois de mai, intervint dans les élections du Reichstag pour inviter le centre à voter le nouveau septennat demandé par le chancelier. Telle a été dans ses grandes lignes l'œuvre du prince de Bismarck qui, après avoir conservé le pouvoir après la mort du vieil empereur Guillaume et pendant la durée éphémère du règne de son fils l'empereur Frédéric, vient de se voir mettre à la retraite par le nouveau souverain de l'Allemagne, l'empereur Guillaume II.

BISSEN (Hermann-Guill.), sculpt. danois. — Il est mort à Copenhague le 10 mars 1868.

BISSING (Henriette DE, née KROHN), femme de lettres all. — Elle est morte à Anklam au mois de janvier 1879.

BITCHE, v. d'Alsace-Lorraine, ch.-l. de cant., cercle et à 32 kil. E. S. E. de Sarreguemines. Pop. 2908 hab. Chemin de fer de Sarreguemines à Haguenau. Investie par les Allemands en 1870, cette petite place ne se rendit que le 11 mars 1871, après une vigoureuse résistance.

BITSCHWILLER, bg d'Alsace-Lorraine, cercle et à 3 kil. de Thann. Pop. 2230 hab. Chemin de fer de Thann à Wesserling.

BIXIO (Gerolamo-Nino), gén. ital. — Investi en 1870 du commandement de la division militaire de Livourne, il prit part à la prise de Rome au mois de juillet de la même année. Il quitta ensuite le service actif et devint directeur d'une compagnie de transports maritimes. Il est mort du choléra à La Haye le 16 décembre 1873.

BLACHE (J.-Gaston-Marie), méd. fr. — Il est mort à Courbevoie le 19 septembre 1871.

BLACKWELL (Elisabeth), femme indd. améric. — Son dernier ouvrage, *the Religion of Health*, a été trad. en fr. par Mme Hipp. Meunier (Paris, 1872).

BLAISE (Ad.-Gust.), sculpt. all. — Il est mort à Cannstadt le 20 avril 1874.

BLAISE (Ad.-Gust.), écon. fr. — Il est mort en juin 1886. Le dernier ouvrage qu'il a publié est intitulé : *le Développement des établissements de crédit* (1881).

BLAIZE (Ange), publiciste fr. — Il est mort à Rennes le 14 février 1871.

BLANC (Et.), jurisc. fr. — Il est mort à Paris le 18 février 1874.

BLANC (J.-Jos.-Louis), homme polit. fr. — Il est mort à Cannes le 6 décembre 1882. Il refusa en 1869 de poser sa candidature au Corps législatif et ne revint en France qu'après la révolution du 4 septembre 1870. Il arriva à Paris le 8. Le gouvernement de la Défense nationale voulut alors l'envoyer en mission en Angleterre tant le but de pousser le peuple anglais et le cabinet Gladstone à un mouvement de sympathie en faveur de la France ; mais, sur ces entrefaites, Paris ayant été investi, l'état-major général prussien refusa à B. un sauf-conduit pour traverser ses lignes. Lors de la tentative d'insurrection du 31 octobre, son nom ayant été porté à son insu sur les listes du Comité de salut public, il protesta énergiquement et se prononça contre toute tentative ayant pour résultat d'ébranler le gouvernement. Il blâma dans le *Temps* et dans le *Rappel* le plan de défense du général Trochu, et, vers la fin de décembre, il adressa au peuple de Paris une lettre pleine de patriotisme pour l'engager à la résistance à outrance, n'admettant pour le siège qu'un dénoûment héroïque. Lors des élections du 8 février 1871, il fut élu représentant de la Seine, le 1er sur 43, par 216,471 voix. A l'Assemblée nationale, il vota contre les préliminaires de paix et pour le retour à Paris; il demanda que les membres du gouvernement de la Défense nationale fussent appelés à rendre compte de leurs actes; le 18 mars, lors de l'insurrection de la Commune, tout en reconnaissant la légitimité des revendications de la municipalité, il blâma énergiquement les prétentions de la Commune à se substituer à l'Assemblée, et il refusa de se laisser porter aux élections du 26; il combattit toutes les tentatives de restauration monarchique, repoussa le septennat, contribua à la chute du ministère de Broglie, se déclara pour une Assemblée unique, et vota contre la Constitution. Aux élections sénatoriales de la Seine, le 30 janvier 1876, il ne réunit que 87 voix sur 227 électeurs; mais le 20 février, il fut élu trois fois député, dans le XIIIe arr., à Saint-Denis, et dans le Ve arr. Il opta pour cette dernière circonscription et vint siéger à l'extrême gauche de la Chambre. Il y vota en faveur de l'amnistie et contre le droit du Sénat de modifier le budget voté par la Chambre. Le 18 mai, il signa le manifeste des 363, et, le 18 juin, il vota l'ordre du jour de défiance contre le cabinet de Broglie. Réélu aux élections du 14 octobre dans le Ve arr., il vint reprendre sa place à l'extrême gauche de la nouvelle Chambre. En 1879 et en 1880, il y prit la parole pour demander l'amnistie plénière en faveur des condamnés politiques. Il fut encore réélu en 1881 dans la même circonscription, et, depuis cette époque jusqu'à sa mort, il ne cessa de défendre les idées socialistes auxquelles il était resté toujours fidèle. Ses funérailles eurent lieu à Paris, aux frais de l'État. Outre les ouvrages déjà cités, on lui doit : *Histoire de la Révolution de 1848* (1870); *Questions d'aujourd'hui et de demain* (1re série, 1873-74); *Napoléon, une page d'histoire* (1877); *Dix ans de l'histoire d'Angleterre* (1879-81, 10 vol. in-12); *Questions d'aujourd'hui et de demain* (2e série, 1880-84); *Histoire de la constitution de 1875* (1883). En 1875, il avait fondé un journal, *l'Homme libre*, qui n'eut qu'une durée éphémère. Une statue a été érigée en son honneur sur la place Monge le 23 février 1887.

BLANC (Aug.-Al.-Ch.-Ph.), graveur et litt. fr. — Il fut nommé en 1868 membre de l'Académie des beaux-arts en remplacement de Wälewski. Le 4 novembre 1870, il devint pour la seconde fois directeur des beaux-arts, et il garda ces fonctions jusqu'au mois de décembre 1873, époque où il fut remplacé par M. de Chennevières. Il fut élu au mois de juin 1876 membre de l'Académie française en remplacement de M. de Carné, et en mars 1878 professeur d'esthétique et d'histoire de l'art au Collège de France. Outre les ouvrages déjà cités, il a publié plus récemment : *Grammaire des arts du dessin* (1867, in-8°); *Ingres, sa vie et ses ouvrages* (1870, in-8°); *l'Art dans la parure et dans le vêtement* (1875, in-8°); *les Artistes de mon temps* (1876); *Voyage dans la Haute-Egypte* (1876, in-8°); *Grammaire des arts décoratifs* (1881, in-8°); *la Peinture* (1885). Il a en outre fourni de nombreux articles de critique et d'esthétique au journal le *Temps*, et il a été jusqu'en 1870 rédacteur en chef de la *Gazette des beaux-arts*. Il est mort à Paris le 17 janvier 1882.

BLANC-SAINT-BONNET (Ant.-Jos.-Elisée-Ad.), philos. fr. — Nous mentionnerons parmi ses derniers ouvrages : *la Légitimité* (Tournai, 1873); *la Douleur* (1878); *le XVIIIe siècle* (1878). Il est mort en juin 1880.

BLANCHARD (Cl.-Fr.), admin. fr. — Il est mort à Paris au mois de septembre 1868.

BLANCHARD (H.-P.-Léon-Pharamond), peintre fr. — Il est mort à Paris le 19 décembre 1873. On cite parmi es dernières toiles exposées par cet artiste : *Cour de ferme à Chatou* (1865) ; *Clairière en Amérique* (1872).

BLANCHARD (Em.), natur. fr. — Il a été nommé en octobre 1876 professeur de zoologie à l'Institut agronomique. Outre les ouvrages déjà cités, on lui doit encore un grand nombre d'articles et de mémoires parmi lesquels nous mentionnerons : les *Mœurs des fourmis* (1875) ; *la Voix chez l'homme et les animaux* (1876) ; *Preuves de la formation récente de la Méditerranée* (1881) ; *les Araignées* (1887).

BLANCHARD (Aug.-Th.-Marie), grav. fr. — Parmi les dernières œuvres de cet artiste, nous mentionnerons : *le Christ mort sur les genoux de la Vierge*, d'après Francia (1872) ; *la Fête des vendanges à Rome*, d'après Alma Tadéma (1878) ; *l'Enfant prodigue*, d'après Téniers (1883) ; *le Baiser d'adieu*, d'après Alma Tadéma (1885).

BLANCHE (Alf.), jurisc. fr. — Nommé en 1865 secrétaire général de la préfecture de la Seine, il conserva ces fonctions jusqu'au 4 septembre 1870. Depuis cette époque, il s'est retiré de la scène politique. — Son frère, *Ant.-G. Bl.*, est mort à Paris, le 13 avril 1875. On lui doit un ouvrage considérable intitulé : *Etudes pratiques sur le code pénal* (1861-72, 7 vol. in-8°).

BLANQUI (L.-Aug.), révolutionnaire fr. — Le 14 août 1870, il fut l'instigateur de l'attaque du poste de la caserne des pompiers de la Villette. A la suite de cette échauffourée, dix condamnations, dont six à la peine capitale, furent prononcées contre les émeutiers ; mais aucune exécution n'eut lieu. Quant à Blanqui, il avait réussi à se soustraire à toutes les recherches. A la nouvelle de la révolution du 4 septembre, il accourut à Paris et y fonda le journal *la Patrie en danger*, qui devint immédiatement l'organe du parti socialiste. B. y demandait l'institution de la Commune, la suppression des cultes et l'affectation des églises à des usages nationaux, l'enrôlement des prêtres, etc. Nommé pendant quelque temps commandant du 169e bat. de la garde nationale à Montmartre, il ne fut pas réélu aux élections du 10 octobre. Cependant, le 31, il figura sur la liste des membres du Comité de salut public, et il vint siéger à l'Hôtel-de-Ville où il décréta l'arrestation des membres du gouvernement de la Défense nationale. Arrêté quelques jours après, il fut relâché le lendemain en vertu d'une ordonnance de non-lieu. Il reprit alors la direction de son journal qui disparut le 6 décembre, faute de lecteurs. Après l'armistice, il fit un voyage de propagande dans le Midi, et, le 26 mars, bien qu'absent de Paris, il fut élu membre de la Commune par les électeurs du XVIIIe arr. Arrêté aussitôt par ordre de M. Thiers, il fut écroué au fort du Taureau, et traduit à Versailles devant un conseil de guerre qui le condamna à la déportation dans une enceinte fortifiée pour excitation à la guerre civile et complicité de séquestration des membres du gouvernement de la Défense. Il fut interné provisoirement au fort de Quélern, puis transféré à Clairvaux où il resta jusqu'à l'amnistie. Au mois d'avril 1879, quoique inéligible, il avait été élu député dans la 1re circonscription de Bordeaux ; la Chambre ayant invalidé son élection, il se représenta le 31 août, mais sans succès. Il ne fut pas plus heureux à Lyon l'année suivante. Vers cette époque, il fonda, pour propager ses idées, un journal intitulé : *Ni Dieu ni Maître*. Il mourut à Paris le 1er janvier 1881. Il a écrit dans les loisirs de sa prison un ouvrage qui a été publié en 1872 sous le titre : *l'Eternité dans les astres*. On lui doit encore : *l'Armée esclave et opprimée* (1880), et *Critique sociale* (1885), ouvrage posthume.

BLASIUS (Ern.), chirurg. all. — On lui doit encore un *Résumé de clinique chirurgicale et ophthalmologique de l'Université de Halle*. Il est mort à Halle le 11 juillet 1875.

BLAZE DE BURY (Auge-H.), litt. fr. — On cite particulièrement parmi les derniers ouvrages de cet écrivain : *les Ecrivains modernes de l'Allemagne* (1868) ; *la Légende de Versailles* (1870) ; *les Maîtresses de Gœthe* (1872) ; *les Femmes de la société au temps d'Auguste* (1875) ; *Tableaux romantiques de littérature et d'art* (1878) ; *Musiciens du passé, du présent et de l'avenir* (1880) ; *les Dames de la Renaissance* (1887).

BLEEK (Guill.-H.-Emm.), philol. all. — Il est mort au Cap le 17 août 1875.

BLOCK (Maurice), écon. fr. — Il a été élu en 1880 membre de l'Académie des sciences morales et politiques. Parmi ses derniers ouvrages, nous mentionnerons : *l'Europe polit. et sociale* (1869) ; *les Théoriciens du socialisme en Allemagne* (1872) ; *Petit manuel d'économie politique*, couronné par l'Acad. française (1873) ; *les Communes et la liberté* (1876) ; *l'Octroi* (1879) ; *Entretiens familiers sur l'administration de notre pays* (1880-82) ; *les Facteurs de la production* (1885). Il a en outre publié un grand nombre d'articles, notamment dans le *Temps*, dans le *Journal des économistes*, et dans la *Revue des Deux-Mondes*.

SUPPL.

BLOMMAERT (Phil.), litt. flamand. — Il est mort à Gand le 14 août 1871.

BLONDLOT (Nicol.), méd. fr. — Il est mort à Nancy au mois de janvier 1877.

BLOSSEVILLE (Bénigne-Ern. PORET, vicomte DE), litt. fr. — Il a publié en 1874 une étude intitulée : *les Puységur*. Il est mort à Amfreville-la-Campagne, près de Rouen, le 29 septembre 1886.

BLUHME ou BLUME (Fréd.), jurisc. all. — Il est mort à Bonn le 4 novembre 1874.

BLUM (J.-Reinhardt), minéral. all. — Il prit sa retraite en 1877, et mourut à Heidelberg le 22 août 1883.

BLUNTSCHLI (J.-Gasp.), jurisc. all. — Il devint en 1867 membre du Parlement douanier et de la Chambre badoise. Outre les ouvrages déjà cités, on lui doit : *le Droit de guerre moderne* (1866) ; *le Droit international codifié* (1869) ; *Théorie de l'État moderne* (1875) ; *la Responsabilité et l'irresponsabilité du pape dans le droit international* (1877) ; *la Science politique allemande et le monde politique* (1880) ; etc. Il est mort à Carlsruhe le 21 octobre 1881. Ses *Mémoires* ont été publiés en 1887.

BOCAGE (Paul), litt. et aut. dr. fr. — Il est mort à Paris le 25 septembre 1887.

BOCK (Ch.-Ern.), anatom. all. — Il est mort à Wiesbaden le 19 février 1874.

BOCK (Fr.), archéol. all. — Nous citerons parmi ses derniers ouvrages : *la Chapelle de Charlemagne au Palatinat et ses trésors* (Cologne, 1869) ; *les Reliques et les trésors artistiques du moyen âge à Maestricht* ; *les Monuments du moyen-âge dans les provinces rhénanes* (1868-1872).

BODENSTEDT (Fréd.-Martin), litt. all. — Il quitta en 1866 sa chaire d'ancienne littérature anglaise à l'Université de Munich, pour prendre la direction du théâtre de Meiningen. Aux ouvrages qu'il a déjà publiés, nous ajouterons : *Œuvres posthumes de Mirza Schaffy*, recueil de poésies (Berlin, 1874) ; *Alexandre à Corinthe*, drame (Hanovre, 1876) ; *l'Empereur Paul* (Berlin, 1876) ; *Choses passées et choses nouvelles* (Hanovre, 1878) ; *la Comtesse Hélène* (Stuttg., 1880) ; *le Chantre de Chiraz* (Berlin, 1881), etc.

BOECKH (Aug.), philol. all. — Il est mort à Berlin le 3 août 1867.

BOECKING (Ed.), jurisc. all. — Il est mort à Bonn le 3 mai 1870.

BOEHM (J.-Dan.), sculpt. hongrois. — Il est mort à Vienne le 15 août 1865.

BOEHM (Théobald), musicien all. — Il est mort à Munich le 25 novembre 1881.

BOEHMER (G.-Guill.-Rod.), théolog. protestant all. — Il est mort à Breslau le 25 novembre 1863.

BOELTE (Amélie-Charlotte-Elise-Marianne), femme de lettres all. — Nous mentionnerons parmi ses derniers ouvrages : *la Fiancée des Guelfes* (Iéna, 1867) ; *la Fille du colonel* (Vienne, 1872) ; *le Nouveau bréviaire des femmes* (Leipz., 1876) ; etc.

BOETTGER (Ad.), poète all. — Il est mort à Leipzig le 16 novembre 1870.

BOETTIGER (Ch.-Guill.), litt. suédois. — Il quitta en 1867 la chaire d'esthétique qu'il occupait depuis 1856 à l'Université d'Upsal. Il est mort à Upsal le 22 décembre 1878.

BOGUSLAWSKI (Gustave-G.-H.), astron. all. — Il a été nommé en 1874 directeur du service des informations au Bureau hydrographique de l'Amirauté à Berlin. Son dernier ouvrage est une traduction de la *Théorie des étoiles filantes* de Schiaparelli (Stettin, 1871).

BOHTZ (Aug.-Guill.), philos. all. — Il est mort à Gœttingue le 7 mai 1880.

BOÏELDIEU (Adrien-L.-Vict.), compos. fr. — Il faut ajouter à la liste de ses œuvres : *la Fête des Nations*, opéra-comique (Fantaisies-Parisiennes, 1867) ; *la Halle du roi*, opéra-comique (Théâtre des Arts, à Rouen, 1875), et une *Messe* exécutée à Rouen en 1875 pour le centenaire de son père. Il est mort à Caen au mois de juillet 1883.

BOILEAU (P.-Prosper), mathém. fr. — Il a fait partie en 1870 de la commission scientifique de la Défense nationale, et, en mars 1875, il a été élu membre correspondant de l'Académie des sciences. Son dernier ouvrage a pour titre : *Notions nouvelles d'hydraulique* (1881).

BOILEAU (L.-Aug.), architecte fr. — Il a publié en 1881 un important ouvrage intitulé : *les Grandes constructions édilitaires en fer*, dans lequel il a développé ses idées sur les modifications que l'emploi du fer doit introduire dans l'architecture moderne.

BOILEUX (Jacq.-Marie), jurisc. fr. — Il est mort à Aix-les-Bains le 26 juillet 1872.

BOINVILLIERS (Eloi-Ern. FORESTIER), jurisc. fr. — Il est mort en mars 1886.

BOINVILLIERS (Ed.), jurisc. fr. — Il a quitté le Conseil d'Etat après la révolution du 4 septembre, et, depuis cette époque, il a fait paraître un grand nombre d'écrits politiques, parmi lesquels nous mentionnerons : *Paris, souverain de la France* (1868) ; *Causeries politiques* (1872) ; *Catéchisme impérial* (1873) ; *le Septennat* (1874) ; *Manuel de l'électeur indépendant* (1875) ; *Paris tyran* (1877) ; *A quoi servent les Parlements* (1883) ; *la Chute de l'Empire* (1887) ; etc.

BOISDUVAL (Fr.-Alph.), natural. et méd. fr. — Parmi les derniers ouvrages qu'il a publiés, nous citerons : *Histoire naturelle des insectes* (1874).

BOISSIER (Ed.-P.), botan. suisse. — Il fut élu en 1885 membre correspondant de l'Académie des sciences. Il est mort à Genève le 11 octobre 1887.

BOISSIER (Gaston), litt. fr. — Il a été élu en 1876 membre de l'Académie française en remplacement de M. Patin. Nous citerons parmi les derniers ouvrages qu'il a publiés : *la Religion romaine d'Auguste aux Antonins* (1874) ; *l'Opposition sous les Césars* (1875) ; *Promenades archéologiques, Rome et Pompéi* (1880) ; *le Musée de St-Germain* (1882) ; *Nouvelles promenades archéologiques* (1886).

BOITEAU (Dieudonné-Alex.-Paul), écrivain fr. — Le dernier ouvrage qu'il a publié est intitulé : *le Régime des chemins de fer français* (1874). Il est mort le 13 juillet 1886.

BOLINTINEANU (Démétrius), litt. roumain. — Il est mort à Bucharest au mois de septembre 1872.

BOLIVIE. *Histoire.* — Melgaréjo réussit cependant à se débarrasser de tous ses compétiteurs ; une nouvelle insurrection suscitée par son propre neveu, le colonel Lozada, fut étouffée, et Lozada fut passé par les armes. A l'expiration de ses pouvoirs, l'Assemblée résolut de doter la Bolivie d'une constitution nouvelle (1871), et elle élut comme président Augustin Moralès qui mourut à la fin de l'année 1872. Thomas Frias, le président de l'Assemblée, lui succéda provisoirement ; il céda ensuite la place à Ballérian ; mais ce dernier mourut au bout de quelques mois. En 1874, Thomas Frias reprit le pouvoir, et, jusqu'au moment de la rupture avec le Chili, la Bolivie jouit d'une tranquillité relative. Au mois d'avril 1879, la guerre éclata entre les deux républiques au sujet de la possession des dépôts de salpêtre et de guano du désert d'Atacama. Malgré l'appui du Pérou, les troupes alliées furent écrasées à Tacna, et la république Bolivienne se vit obligée de céder provisoirement au Chili le territoire d'Atacama avec les provinces maritimes de Cobija et d'Antofagasta. Le président Daza, rendu responsable de la défaite, dut donner sa démission (1er juin 1880). Il eut pour successeur le docteur Narciso Campero qui, après avoir conclu le traité du 17 janvier 1882, arriva sans trop de difficultés jusqu'au terme de son mandat. Le 1er août 1884, il remit ses pouvoirs à don Grégorio Pachéco ; ce dernier est encore actuellement président de la République.

Gouvernement. — Aux termes de la Constitution de 1871, le pouvoir exécutif est entre les mains d'un président élu pour quatre ans, et le pouvoir législatif appartient au Congrès, composé de deux Chambres : le Sénat et la Chambre des députés. Le président de la République est secondé par un ministère formé de quatre départements : 1° Guerre ; 2° Justice ; 3° Finances et Industrie ; 4° Intérieur et Affaires étrangères. Le siège du gouvernement qui était autrefois à La Paz est aujourd'hui à Chuquisaca ou Sucre.

BONALD (L.-Jacq.-Maurice DE), prélat fr. — Il est mort à Lyon le 25 février 1870.

BONAPARTE (Louis-Lucien), troisième fils de Lucien, frère de l'empereur Napoléon. — Retiré à Londres depuis la révolution de 1870, le prince a écrit de nouveaux ouvrages de linguistique : *Observations sur le basque de Fontarabie, d'Irun, etc.* (1878) ; *Remarques sur la classification des langues ouraliques* (1878), etc.

BONAPARTE (Pierre-Napoléon), quatrième fils de Lucien. — En 1862, après avoir vainement sollicité l'autorisation de Napoléon III, il épousa, sur le territoire belge, la fille d'un ouvrier du faubourg Saint-Antoine, dont il avait eu deux enfants qu'il voulait légitimer. En 1870, un journal corse, *la Revanche*, ayant outragé la mémoire de Napoléon Ier, Pierre B. répondit par une diatribe virulente qui fut insérée dans l'*Avenir de la Corse*. Le surlendemain paraissait dans la *Marseillaise*, sous la signature E. Lavigne, un article insultant pour le prince qui provoqua immédiatement le rédacteur en chef, M. Rochefort. Celui-ci chargea MM. Millière et Arnould d'être ses témoins ; mais, le même jour, M. Pascal Grousset, représentant de la *Revanche* à Paris, se jugeant personnellement offensé par l'article de l'*Avenir de la Corse*, pria MM. Ulric de Fonvielle et Iwan Salomon, dit Victor Noir, de se rendre à Auteuil pour demander raison au prince. Le lendemain (10 janvier), les deux témoins s'étant présentés chez Pierre B., une altercation violente s'éleva, au cours de laquelle le prince saisit un revolver, en tira plusieurs coups sur ses visiteurs, et tua Victor Noir. Ce fâcheux événement eut un retentissement énorme; le soir même, le meurtrier fut incarcéré à la Conciergerie, et, le lendemain, un décret du *Journal officiel* convoqua une Haute Cour à Tours pour le juger. Les débats, qui passionnèrent l'opinion publique, ne purent faire la lumière sur la manière dont les faits s'étaient passés exactement. La déposition de M. Ulric de Fonvielle, le seul témoin, étant en contradiction absolue avec celle du prince, celui-ci fut acquitté sur le chef de meurtre, mais condamné à 25,000 francs de dommages-intérêts. Après cet événement, il se retira dans une propriété qu'il possédait à Epioux (Ardennes), et, à la chute de l'empire, il passa en Belgique, vendit sa terre, et vint habiter Londres. Quelques années plus tard, il revint en France et se fixa à Versailles où il mourut le 9 avril 1881. Le dernier ouvrage qu'il a publié est intitulé : *Souvenirs, traditions et révélations du prince Pierre-Napoléon Bonaparte* (Brux., 1876).

BONHEUR (Rosalie, dite Rosa), artiste peintre fr. — Elle a été nommée en 1868 membre de l'Institut d'Anvers.

BONHEUR (Aug.), peintre fr., frère de la précédente.— Parmi les dernières toiles exposées par cet artiste, nous mentionnerons : *Souvenirs des Pyrénées* (1867) ; le *Berger et la mer* (1868) ; le *Chemin perdu* (1869) ; *Souvenir d'Auvergne* (1874) ; *Avant la pluie* (1875) ; *Vallée de la Jordanne* (1878) ; *Intérieur de forêt* (1879) ; le *Retour de la foire* (1880) ; *Paysage et animaux* (1882). Il est mort à Bellevue le 19 février 1884.

BONHEUR (Jules-Isid.), sculpteur fr., frère des précédents. — A citer parmi ses œuvres plus récentes : *Ours et taureau* (1867) ; *Tigre royal* (1868) ; *Lionne et ses petits* (1869) ; *Jument et poulain* (1872) ; *Deux têtes de chien* (1875) ; *Lion* (1876) ; le *Dénicheur de tigres* (1877) ; *Cheval de course et cheval de manège* (1878) ; *Cavalier Louis XV* (1879) ; *Cavalier arabe* (1880) ; le *Saut de la haie* (1882) ; *Porte-étendard Henri II* (1884) ; *Un jockey* (1886).

BONITZ (Hermann), philol. all. — Il a été nommé en 1875 conseiller rapporteur au ministère de l'instruction publique prussien. Son dernier ouvrage est intitulé : *Index aristotelicus* (Berlin, 1870).

BONJEAN (L.-Bern.), jurisc. et homme polit. fr. — Après la révolution du 4 septembre et la supression du Sénat, il prit du service dans la garde nationale, puis, malgré son âge avancé, il s'engagea dans un bataillon actif. Au moment de l'insurrection de la Commune, il refusa de quitter Paris. Le 10 avril, il fut arrêté, enfermé à Mazas avec Mgr Darbois, le curé de la Madeleine et les autres otages, le 24 mai, il fut fusillé avec ses compagnons de captivité.

BONNAFONT (J.-P.), méd. fr. — Outre les ouvrages déjà cités, on lui doit : le *Choléra et le congrès sanitaire international* (1866) ; *Du fonctionnement des ambulances civiles et internationales sur le champ de bataille* (1870).

BONNASSIEUX (J.-Marie), sculpt. fr. — Il a été élu au mois de juillet 1866 membre de l'Académie des beaux-arts en remplacement de Jaley. Parmi les œuvres qu'il a produites depuis cette époque, nous mentionnerons : *Notre-Dame des étudiants*, à l'église Saint-Sulpice ; *Mgr Darboy*, à Notre-Dame ; la *Vierge*, à St-François-Xavier ; la *Naissance du Christ* et la *Fuite en Egypte*, à l'église du Tremblay ; *Ste Anne et la Vierge*, à l'église de la Madeleine, à Tarare. On lui doit encore un grand nombre de sculptures à l'église St-Augustin, et le couronnement de l'un des frontons du pavillon de Marsan : le *Sage accueille la Vérité et repousse l'Erreur*.

BONNECHOSE (H.-Marie-Gaston Boisnormand de), prélat fr. — Il se fit remarquer au Sénat par plusieurs discours, dont un notamment, en novembre 1867, dans lequel il demandait le rétablissement par la France du pouvoir temporel du pape. En 1870, malgré son grand âge, il n'hésita pas à venir à Versailles demander à l'empereur Guillaume de réduire l'énorme contribution de guerre imposée à Rouen. En 1880, il se défendit, dans une lettre rendue publique, d'avoir conseillé ou même approuvé le coup d'Etat du 16 mai. Tout en s'élevant contre la suppression des congrégations et contre la loi sur l'enseignement, il ne mit pas d'entraves à leur application dans son diocèse. Il mourut à Rouen le 28 octobre 1883 des suites d'une chute qu'il avait faite quelque temps auparavant à la gare St-Lazare.

BONNECHOSE (Fr.-Paul-Em. de), litt. fr., frère du précédent. — Il est mort à Paris le 15 février 1875. Nous mentionnerons parmi les derniers ouvrages qu'il a publiés : *Lazare Hoche* (1867) ; la *Crise actuelle dans l'Eglise réformée de France* (1868).

BONNEMÈRE (Jos.-Eug.), litt. fr. — Il a publié récemment : la *Vendée en 1793* (1865) ; *Histoire des Camisards* (1869) ; les *Paysans avant 1789* ; les *Paysans après 1789* (1872) ; *Histoire de la Jacquerie* (1874) ; *Histoire de quatre paysans* (1881) ; *Hier et aujourd'hui* (1882) ; la *Guerre de la Vendée* (1884), etc.

BONNET (P.-Ossian), math. fr. — Il devint en 1869 examinateur, puis en 1873 directeur des études à l'Ecole polytechnique. En avril 1878, il fut nommé professeur d'astronomie mathématique à la faculté des sciences en remplacement de Le Verrier. Mais à la fin de l'année, à la suite de dénonciations touchant à sa vie privée et malgré les protestations de ses collègues, il fut révoqué de ses fonctions par le ministre de la guerre.

BONNIER (Ed.-L.-Jos.), jurisc. fr.— Il est mort à Paris le 11 septembre 1877.

BONVALOT (Ant.-Fr.), litt. fr. — Il est mort à Salins le 25 février 1872.

BOPP (Fr.), oriental. all. — Il est mort à Berlin le 23 octobre 1867.

BOQUILLON (Nic.), litt. fr. — Il est mort à Paris au mois d'octobre 1867.

BORDEAUX (J.-Hipp.-Raym.), jurisc. fr. — Il est mort à Amélie-les-Bains le 10 avril 1877. Le dernier ouvrage qu'il a écrit n'a été publié qu'en 1881. Il est intitulé : *Miscellanées d'archéologie normande relatives au département de l'Eure*.

BORDIER (H.-Léonard), érudit fr.— Il est devenu bibliothécaire à la Bibliothèque nationale. Nous citerons parmi ses dernières publications : *Une fabrique de faux autographes, affaire Vrain-Lucas* (1870) ; *l'Allemagne aux Tuileries de 1852 à 1870* (1872) ; les *Archives hospitalières de Paris* (1877) ; la *Saint-Barthélemy et la critique moderne* (1881) ; *Description des peintures et autres ornements des manuscrits grecs de la Bibliothèque nationale* (1885, in-4°).

BOREAU (Al.), bot. fr. — Il est mort à Angers le 2 juillet 1875.

BORNIER (H., vicomte de), litt. et aut. dr. fr. — En 1868, il fit représenter au Théâtre-Français une tragédie en deux actes, *Agamemnon*, et en 1875, au même théâtre, la *Fille de Roland*, drame en quatre actes et en vers, œuvre remarquable qui lui valut le grand prix de poésie. Depuis cette époque, il a donné : les *Noces d'Attila*, drame en quatre actes et en vers (Odéon, 1880) ; *l'Apôtre*, drame en trois actes et en vers (1881). On lui doit encore des pièces diverses, quelques romans : la *Lizardière* (1882) ; *Comment on devient belle* (1884) ; etc., et un grand nombre d'articles de critique dramatique ou littéraire. Il est depuis le mois de mars 1880 conservateur de la Bibliothèque de l'Arsenal.

BORROW (G.), litt. angl. — Il a publié à Londres en 1874 un *Vocabulaire bohémien-anglais*, sous le titre de *Romano Lavo-Lil*. Il est mort le 30 juillet 1881.

BOSNIE. *Histoire.* — En 1875, une insurrection formidable éclata. Pendant plusieurs mois, les révoltés tinrent la campagne, chassant les garnisons turques et massacrant les musulmans ; mais, au mois d'avril 1876, ceux-ci reprirent l'offensive et se vengèrent cruellement des excès commis contre eux. La lutte se prolongea avec des alternatives de succès et de revers jusqu'au mois de décembre 1876. Au mois d'avril de l'année suivante, le tzar prit en main les intérêts des chrétiens opprimés de la Bosnie et de l'Herzégovine ; les armées russes franchirent la frontière, et, un an après (3 mars 1878), le sultan dut signer le traité de San-Stéfano, par lequel il s'engageait à réaliser les réformes promises en 1875 à la conférence de Constantinople. Ce traité fut revisé dès le mois de juillet de la même année par le Congrès de Berlin. Sur la demande du comte Andrassy qui déclara la Porte incapable de maintenir l'ordre dans ces provinces, l'Autriche-Hongrie fut autorisée à occuper l'Herzégovine et la Bosnie , sauf le sandjak de Novi-Bazar où elle se réservait seulement le droit de tenir garnison et de construire des routes militaires ou commerciales (13 juillet 1878). La prise de possession de ces provinces ne se fit pas sans difficulté, le général Philippowitch, commandant en chef des troupes d'occupation, mit près d'un mois pour arriver à Sérajevo (29 juillet-19 août). En 1881, lorsque le gouvernement autrichien voulut astreindre les peuples annexés au service militaire, une nouvelle insurrection éclata ; rapidement étouffée, elle reprit l'année suivante dans la Crivoscie, et le général Jovanowitch ne put en venir à bout qu'après une lutte de plus de trois mois.

Administration, divisions politiques, population.— Les divisions politiques sont restées les mêmes que sous la domination ottomane, seulement elles ont quitté leur nom de *sandjak* pour celui de *cercles*. Un directeur a été placé à la tête de chacun d'eux. Sérajevo, choisi pour chef-lieu du gouvernement central des provinces bosniaque et herzégovienne, est, ainsi que Banjaluka et Mostar, le siège d'une des trois divisions de l'armée d'occupation. La population totale est de 1,142,147 hab., dont 695,972 chrétiens et 442,500 musulmans, répartis sur une superficie de 60,920 kilom. carrés. Les chefs-lieux des six cercles sont: Sérajevo ou Bosna-Seraï, avec 21,377 hab.; Banjaluka, 9560 hab.; Mostar, 10,848 hab.; Trawnick, 5887 hab.; Bihać, 3097 hab., et Dolnja Tuzla, 5119 hab.

BOSSU (Ant.-Fr.), méd. fr. — Il a publié en 1875 un ouvrage intitulé : *Lois et mystères des fonctions de reproduction*.

BOST (Alex.-Arm.), jurisc. fr. — Il est mort à Paris le 18 janvier 1880. Il avait publié en 1874 un *Code formulaire des élections municipales*.

BOST (J.-Aug.), pasteur protestant fr. — Il est mort à Paris le 1er novembre 1881. Le dernier ouvrage qu'il fait paraître est intitulé : *Souvenirs d'Orient, Damas, Jérusalem* (1875). Il a laissé en outre un *Dictionnaire d'histoire ecclésiastique* qui n'a été publié à Genève qu'en 1884.

BOSWORTH (Jos.), philol. angl. — Il est mort à Oxford le 27 mai 1876.

BOTTA (Paul-Em.), archéol. fr. — Il est mort à Achères le 24 mars 1870.

BOUCHARDAT (Apollinaire), chimiste fr. — Il est mort à Paris au mois d'avril 1886. Il avait publié en 1875 un ouvrage sur la *Glycosurie ou diabète sucré*, et en 1881 un *Traité d'hygiène publique et privée, basée sur l'étiologie*.

BOUCHARDY (Jos.), litt. et aut. dr. fr. — Il donna encore en 1868 une pièce intitulée : *l'Armurier de Santiago*. Il est mort à Châtenay le 26 mai 1870.

BOUCHENÉ-LEFER (Adèle-Gabr.-Denis), jurisc. fr. — Appelé en 1870 à faire partie de la commission chargée de remplacer le Conseil d'Etat, il fut mis à la retraite et nommé conseiller d'Etat honoraire au mois d'avril 1871. Il est mort à Elancourt (Seine-et-Oise) le 3 janvier 1872.

BOUCHER DE CRÉVECŒUR DE PERTHES (Jacq.), litt. fr. — Ses derniers ouvrages sont : *Trois semaines à Vichy* (1866) ; *Des idées innées* (1867). Il est mort à Abbeville le 5 août 1868.

BOUCHERIE (Aug.), méd. et chim. fr. — Il est mort à Bordeaux en 1871.

BOUCHITTÉ (L.-Firmin-Hervé), philos. fr.— Il est mort à Versailles le 5 mars 1861.

BOUCHUT (Eug.), méd. fr. — Outre les travaux déjà cités, il a encore fait paraître un grand nombre de mémoires et d'ouvrages : *Cérébroscopie des tubercules de la rétine et de la choroïde* (1869) ; *Des effets physiologiques et thérapeutiques de l'hydrate de chloral* (1869) ; *Atlas d'ophtalmoscopie médicale et de cérébroscopie* (1876) ; *Traité de diagnostic et de séméiologie* (1882). Il a fondé en 1879 le *Compendium-annuaire de thérapeutique française et étrangère*.

BOUCICAULT (Dion), litt. angl. — Parmi ses dernières pièces, nous mentionnerons : *Paul Lafarge* (1870) ; le *Secret mortel* (1879).

BOUÉ (Ami), géol. all. — Il est mort au mois de décembre 1881.

BOUET-VILLAUMEZ (L.-Ed., comte), amiral fr. — Au moment de la déclaration de guerre avec la Prusse, il fut investi du commandement de l'escadre de la Baltique. Cette escadre appareilla à Cherbourg le 24 juillet en présence de l'impératrice ; mais le tirant d'eau des navires et le manque de troupes de débarquement réduisirent l'amiral à l'impuissance. Il dut se contenter de faire le blocus des côtes allemandes, et, à la fin de septembre, il fut rappelé en France par le gouvernement de la Défense nationale. Il mourut à Maisons-Laffitte le 10 septembre 1871.

BOUGUEREAU (Ad. Guill.), peintre fr. — Il a été élu au mois de janvier 1876 membre de l'Académie des beaux-arts en remplacement de Pils. Parmi les dernières productions de cet artiste éminent, nous mentionnerons : *Pastorale* ; *Enfants endormis* (1868) ; *Apollon et les Muses dans l'Olympe*, plafond pour le théâtre de Bordeaux (1869) ; *Baigneuse* (1870) ; le *Vœu à Ste Anne* ; *Pendant la moisson* ; *Faucheuse* (1872) ; *Nymphes et Satyres* (1873) ; la *Charité* ; *Homère et son guide* ; *Italiennes à la fontaine* (1874) ; la *Vierge, l'Enfant Jésus et S. Joseph* (1875) ; *Flore et Zéphyr* ; *Baigneuse* (1875) ; *Pietà* (1876) ; *Vierge consolatrice* ; la *Jeunesse et l'Amour* (1877) ; *l'Ame au ciel* (1878) ; la *Naissance de Vénus*, au musée du Luxembourg (1879) ; *Flagellation de Jésus-Christ* (1880) ; la *Vierge aux anges* ; *l'Aurore* (1881) ; le *Crépuscule* ; *Frère et sœur* (1882) ; la *Nuit* ; *Alma parens* (1883) ; la *Jeunesse de Bacchus* (1885) ; le *Printemps* ; *l'Amour désarmé* (1886) ; *l'Amour vainqueur* (1887) ; les *Saintes femmes au tombeau* (1890).

BOUHIER DE L'ECLUSE (Rob.-Const.), jurisc. fr. — Il est mort à Paris le 24 janvier 1870.

BOUILHET (L.), litt. fr. — Il est mort à Rouen le 19 juillet 1869. En 1872 on a joué à l'Odéon un drame posthume de B. en quatre actes et vers: *Mademoiselle Aïssé*. Flaubert, son ami, a publié la même année: les *Dernières chansons*, poésies posthumes de L. Bouilhet.

BOUILLAUD (J.-B.), méd. fr. — Il fut élu en 1868 membre de l'Académie des sciences. Il est mort à Paris le 29 octobre 1881. Une statue lui a été élevée à Angoulême le 16 mai 1885.

BOUILLET (J.-B.), géol. fr. — Il est mort à Clermont-Ferrand le 28 décembre 1878.

BOUILLIER (Francisque), philos. fr.—Nommé en 1867 directeur de l'École normale supérieure, il conserva ce poste jusqu'en 1872. Il reprit alors ses fonctions d'inspecteur général de l'enseignement secondaire. Le 11 décembre 1875, il devint membre de l'Académie des inscriptions et belles-lettres en remplacement de Rémusat, et le 11 décembre 1877, il fut appelé à faire partie du comité consultatif de l'instruction publique. Il s'est présenté sans succès aux élections législatives du 4 octobre 1885 dans le départ. de l'Isère. Il a publié en 1872 : *De la conscience en psychologie et en morale*, et en 1875, *Morale et Progrès*. On lui doit encore : *l'Institut et les Académies de province* (1879); *la Vraie conscience* (1882); *Études familières de psychologie et de morale* (1884); *Nouvelles études de psychologie et de morale* (1887), etc.

BOUISSON (Fréd.), méd. fr.—Il devint en 1868 doyen de la faculté de médecine de Montpellier. Le 8 février 1871, les électeurs du départ. de l'Hérault l'envoyèrent à l'Assemblée nationale où il vint siéger au centre droit. Il fut nommé en 1873 membre du conseil supérieur de l'instruction publique. Il est mort à Gramont le 12 mai 1884.

BOULANGER (H.-Al.-Ern.), comp. fr. — Il a donné récemment : *Don Quichotte*, opéra-comique en 3 actes (Théâtre-Lyrique,1869); *Don Muscarade*, opéra-comique en 3 actes (1875).

BOULANGER (Gust.-Rod.-Clarence), peintre fr. — Il fut nommé membre de l'Académie des beaux-arts le 27 mai 1882. Parmi les dernières productions de cet artiste, nous mentionnerons : *le Mamillare*; *Portrait de Mlle Nathalie* (1867); *Conteur arabe*; *Promenade sur la voie des tombeaux à Pompéi* (1869); *les Chaouches du Hakem*; *Souvenir du vieux Blidah* (1870); *Attendant le seigneur et le maître* (1872); *la Quête de l'Aid-Srir à Blidah* (1873); *la Via Appia au temps d'Auguste* (1874); *le Gynécée* (1875); *Un bain d'été à Pompéi* (1876); *S. Sébastien et l'empereur Maximilien Hercule* (1877); *Flabellifer* (1882); *la Source du Tibre* (1883); *la Captive* (1884); *la Mère des Gracques* (1885); *Pieuse lecture* (1886). On lui doit encore deux panneaux décoratifs à la mairie du XIIIe arr. de Paris. Il est mort au mois de septembre 1888.

BOULÉ (L.-Aug.-Désiré), litt. fr. — Il est mort à Paris le 3 juillet 1865.

BOULEY (Henri), vétérinaire fr. — Il devint en 1868 membre de l'Académie des sciences, et, au mois de décembre 1879, il fut nommé professeur de pathologie comparée au Muséum d'histoire naturelle. Nous citerons parmi ses derniers ouvrages : *la Rage, moyen d'en éviter les dangers et de prévenir sa propagation* (1870); *les Maladies contagieuses du bétail* (1873); *Nouveau dictionnaire pratique de médecine, de chirurgie et d'hygiène vétérinaires* (1855-1885, 13 vol. in-8°); *Leçons de pathologie comparée au Muséum* (1881); *les Progrès en médecine par l'expérimentation* (1882). Il est mort à Paris le 30 novembre 1885.

BOULLÉE (Aimé-Aug.), hist. fr. — Il est mort à Passy le 1er juin 1870. Il avait publié en 1868 une *Hist. de Démosthènes*.

BOURASSÉ (J.-Jacq.), archéol. fr. — Nous mentionnerons parmi ses nouveaux ouvrages d'archéologie religieuse : *Abbayes et monastères*; *Recherches histor. et archéol. sur les églises romanes de Touraine du VIe au XIe siècle* (1869). Il est mort à Tours le 4 octobre 1872.

BOURBEAU (L.-Olivier), jurisc. fr. — Elu député contre Thiers dans la 3e circ. de la Vienne en 1869, il fut appelé la même année au ministère de l'instruction publique (17 juillet). Un arrêté en date du 29 juillet 1871 le rétablit dans sa chaire de procédure civile et de législation criminelle à la Faculté de Poitiers. Il fut élu sénateur en 1876 dans le départ. de la Vienne. Il est mort à Poitiers le 7 octobre 1877.

BOURGADE (Fr.), missionnaire fr. — Il est mort à Paris le 21 mai 1866.

BOUSQUET (J.-B.-Ed.), méd. fr. — Il est mort à Toulouse au mois de juin 1872.

BOUSSINGAULT (J.-B.-Jos.-Dieudonné), chim. fr.—Il est mort à Paris le 11 mai 1887. Outre les ouvrages déjà cités, on lui doit : *Études sur la transformation du fer en acier par la cémentation* (1875), et de nombreux mémoires. Il a terminé en 1884 une réédition de son *Économie rurale*, considérablement augmentée et mise à jour sous le titre de *Agronomie, chimie agricole et physiologie* (7 vol. in 8°). Cet ouvrage, qui marque l'avènement de la science agronomique, a fait faire à l'agriculture un pas immense; la plupart des progrès qui ont été accomplis récemment dans ce domaine ont eu pour point de départ les expériences précises et indiscutables de B.

BOUTARIC (Edgard), érudit fr. — Il fut élu en février 1876 membre de l'Académie des inscriptions et belles-lettres en remplacement de Mohl. Outre les ouvrages déjà cités, il a publié : *Marguerite de Provence* (1868); *S. Louis et Alphonse de Poitiers* (1870), ouvrage qui a obtenu le prix Gobert en 1871; *Clément V, Philippe le Bel et les Templiers* (1873). Il est mort à Paris le 17 décembre 1877.

BOUTHORS (J.-L.-Al.), érudit fr. — Il est mort à Amiens le 8 juin 1866.

BOUTIGNY (P.-Hipp.), phys. fr. — Il est mort à Evreux le 17 mars 1884. Depuis la publication de ses remarquables *Études sur les corps à l'état sphéroïdal*, il avait écrit de nombreux mémoires insérés dans les Comptes rendus de l'Académie des sciences et dans diverses revues.

BOUTRON (Ant.-Fr.), chim. fr.—Il a publié en 1873, en collaboration avec M. Rathery : *Mlle de Scudéry, sa vie et sa correspondance*, d'après des documents originaux. Il est mort à Paris le 5 novembre 1872.

BOUVET (Jos.-Francisque), publiciste fr. — Ses derniers ouvrages ont pour titre : *les Athées et les théologiens au concile œcuménique* (1868); *Jésus et sa doctrine* (1872). Il est mort à Lyon le 1er décembre 1871.

BOUVIER (Sauveur-Vict.-H.), chirurgien fr. — Il est mort à Paris le 21 novembre 1877.

BOUXWILLER, en all. *Buschweiler*, v. d'Alsace-Lorraine, ch.-l. de cant., cercle et à 15 kil. N. E. de Saverne. Pop. 2400 hab. Chemin de fer de Saverne à Bouxwiller.

BOUZONVILLE, en all. *Buzendorf*, bg d'Alsace-Lorraine, ch.-l. de cant., cercle et à 14 kil. N. de Boulay. Pop. 1654 hab. Chemin de fer de Thionville à Teterchen.

BOVY (J.-Fr.), graveur fr. — Il est mort à Genève au mois de septembre 1877.

BOWRING (J.), publiciste angl. — Il est mort à Londres au mois de novembre 1872.

BOYER (Philoxène), poète et litt. fr. — Il est mort à Paris en 1867.

BRACHELLI (Hugues-Fr.), statisticien all. — Il fut nommé en 1872 chef du service de la statistique au ministère du commerce autrichien, et chargé de l'enseignement de la statistique et du droit public dans les écoles de guerre. Il a publié en 1870 la description géographique et statistique de la *Suisse*, puis celle de l'*Italie* en 1871, etc. On lui doit encore des *Esquisses statistiques* (1874).

BRACHVOGEL (Alb.-Em.), litt. all. — Il a donné au théâtre, depuis 1867 : *l'École de harpe* (1869); *le Vieux Suédois* (1874), etc. On lui doit encore de nombreux romans : *l'Allemand Michel* (1868); *Louis XIV* (1870); *l'Hermine de Hildburghausen* (1873); *les Aventures du chevalier de Wedel* (1874); *l'Adjudant du grand Frédéric* (1875); *Parsifal* (1878); *le Combat des démons* (1880), etc., et des biographies qui ont été réunies sous le titre général de : *les Hommes de l'Allemagne nouvelle* (1872-1875). Il est mort à Berlin le 27 novembre 1878.

BRADDON (Marie-Elisab.), romancière angl. — Nous citerons parmi ses derniers romans : *la Triste fin* (1872); *Lucius Davorning* (1873); *Perdu pour l'amour* (1875); *les Souliers de l'homme mort* (1876); *Un verdict public* (1878); *Barbara* (1881); *le Veau d'or* (1883); *Ismaël* (1884). Elle a fait jouer au Princess'-Theater un drame en 4 actes intitulé *Griselda* (1873).

BRANDIS (Christian-Aug.), philos. all. — Il est mort à Bonn le 24 juillet 1867.

BRANDT (H. DE), gén. prussien.—Il est mort à Berlin le 23 janvier 1868.

BRANISS (Christlieb-Jules), philos. all. — Il est mort à Breslau le 2 juin 1873.

BRASSEUR DE BOURBOURG (Ch.-Et.), ethnologiste fr. — De retour du Mexique en 1865, il s'occupa de la publication d'un manuscrit ancien qu'il avait découvert en passant à Madrid. Ce manuscrit dit *Troano*, du nom de son propriétaire, don Juan de Tro y Ortolano, fut la base du grand ouvrage qu'il publia de 1869 à 1870, sous le titre de *Manuscrit Troano, études sur le système graphique et la langue des Mayas* (2 vol. in-4°). Il fit encore paraître en 1871 une *Bibliothèque mexico-guatémalienne*. Au mois de décembre 1872, il partit de nouveau pour l'Espagne. Il revint en France au mois de mai de l'année suivante et se retira à Nice où il mourut en janvier 1874.

BRAY (Anna-Eliza Kempe, femme), romancière angl. — Elle est morte le 21 janvier 1883. Nous citerons parmi ses derniers ouvrages : *S. Louis et son temps* (1870); *le Soulèvement des Cévenols* (1870); *la Forêt de Hartland* (1871); *Jeanne d'Arc et la France au temps de Charles VII* (1874); *les Bords de la Tamar et de la Tawy* (1879).

BRÉAL (Mich.), érudit fr. — Il fut élu en décembre 1875 membre de l'Institut, en remplacement de Brunet de Presles. Peu de temps après, il devint directeur de l'Ecole des hautes études, puis, en 1877, membre du comité consultatif de l'enseignement supérieur, et enfin, en 1879, inspecteur général de l'instruction publique. Outre les ouvrages déjà cités, il a publié récemment : *Sur le déchiffrement des inscriptions cypriotes* (1877); *Mélanges de mythologie et de linguistique* (1879); *Excursions pédagogiques* (1882); *Leçons de mots* (1881-1885). On lui doit encore un grand nombre de mémoires et divers opuscules, parmi lesquels on cite : *Quelques mots sur l'instruction publique en France* (1872).

BRÉGUET (L.-Fr.-Cl.), physicien fr. —Il est mort à Paris le 27 octobre 1883. Il avait été admis en 1874 dans la section des membres libres de l'Académie des sciences. Le dernier ouvrage qu'il a écrit est intitulé : *Notice sur les appareils magnéto-électriques et sur leur application à l'explosion des torpilles et des mines en général* (1869).

BREITHAUPT (J.-Aug.-Fréd.), minéralogiste all. — Il est mort à Freyberg (Saxe) le 22 septembre 1873.

BRÊME, ville libre, port franc et partie souveraine de l'Allemagne. La population actuelle est de 166,392 hab., dont 14,800 pour Bremerhaven et 27,000 pour la population rurale. La flotte marchande, qui est la première de l'Allemagne après celle de Hambourg, compte environ 375 navires jaugeant ensemble 325,000 tonnes. Chaque année, plus de 3000 bâtiments arrivent sur le Weser pour Brême. Des chemins de fer la relient à Berlin, à Hambourg, Bremerhaven, Wilhemshafen, Vegesack, Oldenburg, Cologne pour Venloë et Paris. Le budget est d'environ 12 millions de marcks. Le contingent, incorporé dans l'armée prussienne, forme un bataillon du 9e corps.

BRÉSIL (République du). *Bornes, superficie.* — Les Etats-Unis du Brésil, situés dans la partie orientale de l'Amérique du Sud, comprennent environ la quinzième partie de la surface du globe et près de la moitié de l'Amérique méridionale. Leur superficie est d'environ 8,500,000 kilom. carrés. Ils ont pour limites : au N., l'océan Atlantique, les Guyanes française, hollandaise et anglaise, et les républiques de Venezuela et des Etats-Unis de Colombie; à l'E. et au S. E., l'océan Atlantique; au S., la république de l'Uruguay et la Confédération Argentine; à l'O., la Confédération Argentine et les républiques du Paraguay, de la Bolivie, du Pérou et de l'Equateur.

Population. — La populat. du Br. est évaluée approximativement à 11,832,000 âmes. Elle se compose de quatre races principales : les blancs, au nombre de 4,520,000, pour la plupart d'origine portugaise; les nègres, au nombre de 2,240,000, importés d'Afrique ou nés dans le pays; les indigènes, au nombre de 466,000, improprement appelés Indiens, et les métis ou sang-mêlés, au nombre de 4,606,000. On compte chaque année environ 22,000 immigrants, parmi lesquels il y a en moyenne : Italiens, 48 pour 100; Portugais, 30 pour 100; Allemands, 12 pour 100; Français, 2 pour 100; Anglais, 1 pour 100; divers, 7 pour 100.

Commerce, industrie. — Le Brésil possède actuellement 64 lignes de chemin de fer en exploitation ou en cours d'exécution formant un réseau d'environ 9300 kil. Le commerce extérieur est annuellement d'un milliard, dont 560 millions pour l'exportation et 440 millions pour l'importation. La part de la France dans le mouvement commercial est d'environ 20 pour 100 pour l'importation et de 14 pour 100 pour l'exportation. Les ports sont fréquentés chaque année par 17,000 navires, dont 7000 au long cours.

Armée, marine. — L'armée brésilienne compte en temps de paix environ 16,000 hommes, cadres compris; l'effectif est doublé en temps de guerre. La durée du service est de six ans dans l'armée active, et de trois ans dans la réserve. Le remplacement est admis. Il y a deux écoles militaires, l'une à Rio de Janeiro, l'autre à Rio Grande do Sul, et cinq arsenaux; le plus important se trouve à Rio de Janeiro. La flotte compte 9 cuirassés, 18 canonnières, des croiseurs, des torpilleurs et des transports; ces bâtiments sont montés par 4600 marins ou soldats de marine. Rio de Janeiro possède une Ecole navale, un Collège préparatoire et une Ecole de torpilles.

Histoire. — La guerre commencée avec le Paraguay en 1865 se prolongea jusqu'en 1870. En 1869, la flotte brésilienne remonta le cours du Parana jusqu'à Humaita, et, au mois de décembre, les troupes du général Lopez, président du Paraguay, furent écrasées à Angostura, après une bataille de six jours. L'année suivante, l'armée brésilienne, sous les ordres du comte d'Eu, gendre de l'empereur et petit-fils de Louis-Philippe, s'empara du pays entre l'Assomption et Villarica, et défit une seconde fois Lopez à Caraguatry. Un gouvernement provisoire, établi à l'Assomption, décréta la mise hors la loi de l'intrépide président qui, cerné de toutes parts avec les troupes qui lui restaient, se fit tuer dans une dernière bataille au pied des cordillères de Coagaru (1ᵉʳ mars 1870). Le traité de paix conclu au mois de janvier 1872 donna au Brésil d'immenses territoires sur le Parana dont la navigation fut déclarée libre et qui sert aujourd'hui de frontière aux deux pays, depuis le confluent de l'Iguassu jusqu'à la cascade des Sept-Chutes. En 1871, le président du conseil des ministres, vicomte de Rio Branco, présenta au Parlement et fit adopter, malgré une opposition des plus vives, un projet de loi pour l'abolition progressive de l'esclavage. Aux termes de cette loi, les enfants de mère esclave nés après la promulgation (28 septembre 1871) sont déclarés libres, et une caisse spéciale est créée pour l'émancipation des esclaves. Depuis cette époque, diverses provinces, entre autres celles de Céara et d'Amazonas, adoptant sans réserves le principe de l'affranchissement, ont proclamé aux leurs seules ressources la liberté pleine et entière; mais, dans d'autres parties de l'empire, l'application de la loi de 1871 a rencontré une vive opposition. En 1884, le gouvernement ayant présenté un nouveau projet permettant d'effectuer l'affranchissement une période de douze années, et les députés anti-esclavagistes l'ayant fait rejeter, l'empereur prononça la dissolution de la Chambre. Les élections suivantes se firent sur la question de l'émancipation; elles donnèrent raison au gouvernement, et la nouvelle loi adoptée par le Parlement fut proclamée en septembre 1885. Le nombre des esclaves, qui était de 1,800,000 en 1870, se trouva réduit en 1887 à 743,419. Il y avait en outre à cette époque plus de 500,000 enfants d'esclaves nés libres. Le 13 mai 1888, une nouvelle loi termina cette œuvre philanthropique en abolissant complètement et sans restriction l'esclavage au Brésil. Une révolution aussi radicale produisit un vif mécontentement parmi les anciennes familles, qui ne tardèrent pas à se coaliser avec les partis avancés pour renverser un gouvernement qu'elles accusaient de leur ruine. D'autre part, l'esprit d'insubordination et de mutinerie se manifestait de jour en jour avec plus de force et de fréquence dans l'armée et dans la marine. L'impopularité du ministère Ouro-Preto, qui s'efforçait de maintenir la discipline sans y réussir, avait été portée à son comble, soit par les mesures individuelles dont avaient été l'objet de nombreux officiers, soit par des mutations opérées dans les régiments et dans les commandements militaires. Le 15 novembre 1889, une insurrection éclata à Rio de Janeiro. Le premier symptôme fut une mutinerie militaire; des soldats tirèrent plusieurs coups de feu sur le ministre de la marine qui tomba grièvement blessé. Tout d'abord, on ne se rendit pas compte s'il s'agissait d'une simple révolte ou d'une révolution politique; mais bientôt il devint évident que l'objectif poursuivi n'était rien moins que le renversement du gouvernement et la proclamation de la République. En présence de ce fait que l'armée soutenait la révolution, le Cabinet donna sa démission, et un gouvernement provisoire fut constitué. Le général Deodoro da Fonseca qui, il y avait peu de temps, s'était vu infliger une mesure disciplinaire pour son insubordination, et qu'on avait exilé dans son commandement militaire de Minas-Geraes, devint chef du nouveau gouvernement; l'empereur, retenu prisonnier au palais et sommé de s'éloigner dans le plus bref délai, déclara que, cédant aux circonstances, il partirait le lendemain. En effet, dans la nuit du 16 au 17, il fut transporté à bord du steamer *Alagoas* qui le conduisit à Lisbonne avec toute la famille impériale et les ministres bannis. Le 18 novembre, une tentative de contre-révolution éclata à laquelle prirent part quelques soldats de l'armée et de la marine; mais les troupes républicaines étouffèrent aussitôt ce mouvement. Toutes les provinces donnèrent successivement leur adhésion au gouvernement provisoire qui décréta le suffrage universel (21 novembre) et fixa au 15 septembre 1890 les élections pour la Constituante. Tous ces événements s'accomplirent sans effusion de sang. C'est la première fois que l'on voit dans l'histoire un pays passer ainsi, sans coup férir, tranquillement et comme par une espèce de changement à vue, de la monarchie à la république. Le 28 décembre, l'impératrice *Teresa-Christine-Marie* mourut à Lisbonne, n'ayant survécu que deux mois à peine à la révolution qui l'avait fait descendre du trône impérial.

BRESSON (Jacq.), économiste fr. — Il est mort à Paris le 27 septembre 1860.

BRETON (Fr.-P.-Hipp.-Ern.), litt. et artiste fr. — Il publia encore en 1867 un ouvrage sur l'*Alhambra*. Il est mort à Paris le 29 mars 1875.

BRETON (Jules-Ad.-Aimé-L.), peintre fr. — Parmi les dernières toiles exposées par cet artiste, nous mentionnerons : *la Moisson*, à l'Exposition de 1867; *Femmes récoltant des pommes de terre* (1868); *Pardon breton* (1869); *les Lavandières des côtes de Bretagne; Fileuse* (1870); *Jeune fille gardant les vaches* (1872); *Bretonne* (1873); *la Falaise* (1874); *la Saint-Jean* (1875);

la Glaneuse (1877); *Villageoise* (1879); *le Soir* (1880); *Femme de l'Artois* (1881); *l'Arc-en-ciel*; *le Matin* (1883); *les Communiantes* (1884); *le Chant de l'alouette* (1885); *le Goûter*; *la Bretonne* (1886); *la Fin du travail* (1887). Il a publié, en outre, deux volumes de poésies : *les Champs et la Mer* (1876), et *Jeanne* (1880).

BRETON DE LOS HERREROS (Manuel), litt. espagnol. — Il est mort à Madrid le 3 novembre 1873.

BREWSTER (David), phys. angl. — Il est mort à Allerly, près de Melrose, le 8 février 1868.

BRIALMONT (Alexis-H.), gén. belge. — Il fut nommé lieutenant-général en 1877, puis inspecteur général du génie. En 1883, il se fit mettre en non-activité pour être allé sans autorisation à Bucharest étudier un nouveau plan de défense de la Roumanie; mais, dès l'année suivante, le gouvernement le réintégra dans ses fonctions. En 1887, il présenta le projet de réorganisation de l'armée, demanda sans succès le service militaire personnel obligatoire, et obtint la construction des fortifications de la vallée de la Meuse. Il donna sa démission au mois d'août de la même année, et fut remplacé à l'état-major belge par le général Boyaert. Le général B. s'est acquis une réputation universelle par ses travaux sur la tactique, la fortification et l'art militaire. Outre les ouvrages déjà cités, on lui doit : *Etude sur l'organisation de l'armée* (1867); *Traité de fortification polygonale* (1869); *la Fortification à fossés secs* (1872); *Etudes sur la fortification des capitales et l'investissement des camps retranchés* (1873); *la Défense des Etats et les camps retranchés* (1876); *les Fortifications du champ de bataille* (1878); *Etudes sur la formation de combat de l'infanterie* (1880); *Tactique de combat des trois armes* (1881); *Travaux de défense de la Meuse* (1882); *le Général comte Todtleben* (1884); *la Fortification du temps présent* (1885), etc. Son père, le général *Laurent-Mathieu B.*, ancien ministre de la guerre de Belgique, est mort à Anvers le 15 avril 1885.

BRICHETEAU (Isid.), méd. fr. — Il est mort à Paris le 9 décembre 1861.

BRIERRE DE BOISMONT (Al.-Jacq.-Fr.), méd. fr. — Outre les ouvrages déjà cités, on lui doit : *Des maladies mentales* (1866); *Esquisses de médecine mentale* (1867); *Physiologie* (1869); *Guill. Griesinger* (1872). Il est mort à St-Mandé le 25 décembre 1881.

BRIGHT (John), homme polit. angl. — Il devint en 1868 membre du conseil privé, et, au mois de décembre de la même année, il entra dans le cabinet Gladstone avec le portefeuille du commerce. Il quitta ces fonctions en décembre 1870 pour les reprendre en août 1873, après avoir été réélu député à Birmingham. En 1875, après la chute du ministère Gladstone, il combattit de tout son pouvoir le ministère Beaconsfield, et lorsque ce dernier fut renversé (avril 1880), il entra dans le deuxième cabinet Gladstone qui lui succéda. Il y contribua à l'amélioration de la législation irlandaise et à la conclusion de la paix avec le Transwaal. Il se retira en 1882, à la suite du bombardement d'Alexandrie qu'il désapprouva énergiquement. Bien que défendant en toute circonstance la cause de l'Irlande, il se prononça en 1886 contre la création d'un parlement irlandais. Les recueils de ses discours ont été publiés : *Discours sur la réforme parlementaire* (Londres, 1867); *Discours sur les questions de politique générale* (Londres, 1868). Il est mort à Londres le 11 avril 1889.

BRIOT (Ch.-Aug.-Alb.), math. fr. — Il est mort au Huc, près du Havre, le 19 septembre 1882.

BRISEBARRE (Ed.-L.-Alex.), litt. fr. — Parmi les dernières productions de ce fécond écrivain, nous citerons : *les Rentiers*, comédie en 5 actes (1867, Menus-Plaisirs); *le Danseur de corde*, opéra-comique en 2 actes; *l'Ile Saint-Louis*, drame en 9 actes (1868); *la Boule de neige* (1870), etc. Il est mort à Paris le 19 décembre 1871.

BROCA (Paul), chirurgien fr. — Elu sénateur inamovible le 5 février 1880, en remplacement de Montalivet, il vint siéger dans les rangs de la gauche. Il fut en juin rapporteur du projet de loi sur l'enseignement secondaire des filles. Il mourut à Paris le 8 juillet suivant. Une statue, due à M. Chappin, sculpteur sourd-muet, a été élevée en son honneur sur le boulevard Saint-Germain, devant la nouvelle Ecole de médecine. Outre les ouvrages déjà cités, on lui doit encore : *Mémoire sur les caractères physiques de l'homme préhistorique* (1869); *l'Ordre des primates* (1870); *Sur l'origine et la répartition de la langue basque* (1875); *Instructions craniologiques et craniométriques* (1875); *Sur la topographie crânio-cérébrale* (1876); *Recherches sur l'indice orbitaire* (1876); *Recherches sur l'angle orbito-occipital* (1877); et un grand nombre de mémoires et d'articles insérés dans les recueils spéciaux, particulièrement dans la *Revue d'anthropologie*, dont il fut le fondateur (1872) et le rédacteur en chef.

BROCH (Ole-Jacq.), mathém. norvég. — Appelé en 1869 au ministère de la marine et des postes, il y resta jusqu'en 1872. Le 10 janvier 1875, il fut élu membre correspondant de l'Académie des sciences. Il a fait partie du congrès de statistique, de la conférence monétaire, de la commission internationale du mètre, etc., et il a publié à la suite de l'Exposition de 1878 un rapport intitulé *le Royaume de Norvège et le peuple norvégien*. Il est mort à Sèvres en avril 1889.

BROCKHAUS (Hermann), oriental. all. — Il est mort à Leipzig le 5 janvier 1877.

BROGLIE (Ach.-Ch.-Léonce-Vict., duc DE), homme polit. fr. — Il est mort le 25 février 1870. Il a laissé un ouvrage intitulé : *Vues sur le gouvernement de la France*, dont le manuscrit, confisqué au moment de paraître, ne fut rendu à son auteur qu'après plusieurs années de réclamations et n'a été publié que trois mois après sa mort.

BROGLIE (Jacq.-Vict.-Albert, duc DE), homme polit. fr. — Aux élections générales de 1869, il se présenta sans succès dans le département de l'Eure comme candidat de l'opposition; le 8 février 1871, le même département l'envoya à l'Assemblée nationale. Quelques jours après, M. Thiers le nomma ambassadeur à Londres; mais les discours que de temps à autre il venait prononcer à Versailles, et dans lesquels il attaquait violemment le gouvernement qu'il était chargé de représenter à l'étranger, lui attirèrent de nombreuses critiques et le mirent bientôt dans l'obligation de se démettre de ses fonctions (1ᵉʳ mai 1872). Le 20 juin suivant, il fit partie de la délégation des députés de la droite qui se rendit chez le président de la République pour le décider à suivre une politique plus conforme aux vues de la majorité conservatrice, et, en 1873, il fut élu rapporteur de la commission des Trente, chargée de présenter des projets de loi sur la responsabilité ministérielle et sur les attributions des pouvoirs publics. Sur ces entrefaites, M. Thiers ayant choisi un nouveau ministère exclusivement dans le centre gauche, M. de Broglie, après s'être assuré au préalable l'adhésion de tous les conservateurs et même d'un groupe de républicains dirigé par M. Target, profita de l'occasion pour interpeller le gouvernement. Il parla du péril social que courait la France livrée aux radicaux, et déclara que le pouvoir devait cesser de compter sur l'appui des 300 députés signataires de l'interpellation, s'il persistait dans ses errements. La discussion ne put être close le jour même, le président de l'Assemblée, M. Buffet, ayant donné lecture d'un message du président de la République qui demandait à être entendu. Le lendemain, M. Thiers, sentant la situation perdue, garda peu de ménagements pour la majorité qui, malgré le discours de M. Casimir Périer, vota l'ordre du jour Ernoul infligeant un blâme au gouvernement. M. Thiers donna sa démission; elle fut acceptée dans la séance de nuit qui suivit (24 mai), et le maréchal de Mac-Mahon fut élu à sa place. Le lendemain, M. de Broglie fut chargé de la formation d'un nouveau cabinet; il prit pour lui le ministère des affaires étrangères. Le 28, il adressa aux agents diplomatiques placés sous ses ordres une circulaire dans laquelle il déclarait que le gouvernement, se conformant à son origine, suivrait une politique résolument conservatrice, et opposerait une sévérité inflexible à toutes les tentatives que ferait le parti révolutionnaire pour étendre son influence par des voies illégales. Le 26 novembre, devenu ministre de l'intérieur en remplacement de M. Beulé, il soutint devant l'Assemblée le projet de loi qui donnait au pouvoir central la nomination des maires. Lors de la tentative de restauration monarchique qui avait eu lieu dans le courant de l'année, il avait favorisé ouvertement les projets des fusionnistes; après l'échec des négociations, il demanda à l'Assemblée la prorogation pour 7 ans des pouvoirs du maréchal. Cette mesure qui, dans la pensée des royalistes qui la votèrent, ne devait servir qu'à donner au comte de Chambord le temps de revenir sur sa décision, les exaspéra lorsque le ministre parla de constituer définitivement les pouvoirs publics. Le mécontentement éclata lors de la mise à l'ordre du jour de la loi électorale (16 mai 1874). M. de Broglie, battu par ses anciens alliés, dut donner sa démission. En 1875, les légitimistes firent encore échouer sa candidature à un siège inamovible au Sénat; mais les électeurs du département de l'Eure l'envoyèrent à la Chambre haute. Il s'y prononça contre la plupart des lois votées par la majorité républicaine de la Chambre des députés, notamment contre le projet de loi qui donnait à l'Etat la collation des grades universitaires. Le 16 mai 1877, après la démission du cabinet Jules Simon, il prit, avec le portefeuille de la justice, la présidence du nouveau ministère. Son premier acte fut d'ajourner à un mois la convocation des Chambres; le 16 juin, jour de la rentrée, il donna lecture au Sénat du message présidentiel demandant la dissolution de la Chambre et invitant le pays à nommer des députés favorables à sa politique. Malgré l'intervention déclarée du gouvernement, malgré les poursuites multipliées du parquet contre la presse républicaine et les candidats de l'opposition, le scrutin du 14 octobre refusa de sanctionner l'acte du 16 mai et renvoya à la Chambre une majorité hostile à la politique de combat. Le maréchal maintint cependant le duc de B. à la tête du cabinet, qui ne fut renversé que le 15 novembre. En 1880, il reparut à la tribune du Sénat pour défendre la liberté de l'enseignement et pour protester contre l'expulsion des congrégations. Il prononça en 1881 et en 1882 plusieurs discours dans lesquels il critiqua vivement la direction imprimée aux affaires étrangères, et en 1883 il prit part aux discussions relatives à la réforme de la magistrature. Battu dans l'Eure aux élections sénatoriales de janvier 1885, il échoua de nouveau aux élections législatives du 4 octobre de la même année, et à celles de 1889. Outre les ouvrages que nous avons cités, il a publié : *la Diplomatie et le droit nouveau; les Candidatures officielles; le Corps législatif, le Mexique et la Prusse* (1868); *le Secret du roi* (1878); *le Libre échange et l'impôt* (1879); *les Préliminaires de la guerre de Sept ans* (1879); *Frédéric II et Marie-Thérèse* (1883); *le Ministère des affaires étrangères avant et après la Révolution* (1883); *Frédéric II et Louis XV* (1884), et ses *Discours.*

BROHAN (Joséphine-Félicité-Augustine), actrice fr.— Elle s'est définitivement retirée du théâtre au mois de février 1868, après 27 ans de services à la Comédie-Française. — Sa mère *Augustine-Suzanne B.* est morte à Fontenay-aux-Roses au mois d'août 1887.

BRONGNIART (Ad.-Th.), botan. fr. — Il publia encore en 1868 un *Rapport sur les progrès de la botanique phytographique*, et mourut à Paris le 18 février 1876.

BROOKE (Jacq.), aventurier angl. — Il est mort à Devon le 11 juin 1868.

BROOKS (Ch. Shirley), litt. angl. — Il est mort à Londres le 24 février 1874.

BROSBŒLL (Ch.), litt. danois.— Outre les ouvrages déjà cités, on lui doit encore quelques pièces de théâtre : *le Joueur de chalumeau, Nordenskjœld*, etc.; des romans : *l'Avis de Tarmen; En chemin; Salomon le Pilote*, etc.; et des récits de voyages : *Arabes et Kabyles; Hongrie et Transylvanie.*

BROSSET (Marie-Félicité), orient. fr. — Il est mort à St-Pétersbourg le 22 août 1880. Outre les ouvrages déjà cités, on lui doit encore : *Etude de chronologie technique* (1869); *Histoire chronologique*, traduit de l'arménien (1869).

BROT (Ch.-Alph.), litt. fr. — Devenu chef du bureau de l'imprimerie et de la librairie au ministère de l'intérieur, il a publié en 1874 : *les Espions*, puis successivement : *Miss Million* (1880); *les Nuits terribles de Paris* (1881); *les Compagnons de l'Archê; la Déesse Raison* (1881). On lui doit encore une comédie en un acte : *le Gendre du colonel* (1872).

BROUCKÈRE (Henri DE), homme d'Etat belge. — Il a siégé à la Chambre des représentants comme député de Mons de 1857 à 1870. A cette époque, devenu aveugle, il s'est retiré de la vie politique.

BROUGHAM (H.), homme d'Etat angl. — Il est mort à Cannes le 9 mai 1868.

BROWNING (Rob.), litt. angl. — Il est mort au mois de janvier 1890. Parmi les dernières œuvres de cet écrivain, nous mentionnerons : *l'Anneau et le livre* (1869); *Confessions du prince de Hohenstiel-Schwangau* (1871); *Aventures de Balaustion* (1871); *le Pays du bonnet de nuit rouge* (1873); *Apologie d'Aristophane* (1875); *Pachiaretto* (1876); *la Saisiaz* (1878); *Idylles dramatiques* (1880). On lui doit encore une traduction en vers de *l'Agamemnon d'Eschyle*. — Sa femme, *Elisab. Barrett*, est morte à Florence le 29 juin 1861.

BRÜCKE (Ern.-Guill.), phys. all. — Il a publié récemment : *Principes physiologiques de la versification du haut-allemand moderne* (1871), et *Conférences sur la physiologie* (1873-74).

BRUCKER (Raymond), litt. fr. — Il est mort à Paris le 28 février 1875.

BRUGGER (Fréd.), sculpt. all. — Il est mort à Munich le 9 avril 1870.

BRUGSCH (H.-Ch.), égyptol. all. — Il devint, après son retour en Allemagne en 1868, professeur d'antiquités égyptiennes à l'Université de Gœttingue; mais, sur la demande du Khédive, il retourna au Caire pour prendre la direction du nouveau Musée et de l'Ecole égyptologique. Outre les ouvrages déjà cités, il a publié un *Dictionnaire hiéroglyphique* (1867-1868); une *Grammaire hiéroglyphique* (1872); *l'Exode et les monuments égyptiens* (1875); *Histoire de l'Egypte* (1875); *le Temple de Salomon, d'après la version cophte de la Bible* (1877); etc.

BRUHNS (Ch.-Chrét.), astron. all. — Il est mort à Leipzig le 25 juillet 1881. Il avait fait partie en 1874 de

la commission chargée d'étudier le passage de Vénus. On cite parmi ses derniers ouvrages : un *Atlas d'astronomie* (1872); une *Table de logarithmes* (1876); des biographies : *Encke; Alex. de Humboldt;* etc.

BRUMATH, ville d'Alsace-Lorraine, ch.-l. de canton, cercle de Strasbourg-campagne. Pop. 6000 hab. Chemin de fer de Paris à Strasbourg.

BRUNET (P.-Gust.), litt. fr. — Parmi les nombreux ouvrages biographiques qu'il a fait paraître depuis 1866, nous nous bornerons à signaler : *Curiosités biographiques et artistiques* (Genève, 1867), et, en collaboration avec Octave Delepierre, une *Bibliothèque biblico-facétieuse* qui a paru sous la signature des frères *Gébéodé* (G. B. O. D.) d'après les quatre initiales de leurs noms; *la Légende du prêtre Jean* (1877); *la Reliure ancienne et moderne* (1878); *les Livres perdus* (1882); etc.

BRUNET (J.-B.), homme polit. fr. — Les articles qu'il publia en 1870 dans le journal *le Siècle*, et dans lesquels il critiqua vivement les opérations militaires du général Trochu, lui valurent une certaine notoriété, et, aux élections de février 1871, le département de la Seine l'envoya à l'Assemblée nationale. Il y prononça, au sujet de la réorganisation de l'armée, plusieurs discours où il fit preuve d'une compétence réelle. Il ne s'est pas représenté aux élections de 1876.

BRUNET DE PRESLES (Ch.-Marie-Wladimir), éru dit fr. — Il est mort au Parouseau (Seine-et-Marne) le 12 septembre 1875.

BRUNS (Victor DE), chirurgien all. — Il est mort à Tubingen le 17 mars 1883. Nous citerons parmi ses derniers ouvrages : *Chirurgie laryngoscopique* (Tubingen, 1865); *Thérapeutique chirurgicale* (Ibid., 1868); *Galvano-chirurgie* (Ibid., 1870); *les Appareils galvano-caustiques* (Ibid., 1878); etc.

BRUNSWICK (Duché de). *Statistique.* — La population du duché est, d'après le dernier recensement (1885), de 372,450 habit., soit une augmentation de 79,450 hab. depuis le recensement de 1864. Le contingent, complètement incorporé dans l'armée prussienne, appartient au dixième corps d'armée.

Histoire. — Après le décès du duc *Guillaume*, la succession au trône était dévolue, en vertu des droits stipulés pour la maison commune de Brunswick-Lunebourg et de Brunswick-Wolfenbuttel, au fils du roi de Hanovre, le duc de Cumberland; mais ce dernier, n'ayant jamais accepté la spoliation accomplie en 1866, ne pouvait être reconnu par la Prusse comme héritier du duché. Le Conseil fédéral, appelé à se prononcer, constata l'impossibilité pour le duc de Cumberland d'exercer ses droits, aussi longtemps qu'il se poserait en prétendant à la couronne de Hanovre; en même temps, le Conseil de régence décida qu'un prince allemand pourrait à l'avenir être seul apte à succéder (juillet 1885). En attendant la renonciation du duc, le Landtag du duché fut invité à nommer un régent. Le 26 octobre, il éleva à ces fonctions le prince Albert de Prusse, neveu de l'empereur Guillaume Ier. Ses pouvoirs expireront le jour où le fils aîné du duc de Cumberland aura atteint sa majorité.

BRUNSWICK (Fréd.-Aug.-Guill.-Ch., duc DE). — En 1868, il saisit l'occasion d'une protestation faite par le roi de Hanovre contre l'occupation de ses Etats par la Prusse, pour protester lui-même contre la spoliation dont il avait été victime en 1830. Il mourut à Genève le 19 août 1873. Par son testament daté du 5 mars 1871, il légua tout ce qu'il possédait à la ville de Genève, qu'il était venu habiter après la révolution du 4 septembre, à la charge par elle de lui élever « *ad libitum* des millions de sa succession » un mausolée copié sur le célèbre tombeau de Scaliger à Vérone. Ce tombeau fastueux a été inauguré au mois d'octobre 1879. Il est construit dans le Jardin des Alpes, sur la rive du Léman, et est surmonté de la statue équestre du duc.

BRUNSWICK (Aug.-L.-Maximilien-Fréd.-Guill., duc DE), frère du précédent. — Il est mort sans enfants le 18 octobre 1884, et avec lui s'est éteinte la maison de Brunswick-Lunebourg.

BRYANT (Guill.-Cullen), litt. améric. — Il est mort à Rosslyn, près de New-York, le 12 juin 1878.

BUBE (Ad.), poète all. — Il est mort à Gotha le 17 novembre 1873.

BUCHANAN (Jacq.), président des Etats-Unis. — Il est mort à Lancaster (Pensylvanie) le 1er juin 1868.

BÜCHNER (Fréd.-Ch.-Chrét.-L.), méd. et philos. all. — Outre les ouvrages déjà cités, on lui doit: *l'Homme selon la science* (1872); *l'Idée de Dieu et son importance dans le présent* (1874); *la Théorie de Darwin* (1876); *la Vie psychique des animaux* (1880); *Lumière et vie* (1882). Ces deux derniers ouvrages ont été trad. en fr. par M. Ch. Letourneau.

BÜCHNER (Alex.), frère du précédent. — Il a publié récemment : *Hamlet le Danois* (1878); *Essai sur Henri Heine* (1881); etc.

BÜCHNER (Louise), femme de lettres all., sœur des pré-

cédents.— Elle est morte à Darmstadt le 28 novembre 1877. Elle a laissé plusieurs écrits qui ont été publiés après sa mort sous le titre de *Mélanges littéraires* (1878).

BUCKSTONE (J.-Baldwin), aut. dramat. et act. angl. — Il est mort à Sydenham le 31 octobre 1879.

BUDDEUS (Aurelio), public. all. — Il est mort à Munich le 1er avril 1880.

BÜDINGER (Maximilien), histor. all. — Il est devenu en 1872 directeur du séminaire historique de Vienne et en 1877 il a été élu membre de l'Académie des sciences de cette ville. Nous mentionnerons parmi ses derniers ouvrages : *Un livre de l'histoire de la Hongrie; Epopée populaire grecque* (1866); *Wellington* (1869); *La Fayette* (1870); *Histoire de l'empire romain* (1870); *Histoire du moyen âge* (1871); *Histoire ancienne de la Bavière* (1873); *Histoire ancienne de l'Autriche* (1873); *Influence de l'Egypte sur le culte hébraïque* (1874); *Histoire de la constitution anglaise* (1880).

BUENOS-AYRES, ville de l'Amérique du Sud. — Cette ville est depuis 1882 la capitale officielle de la république Argentine. Sa population est de 395,498 hab., dont 150,000 Européens, parmi lesquels 40,000 Français. Elle est le siège du gouvernement et du Congrès, et possède une Université, un Institut d'histoire et de géographie, un Observatoire, un Muséum d'histoire naturelle et de nombreuses écoles. L'industrie manufacturière, qui était fort limitée en 1867, a fait depuis cette époque des progrès incroyables. La somme totale des importations et des exportations dépasse annuellement 600 millions. De nombreuses lignes de tramways sillonnent la ville et les faubourgs. Un service quotidien de transatlantiques la met en relations avec l'Europe, Montevideo, le Brésil et les côtes de l'Amérique. Des lignes de chemins de fer la font communiquer avec l'intérieur et avec Ensenada, port sûr et commode, à 56 kil. dans le S. E.

BULGARIE, principauté vassale de la Turquie d'Europe. — Elle est bornée : au N., par le Danube, qui la sépare de la Roumanie; à l'O., par la Serbie; au S., par la chaîne des Balkans, qui la sépare de la Roumélie orientale et de la Macédoine, tandis qu'à l'E. elle est baignée par la mer Noire. Sa superficie est de 63,835 kil. carrés; on évalue sa plus grande longueur de l'E. à l'O. à 450 kil., et sa largeur moyenne à 170. La population est de 2,200,000 hab. L'armée compte 28,000 hommes en temps de paix et plus de 50,000 en temps de guerre. Le mouvement commercial est d'environ 90 millions, dont 60 millions pour l'importation. La Bulgarie possède deux lignes de chemins de fer : de Varna à Roustchouk et de Vakarel à Tzarisbrod par Sofia. Quant au budget, il s'élève à environ 50 millions.

Histoire. — En avril 1876, la Bulgarie, suivant l'exemple de la Bosnie, de la Serbie et de l'Herzégovine, se souleva contre la domination turque; les musulmans furent chassés ou massacrés dans les villages et dans les villes sans garnison. La répression ne se fit pas attendre : un corps d'armée fut envoyé en Bulgarie sous le commandement de Fazli-Pacha, et on lui adjoignit des détachements de bachi-bouzoucks qui, pendant trois mois, mirent le pays à feu et à sang. Au mois d'avril 1877, la Russie, prenant en mains les intérêts des chrétiens des provinces danubiennes, déclara la guerre à la Turquie. Le traité de San-Stefano (3 mars 1878) qui mit fin à la lutte, créa sous le nom de *Grande-Bulgarie* un nouvel et vaste Etat qui comprenait la Bulgarie, la Roumélie orientale et la Macédoine; mais le congrès de Berlin (juin-juillet 1878) modifia ces dispositions, fixa l'étendue de la principauté actuelle, et traça les lignes fondamentales de son organisation politique; il décida en même temps qu'en attendant l'achèvement d'une constitution intérieure, l'administration serait confiée à un commissaire russe assisté d'un commissaire turc et des délégués des puissances signataires du traité. Le 22 février 1879, l'Assemblée des notables se réunit à Tirnova; le commissaire russe, général Dondoukoff-Korsakoff, après avoir rappelé dans son discours d'ouverture que la Bulgarie devait son indépendance à la Russie, proposa au nom du tzar une constitution organique. Cette constitution, qui fut acceptée, reconnut la religion orthodoxe comme religion d'Etat, déclara l'instruction primaire et le service militaire obligatoires, consacra le principe de la liberté de la presse et du droit de réunion, et donna le pouvoir législatif à une Chambre unique (*Sobranijé*), nommée pour trois ans, à raison de un député pour 10,000 hab., et le pouvoir exécutif à un prince élu par la population, assisté de ministres responsables, et confirmé par la Porte avec le consentement des puissances signataires du traité de Berlin. Le choix de l'Assemblée se porta sur Alex. de Battenberg, fils du prince Alex. de Hesse (29 avril 1879). La Sobranijé élue, ayant montré dès l'ouverture de la session des sentiments antimoscovites, Alex. prononça immédiatement sa dissolution; mais les nouvelles élections renvoyèrent une majorité encore plus hostile. Le 9 mai 1881, le prince donna sa démission et convoqua une Assemblée constituante. Cette fois les électeurs ayant choisi des députés favorables à la politique du gouvernement, Alex. consentit à reprendre sa démission. Désireux cependant de se soustraire à la tutelle quelque peu gênante de la Russie qui avait conservé jusque-là la direction des affaires militaires, le prince tenta un rapprochement avec les libéraux. Une transaction, ayant pour base le rétablissement de la constitution de 1879, eut lieu avec leur chef, M. Zankof, qui fut chargé de la formation d'un cabinet recruté dans les deux partis. Le tzar rappela aussitôt le général Lessovof qui occupait alors le ministère de la guerre, et cessa pendant quelque temps toutes relations avec son protégé. La réunion de la Sobranijé de 1884 eut pour premier effet de renverser M. Zankof et d'appeler aux affaires les radicaux *panbulgares* dans la personne de leur chef, M. Karavelof. Le 18 septembre 1885, une révolution éclata à Philippopoli; le gouverneur de la Roumélie orientole, Gavril-Pacha, fut renversé et incarcéré, et un comité se forma, demandant la réunion de la Bulgarie et de la Roumélie, et invitant le prince Alexandre à prendre en main les rênes du gouvernement. Celui-ci se rendit aussitôt à l'appel du Comité insurrectionnel. La Turquie exposa ses doléances aux puissances européennes et les invita à une conférence à Constantinople. En même temps, les Serbes, qui ne voyaient pas sans inquiétude cet accroissement de leurs voisins, envahirent le territoire bulgare sous la conduite de leur roi Milan (14 novembre 1885) ; mais, quelques jours après, le prince Alexandre leur infligea à Slivnitza un échec sanglant et les obligea à repasser la frontière. Il fallut une menace d'intervention de la part de l'Autriche pour décider les vainqueurs à suspendre leur marche. Les représentants de l'Europe, réunis à Constantinople, se prononcèrent tout d'abord pour la séparation de la Bulgarie et de la Roumélie, conformément aux stipulations du traité de Berlin ; mais à la suite des succès des Bulgares, la conférence, d'accord avec la Turquie, était disposée à accepter une transaction, lorsqu'un coup d'Etat, organisé par le parti russe, éclata à Sofia (24 août) : le prince Alexandre fut enlevé, contraint de signer son abdication et conduit à la frontière ; un gouvernement provisoire fut constitué ayant à la tête M. Zankof; mais l'armée et la population protestèrent, une contre-révolution éclata, et M. Karavelof, replacé au pouvoir, rappela immédiatement le prince qui fit son entrée à Roustchouck le 29, juste cinq jours après son abdication forcée. Cependant, le tzar qui, dès le début, avait désavoué l'insurrection de Philippopoli, ne pouvait pardonner à son ancien protégé d'avoir accepté l'appui de l'Angleterre dans toute cette affaire ; voyant ses avances repoussées, le prince comprit que désormais toute réconciliation serait impossible, et il se décida à remettre sa démission à la grande Assemblée bulgaro-rouméliote (5 septembre). Un conseil de régence se constitua aussitôt avec MM. Stamboulof, Karavelof et Moutkourof; de nouvelles élections eurent lieu le 6 octobre, et le 31 du même mois l'Assemblée se réunit à Tirnova pour choisir le nouveau prince de Bulgarie. Le 11 novembre, elle se prononça par acclamation en faveur du prince Waldemar de Danemark ; mais ni la Russie ni le Danemark ne voulurent accepter cette élection. La fin de l'année 1886 et le commencement de 1887 se passèrent en négociations stériles. En juillet 1887, les régents convoquèrent à nouveau l'Assemblée, et le choix des députés se porta cette fois sur le prince Ferdinand de Saxe-Cobourg qui accepta le titre de prince de Bulgarie. Le nouvel élu chercha aussitôt à se faire agréer par les puissances européennes, signataires du traité de Berlin ; n'y pouvant réussir, il passa outre, et le 13 août il arriva à Tirnova, reçut la démission des régents, prêta serment devant l'Assemblée, fit acte de soumission au sultan et se rendit ensuite à Philippopoli et à Sofia. Depuis cette époque l'Europe ne s'est pas encore décidée à donner à cette question énervante une solution quelconque, et, quoique n'étant pas reconnu, le prince Ferdinand n'en règne pas moins en Bulgarie.

BULOW (Hans-Guido DE). — Nommé en 1867 maître de la chapelle de la cour à Munich, il se démit de ses fonctions en 1869, et alla se reposer à Florence pendant quelques années. Il s'est fait entendre à Paris en 1885 aux concerts du Châtelet.

BULWER (Sir Henry LYTTON EARLE), diplomate angl. —En 1872, il fut élevé à la pairie avec le titre de baron *Dalling and Bulwer*. Il est mort à Naples le 23 mai de la même année.

BULWER (Sir Ed.-G. EARLE LYTTON), litt. angl., frère du précédent. — Il est mort à Torquay le 18 janvier 1872.

BULWER (Rosina WHEELER, lady), femme du précédent. — Elle est morte à Londres le 18 mars 1882. Son exécutrice testamentaire, miss Louisa Devey, a fait paraître après sa mort, sous les titres de *Lettres d'amour de Bulwer-Lytton, une réhabilitation* (1884), et *Vie de Rosina, lady Lytton* (1887), une série de documents destinés à rétablir la vérité sur les circonstances scandaleuses de la séparation des deux époux.

BULWER (Ed.-Robert, EARLE LYTTON), diplomate et litt. angl., fils des deux précédents. — Attaché en 1872 à l'ambassade de Paris en qualité de premier secrétaire, il devint en 1874 ambassadeur à Lisbonne, et, au mois de janvier 1876, il fut nommé vice-roi des Indes en remplacement de lord Northbroock. Il occupait ce poste lorsque la reine d'Angleterre fut proclamée impératrice des Indes (1er janvier 1877). Après la chute du ministère Beaconsfield, il donna sa démission et fut remplacé par lord Ripon (1880). Il a succédé à lord Lyons en décembre 1887 comme ambassadeur à Paris. Ce diplomate est à la fois un lettré et un philosophe profond. Outre les ouvrages que nous avons déjà cités, on lui doit : *Orval, ou le fou du temps*, poème dramatique (1869); des *Fables lyriques* (1874); des poésies : *King Pappy, Glenaveril* (1877). Il a publié en 1877 la collection des *Discours* de son père, et en 1884 un ouvrage intitulé : *Vie, lettres et restes littéraires d'Ed. Lytton*.

BUNGE (Fréd.-G. DE), érudit russe. — Il a terminé en 1873 la publication de sa grande *Histoire des origines de la Livonie, de l'Esthonie et de la Courlande*, commencée vers 1852. Depuis cette époque, il a fait paraître une *Histoire de la procédure judiciaire dans les provinces baltiques* (1874); le *Duché d'Esthonie sous les rois de Danemark* (1877); la *Ville de Riga au* XIIIe *et au* XIVe *siècle* (1878), etc.

BUNGE (Alex. DE), bot. russe. — Il a été admis à la retraite en 1867. En 1874, il assista au congrès botanique de Florence. Outre les ouvrages déjà cités, il a publié : *Species generis Astragali* (1868); *Labiatæ persicæ* (1873); *Species generis Oxytropis* (1874), etc.

BUNGENER (L.-Félix), écriv. fr. — Il a écrit récemment de nouvelles études sur les questions religieuses contemporaines : le *Christianisme libéral* (1869); *Pape et concile au* XIXe *siècle* (1870); *Rome et le Vrai* (1873). On lui doit encore: *Saint Paul, sa vie, son œuvre* (1867). Il est mort à Genève au mois de juin 1874.

BUNSEN (Rob.-Guill.), chim. all. — Il a encore publié, en 1874, une *Instruction pour l'analyse des cendres et des eaux minérales*.

BURAT (Am.), géol. fr. — Il a quitté en 1881 ses fonctions de professeur à l'Ecole des arts et manufactures qu'il occupait depuis 1841. Outre les ouvrages déjà cités, on lui doit encore : les *Houillères de la France* (1866, 67, 69, 72, etc.); *Cours d'exploitation des mines* (1871); *Application de la géologie à l'agriculture* (1872); *Géologie de la France* (1873); les *Houillères à l'Exposition universelle de 1878* (1879); *Epuration de la houille, triage et lavage* (1881), etc.

BURDETT-COUTTS (Angela-Georgina), philanthrope angl. — En 1871, la reine Victoria lui conféra le titre de baronne, et en 1878, elle reçut du sultan le grand-cordon du Medjidié pour la part qu'elle avait prise dans l'organisation des secours aux blessés pendant la campagne russo-turque.

BURMEISTER (Hermann), natur. all. — Il a été nommé en 1870 curateur de la Faculté des sciences à l'Université de Cordoba. Le dernier ouvrage qu'il a publié a pour titre : *Chevaux fossiles de la formation pampéenne* (Buenos-Ayres, 1875).

BURNET (John), peintre et graveur angl. — Il est mort le 28 avril 1868.

BURNOUF (Em.-L.), litt. fr. — Rappelé en France en 1875 pour des motifs politiques, il fut nommé le 19 août de la même année professeur de littérature ancienne, et quelques jours après doyen de la Faculté des lettres de Bordeaux. Cette nomination qu'il ne voulut pas accepter fut pour lui l'occasion d'une protestation, sous forme de lettre au journal la *Gironde*, contre les doctrines antilibérales professées à la rentrée par le doyen de la Faculté de théologie. Au mois de mars 1878 il a été nommé directeur honoraire de l'Ecole d'Athènes. Outre les ouvrages déjà cités, on lui doit encore : *Histoire de la litt. grecque* (1869); la *Légende athénienne* (1872); la *Science des religions* (1872); l'*Indigo japonais* (1874); la *Mythologie des Japonais* (1875); la *Ville et l'Acropole d'Athènes* (1877); *Mémoires sur l'antiquité* (1879); la *Vie et la Pensée* (1886); les *Chants de l'Eglise latine, restitution de la mesure et du rythme*, etc.

BURRITT (Elihu), philanthrope améric. — Il est mort à New-York le 7 mars 1879. Il avait publié récemment quelques nouveaux ouvrages, entre autres : *Jacob et Joseph, ou leur vie comme exemple à la jeunesse*, (1870), et *Dix minutes d'entretien* (1874).

BURSIAN (Conrad), philol. et archéol. all. — Il est mort à Munich le 17 septembre 1883. Il avait été nommé en 1874 professeur de philologie à l'Université de Munich et, depuis cette époque jusqu'à sa mort, il avait fait paraître chaque année un *Annuaire d'archéologie*.

BURTON (John HILL), jurisc. et hist. écossais. — Il fut nommé en 1868 historiographe royal pour l'Ecosse. Son dernier ouvrage, publié en 1880, est une *Histoire du règne de la reine Anne*. Il est mort à Edimbourg, le 9 août 1881.

BURTON (Richard-Francis), explorateur et diplomate angl. — Nommé en 1864 consul à Santos (Brésil), il profita de l'occasion pour étudier les mœurs des Américains du Sud. Il parcourut la province de Minas-Geraes, remonta le cours du rio San-Francisco, et visita le Paraguay au moment de la guerre avec le Brésil. En 1869, il fut envoyé comme consul à Damas et, en compagnie de Drake, il pénétra dans l'intérieur de la Syrie jusqu'à Palmyre d'où il rapporta de précieuses collections. En 1872, il est passé comme consul à Trieste. Il a consigné les résultats de ses voyages dans les ouvrages suivants : *Exploration des montagnes du Brésil* (1868); *Lettres du Paraguay* (1870); la *Syrie inconnue* (1872); on lui doit encore: *Ultima Thulé, impressions d'un voyage en Islande* (1875); *Deux voyages au Congo* (1875); *Bologne étrusque* (1876); les *Mines d'or de Madian* (1878); la *Côte d'Or* (1883), etc.

BUSCHMAN (J.-Ch.-Ed.), philologue all. — Il est mort à Berlin le 21 avril 1880. Il avait terminé en 1869 sa *Grammaire des langues de la Sonora*, commencée en 1864.

BUSONI (Phil.), litt. fr. — Il est mort à Paris le 31 janvier 1883.

BUSS (Fr.-Jos. DE), écrivain et homme pol. all. — Il fut élu député au Reichstag en 1874, et mourut à Fribourg le 1er février 1878.

BUSSY (Ant.-Alex.-Brutus), chimiste fr. — Il contribua en 1876 à la fondation de l'Association des pharmaciens de France, et mourut à Paris le 1er février 1882.

C

CABALLERO (Firmin-Aug.), publiciste espagn. — Il est mort à Madrid le 17 juin 1876. Le dernier ouvrage qu'il a publié a pour titre : *Conquistes ilustres* (Madrid, 1875).

CABANEL (Al.), peintre fr. — Il a exposé en 1867, le *Paradis perdu*, tableau exécuté pour le roi de Bavière; en 1870, *Mort de Francesca et de Paolo*, actuellement au Luxembourg; puis : *Giacomina* (1872); *Extase de S. Jean-Baptiste* (1874); *Thamar, Vénus* (1875); *la Sulamite* (1876); *Lucrèce et Tarquin* (1877); *Phèdre* (1880); *Portia; les Noces de Tobie* (1881); la *Fille de Jephté* (1882); *Une patricienne de Venise* (1884); *Cléopâtre* (1887). On lui doit encore : le *Triomphe de Flore*, plafond au Louvre; les grandes peintures du Panthéon représentant l'*Histoire de saint Louis* (1878), et de nombreux portraits : la *Comtesse de Clermont-Tonnerre, M. W. Mackay* (1879); l'*Abbé Lepailleur* et *Marie Jugand*; les fondateurs des petites sœurs des pauvres (1886), etc. Il est mort à Paris le 23 janvier 1889.

CABAT (L.-Nic.), peintre fr. — Il fut nommé en 1867 membre de l'Académie des beaux-arts en remplacement de Brascassat, et en 1876 directeur de l'Ecole française de Rome. Parmi les dernières productions de cet artiste, nous mentionnerons : *le Bois de Chanteloube* (1867); *Après l'ondée* (1869); *Temps orageux* (1872); *Un lac* (1873); *Un matin* (1876); *Chemin montant* (1886); *les Vieux chênes*; *Un rivage* (1887).

CABET (J.-B.-Paul), sculpt. fr. — Parmi les dernières productions de cet artiste, nous mentionnerons : *le Réveil du printemps* (1868); *Recipiscenza* (1869); *1871* (1875). En 1875, il exécuta pour la ville de Dijon une statue de la *Résistance* qui était déjà placée sur son piédestal et allait être inaugurée quand elle fut renversée par ordre du gouvernement. Il est mort en 1876.

CABRERA (Ramon), gén. espagn. — Il posa sans succès à Madrid en 1870 sa candidature aux Cortès. En 1872, il refusa de se mettre de nouveau à la tête d'un mouvement carliste, et, en 1875, il adhéra au gouvernement d'Alphonse XII, à la suite d'un *convenio* qui stipulait l'amnistie pour ceux qui ayant fait partie de l'armée de Carlos se soumettraient dans le délai d'un mois. Un arrêt du Prétendant décréta Cabrera coupable de haute trahison (20 mars 1875); mais le parti carliste n'en reçut pas moins un coup mortel de la défection de son ancien chef qui entraîna avec lui un grand nombre de ses compagnons d'armes. Cabrera mourut à Wentworth (Angleterre) le 24 mai 1877.

CAFFE (Paul-L.-Balth.), méd. fr. — Il est mort à Paris le 18 janvier 1876.

CAHOURS (Aug.-André-Th.), chim. fr. — Il fut nommé en 1868 membre de l'Académie des sciences. Depuis cette époque, il a publié un ouvrage intitulé : *Chimie des demoiselles* (1869).

CAILLIAUD (Fréd.), voyageur fr. — Il est mort à Nantes le 1er mai 1869.

CALAMATTA (L.), grav. ital. — Il est mort à Milan le 9 mars 1869. Sa dernière planche a été celle de la *Source*, d'après Ingres (1869).

CALÉDONIE (NOUVELLE-), île de l'Océanie. *Population.* — D'après les derniers documents (recensement de 1886), la population de la Nouvelle-Calédonie et des îles voisines s'élève à 54,617 hab., répartis sur une superficie de 19,700 kil. carrés, par tribus subdivisées en villages de 200 hab. au plus. La population civile était à la même date de 4010 hab. Les officiers, soldats, fonctionnaires formaient un total de 2158 personnes. Il y avait en outre 1005 libérés et 7544 transportés en cours de peine. Les colons libres sont en grande majorité français; mais la marche progressive de l'immigration (120 personnes environ par année) ne présage pas la création d'une colonie sérieuse. L'élément pénitencier a tout envahi : le nombre des transportés a subi en effet une augmentation moyenne de 550 par année.

Voies de communication, commerce, industrie. — Les routes tiennent le premier rang dans les travaux publics. On peut aller aujourd'hui par la route nationale qui doit faire le tour de l'île, de Nouméa à Bouraïl (225 kil.); une autre route traverse l'île entre Ouaraï et Kanala (60 kil.). Depuis 1872, une ligne de bateaux à vapeur subventionnée visite chaque mois les localités les plus importantes de la côte en effectuant le transport des passagers et des marchandises. Une ligne télégraphique, inaugurée en 1874, fait le tour de l'île et a des stations dans tous les centres. Depuis le mois de janvier 1883, Nouméa est relié à Marseille par un service de paquebots mensuels (Messageries-Maritimes) touchant à Port-Saïd, Obock, Mahé, Saint-Denis, Port-Louis, Adelaïde, Melbourne et Sydney. — Le pays est essentiellement minier : les mines en exploitation sont celles de cuivre, de nickel, de cobalt, d'antimoine et de chrome. Les plantations de cocotiers donnent lieu à des exploitations rémunératrices. L'élève du gros bétail réussit admirablement; l'élève des chevaux et des moutons commence aussi à se développer. — Le chiffre des importations était en 1883 de 10,085,000 fr., et celui des exportations de 6,487,000 fr.

Administration, divisions politiques. — La Nouvelle-Calédonie est divisée au point de vue administratif en cinq arrondissements, dont les chefs-lieux sont : Nouméa, Canala, Houaïlou, Touho et Ouégoa. Les autres établissements importants sont : l'île Nou, où se trouve le dépôt, les ateliers et l'hôpital de l'administration pénitentiaire; Dumbéa; Païta; Boulouparí, centre d'élevage; la Foâ, pénitencier agricole de concessionnaires; Thio, centre minier; Bourail, pénitencier agricole; Pouerihouen; Hienghène; Oubatche; Balade, les missions de Pouébo, Saint-Louis, Boulari, etc. — La colonie possède un conseil général institué par décret du 2 avril 1885; le régime municipal existe à Nouméa depuis 1879. La justice militaire a été abolie en 1882; actuellement la Calédonie forme un ressort composé de quatre justices de paix, un tribunal de première instance, un tribunal de commerce et un tribunal supérieur. Il existe à Nouméa deux orphelinats. L'instruction primaire est distribuée dans les écoles communales et dans des écoles libres tenues par des Maristes ou des sœurs de Saint-Joseph de Cluny. Un supérieur ecclésiastique, évêque *in partibus*, assisté de prêtres maristes, et un pasteur français assurent le service des cultes. — Le budget a été fixé en 1886 à 2,204,000 fr. par le conseil général, avec un excédent de près de 300,000 fr. sur les dépenses prévues.

Histoire. — La loi du 23 mars 1872 désigna la Nouvelle-Calédonie comme le lieu de déportation pour les condamnés de la Commune; la presqu'île Ducos et l'île des Pins leur furent particulièrement affectées. L'amnistie du 11 juillet 1880 ramena en Europe environ 3000 déportés. En 1878, une insurrection éclata parmi les Canaques. Le 19 juin, un colon fut assassiné, sa propriété fut pillée et sa famille fut ensuite massacrée par le tribu de Dogny. Dans la nuit du 24 au 25, de nouvelles scènes de pillage et de meurtre eurent lieu à la Foâ, pendant que les indigènes de Boulouparí, de Thio, de Moindou et d'Ouaniéné se soulevaient simultanément. Aussitôt les districts d'Ouaraï et de Boulouparí furent déclarés en état de siège, les indigènes de Nouméa furent internés à l'île Nou, et les troupes d'infanterie de marine, aidées par les colons, s'organisèrent en colonnes mobiles sous les ordres du colonel Galli-Passebosc. Ce dernier fut tué dans une reconnaissance. Enfin, grâce à des mesures énergiques, malgré l'extrême difficulté de la marche dans l'intérieur, l'insurrection fut d'abord circonscrite, puis finalement écrasée après la mort de son chef Ataï.

CALEMARD DE LAFAYETTE (Ch.), litt. fr. — Elu le 8 février 1871 député à l'Assemblée nationale dans le département de la Haute-Loire, il vint siéger au centre droit, et se fit remarquer par une proposition tendant à la création d'un ministère spécial de l'agriculture. Après la dissolution, il se représenta sans succès devant ses électeurs, et, en 1879, il échoua encore aux élections sénatoriales. Depuis cette époque, il est rentré dans la vie privée. Outre les ouvrages déjà cités, il a publié : *l'Agriculture progressive à la portée de tout le monde* (1867); *Un mot sur la disette* (1868), et une tragédie, *Attila*.

CALFA (Guy-Ambr.), litt. arménien. — Il a repris depuis le nom de son grand-père, *Yousouf-Bey*, et il revendique le titre de prince de Lusignan. Il est, en effet, petit-fils du prince Amaury de Lusignan qui, sous le nom d'Yousouf-Bey, entra au service de la France pendant l'expédition d'Egypte et fut tué à Austerlitz. Il a publié en 1867 un ouvrage intitulé : *Lectures pour tous*.

CALFA (Corène), litt. et prélat arménien, frère du précédent. — Il a été élevé en 1875 à la dignité d'archevêque. Parmi ses dernières publications, on cite : *Cours de langue française à l'usage des Arméniens* (1875); *Cours de religion* (1877).

CALONNE (Ernest DE), litt. fr. — Il est mort à Paris le 24 septembre 1887. Nous citerons parmi ses dernières œuvres : *Hier et demain*, poésies (1875); *le Gentilhomme citoyen*, comédie (1878); *la Dispense*, comédie (1879).

CALONNE (Alph.-Bern. DE), publiciste et litt. fr. — Il faut ajouter à la liste de ses œuvres : *la Politique de M. de Beust* (1869); *Constitution de l'Allemagne du Nord* (1870); *Noblesse de contrebande* (1883), sous le pseudonyme de *Toison d'or*; *les Ophidiennes* (1884); *les Epreuves d'une héritière* (1885); *la Foire aux élus* (1886), sous le pseudonyme de *A. de Bernard*, etc.

CAMBACÉRÈS (Marie-J.-Pierre-Hubert, duc DE), homme pol. fr. — Il est mort à Paris le 12 juillet 1881.

CAMBACÉRÈS (Etienne, baron DE), frère du précédent. — Il est mort à Paris le 20 décembre 1878.

CAMBODGE (Royaume du). — *Superficie, population. Divisions politiques.* — La population actuelle est d'environ 1,500,000 hab., dont 100,000 Chinois, 25,000 Malais et 20,000 Annamites. La superficie est de 83,900 kil. carrés. Depuis 1884, le Cambodge est partagé en huit provinces subdivisées en arrondissements : Pnom-Penh, Kampot, Pursat, Kratié, Banam, Kompong-Chiang, Kompong-Tiam et Kompong-Thom.

Histoire. — Par le traité du 14 juin 1884, le roi Norodom a consenti à laisser à la France l'administration judiciaire et financière de ses Etats. Aux termes de cette convention, qui place le Cambodge sous notre protectorat, le roi accepte toutes les réformes administratives, judiciaires et financières auxquelles le gouvernement de la République française jugera à propos de procéder pour faciliter l'accomplissement de son protectorat; les fonctionnaires cambodgiens continuent sous le contrôle des autorités françaises à administrer les provinces, sauf en ce qui concerne la perception des impôts, les douanes, les contributions indirectes et les travaux publics; des résidents, nommés par le gouvernement français et préposés au maintien de l'ordre public et au contrôle des autorités locales, sont placés dans les chefs-lieux de province et dans tous les points où leur présence sera jugée nécessaire; ces fonctionnaires sont sous les ordres d'un résident général chargé d'assurer, sous la haute autorité du gouverneur de la Cochinchine, l'exercice régulier du protectorat; le résident général peut à toute heure conférer directement avec le roi; l'esclavage est aboli; le sol du royaume cesse d'être la propriété exclusive de la couronne; la capitale, Pnom-Penh, est administrée par une commission municipale présidée par le résident général. Ce ne fut pas sans hésitation que Norodom consentit à signer ce traité, qui présente d'ailleurs tous les caractères d'un acte d'annexion. Il protesta même quelque temps après contre les procédés employés par le gouverneur de la Cochinchine, M. Thomson, pour obtenir sa signature. En 1885, des troubles, causés par cette brusque modification de l'état social, désolèrent tout le Cambodge. Au mois de janvier, les insurgés, commandés par Si-Wotha, s'emparèrent du poste de Sambor et massacrèrent la garnison, composée de vingt-cinq tirailleurs annamites sous les ordres d'un officier; le 18, ils menacèrent Kompong-Sien; le 19, ils attaquèrent Kompong-Thom, mais ils furent repoussés; le 3 mai, la capitale elle-même fut assaillie pendant la nuit par des bandes de pirates, et, au mois de juin, une colonne de quatre cents Cambodgiens vint menacer Chaudoc. Enfin, grâce à l'énergie des mesures prises par le général Begin, nommé gouverneur en remplacement de M. Thomson, les derniers pirates furent soumis et, à l'heure actuelle, la tranquillité paraît définitivement rétablie dans toute l'étendue du protectorat.

CAMEROUNS, colonie allemande de l'Afrique occidentale, à l'angle N. E. de la baie de Biafra. Elle s'étend en face de l'île Fernando-Pô, autour de l'embouchure du Camerouns, depuis le Mémé au N., qui la sépare des possessions anglaises, jusqu'au Congo français. La prise de possession a été effectuée au nom de l'Allemagne, le 15 juillet 1884, par le docteur Nachtigal.

CAMPHAUSEN (Guill.), peintre all. — Après la guerre franco-allemande à laquelle il assista, il peignit : *l'Entrevue de Napoléon III et de Bismarck à Sedan*; *l'Empereur Guillaume à Gravelotte*; *la Rentrée triomphale de l'empereur à Berlin*.

CANEL (Alfred), archéol. fr. — On lui doit encore *le Voyage du roi Louis XIII en Normandie* (1869); *Recherches historiques sur les fous des rois de France* (1873), et un grand nombre d'articles notamment dans les Mémoires de la Société des antiquaires de Normandie. Il est mort à Pont-Audemer le 10 janvier 1879.

CANONGE (Jules), litt. fr. — Il publia encore *Brune-la-Blonde* en 1868; *Sourire* en 1869; *Contes et Nouvelles* en 1870, et mourut à Nîmes le 14 mars 1870.

CANDOLLE (Alph.-L.-P.-Pyrame DE), botan. suisse. — Il a été élu en juin 1874 associé étranger de l'Académie des sciences en remplacement d'Agassiz. Outre les ouvrages déjà cités, on lui doit : *Lois de la nomenclature botanique* (1867), et *Histoire des sciences et des savants* (1872).

CANROBERT (Fr.-Certain), gén. fr. — Il était commandant en chef de l'armée de Paris au moment de la guerre franco-allemande. On l'envoya au camp de Châlons; mais, en présence de l'indiscipline des troupes, notamment des mobiles de Paris qui s'y trouvaient réunis, il se vit obligé de résigner ses fonctions. Après la bataille de Forbach, il fut placé à la tête du 6e corps, sous les ordres de Bazaine, devenu commandant en chef de l'armée du Rhin, et il prit une part importante aux combats qui se livrèrent autour de Metz, particulièrement à St-Privat et à Gravelotte (16-18 août). Après la capitulation de Metz, il fut emmené prisonnier en Allemagne, et ne revint en France qu'à la signature des préliminaires de paix. En janvier 1873, il obtint l'autorisation d'aller assister aux funérailles de Napoléon III, et au mois de juin de la même année, il donna sa démission de membre du conseil supérieur de la guerre, dont il faisait partie depuis 9 mois. Après avoir refusé dans diverses circonstances d'entrer dans la vie politique, il se décida au moment des élections sénatoriales de janvier 1876 à accepter la candidature qui lui était offerte dans le Lot, son pays natal. Ayant été élu, il vint siéger dans les rangs du groupe de l'Appel au peuple, et le 16 juin 1877 il vota la dissolution de la Chambre des députés. Au mois de janvier 1878, il fut chargé de représenter le gouvernement français aux obsèques de Victor-Emmanuel. Battu dans le Lot au renouvellement partiel du Sénat en janvier 1879, il accepta au mois de novembre de la même année une candidature à la Chambre haute dans le départ. de la Charente et fut élu. Il a été réélu le 25 janvier 1885.

CANTU (César), histor. ital. — Il assista en 1869 aux séances du concile œcuménique et en fut nommé historiographe. La même année, il fut élu membre correspondant de l'Académie des sciences morales et politiques. Il en est devenu membre associé au mois de décembre 1886. Outre les ouvrages déjà cités, on lui doit : *les Hérétiques d'Italie* (1866-71); *Histoire de l'indépendance ita-*

lienne (1877); *les Trente dernières années, 1848-1878* (1880); *Beccaria et le droit pénal* (1885); *le Carnet d'un ouvrier* (1885), etc. Tous ces ouvrages ont été traduits en français.

CAP (LE). — Des gisements de diamants ont été découverts dans ces dernières années à 1200 kil. N. E. de Cap-Town, par 29° lat. S. et 23° long. E., dans le Griqualand-West. Bien que déjà signalés dès 1750 dans une carte dressée par des missionnaires français, ces gisements restèrent inexplorés pendant plus d'un siècle. Ce ne fut qu'en 1866 que la découverte fortuite d'un diamant sur les bords du Waal vint attirer de ce côté l'attention des chercheurs qui affluèrent de toutes parts. En 1868, un nègre trouva la fameuse *Etoile du Sud*, du poids de 83,5 carats. Jusqu'en 1870, les champs d'alluvions avaient été seuls exploités, lorsqu'au mois de décembre de nouveaux gisements furent signalés, non plus sur les bords d'une rivière, au milieu des sables et des graviers, mais à 40 kil. dans l'intérieur, dans une roche solide. Du Toit's Pan, la localité où les nouveaux diamants furent trouvés, devint immédiatement le siège d'une exploitation considérable. Depuis cette époque, de nouvelles mines sèches (*dry diggins*) ont été découvertes; trois d'entre elles portent des noms devenus célèbres : Old de Beers, Bultfontein et Kimberley. Toutes ces exploitations sont comprises dans un rayon de 5 kil. Au milieu des gisements s'élève la ville nouvelle de Kimberley, qui compte actuellement plus de 20,000 hab. et qui est devenue le centre de tout le commerce des diamants. On évalue à 40 millions de carats, c'est-à-dire plus de 8000 kilog., la production des mines de l'Afrique australe jusqu'en décembre 1888.

Population, statistique. — Actuellement, la population s'élève à environ 1,360,000 hab., dont 240,000 blancs. La colonie est divisée en 7 provinces, subdivisées en 61 districts. Il faut y ajouter les territoires nouvellement annexés : Basoutoland, Griqualand, Fingoland, St-John, Iduiyiva, Tembouland et Transkeian districts. Le budget s'élève à environ 130 millions, et le mouvement commercial dépasse 350 millions, dont 200 millions environ pour l'importation.

Histoire. — En 1871, le Griqualand et le Basoutoland furent déclarés colonies anglaises, et, en 1875, la partie de la Cafrerie restée indépendante fut annexée sous le nom de Transkeian districts. En 1876, l'Angleterre occupa les baies de Whalfish, de Spencer et d'Angra-Pequeña, dans le sud des Namaquas, et, le 12 février 1877, elle prononça l'annexion du Transwaal, sous prétexte de maintenir l'ordre dans le pays. En 1878, les Cafres Zoulous ayant refusé de recevoir un résident anglais, le gouverneur, sir H. Bartle Frère, n'hésita pas à rompre les négociations et à leur déclarer la guerre. Ce fut au cours de cette laborieuse campagne que le fils de Napoléon III fut tué. Les Anglais, commandés par lord Chelmsford, puis par Wolseley, réussirent à s'emparer du roi Cettiwayo (septembre 1879); mais la résistance n'en continua pas moins. Après l'arrivée au pouvoir de M. Gladstone (23 avril 1880), sir Bartle Frère fut rappelé, et, après de longs pourparlers, les Zoulous consentirent à reconnaître le protectorat britannique. Encouragés par ces événements, les Boers du Transwaal, qui n'avaient fait entendre que de faibles protestations au moment de l'annexion de 1877, firent appel à la force des armes pour reconquérir leur indépendance. Les troupes anglaises envoyées contre eux essuyèrent plusieurs défaites sanglantes, notamment à Majuba, où le général Colley fut tué (27 février 1881). Le général Wood entama alors avec les Boers des négociations qui aboutirent au traité du 3 août 1881, par lequel l'Angleterre, tout en restant suzeraine du Transwaal, lui laissait cependant son autonomie; mais cette solution ne tarda pas à être regardée comme insuffisante par les Boers, qui réussirent enfin, le 27 février 1884, à faire reconnaître leur indépendance et la reconnaissance de la « République Sud-Africaine ».

CAPEFIGUE (Bapt.-Hon.-Raymond), hist. fr. — On lui doit encore : la *Comtesse de Lichtenau et Frédéric-Guillaume II* (1867); la *Comtesse du Châtelet et les amies des philosophes du xviiie siècle* (1868); *Madame de Montespan et les splendeurs de Versailles* (1868); *Isabelle de Castille* (1869), et les premiers volumes d'une *Histoire de France* qu'il ne put achever. — Il est mort à Paris le 23 décembre 1872.

CAPOCCI DE BELMONTE (Ern.), astron. ital. — Il est mort à Capo di Monte le 10 janvier 1864.

CAPPONI (Gino-Alex.-Jos.-Gasp., marquis DE), hist. ital. — Il fit encore paraître en 1875 une *Histoire de la République de Florence*, ouvrage remarquable, rempli de faits intéressants sur les événements du xive et du xve siècle. Il est mort à Florence le 3 février 1876.

CARAFA DE COLOBBANO (Mich.-H.-Fr.-Aloys.-Vinc.-Paul), compos. ital.— Il est mort à Paris le 26 juillet 1872.

CARAGUEL (Clément), litt. fr. — Il devint en 1875 critique dramatique au journal des *Débats*, en remplacement de J. Janin. Il est mort à Paris le 21 novembre 1882.

CARETTE (Ant.-Ern.-Hipp.), colonel du génie fr. — Il a pris sa retraite en 1868.

CARLEN (J.-Gabriel), litt. suédois. — Il est mort à Stockholm le 6 juillet 1875.

CARLEN (Rosa), femme de lettres suédoise, fille du précédent.— Elle a encore publié en 1866 un roman, *le Fils du bohémien*, et un recueil de nouvelles, *la Vie au village*.

CARLETON (Guill.), litt. angl. — Il est mort à Dublin le 30 janvier 1869.

CARLOS (Ch.-Marie de los Dolorès DE BOURBON, dit DON). — Lorsque le fils aîné de don Carlos, le comte de Montemolin, eut signé son abdication, son frère cadet, don Juan, soutint à son tour les prétentions élevées par leur père au nom de la loi salique. En 1868, il abdiqua en faveur de son fils Carlos ses droits au trône d'Espagne devenu vacant par suite de la déchéance d'Isabelle II. Le nouveau prétendant, qui venait d'épouser à Frohsdorf la nièce du comte de Chambord, la princesse Marguerite de Parme, essaya dès l'année 1869 de soulever en sa faveur les anciens carlistes; cette tentative échoua. L'avènement au trône du prince Amédée ajourna pour quelque temps ses espérances; mais, en avril 1872, il fomenta une nouvelle insurrection qui s'étendit rapidement dans les provinces Basques, l'Aragon, la Navarre et la Catalogne. Son frère, don Alphonse, mis à la tête des insurgés catalans, secondé par des chefs comme Dorregaray, Martinez, le curé Santa-Cruz, Lizarraga, tint tête pendant trois ans aux troupes régulières commandées par les généraux Moriones, Serrano et Concha. Les bandes carlistes se signalèrent par des atrocités sans nombre. Après l'abdication d'Amédée (10 février 1873), don Carlos, qui jusque-là n'avait pas cru devoir donner de sa personne, et dont le quartier général était en France, aux environs de-Bayonne, se décida à passer la frontière. Profitant du désarroi produit par le soulèvement républicain du midi de l'Espagne, les insurgés s'emparèrent d'Estella et de Portugalète et vinrent mettre le siège devant Bilbao défendue par le général Castillos. Le général Moriones, envoyé au secours de cette place, dut battre en retraite (24-25 février 1874); mais, le 1er mai suivant, le maréchal Concha, nommé par Serrano commandant de l'armée du Nord, réussit enfin à débloquer Bilbao et obligea les carlistes à évacuer la Biscaye. Il essaya ensuite de les chasser de la Navarre, mais il trouva la mort à Muro, devant les lignes d'Estella (26 juin). Entre temps, don Carlos avait constitué sa cour et son ministère, composé du maréchal Elio à la guerre, de l'amiral Vinalet aux affaires étrangères, et du comte del Pinar à l'intérieur. En juillet, il envoya un manifeste aux puissances chrétiennes; il en adressa un autre à l'Espagne, après le renversement de Serrano et la proclamation d'Alphonse XII (6 janvier 1875). La défection de Cabréra, qui survint le 11 mars, porta un coup mortel aux affaires du prétendant, car son exemple fut suivi par un grand nombre de ses anciens compagnons d'armes. Les troupes royales, sous les ordres de Jovellar et de Martinez-Campos, prirent vigoureusement l'offensive; d'abord battues à Lucar et à Lorca, elles s'emparèrent successivement de Vittoria (9 juillet), de Logrono et de la Seu d'Urgel (26 août). Au mois de janvier 1876, Quesada occupa Villa-Real; Durango, Elguela furent dégagés en février, et le 19 du même mois Estella, le centre principal de l'insurrection, tomba au pouvoir d'Alphonse XII en personne. Les troupes royales entrèrent à Tolosa le 20, à Saint-Sébastien le 23, et, le 27, don Carlos se vit obligé de passer la frontière. Le 1er mars, il adressa aux Espagnols à son armée une double proclamation, dans laquelle il déclara qu'il réservait tous ses droits, et que son drapeau « restait plié jusqu'à ce que Dieu fixât l'heure suprême de la rédemption pour l'Espagne catholique et monarchique ». De Pau, où il se rendit tout d'abord, il partit pour Paris, fit un voyage en Angleterre, aux Etats-Unis et au Mexique, revint en Europe, visita la Russie, et rentra ensuite à Paris où on le vit aller rendre visite à l'ex-reine Isabelle, qu'il avait combattue naguère avec tant d'acharnement. Quelque temps après, il alla à Frohsdorff auprès du comte de Chambord; il se rendit ensuite en Italie, puis rentra en France. En 1881, à la suite d'une messe de Saint-Henri, dite à Saint-Germain-l'Auxerrois et qui avait donné lieu à des manifestations légitimistes, le gouvernement lui signifia un ordre d'expulsion. Depuis cette époque, le prétendant a presque constamment voyagé : il a parcouru la Suède, la Norvège, la Tunisie, l'Algérie, l'Hindoustan, etc. En 1887, il a reçu à Venise, au palais Loredan, une députation de légitimistes français, à l'occasion de la mort de son père, don Juan.

CARLSON (Fréd.-Ferd.), histor. et homme pol. suédois. — Il a été ministre de l'instruction publique de 1875 à 1878.

CARMOLY (Eliacin), oriental. fr. — Il est mort à Francfort au mois de mars 1875.

CARMOUCHE (P.-Fr.-Ad.), aut. dr. fr. — Il est mort en décembre 1868.

CARNARVON (H.-Herbert HOWARD MOLYNEUX, comte DE), litt. et homme pol.angl. — Après la chute du ministère Gladstone, il fut appelé au poste de sous-secrétaire d'Etat aux colonies dans le cabinet Disraeli (févr. 1874). Il démissionna en 1878, se trouvant en désaccord avec ses collègues au sujet des mesures prises vis-à-vis de la Turquie. Il a rempli, de 1885 à 1886, les fonctions de lord-lieutenant d'Irlande. On lui doit une traduction en vers de l'*Odyssée* et de l'*Agamemnon* d'Eschyle (1879).

CARNÉ (L.-Marcien, comte DE), public. franç. — Au moment des élections de 1869, il posa sans succès sa candidature dans la 1re circonscription du départ. du Finistère. L'année suivante, il perdit son fils, *L. de Carné*, né en 1844, attaché à la mission d'exploration du Mé-Kong. Il mourut lui-même à Quimper le 12 février 1876. Ses derniers ouvrages sont : *les Etats de Bretagne et l'administration de cette province jusqu'en 1789* (1868), et *Souvenirs de ma jeunesse au temps de la Restauration*. Il a publié aussi les notes laissées par son fils, sous le titre de : *Voyage en Indo-Chine et dans l'empire Chinois* (1872).

CARNOT (Lazare-Hipp.), homme pol. fr. — Aux élections générales de 1869, il échoua dans la 1re circonscription de Paris contre Gambetta. Celui-ci ayant opté pour Marseille, C. se représenta de nouveau; mais, cette fois, les démocrates lui opposèrent M. Rochefort, qui l'emporta. Nommé maire du viiie arrondissement de Paris par le gouvernement de la Défense nationale, il fut élu le 8 février 1871 député à l'Assemblée nationale dans le départ. de Seine-et-Oise. Il vint siéger dans le groupe de la gauche républicaine et vota constamment pour toutes les mesures tendant à l'établissement de la République. Au mois de décembre 1875, l'Assemblée le nomma sénateur inamovible. Comme doyen d'âge, il a présidé plusieurs fois les séances d'ouverture du Sénat, notamment en 1888, quelques jours après l'élection de son fils à la présidence de la République, et il a prononcé dans ces occasions des discours empreints de sagesse et de patriotisme. Il est mort à Paris le 16 mars 1888.

CARNOT (Marie-François-Sadi), fils du précédent, président de la République française, né à Limoges le 11 août 1837. Entré en 1857 à l'Ecole polytechnique, il en sortit en 1860 pour l'Ecole des ponts et chaussées avec le n° 1. Il sortit encore premier de cette Ecole en 1863, et, après avoir été pendant quelque temps secrétaire-adjoint du Conseil des ponts et chaussées, il fut envoyé comme ingénieur à Annecy (1864). Pendant sept ans, il eut à diriger les importants travaux que le gouvernement faisait exécuter à cette époque dans la Haute-Savoie, et il se trouvait encore dans ce département lorsque la guerre éclata. Un décret du gouvernement de la Défense nationale, en date du 10 janvier 1871, le nomma préfet de la Seine-Inférieure et commissaire extraordinaire de la République pour l'organisation de la résistance dans les départements de la Seine-Inférieure, de l'Eure et du Calvados. Aux élections du 8 février, le départ. de la Côte-d'Or l'envoya à l'Assemblée nationale le 3e sur 8, par 41,711 voix. Il prit place à la gauche républicaine et vota constamment avec ce groupe, dont il devint un des secrétaires. Après la dissolution de l'Assemblée, il se présenta aux élections législatives du 20 février 1876 dans la 2e circonscription de l'arrondissement de Beaune, et fut élu par 7058 voix. Il vint siéger de nouveau dans les rangs de la gauche, fut nommé secrétaire de la Chambre, puis membre de la Commission du budget et rapporteur du budget des travaux publics. Après le 16 mai 1877, il signa le manifeste des gauches, et, le 16 juin, il fut un des 363 députés qui votèrent l'ordre du jour de défiance contre le cabinet de Broglie. Réélu dans sa circonscription aux élections du 14 octobre suivant par 7584 voix, il fut également réélu secrétaire de la Chambre. Nommé en 1878 rapporteur du budget des travaux publics, il devint ensuite sous-secrétaire d'Etat, d'abord avec M. de Freycinet (28 août), puis avec M. Varroy, et ministre des travaux publics après la chute de ce dernier (23 septembre 1880). Le 21 août 1881, il fut réélu dans la 2e circonscription de Beaune sans concurrent. Il quitta son portefeuille à l'avènement de Gambetta. Nommé ensuite président de la Commission du budget, puis vice-président de la Chambre, il reprit le 6 avril 1885 le portefeuille des travaux publics dans le cabinet Brisson. Quelques jours après, il passa aux finances, en remplacement de M. Clamageran. Aux élections du 4 octobre 1885, il obtint dans la Côte-d'Or 39,988 voix sur 89,480 votants, et fut élu au scrutin de ballottage, le premier de la liste, par 55,853 voix sur 91,778 votants. Il conserva son portefeuille dans le cabinet reconstitué par M. de Freycinet (7 janvier 1886), et ce ne fut que le 11 décembre suivant qu'il fut remplacé par M. Dauphin. Après la retraite de

M. Grévy, la candidature de M. Carnot fut posée à la présidence de la République. Dès le premier tour de scrutin, elle obtint au Congrès 303 voix; les suffrages des républicains, qui s'étaient éparpillés sur les noms de MM. Ferry, de Freycinet, Floquet et Brisson, se rallièrent au deuxième tour sur celui de M. Carnot, qui fut élu par 616 voix (3 décembre 1887). Le 6 mai 1889, le nouveau chef de l'Etat a présidé solennellement à l'ouverture de l'Exposition. On doit à M. C. une traduction de l'ouvrage de Stuart Mill, *la Révolution de 1848 et ses détracteurs* (1875).

CARO (Elme-Marie), philos. fr. — Il fut nommé en février 1869 membre de l'Académie des sciences morales et politiques en remplacement du vicomte de Cormenin, et, le 29 janvier 1874, membre de l'Académie française, en remplacement de Vitet. Outre les ouvrages déjà cités, on doit encore à ce célèbre philosophe : *le Matérialisme et la science* (1868); *Nouvelles études morales sur le temps présent* (1869); *les Jours d'épreuve*, 1870-1871 (1872); *Problèmes de morale sociale* (1870); *le Pessimisme au xviiie siècle* (1878); *Littré et le positivisme; la Fin du xviiie siècle* (1880), etc. Il est mort à Paris le 12 juillet 1887.

CAROLINE (Iles). *Histoire.* — Bien que faisant partie intégrante du domaine de la couronne d'Espagne, cet archipel ne reçut aucun établissement jusqu'en 1885. A cette époque, le gouvernement se décida à faire acte de possession, et envoya à cet effet un croiseur, le *Velasco*. Ce navire venait de terminer sa mission, quand, au mois d'août, on apprit que l'île de Yap, une des quatre plus grandes îles de l'archipel des Carolines occidentales, venait d'être occupée par l'Allemagne. Le cabinet de Madrid adressa des réclamations énergiques à celui de Berlin, et deux vaisseaux de guerre partirent de Manille pour soutenir les droits de l'Espagne sur l'archipel; les Espagnols indignés arrachèrent et brûlèrent le drapeau de la légation allemande à Madrid, et on crut un instant que la guerre allait éclater. Heureusement, il n'en fut rien; le pape Léon XIII, choisi comme arbitre du différend, prononça son jugement en faveur de l'Espagne, à la condition que cette puissance y établirait immédiatement une administration régulière. En retour, l'Allemagne obtenait le droit d'établir une station navale et un dépôt de charbon, avec l'entière liberté de commerce, de navigation et de pêche.

CARPEAUX (J.-Bapt.), sculpt. fr. — En 1869, il exécuta pour la façade de l'Opéra son fameux groupe de *la Danse*, œuvre pleine de mouvement et de vie, qui fut cependant l'objet de critiques passionnées. La même année, il exposa le buste de l'architecte *Ch. Garnier*, et, en 1872, celui du peintre *Gérôme*. On lui doit encore *les Quatre parties du Monde*, groupe en plâtre exposé en 1872, et qui, coulé en bronze, orne depuis 1876 l'extrémité du jardin du Luxembourg. En 1873, il fut atteint d'une maladie incurable aggravée encore par des chagrins domestiques. Il mourut le 12 octobre 1875, au château de Bécon, chez le prince Stirbey.

CARPENTER (Guill.-Benj.), méd. angl. — Il est mort à Londres le 9 novembre 1885. Il dirigea, de 1868 à 1874, les expéditions scientifiques du *Lightning* et du *Challenger*, envoyés par le gouvernement britannique pour sonder les profondeurs de la mer du Nord et de la Méditerranée. Ses observations sur la température, la faune et la flore des abysses ont été publiées dans les *Comptes rendus de la Société royale*. Il fut élu en 1873 membre correspondant de l'Académie des sciences. Outre les ouvrages déjà cités, on lui doit : *Principes de physiologie mentale* (Londres, 1876); *le Mesmérisme et le spiritisme au point de vue historique* (Londres, 1877), etc.

CARRÉ (Mich.), litt. et aut. dr. fr. — Parmi les dernières réductions de ce fécond écrivain, nous mentionnerons : *Roméo et Juliette*, opéra-comique en cinq actes, musique de Gounod (1867), en collaboration avec J. Barbier; *le Tourbillon*, comédie en cinq actes, en collaboration avec Raymond Deslandes (1867); *Flor d'Aliza*, opéra-comique en quatre actes, tiré de la nouvelle de Lamartine (1867); *Hamlet*, opéra en cinq actes, musique d'Ambr. Thomas (1868), avec J. Barbier; *Une journée de Diderot*, comédie en un acte (1868); *Don Quichotte*, opéra-comique en trois actes, musique de Boulanger (1869); *la Guzla de l'émir*, opéra-comique en un seul acte, musique de Dubois (1870); *Don Muscarade*, opéra-comique en trois actes, avec le même, musique de Boulanger (1875); *Paul et Virginie*, opéra-comique en trois actes, avec le même, musique de Victor Massé (1876); *le Timbre d'argent*, avec le même, musique de Saint-Saëns (1877); *le Mariage aux lanternes*, opérette en un acte, en collaboration avec Léon Battu, musique d'Offenbach (1877). Il est mort le 27 juin 1872.

CARREY (Em.), litt. et homme pol. fr. — Aux élections générales du 20 février 1876, il posa sa candidature à la Chambre des députés dans l'arrondissement de Rambouillet, fut élu et vint siéger au centre gauche. Les derniers

ouvrages qu'il a publiés sont : *le Pérou, tableau descriptif, etc.* (1875), et *Questions d'aujourd'hui et de demain* (1878). Il est mort à Paris le 9 février 1880.

CARRIÈRE (Maurice), philos. all. — On a encore de lui : *l'Ordre moral du monde* (Leipz., 1877).

CARRION-NISAS (André-H.-Fr.-Vict.), litt. et homme pol. fr. — Il est mort à Lésignan-la-Cèbe (Hérault) le 23 novembre 1867.

CARUS (Ch.-Gust.), méd. all. — Il est mort à Dresde le 28 juillet 1869.

carus (Vict.-Jules), anatomiste all. — Il fut chargé en 1873-74 du cours de zoologie à l'Université d'Edimbourg, en remplacement de Wyville Thomson envoyé en mission sur le *Challenger*. Il a publié en 1874 à Munich une *Histoire de la zoologie*.

CASABIANCA (Fr.-Xavier, comte de), homme pol. fr. — Il conserva ses fonctions de procureur général près de la Cour des comptes jusqu'au mois de juin 1871, époque où il fut remplacé par M. Rouland. Il rentra alors dans la vie privée et ne reparut sur la scène politique qu'aux élections de mai 1876 où il fut élu à Bastia. Il vint siéger à la Chambre dans les rangs du groupe de l'Appel au peuple. Après la dissolution, il se désista de la candidature qui lui était offerte en faveur de son fils qui fut élu dans le même arrondissement. On a de lui un ouvrage intitulé: *Des finances françaises* (1880). Il est mort à Paris le 25 mai 1881.

CASPARI (Ch.-Paul), érud. all. — Le dernier ouvrage qu'il a publié a pour titre : *Introduction au livre de Daniel* (1869).

CASTELLANE (L.-Ch.-Pierre, comte de), litt. fr. — Outre les ouvrages déjà cités, on a de lui : *Magdy, souvenirs de l'armée anglaise en Crimée* (1878). Il est mort le 15 avril 1883.

CASTILHO (Ant.-Félicien de), poète portug. — Il est mort à Lisbonne le 18 juin 1875.

CATTERMOLE (G.), peintre angl. — Il est mort le 24 juillet 1868.

CAUCHY (Eug.-Fr.), publiciste fr. — Il publia encore quelques opuscules, entre autres une biographie d'*Augustin Cochin* (1872), et mourut à Paris le 2 avril 1877.

CAULAINCOURT (Arm.-Al.-Jos.-Adr. de), sénateur français. — Il est rentré dans la vie privée depuis le 4 septembre 1870.

CAUMONT (Arcisse de), archéol. fr. — Il est mort à Magny, près de Caen, le 15 avril 1873. Son dernier ouvrage est intitulé : *Archéologie des écoles primaires* (1868).

CAVELIER (P.-Jules), sculpt. fr. — Il envoya à l'Exposition universelle de 1867 : *Un néophyte*, statue en marbre. On cite encore parmi ses dernières productions : *François Ier*, statue en bronze, pour la cour intérieure de l'Hôtel de Ville de Paris (1869).

CAVENTOU (Jos.-Bienaimé), chim. fr. — Il est mort à Paris, le 5 mai 1877.

CAZENAVE (Alphée), méd. fr. — Il est mort au mois d'avril 1877. Outre les ouvrages déjà cités, il a laissé : *De la décoration humaine, hygiène de la beauté* (1867); *Pathologie générale des maladies de la peau* (1868); *les Gourmes* (1873).

CERISE ou **CERISI** (Laur.-Alex.-Philibert), méd. ital. — Il est mort à Paris le 5 octobre 1869. On a publié après sa mort des *Mélanges médico-psychologiques* (1872).

CÉSENA (Sébastien Gayet de), litt. fr. — Il est mort au mois d'avril 1863.

CÉSENA (Amédée Gayet de), litt. fr. — Outre les ouvrages déjà cités, on lui doit : *Histoire de la guerre de Prusse* (1871); *Une courtisane vierge* (1873).

CHABAUD-LATOUR (Fr.-Ern.-H., baron de), gén. et homme pol. fr. — Au commencement de la guerre de 1870, il demanda à rentrer dans l'activité. Nommé d'abord membre du Conseil de défense, il devint ensuite commandant en chef du génie pendant le siège de Paris. Il fut maintenu après la guerre dans le cadre d'activité. Aux élections du 8 février 1871, il fut élu député du Gard à l'Assemblée nationale, où il vint siéger au centre droit. Il prit part à toutes les discussions relatives à l'armée et fut choisi à plusieurs reprises comme vice-président de l'Assemblée. Il fit partie du Conseil de guerre chargé de juger Bazaine. Le 20 juillet 1874, il remplaça M. de Fourtou au ministère de l'intérieur; il se retira le 10 mars 1875, et eut pour successeur M. Buffet. Il échoua dans le Gard aux élections sénatoriales de 1876, mais le 15 novembre 1877 il fut élu sénateur inamovible en remplacement d'Ernest Picard. Il est mort à Paris le 11 juin 1885.

CHABOUILLET (J.-Marie-Anatole), archéol. fr. — Il a publié en 1874 un ouvrage intitulé : *Recherches sur les origines du Cabinet des médailles*.

CHACORNAC (J.), astron. fr. — Il est mort le 23 septembre 1873 à Villeurbane, près de Lyon, où il s'était

retiré après la guerre de 1870 et où il avait établi un observatoire particulier.

CHADEUIL (Gust.), litt. fr. — Il a été en 1871 un des fondateurs du journal *le XIXe Siècle*. Parmi ses publications récentes nous citerons : *les Amours d'un idiot* (1870).

CHAILLU (Paul Belloni du), explor. fr. — Il a fait depuis 1867 de nouvelles explorations en Laponie et en Finlande. Les résultats de ses voyages ont été consignés par lui dans plusieurs ouvrages : *Histoire du pays des gorilles* (1868); *Perdu dans les jungles* (1869); *Mon royaume d'Apingli* (1870); *le Pays des nains* (1871); *l'Afrique occidentale* (1874); *le Pays du soleil de minuit* (1882); *Un hiver en Laponie* (1885).

CHAIX D'EST-ANGE (Gust.-L.-Ad.-Vict.-Ch.), avocat et homme pol. fr. — Il est mort à Paris le 14 décembre 1876.

CHALLAMEL (J.-Bapt.-Marie-Augustin), litt. fr. — Il a terminé en 1873 la publication de son œuvre la plus importante: *Mémoires du peuple français depuis son origine jusqu'à nos jours*, 8 vol. in-8°. Cet ouvrage a été couronné par l'Académie française. On lui doit encore : *l'Ancien boulevard du Temple* (1873); *Histoire de la mode en France* (1874); *les Amusements de la rue* (1875); *les Revenants de la place de Grève* (1879); *Colbert* (1880); *le Roi d'une île déserte* (1882); *la France et les Français à travers les siècles* (1883); *Récits d'outrefois* (1884); *Histoire de la liberté en France* (1887); etc. M. Ch. a été nommé en 1880 conservateur adjoint à la bibliothèque Sainte-Geneviève.

CHAM (Amédée de Noé, dit), artiste fr. — Il est mort à Paris le 6 septembre 1879. En dernier lieu, il avait collaboré au *Charivari* et au *Monde illustré*. Une partie de son œuvre a été publiée en 1880 sous le titre de *Douze années comiques*, et en 1883 sous le titre de *Folies parisiennes*.

CHAMBERS (Rob.), éditeur et litt. angl. — Il est mort à St-Andrew le 17 mars 1871. Ses *Mémoires* ont été publiés par son frère G. Ch. en 1872.

chambers (Guill.), éditeur et litt. angl., frère du précédent. — Il est mort à Edimbourg le 25 mai 1883. Outre les ouvrages déjà cités, on lui doit : *la France, son histoire et ses révolutions* (1871); et *Aylie Gilroy*, nouvelle écossaise (1872).

CHAMBORD (Henri-Charles-Ferdinand-Marie-Dieudonné D'ARTOIS, duc DE BORDEAUX, comte DE). — Au moment de la révolution du 4 septembre 1870, il adressa de la frontière suisse un manifeste dans lequel il donnait l'assurance qu'il saurait chasser l'étranger et conserver l'intégrité du territoire, si la France se ralliait à lui. Le 7 janvier 1871, il protesta devant les puissances étrangères contre le bombardement de Paris. Les élections du 8 février et la composition monarchique de la majorité de l'Assemblée nationale rendirent l'espoir aux légitimistes qui prièrent le comte de Chambord de faire acte de prétendant. Le 8 mai, en effet, un manifeste parut, dans lequel le comte, s'efforçant de dissiper les préventions contre la monarchie héréditaire, déclarait qu'on l'accusait faussement de prétendre à un pouvoir absolu, qu'il était prêt à gouverner avec l'assistance des représentants librement élus par le pays, et que, n'étant pas un parti, il ne voulait pas revenir pour régner avec un parti; il terminait par cette phrase devenue célèbre : « La parole est à la France et l'heure est à Dieu. » L'abrogation des lois d'exil lui ayant permis de rentrer en France, il vint s'installer à Chambord. Le 5 juillet, il compléta le manifeste du 8 mai par une nouvelle proclamation, datée de Chambord, dans laquelle il prit officiellement pour la première fois le titre de roi. Il déclarait dans ce document qu'il admettait le suffrage universel et le gouvernement constitutionnel avec deux Chambres; mais il niait la légitimité des conquêtes de la Révolution de 1789, qu'il qualifiait de criminel attentat, et répudiait violemment le drapeau tricolore : « Je ne me laisserai pas arracher des mains le drapeau de Henri IV, de François Ier et de Jeanne d'Arc; » en même temps, il faisait savoir qu'il quittait la France pour ne pas créer par sa présence de nouveaux prétextes à l'agitation des esprits. L'effet de ce manifeste fut considérable, et la plupart des monarchistes le blâmèrent de son imprudente franchise. Déçus dans leurs espérances, ces derniers ne perdirent cependant pas courage; d'actives démarches furent faites auprès du prince qui, après un court séjour à Genève et à Lausanne, se rendit à Anvers où il reçut un programme de monarchie constitutionnelle, élaboré secrètement à Versailles et signé de deux cent quatre-vingts députés (24 février 1872). Ce rendez-vous ayant été l'objet de manifestations hostiles de la part de la population d'Anvers, le comte de Ch., pour éviter les désordres, passa en Hollande et de là rentra à Frohsdorff. Le 15 octobre, il adressa à M. de la Rochette, représentant de la Loire-Inférieure, une lettre dans laquelle il déclara que sa résolution restait inébranlable, et, le 8 février 1875, il en écrivit une autre dans le même sens à Mgr Dupanloup, évêque d'Orléans. Après le renversement de Thiers et son remplacement par le maréchal de Mac-Mahon (24 mai 1873), la restauration de la monarchie sembla imminente. Le 5 août, la *fusion des deux branches* de la maison de Bourbon, depuis si longtemps cherchée par les chefs des deux partis, se fit à Frohsdorff ; le comte de Paris reconnut solennellement les droits de la branche aînée au trône de France et abdiqua ses prétentions. A la suite d'une entente entre les *différents groupes* de la droite, deux députés, MM. Chesnelong et Lucien Brun, furent délégués à Salzbourg auprès du comte de Chambord, pour lui demander la reconnaissance des libertés civiles et religieuses de la France, et lui faire accepter le drapeau tricolore (14 octobre). Le prince tint aux deux ambassadeurs un langage conciliant qui leur parut une adhésion ; il affirma son respect pour le drapeau tricolore, ils en conclurent qu'il voulait le conserver et ils apportèrent la bonne nouvelle aux fusionnistes qui se montrèrent ravis de voir Henri V prêt à régner en roi constitutionnel, à accepter le drapeau tricolore et à reconnaître les conquêtes de la Révolution. Ce revirement dans l'esprit du prince rendait en effet une restauration imminente et le mettait au comble de leurs vœux ; mais, soit que les délégués eussent mal compris les paroles du prince, soit qu'une nouvelle modification se fût produite dans ses idées, une lettre de Frohsdorff, datée du 27 juin, adressée à M. Chesnelong et publiée aussitôt par le journal *l'Union*, vint mettre fin à toutes leurs espérances. Le prétendant y affirmait en effet que jamais le descendant de saint Louis et de Henri IV ne consentirait à être le roi légitime de la révolution, qu'il ne pouvait sacrifier son honneur en abandonnant l'étendard d'Arques et d'Ivry, et, finalement, il se refusait à mettre en discussion toute question de conditions ou de garanties. Cette déclaration inattendue jeta le désarroi dans le camp des monarchistes, particulièrement chez les orléanistes et les royalistes modérés. Cependant, bien qu'il parût renoncer de parti pris à l'occasion qui se présentait, le prince n'abandonnait pas pour cela ses prétentions : lorsque le duc de Broglie présenta à l'Assemblée nationale le projet de loi qui prorogeait pour sept ans les pouvoirs du maréchal, il engagea ses amis à voter contre ; il vint même à Paris et à Versailles, accepta l'hospitalité de la famille de Luynes à Dampierre, et ne repartit que lorsque le septennat fut voté (20 novembre). Au mois de février 1874, la cour de Paris rejeta, malgré la plaidoirie de J. Favre, la demande d'enquête introduite contre lui par les héritiers Naundorff (voy. ce mot). Au mois de juin suivant, le duc de la Rochefoucauld-Bisaccia déposa une proposition tendant au rétablissement de la royauté ; cette proposition fut repoussée. Le 4 juillet, *l'Union* publia un nouveau manifeste dans lequel le prétendant déclarait que, «loin de vouloir placer le pouvoir central au-dessus des lois, et de rêver des combinaisons gouvernementales basées sur l'arbitraire et sur l'absolu, la monarchie chrétienne et française était une monarchie tempérée n'ayant rien à emprunter à l'âge d'or et conduisant aux abîmes des «gouvernements d'aventure qui promettent l'âge d'or et conduisent aux abîmes». En mars 1877, il adressa à une députation de négociants de Marseille une allocution qui fut affichée dans quelques communes du Midi. Son dernier acte public fut une lettre de condoléance adressée en avril 1883 à la sœur de L. Veuillot. A partir de ce moment sa santé déclina rapidement ; sentant la mort prochaine, il accueillit cordialement les princes d'Orléans venus à Frohsdorff. Il mourut dans cette ville le 24 août 1883. Son corps fut transporté à Goritz et inhumé dans le caveau où repose aujourd'hui toute la famille de Charles X. Avec lui s'éteignit la branche aînée des Bourbons. «Je ne suis pas un droit, je suis un principe, » disait-il ; il fut en effet le dernier représentant du principe du droit divin, et, jusqu'à sa mort, il soutint sa doctrine sans équivoque et sans compromission. Ses lettres et ses manifestes ont été réunis et publiés sous différents titres : *Correspondance* (1871) ; *Lettres sur les ouvriers, sur l'agriculture ; Proclamations* (1872) ; *Mes idées* (1872) ; *Manifestes et programmes politiques* (1873) ; *Correspondance de 1841 à 1879* (1880). — Bibliogr. : Henri de Pène, *Henri de France* (1884) ; Dubosc de Pesquidoux, *le Comte de Chambord* (1887). — La *Comtesse de Chambord* (Marie-Thérèse-Béatrice-Gaëtane d'Autriche-Este) n'a survécu que trois ans à son mari ; elle est morte à Goritz le 29 mars 1886.

CHAMPAGNAC (J.-B.-Jos.), litt. fr. — Il est mort à Paris en 1858.

CHAMPAGNY (Frantz-Jos.-Marie-Thérèse NOMPÈRE, comte DE), publiciste fr. — Il fut élu le 29 avril 1869 membre de l'Académie française, et, au mois de juin 1873, il fut chargé de prononcer la réponse au discours de réception de Littré. Il est mort à Paris le 4 avril 1882. Outre les ouvrages déjà cités, il a publié : *les Césars du troisième siècle*, suite de son *Histoire des Césars* (1870) ; *1870-71* (1871) ; *la Loi électorale* (1873) ; *le Chemin de la vérité* (1874) ; *la Religion romaine d'Auguste aux Antonins* (1874) ; *Une famille d'autrefois* (1874).

CHAMPAGNY (Napoléon-Marie NOMPÈRE, comte DE), jurisc. fr. — Il est mort le 31 janvier 1872.

CHAMPION (Maurice), litt. fr. — Il est mort à Paris le 17 décembre 1878.

CHANGARNIER (Nic.-Anne-Théodule), gén. et homme pol. fr. — Au moment de la déclaration de la guerre avec la Prusse, il sollicita de Napoléon III un commandement qui lui fut refusé. Il fut appelé cependant le 8 août à faire partie du quartier général de l'empereur à Metz. Lorsque le maréchal Bazaine devint commandant en chef de l'armée du Rhin, Changarnier resta auprès de lui ; il assista aux combats qui se livrèrent autour de Metz, et, bien que n'exerçant aucun commandement, il fut chargé de négocier les bases de la capitulation avec le prince Frédéric-Charles. Après la reddition de la place, il fut emmené prisonnier en Allemagne, et ne revint en France qu'après la signature de l'armistice. Le 8 février 1871, il fut élu député à l'Assemblée nationale dans les départements de la Gironde, de la Somme et du Nord. Il opta pour celui de la Somme et vint siéger dans les rangs de la droite. Il soutint tout d'abord la politique de Thiers ; mais, à la suite de l'entrevue du 20 juin 1872, dans laquelle les délégués de la droite essayèrent en vain d'imposer au président de la République une politique plus conforme aux vœux de la majorité, il se mit à la tête du parti monarchique. Après l'élection du maréchal de Mac-Mahon, il fit partie du Comité extra-parlementaire, dit des Neuf, chargé de préparer l'avènement du comte de Chambord en opérant la fusion entre les deux branches de la maison de Bourbon. Les pourparlers n'ayant pas abouti, Changarnier vota le septennat et proposa même de prolonger pour dix ans les pouvoirs du maréchal. Le 10 décembre 1875, il fut élu sénateur par l'Assemblée et vint siéger à droite. Il mourut à Paris le 14 février 1877. Ses obsèques furent célébrées aux frais de l'État, et ses restes furent ensuite transportés à Autun, sa ville natale.

CHANTILLY. — Le domaine de Chantilly, restitué au duc d'Aumale en 1872 par décret de l'Assemblée nationale, a été depuis considérablement embelli. En 1886, le duc, «voulant conserver à la France le domaine de Ch. dans son intégrité, avec ses bois, ses pelouses, ses eaux, ses édifices et tout ce qu'ils contiennent : trophées, tableaux, livres, archives, objets d'art», en fit donation à l'Institut, à charge pour le légataire de « conserver au domaine entier son caractère et spécialement de n'apporter aucun changement dans l'architecture extérieure du château » et de prendre les dispositions nécessaires «pour que les galeries et collections de Chantilly soient, sous le nom de *Musée Condé*, ouvertes au public au moins deux fois par semaine, pendant six mois de l'année, et pour qu'en tout temps les étudiants, les hommes de lettres et les artistes puissent y trouver les facilités de travail et de recherches dont ils auraient besoin».

CHAPUY (Nic.-Marie-Jos.), architecte et archéol. fr. — Il est mort le 23 juillet 1858.

CHARLES XV (Louis-Eugène), roi de Suède et de Norvège. — En 1868, il abolit en fait la peine de mort en se refusant à signer depuis cette époque aucun arrêt entraînant la peine capitale. Lors de la guerre franco-allemande, il se prononça pour la neutralité. En 1872, sa santé, depuis longtemps altérée, déclina rapidement ; après un court séjour dans le midi de la France, il retourna en Suède et, le 18 septembre, il s'éteignit à Malmoë, ne laissant qu'une fille, la princesse *Louise-Joséphine-Eugénie*, née en 1851, et mariée en 1869 au prince royal Fréd. de Danemark. Son frère lui succéda sous le nom d'Oscar II.

CHARMA (Ant.), philos. fr. — Il est mort à Caen le 5 août 1869.

CHARTON (Ed.), litt. et homme pol. fr. — Il fut nommé en 1867 membre correspondant de l'Académie des sciences morales et politiques, puis membre libre le 30 décembre 1876 en remplacement de Casimir Périer. Le 8 février 1871, il fut élu représentant de l'Yonne à l'Assemblée nationale où il se fit inscrire à la gauche républicaine. Au moment de l'élection des sénateurs inamovibles par l'Assemblée, il refusa la candidature qui lui était offerte, préférant recevoir son mandat de ses électeurs. Il se présenta devant eux le 8 janvier 1878 et fut élu. Il vint siéger de nouveau dans les rangs de la gauche républicaine qui le choisit pour président. Il a été réélu en 1882.

CHASE (Salmon-Portland), homme pol. améric. — En 1868, il eut à présider, en qualité de juge suprême, les débats relatifs à la mise en accusation du président Johnson, et il fit preuve dans cette affaire de la plus grande impartialité ; son désir cependant était de voir le procès se terminer par un acquittement. En 1868, les démocrates le proposèrent pour la présidence, en concurrence avec le général Grant ; mais à la suite de son refus d'accepter le programme qui lui était soumis, sa candidature fut écartée. Il mourut à New-York le 7 mai 1873.

CHASLES (Michel), math. fr. — Lors de la fameuse controverse au sujet des prétendues lettres autographes de Pascal, il défendit pied à pied l'authenticité des pièces qu'il avait produites. L'Académie des sciences, à laquelle il avait fait hommage de ces documents en l'honneur du deuxième centenaire de la fondation, lui donna même gain de cause. Enfin la mystification fut découverte par Chasles lui-même, et le faussaire Vrain-Lucas fut traduit en police correctionnelle et condamné à deux ans de prison (1869). Le célèbre géomètre est mort à Paris le 18 décembre 1880.

CHASLES (Vict.-Euphémion-Philarète), litt. fr. — Il est mort à Venise le 18 juillet 1873. Outre les ouvrages déjà cités, on doit encore à ce fécond écrivain : *Etudes sur Shakespeare, Marie Stuart et l'Arétin* (1873), et des œuvres posthumes : *l'Antiquité* (1875) ; *la Psychologie sociale des nouveaux peuples* (1875) ; *Mémoires* (1877) ; etc.

CHASLES (Em.), litt. fr. — Il est devenu en 1873 inspecteur général pour les langues vivantes. Parmi ses derniers ouvrages on cite : *Lamartine* (1869) ; *la Morale en exemples* (1870) ; *les Mots et les genres en allemand* (1874) ; *l'Anglais pratique et théorique* (1874) ; etc.

CHASSAIGNAC (Eug.), chirurgien fr. — Il publia encore en 1871 un ouvrage sur *l'Infection purulente* et mourut à Versailles le 26 août 1879.

CHASSAN (J.-P.), jurisc. fr. — Il est mort à Rouen le 23 mai 1871.

CHASSANG (Alexis), litt. fr. — Il devint en 1873 inspecteur général de l'enseignement secondaire et mourut le 7 mars 1888. Outre les ouvrages déjà cités, il a publié un *Nouveau dictionnaire grec-français* (1871) ; une *Nouvelle grammaire grecque* ; une *Nouvelle grammaire française* (1878) ; les *Chefs-d'œuvre épiques de tous les peuples* (1879) ; une *Nouvelle grammaire latine* (1880) ; et des *Morceaux choisis des auteurs grecs* (1883).

CHASSELOUP-LAUBAT (Justin-Napoléon-Sam.-Prosper, comte DE), homme pol. fr. — En juillet 1869, il fut nommé ministre président du Conseil d'Etat en remplacement de M. Vuitry. Il démissionna le 27 décembre de la même année avec tous ses collègues du cabinet Forcade de la Roquette, et eut pour successeur M. de Parieu du ministère Ollivier. Le 8 février 1871, il fut élu représentant de la Charente-Inférieure à l'Assemblée nationale où il vint siéger au centre droit. Il fut nommé rapporteur du projet de loi sur l'organisation de l'armée ; son rapport tout à fait remarquable fut déposé le 26 mars 1872. Il mourut à Versailles un an après (29 mars 1873). La ville de Marennes lui a élevé une statue qui a été inaugurée le 13 septembre 1874.

CHASSIN (L.-Ch.), litt. fr. — Il fonda en 1868 le journal *la Démocratie*, qu'il dirigea jusqu'au 4 sept. 1870, et où il fit une guerre acharnée au régime impérial. Pendant le siège, il fut élu membre du comité de défense du IXe arrondissement et chef de bataillon de la garde nationale. Depuis cette époque, il a collaboré à un grand nombre de journaux républicains, et il a écrit d'importants articles dans diverses feuilles russes. Nous citerons parmi les derniers ouvrages qu'il a publiés : *le Parlement républicain* (1879) ; *les Elections et les cahiers de Paris en 1789* (1888).

CHATEAUDUN. — Cette petite ville a résisté héroïquement le 18 octobre 1870, pendant plus de neuf heures, aux attaques d'un corps prussien de plus de 5000 hommes qui ne put réussir à s'en emparer qu'après l'avoir bombardée, incendiée et presque totalement réduite en cendres. Les forces des défenseurs de Châteaudun comprenaient 600 francs-tireurs de Paris sous les ordres de M. Lipovski, 115 francs-tireurs de Nantes, 50 francs-tireurs de Cannes, quelques volontaires de Loir-et-Cher et 300 gardes nationaux commandés par M. Testanières, capitaine de cavalerie en retraite. La ville de Châteaudun, qui s'est complètement relevée de ses cendres, renferme actuellement une population de 7284 hab.

CHATIN (J.-Ad.), pharmacien et bot. fr. — Il fut nommé en 1873 directeur de l'École de pharmacie et le 29 juin 1874 membre de l'Académie des sciences en remplacement de Gay. Au mois de mai 1886, les étudiants en pharmacie se livrèrent contre leur directeur à des manifestations hostiles ; l'École fut fermée provisoirement, et M. Chatin offrit sa démission. Peu de temps après, il fut mis à la retraite et nommé directeur honoraire. Outre les ouvrages déjà cités, il a publié : *la Truffe, conditions générales de sa production*, et de nombreux mémoires

CHATROUSSE (Em.), sculpt. fr. — Parmi ses dernières productions, nous mentionnerons : *la Muse grave et la Muse comique* (1869) ; *la Source et le Ruisseau* (1869) ; *Ange encenseur*, pour l'église Saint-Eustache (1872) ; *Héloïse et Abailard* (1873) ; *les Crimes de la guerre* (1874) ; *Une jeune Parisienne* (1876) ; *l'Indus-*

trie (1870); *la Lecture* (1880); *Madame Roland* (1882); *Histoire de la Patrie à travers les âges*, haut-relief représentant Vercingétorix, Jeanne d'Arc et la République de 1792 (1884); *Jeanne d'Arc* (1886).

CHAUFFARD (Paul-Em.), méd. fr. — Il fut nommé en 1871 professeur de pathologie générale à la faculté des sciences à Paris, et inspecteur général de l'Université. Aux élections sénatoriales de janvier 1876, il posa sans succès sa candidature dans le département de Vaucluse. Il publia en 1873 : *De la fièvre traumatique et de l'infection purulente*; puis en 1877: *la Médecine française de 1820 à 1830*, et mourut à Paris le 7 février 1879. — Son père, *Marie-Denis-Etienne-Hyac. CH.*, méd. fr., est mort à Avignon le 14 décembre 1880.

CHAUFFOUR (Vict.), public. fr. — Aux élections du 20 février 1875, il posa sa candidature dans le VIII⁰ arrondissement de Paris; mais après le premier tour de scrutin, il se désista en faveur du duc Decazes. Il fut nommé conseiller d'Etat au mois de juillet 1879.

CHAVÉE (Hon.-Jos.), linguiste belge. — Il est mort à Paris le 15 juillet 1877. Il avait fondé en 1867 la *Revue de linguistique et de philologie*. Le dernier ouvrage sorti de sa plume a pour titre : *l'Anthropologie et la méthode intégrale en linguistique* (1873).

CHAZAL (Ch.-Camille), peintre fr. — Il est mort à Paris le 5 avril 1875. Nous mentionnerons parmi les dernières œuvres exposées par cet artiste : *Un balcon à Venise* (1867); *la Vierge en Egypte* (1868); *la Voie douloureuse* (1870); *la Reine de Saba* (1872); *Pendant les Vêpres* (1873); *Servante bretonne* (1874).

CHAZALLON (Ant.-Marie-Rémi), ingén. hydrographe fr. — Il est mort le 23 décembre 1872. Il avait été élu en juillet 1869 membre correspondant de l'Académie des sciences.

CHENAVARD (Ant.-Marie), architecte fr. — Il est mort à Lyon le 31 décembre 1883.

CHENU (J.-Ch.), natur. fr. — Il remplit pendant le siège de Paris les fonctions de directeur général des ambulances. Les derniers ouvrages qu'il a publiés sont : *Statistique médico-chirurgicale de la campagne d'Italie de 1859* (1869); *Ornithologie du chasseur* (1870); *De la mortalité dans l'armée* (1870); *Rapport sur le service médico-chirurgical des ambulances et des hôpitaux pendant la guerre de 1870-71* (1874); *Manuel de la dame de charité, du brancardier et de l'infirmier* (1876). Il est mort à Paris le 11 novembre 1879.

CHERBULIEZ (Joël), litt. suisse. — Il est mort à Genève le 31 octobre 1870.

CHERBULIEZ (Vict.), litt. français, neveu du précédent. — Il a été admis à l'Académie française en 1882. Parmi les dernières œuvres de ce brillant écrivain, nous mentionnerons : *l'Aventure de Ladislas Bolski* (1869); *l'Allemagne politique* (1870); *la Revanche de Joseph Noirel* (1872); *Méta Holdenis* (1873); *l'Espagne politique de 1868 à 1873* (1874); *Miss Rovel* (1875); *le Fiancé de Saint-Maur* (1876); *Samuel Brohl* (1877); *l'Idée de Jean Téterol* (1878); *Amours fragiles* (1880); *Noirs et rouges* (1881); *la Ferme du Choquart* (1883); *Olivier Maugant* (1885). Il a écrit, principalement dans le journal *le Temps*, des articles de critique qui ont été réunis et publiés en 1873 sous le titre de *Etudes de littérature et d'art*, et des articles sur la politique étrangère dans la *Revue des Deux Mondes*, - sous le pseudonyme de *G. Valbert*. Ces derniers ont paru en volumes sous les titres de : *Hommes et choses de l'Allemagne* (1877), et *Hommes et choses du temps présent* (1883). Au théâtre, il a donné deux drames en cinq actes tirés de ses romans : *Samuel Brohl* (Odéon) et *Ladislas Bolski* (Vaudeville, 1879).

CHERRIER (Claude-Jos. DE), histor. fr. — Il est mort à Paris le 27 juillet 1872.

CHÉRUEL (P.-Ad.), érudit fr. — Il fut nommé au mois d'août 1870 recteur de l'Académie de Poitiers. Il a pris sa retraite en 1874, et depuis cette époque il a publié une *Histoire de France pendant la minorité de Louis XIV* (1880) et une *Histoire de France sous le ministère de Mazarin* (1883) qui lui ont valu quatre fois de suite, de 1879 à 1883, le grand prix Gobert de l'Académie française.

CHESNEY (Fr. RAWDON), officier et explorateur angl. — Il est mort le 30 janvier 1872.

CHEVALIER (Michel), écon. fr. — Au mois de juin 1869, il présida le Congrès de la ligue internationale de la paix, et, pendant la guerre de 1870-71, il écrivit à M. Gladstone pour lui démontrer la nécessité d'une intervention du gouvernement britannique en faveur de la France, mais ses tentatives restèrent stériles. En 1875, a Société des Arts de Londres lui décerna la médaille du « Prince Albert ». La même année, il fut choisi comme président de la commission anglo-française chargée d'étudier le projet du tunnel sous-marin du Pas-de-Calais. Outre les ouvrages déjà cités, on lui doit : *Comment une nation rétablit sa prospérité* (1871); *Des emprunts à lots* (1871); *le Droit international* (1872); *Turgot et la liberté du travail* (1873); *Adam Smith et la fondation de la science économique* (1874); *Du nouveau système financier de la France* (1874); *le Renouvellement des traités de commerce* (1876); *le Système monétaire* (1876); *les Brevets d'invention* (1878). Il est mort à Montplaisir, près de Lodève, le 28 novembre 1879.

CHEVALIER (Casimir), archéol. fr. — Parmi ses derniers ouvrages, nous citerons : *Naples, le Vésuve et Pompéi* (1871); *Inventaire des archives communales d'Amboise de 1421 à 1789* (1874).

CHEVALIER (H.-Em.), litt. fr. — Pendant le siège de Paris, il fut nommé inspecteur général des approvisionnements, et, aux élections municipales de 1871, il fut élu conseiller pour le quartier de Grenelle. Il fut réélu en 1874. Il est mort à Paris le 25 août 1879. Nous citerons parmi les derniers ouvrages qu'il a publiés : *le Chasseur noir* (1877); *la Fille du pirate* (1878); *l'Ile de sable* (1879).

CHEVALIER (L.-Marie-Arthur), ing. opticien fr. — Il est mort à Paris le 11 janvier 1874.

CHEVALLIER (J.-Bapt.-Alph.), chim. fr. — Outre les ouvrages déjà cités, on lui doit encore : *Etude sur les applications du sang en hygiène et dans l'industrie* (1871); *Hygiène alimentaire* (1871), etc. Il est mort à Paris le 30 novembre 1879.

CHEVANDIER DE VALDROME (J.-P.-Napoléon-Eug.), industriel et homme pol. fr. — Au mois de décembre 1869, il devint vice-président du Corps législatif, et, le 2 janvier 1870, il fut appelé au ministère de l'intérieur dans le cabinet Ollivier en remplacement de M. Forcade de la Roquette. Pendant son passage au pouvoir, il institua une haute Commission de décentralisation sous la présidence d'Odilon Barrot, et il se signala par son attitude énergique au moment des troubles qui se produisirent à l'occasion de l'enterrement de Victor Noir et de l'arrestation d'Henri Rochefort. A l'époque du plébiscite, il recommanda aux préfets une « activité dévorante » pour pousser les électeurs au scrutin; les impressions faites dans ce but à l'Imprimerie nationale n'employèrent pas moins de 17,000 rames de papier, et la dépense qui en résulta, ayant été faite sans crédit régulier, ne fut pas admise à la justification du budget. A la suite de nos premières défaites pendant la guerre contre la Prusse, il démissionna avec ses collègues du ministère et fut remplacé à l'intérieur par M. H. Chevreau. Après la révolution du 4 septembre, il rentra complètement dans la vie privée. Il est mort à Paris le 2 décembre 1878.

CHEVREAU (H.), homme pol. fr. — A l'avènement du ministère Ollivier, il fut nommé préfet de la Seine en remplacement du baron Haussmann, et il proposa pour liquider l'arriéré laissé par son prédécesseur un emprunt de 250 millions qui fut porté à 650 millions par le conseil d'Etat. Lorsque le ministère Ollivier se retira, M. H. Chevreau prit dans le cabinet Palikao la succession de M. Chevandier de Valdrôme, et il s'occupa particulièrement de l'organisation, de l'armement et de l'équipement de la garde mobile. Après la révolution du 4 septembre, il passa en Belgique et rejoignit ensuite l'impératrice Eugénie en Angleterre. Aux élections d'octobre 1877, il posa sans succès sa candidature dans la première circonscription de Privas. Le 4 octobre 1885, il fut élu au scrutin de liste dans l'Ardèche; mais les élections de ce département ayant été invalidées, il échoua lorsqu'il se représenta le 14 février 1886 devant les mêmes électeurs.

CHEVREUL (Mich.-Eug.), chim. fr. — Pendant le siège, il protesta énergiquement contre le bombardement du Muséum. En 1874, sous le ministère de M. de Cumont, il donna sa démission de directeur du Muséum à la suite de nominations irrégulières faites malgré lui, et il ne la retira qu'après avoir obtenu gain de cause. Il fut remplacé au mois de février 1879 par M. Frémy, mais il conserva le titre de directeur honoraire. En 1883, il laissa à M. Decaux la direction de l'atelier de teinture des Gobelins, et il prit celle du laboratoire supérieur de recherches sur la théorie et la constitution des couleurs créé spécialement pour lui. En 1886, il fut à l'occasion de son centenaire l'objet de manifestations enthousiastes ; sa statue fut inaugurée au Muséum et une médaille commémorative fut frappée en son honneur. Il est mort à Paris le 9 avril 1889. Nous citerons parmi les nombreux travaux qu'il a publiés depuis 1866 : *le Guano du Pérou* (1874); *les Phénomènes de la vieillesse* (1875); *Sur l'affinité capillaire* (1876); *Sur la combinaison du chlorhydrate d'ammoniaque avec les chlorures de potassium et de sodium* (1877); *Considérations générales sur les méthodes scientifiques* (1883); *Sur le mouvement des poussières abandonnées à elles-mêmes* (1885).

CHICAGO, ville des Etats-Unis d'Amérique, sur le bord S. O. du lac Michigan. — Cette ville a été presque complètement détruite par un incendie dans la nuit du 8 au 9 octobre 1871 : 17,500 maisons y devinrent la proie des flammes. Le désastre fut réparé en une seule année, et une nouvelle ville, plus magnifique que l'ancienne, s'éleva comme par enchantement sur ses ruines encore fumantes. Les ruelles étroites sont inconnues; toutes les rues ont les proportions de véritables boulevards et se coupent à angles droits, de sorte que la ville est dessinée en échiquier; cependant la monotonie est rompue par de larges voies transversales plantées d'arbres, par le cours des deux branches de la rivière de Chicago, et par les squares réservés dans toutes les parties de la ville. La population de Chicago, qui n'était en 1840 que de 12,000 hab., atteignait, en 1880, 503,185 hab.

CHILI. — *Population, superficie.* — La population du Chili s'élevait en 1885 à 2,527,000 hab., répartis sur une étendue de 753,200 kil. carrés. La République est divisée en 24 provinces; deux d'entre elles, Tarapaca et Tacna, ont été enlevées au Pérou en 1881; mais le traité d'octobre 1883 qui a mis fin à la guerre a décidé que dans dix ans un plébiscite déciderait à laquelle des deux puissances la province de Tacna serait définitivement rattachée.

Gouvernement. — Aux termes de la constitution, le pouvoir exécutif est exercé par le président de la République assisté de ministres responsables. Le président, élu pour cinq ans, ne peut être réélu qu'après les cinq années qui suivent l'expiration de son mandat. Le pouvoir législatif est exercé par un Sénat composé de 37 membres élus pour neuf ans et par une Chambre de députés élus pour trois ans. Un revenu de 500 dollars est nécessaire pour être éligible; les électeurs doivent savoir lire et écrire et jouir d'un revenu déterminé. Le pouvoir judiciaire est exercé par une Cour de justice siégeant à Santiago, par quatre Cours d'appel et 24 tribunaux de première instance installés dans les chefs-lieux de province.

Finances, commerce. — Le budget s'élève à environ 280 millions de francs, avec un excédent de près de 100 millions de recettes. Le chiffre des opérations commerciales dépasse 600 millions de francs, dont 350 environ pour l'exportation.

Histoire. — En 1871, à la fin des pouvoirs de Pérez, le Congrès supprima le droit de rééligibilité à la présidence, et nomma à cette haute fonction Fédérico Errazuris. Annibal Pinto lui succéda en 1878. Le passage de ce dernier au pouvoir fut marqué par un événement considérable ; nous voulons parler de la guerre avec la Bolivie et le Pérou. Le traité du 10 août 1866 avait fixé au 24⁰ parallèle S. la frontière entre la Bolivie et le Chili. Il avait en outre été réglé que les dépôts de guano situés sur les flots de la baie Méjillones et sur la côte voisine, ainsi que les mines de cuivre, d'argent et de nitrate de soude comprises entre les 23⁰ et 25⁰ parallèles, resteraient indivis entre les deux pays qui s'en partageraient les produits. Un pareil état de choses ne pouvait durer longtemps. La Bolivie ayant taxé arbitrairement les Chiliens établis à Antofagasta, centre du mouvement commercial de la zone commune, le Chili s'émut, entama des négociations, et finalement occupa cette ville (14 février 1879). Une tentative de médiation faite par le Pérou, qu'un traité d'alliance défensive unissait à la Bolivie, ayant échoué, le Chili déclara la guerre aux deux alliés. Les hostilités commencèrent tout d'abord sur mer entre le Chili et le Pérou. Dès le commencement d'avril, l'escadre chilienne vint mettre le blocus devant Iquique. Le 21 mai eut lieu à l'embouchure du Loa un combat mémorable entre les cuirassés péruviens *Huascar et Independencia* et les navires chiliens *Esmeralda et Cavandoga* : après une résistance héroïque, la corvette *Esmeralda* sombra le pavillon haut, et la canonnière *Cavandoga* réussit à s'échapper en se glissant le long de la côte où le *Huascar* vint s'échouer en la poursuivant. Peu de temps après, le *Rimac*, ayant à son bord des troupes chiliennes, fut capturé par la flotte ennemie. Plusieurs mois s'écoulèrent sans résultat important; énervée par ces lenteurs, la population chilienne renversa son ministère et élut un nouveau commandant en chef, le général Escala. En septembre, le *Huascar*, commandé par l'amiral Grau, vint faire une démonstration devant Antofagasta. Il fit ensuite des croisières sur tout le long de la côte; mais, en revenant devant Antofagasta, il tomba au milieu de l'escadre chilienne composée des cuirassés *Amiral Cochrane et Blanco Encalada*. Le cuirassé péruvien fit une résistance héroïque : dès le début de l'action l'amiral Grau fut tué; le lieutenant Aguirre qui lui succéda fut éventré par un boulet; un troisième commandant fut encore tué; le quatrième, Garezon, refusa d'amener son pavillon que les Chiliens trouvèrent encore haut lorsqu'ils se précipitèrent à l'abordage. Tranquilles du côté de la mer, les Chiliens commencèrent sur terre leurs opérations militaires décisives : le 2 novembre, un corps d'armée débarqué à Pisagua chassa la garnison bolivienne, obligea les alliés à évacuer Iquique, et les battit le 21 novembre près d'Assusanta. Ces défaites successives provoquèrent des émeutes en Bolivie et au Pérou : en Bolivie, le général Campero remplaça le président

Daza, et, au Pérou, Prado céda la place à Piérola. Après des tentatives de négociations, les hostilités recommencèrent : le 27 février 1880, les troupes chiliennes marchèrent sur Arica qu'elles investirent; le 25 mai, un combat acharné eut lieu à Taçna, et, le 7 juin, Arica fut emportée d'assaut. Après avoir écrasé l'armée péruvienne dans le Sud, les Chiliens portèrent leurs efforts sur Lima, et, le 23 septembre, leur flotte vint bloquer le Callao. À cet moment, de nouvelles négociations eurent encore lieu entre les belligérants, mais sans plus de succès. Le 20 novembre, une division chilienne débarqua à Paracas et entra à Pisco, et, un mois après, quatorze transports amenèrent 24,000 hommes dans la baie de Chilca. Le 12 janvier, l'armée se mit en marche et, le lendemain, elle arriva en vue de Lima défendue par environ 25,000 Péruviens. La bataille dura trois jours, pendant lesquels les troupes ennemies se livrèrent des combats acharnés : dès la première journée, les Péruviens perdirent 5000 hommes et les Chiliens 3000; enfin, le 16, Lima se rendit sans conditions et, le 18, l'armée chilienne fit son entrée dans la ville. L'occupation dura trois ans, l'état d'anarchie dans lequel se trouvait le Pérou ne permettant pas de conclure de traité avec l'un ou l'autre des présidents qui se disputaient le pouvoir : Piérola, Cacerès, Calderon, Iglésias, Montero. Enfin, en 1883, l'autorité d'Iglésias paraissant suffisamment raffermie, un traité de paix fut conclu le 20 octobre aux conditions suivantes : payement d'une indemnité de guerre, cession de la province de Tarapaca ; cession conditionnelle des provinces de Tacna et d'Arica; un plébiscite des populations devant, au bout de dix ans, décider laquelle des deux puissances en conserverait la possession. Lima fut évacué, et Aréquipa, qui résistait encore, dut ouvrir ses portes. Le président du Chili, Domingo Santa-Maria, qui eut l'honneur de conclure ce traité, avait succédé à Pinto le 18 septembre 1881. Le 18 septembre 1886, il remit le pouvoir à José-Manuel Balmaceda.

CHINE. *Statistique.* — La superficie totale de la Chine est de 11,572,000 kil. carrés, dont 4,024,000 pour la Chine proprement dite. La population est approximativement de 404,000,000 hab. Le revenu du gouvernement impérial est évalué à 659,000,000 fr. Les relations commerciales avec l'étranger ont pris depuis quelques années une extension considérable : les marchandises importées proviennent presque exclusivement de l'Angleterre ou de ses colonies; leur valeur dépasse 640,000,000 fr., et elles consistent principalement en opium (250,000,000 fr.), en tissus de coton ou de laine et en métaux. Le chiffre des exportations s'élève à environ 435,000,000 fr. dont 57,000,000 pour la France. Le cabotage est presque tout entier entre les mains des Américains. L'administration des douanes est confiée à des employés anglais; les douanes impériales ont encaissé en 1882 plus de 99,000,000 fr. Le premier chemin de fer, une petite ligne de 8 kil., construite par les Anglais en 1876 entre Schang-haï et Woo-sung, fut racheté et détruit par le gouvernement chinois; cependant, grâce à la protection de Li-Hung-Tchang, vice-roi du Pe-tchi-li, une voie de 3 kil. a pu être établie en 1886 entre Tchin-Kiang et Tien-tsin, et en 1887 le vice-roi a autorisé la construction d'une ligne de Tien-tsin à Ta-kou. Les ports actuellement ouverts au commerce international sont : Tien-tsin, sur le Peï-ho; Ta-kou, à l'embouchure de ce fleuve; Teng-tchéou, Tche-fou, sur le golfe de Pe-tchi-li; Niou-chang, sur la mer Jaune, Chang-haï, Ning-pô, Fou-tchéou, Amoï, Cha-teou, Canton, sur la mer de Chine : Hang-tcheou, Kieou-Kiang, Tching-Kiang, I-tchang, Vou-hou, sur le Yang-tse-Kiang ; Pa-koï, sur le golfe du Tonkin ; Tamsouï, Keloung, Taï-van, dans l'île Formose; Kioung-tcheou, dans l'île de Haï-nan.

Histoire. — En 1870, la population de Tien-tsin, exaspérée contre les missionnaires français qu'elle accusait d'enlever les enfants, massacra, sans que les autorités chinoises fissent rien pour les défendre, le consul de France, deux attachés à la légation, la femme d'un de ces derniers, huit sœurs de charité, deux missionnaires et trois Russes qu'elle avait pris pour des Français ; le consulat, l'église et l'hôpital des sœurs furent brûlés. Le gouvernement français envoya aussitôt à Tien-tsin le comte de Rochechouart avec mission de réclamer satisfaction. Le gouvernement chinois, après avoir fait parvenir au comte un mémorandum où il exposait ses griefs, se décida à punir les meurtriers, dont vingt eurent la tête tranchée, à indemniser les familles des victimes, et à envoyer à Versailles un ambassadeur chargé de porter ses excuses. Quelque temps après, ce fut le tour d'un Anglais, M. Margery, qui fut assassiné au cours d'un voyage d'exploration dans le Yun-nan. Lorsqu'il eut dix-sept ans, Toung-tchi, devenu majeur, se maria et prit en mains les rênes du gouvernement, abandonnées jusque-là au prince régent Kong et aux impératrices veuve et mère (23 février 1873). Vers cette époque, l'étiquette, qui jusque-là s'était opposée à ce que les représentants des puissances pussent présenter directement leurs lettres de créance à l'empereur, fut modifiée, et les ministres de France, de Russie, d'Angleterre, des Etats-Unis et des Pays-Bas furent reçus en audience solennelle. Cette même année 1873 fut marquée par un soulèvement des musulmans du Turkestan chinois : un ancien lieutenant du khan de Bokhara, Mohammed-Yacoub, se proclama khan de Kaschghar. Ce ne fut qu'en 1878, après la mort de Mohammed, que le général chinois Tso-tong-tang réussit à reconquérir cette province. Un traité conclu à Saint-Pétersbourg le 19 août 1881 rendit à la Chine Kouldja et l'Ili, annexés par la Russie en juillet 1871 ; cette dernière puissance s'était en effet engagée à remettre ces territoires au gouvernement chinois dès que celui-ci serait en mesure d'y faire régner l'ordre et la tranquillité. Vers le même époque, des négociants japonais ayant été molestés à Formose, la cour de Pékin, sur les représentations du Japon, appuyées d'une démonstration navale sur les côtes de l'île, dut se résoudre à payer une indemnité. En 1882, à la suite de l'assassinat à Fou-san (Corée) du consul japonais, la Chine a proclamé sa suzeraineté sur la Corée et s'est chargée de faire respecter dans la péninsule les traités conclus par le Tsoung-li-Yamen avec les puissances étrangères. — L'établissement des Français au Tonkin, le refus de ratifier le traité Bourée, et l'établissement du protectorat sur l'Annam par le traité de Hué du 25 août 1883, causèrent en Chine une violente irritation, et l'on vit les troupes régulières chinoises des provinces limitrophes du Tonkin aider les Pavillons-Noirs à nous disputer la possession de ce pays, pendant que le marquis Tseng, ambassadeur du Céleste empire en Angleterre et en Allemagne, cherchait à exciter contre nous les susceptibilités des cabinets de Londres et de Berlin. Les relations diplomatiques n'en subsistaient pas moins entre le quai d'Orsay et le Tsoung-li-Yamen. Le 11 mai 1884, un traité fut signé à Tien-tsin entre Li-Hung-Tchang et le commandant Fournier; conformément à cet acte diplomatique, nos troupes voulurent occuper Lang-Son; mais elles tombèrent à Bac-lé dans un guet-apens (23 juin). De nouveaux pourparlers eurent lieu ; ils n'aboutirent pas, la Chine refusant toute réparation. Pendant que le général Brière de l'Isle s'avance jusqu'à la Porte de Chine, l'amiral Courbet bombarde Fou-tcheou (23 août), bloque Formose, coule à Schei-poo la flotte ennemie et occupe les Pescadores. Le Tsoung-li-Yamen, convaincu de l'inanité de sa résistance, se décida enfin à reconnaître le traité de Tien-tsin (4 avril 1885), et le 9 juin suivant, il signa une convention définitive dont voici les dispositions essentielles : la France s'engage à rétablir l'ordre sur la frontière du Tonkin, et le gouvernement chinois à disperser les bandes de pirates qui pourraient se former sur son territoire; la Chine reconnaît le protectorat de la France sur l'Annam, et s'engage, lorsqu'elle aura décidé de construire des chemins de fer, à s'adresser de préférence à l'industrie française ; le commerce d'importation ou d'exportation est autorisé entre la Chine et le Tonkin, sous réserve des conditions précisées dans un traité spécial ; le passage de la frontière est interdit sans autorisation.

CHODZKO (Jacq.-Léonard), litt. polonais. — Il est mort à Poitiers le 12 mars 1871.

CHODZKO (Alex.), oriental. polonais. — Il a pris sa retraite comme professeur au Collège de France. Les derniers ouvrages qu'il a publiés ont pour titres : *Théâtre persan* (1878) ; *Chants historiques de l'Ukraine; Chansons des Latyches des bords de la Dwina* (1879).

CHOPIN (J.-Nic.), litt. fr. — Il est mort à Saint-Pétersbourg le 17 août 1870.

CHOUMARA (F.-M.-Théod.), ing. et officier fr. — Il est mort à Paris le 5 février 1870.

CHRISTISON (Rob.), méd. anglais. — Il est mort à Edimbourg le 28 janvier 1882. Il avait été élu en 1875 associé étranger de l'Académie de médecine de Paris.

CHYPRE, île de la Turquie d'Asie, dans la Méditerranée. *Découvertes archéologiques.* — Les emplacements de Curium, de Golgos, d'Amathonte et de Paphos, ont été fouillés récemment par MM. Lang, Colonna Ceccaldi et surtout par M. P. di Cesnola, consul des Etats-Unis à Chypre. La collection de M. Lang se trouve aujourd'hui au British Museum, celle de M. Ceccaldi également au musée du Louvre; les fouilles opérées par M. di Cesnola à Curium ont amené la découverte d'une quantité considérable de statues, de bijoux, de vases, de mosaïques, de bas-reliefs et d'objets de toute nature en marbre, en terre cuite, en bronze, en or ou en argent, de style assyrien, phénicien, égyptien ou grec. Tous ces objets ont été achetés par le musée métropolitain de New-York. Depuis l'occupation anglaise, de nouvelles fouilles ont été entreprises, grâce aux subventions du British Museum, par M. Ohnefalsch-Richter qui a découvert notamment une statue en marbre d'Artémis, de l'époque de Praxitèle ; des sarcophages en terre cuite et des inscriptions ont été mis au jour à Salamis; à Soli on a trouvé des verreries; à Voni on a déblayé un temple consacré à Apollon ; Kethrya, Linou, Nicosie, Dali, Achna, Frangissa (Tamassos), Polis-tis-Chrysokou (Arsinoé), ont été explorées avec succès dans ces dernières années.

Histoire. — En vertu d'une convention conclue le 4 juin 1878, l'administration de l'île est passée entre les mains de l'Angleterre. L'acte annexe du 1er juillet de la même année a réglé les conditions de l'occupation. Aux termes de ce traité, la Grande-Bretagne s'engage à restituer l'île, dans le cas où la Russie renoncerait aux conquêtes faites par elle en Arménie pendant la dernière guerre et évacuerait Batoum, Kars et Ardahan, et à défendre contre les empiétements de la Russie les territoires ottomans de la Turquie d'Asie. Depuis cette époque, le commerce de l'île s'est considérablement accru : actuellement le chiffre des importations et des exportations dépasse 15 millions de francs.

CIALDINI (H.), gén. ital. — Pendant la guerre franco-allemande, il se montra partisan d'une intervention de l'Italie en faveur de la France. Au mois de décembre 1871, il accompagna le duc d'Aoste en Espagne. Victor-Emmanuel lui donna en 1873 le titre de duc de Gaëte et le nomma président du Comité d'état-major général ; mais l'état de sa santé l'obligea peu de temps après à quitter ce poste (décembre 1874). Le 22 juillet 1876, il fut nommé ambassadeur d'Italie à Paris où il remplit ces fonctions jusqu'en 1882.

CICERI (P.-Luc.-Ch.), peintre fr. — Il est mort à Saint-Chéron (Seine-et-Oise) le 22 août 1868.

CIRCOURT (Anne-Marie-Jos.-Alb. DE), litt. fr. — L'Assemblée nationale le nomma conseiller d'Etat le 25 juillet 1872.

CLAIRVILLE (L.-Fr. NICOLAIE, dit), auteur dram. fr. — Il est mort à Paris le 10 février 1879. Nous citerons parmi les dernières œuvres de ce fécond vaudevilliste : *le Grand-duc de Matapa* (1869) ; *Deucalion et Pyrrha* (1870); *le Puits qui chante* (1871) ; *les Cent vierges; les Griffes du diable; Héloïse et Abailard; la Reine Carotte* (1872); *la Fille de Madame Angot; la Mariée de la rue Saint-Denis* (1873); *Charbonnier est maître chez lui* (1875) ; *les Cloches de Corneville; Jeanne, Jeannette et Jeanneton* (1877); *Babiole* (1878), et un grand nombre de féeries et de revues de fin d'année.

CLARETIE (Jules), litt. fr. — Au commencement de la guerre contre la Prusse, il suivit l'armée du Rhin comme correspondant du *Rappel*, puis de l'*Opinion nationale* et de l'*Illustration*, et il envoya à ces journaux des lettres qui furent remarquées. Il revint à Paris après le 4 septembre, fit partie de la Commission des *Papiers des Tuileries*, et devint chef du bureau des bibliothèques d'arrondissement. Aux élections du 8 février 1871, il posa sans succès sa candidature à Paris et dans la Haute-Vienne. Après la Commune, il reprit ses travaux littéraires et collabora à divers journaux. Il chercha en 1872 à faire revivre l'ancien journal *le Corsaire;* mais il n'y réussit pas. Elu en 1884 président de la Société des auteurs dramatiques, il devint en 1885 président de la Société des gens de lettres, et, le 23 octobre 1885, il succéda à M. Perrin comme administrateur général de la Comédie-Française. Outre les ouvrages déjà cités, on doit encore à cet écrivain : *Journées de voyage en Espagne et en France* (1870); *Armand Barbes* (1870); *l'Empire, les Bonaparte et la cour* (1871); *la France envahie* (1871); *la Débâcle* (1871); *le Champ de bataille de Sedan* (1871); *la Guerre nationale* (1871); *Paris assiégé* (1871); *Histoire de la révolution de 1870-71* (1872) ; *le Roman des soldats* (1872); *Noël Rambert* (1872) ; *les Prussiens chez eux* (1872); *Molière, sa vie et ses œuvres* (1873); *Peintres et sculpteurs contemporains* (1873); *les Muscadins* (1874); *les Belles folies* (1875); *Camille Desmoulins, Lucile et les Dantonistes* (1875); *le Beau Solignac* (1875); *le Renégat* (1876); *Cinq ans après ; l'Alsace et la Lorraine depuis l'annexion* (1876); *le Train n° 17* (1877); *la Maison vide* (1878) ; *le Troisième dessous* (1878); *la Maîtresse* (1880) ; *les Amours d'un interne* (1881); *Monsieur le Ministre* (1881) ; *le Million* (1882); *Noris* (1883) ; *Un enlèvement au dix-huitième siècle* (1883) ; *le Prince Zilah* (1884) ; *Jean Mornas* (1885); *Candidat* (1887). Il a fait représenter à l'Ambigu en 1869 : *Famille de gueux*, drame en cinq actes; puis, *Raymond Lindey*, drame en cinq actes (Menus-Plaisirs); *les Muscadins*, drame en cinq actes (Théâtre-Histor., 1874); *les Ingrats*, comédie en quatre actes (1875); *Un père*, drame en quatre actes, en collaboration avec Decourcelle (Gymnase, 1877); *le Régiment de Champagne* (Théâtre-Histor. 1877); *les Mirabeau* (Théâtre-Histor., 1879); *le Beau Solignac* (Théâtre-Histor., 1880); *Monsieur le Ministre* (Gymnase, 1883); *le Prince Zilah* (Gymnase, 1885). On lui doit en outre une quantité considérable de préfaces, de chroniques et de feuilletons.

CLARK (Jacq.), méd. angl. — Il est mort à Londres le 29 juin 1870.

CLÉMENT (Ambr.), économiste fr. — Il a été élu en mai 1872 correspondant de l'Académie des sciences morales et politiques.

CLÉMENT (J.-P.), écon. fr. — Il est mort à Paris le 8 novembre 1870. Outre les ouvrages déjà cités, on a encore de lui un livre posthume : *Histoire de Colbert et de son administration* (1874).

CLÉMENT (Ch.), litt. fr. — Il est mort à Paris le 4 juillet 1887. On doit encore à cet écrivain plusieurs ouvrages de critique artistique : *Prudhon, sa vie, ses œuvres, sa correspondance* (1872); *Léopold Robert d'après sa correspondance* (1874); *Charles Gleyre, sa vie et ses œuvres* (1877); *Artistes anciens et modernes*, recueil d'articles publiés dans le *Journal des Débats*.

CLÉMENT (Félix), mus. fr. — Outre les ouvrages déjà cités, il a publié un *Dictionnaire lyrique* (1869), en collaboration avec Larousse, et une *Méthode d'orgue, d'harmonie et d'accompagnement* (1874). Son œuvre capitale est une *Histoire de la musique depuis les temps anciens jusqu'à nos jours* (1884). Il est mort à Paris le 22 janvier 1885.

CLÉSINGER (J.-Bapt.-Aug.), sculpt. fr. — Pendant la guerre de 1870-71, il organisa à Besançon une compagnie de francs-tireurs. Depuis cette époque ses envois aux Salons annuels devinrent moins fréquents. A citer cependant : la *Danseuse aux castagnettes* (1877); *Phryné*; *Un taureau romain* (1878); *Marceau* (1882); *Roche* (1883); et les bustes : de *Mme Ratazzi* (1875), de *la France* (1876), du général *de Cissey* (1876), de M. H. Houssaye (1880). Il prit part à l'Exposition de 1878 avec plusieurs œuvres importantes : *Enlèvement de Déjanire par Nessus*; *Délivrance d'Andromède par Persée*; la statue équestre de l'empereur d'Autriche, *François-Joseph*; deux bustes : la *Poésie lyrique* et la *Poésie tragique*, et une statue colossale de la *République*. Les dernières années de sa vie furent occupées par l'exécution d'une statue de *Thiers* destinée à la ville de Marseille. Il mourut à Paris le 6 janvier 1883.

CLOQUET (Jules-Germain), chirurgien fr. — Il est mort à Paris le 24 février 1883.

COCHERIS (Hipp.-Jules-Marie), érudit fr. — Il fut nommé en 1877 inspecteur général de l'instruction primaire. Ses derniers ouvrages sont : *Collection de patrons de broderie et de lingerie du XVIe siècle* (1872); *la Langue française, origine et histoire* (1879); *Origine et formation des noms de lieux* (1885). Il est mort à Sainte-Geneviève-des-Bois (Seine-et-Oise), le 14 avril 1882.

COCHET (J.-Ben.-Désiré), archéol. fr. — On lui doit encore : *Répertoire archéologique du départ. de la Seine-Inférieure* (1872); *Notice sur les sépultures chrétiennes de Saint-Ouen de Rouen* (1872), etc. Il est mort à Rouen en 1875.

COCHIN (P.-Suzanne-Augustin), écriv. et homme pol. fr. — Aux élections de janvier 1870, il posa sans succès sa candidature au Corps législatif dans la 1re circonscription de la Vendée, et, au mois de février de la même année, il fut nommé membre de la commission d'enquête sur l'organisation administrative de Paris et du départ. de la Seine. Pendant la guerre franco-allemande, il vint s'enfermer à Paris et s'occupa d'œuvres de bienfaisance. Il se représenta le 8 février 1871 dans le départ. de la Seine comme candidat à l'Assemblée nationale; mais il ne fut pas élu. Le 14 juin suivant, M. Thiers le nomma préfet de Seine-et-Oise. Il occupait encore ce poste quand il mourut à Versailles le 15 mars 1872.

COCHINCHINE. — On désigne aujourd'hui spécialement sous ce nom la partie S. E. de la péninsule indochinoise, limitée au N. par le Cambodge et l'Annam, au S. et à l'E. par la mer de Chine, et à l'O. par le golfe de Siam. On évalue la superficie à 59,458 kilomètres carrés et la population à 1,646,800 âmes se décomposant en : 5000 Européens, colons, fonctionnaires, militaires et marins; 1,475,000 Annamites; 100,000 Cambodgiens; 7000 sauvages Moïs, de race autochtone, vivant dans les forêts; 4000 Chams, d'origine malaise; 1200 Malais; 600 Indiens du Malabar; 54,000 Chinois.

Administration. — Le gouverneur de la Cochinchine a sous ses ordres le directeur de l'intérieur, les commandants supérieurs des forces de terre et de mer, le chef du service judiciaire et le chef du service administratif; il est assisté d'un conseil privé et, depuis le 8 février 1880, d'un conseil colonial composé de 16 membres (10 Français, 6 Annamites). La Cochinchine est représentée au Parlement par un député. — Les six provinces : Mytho, Bien-hoa, Vinh-long, Chaudoc, Ha-tien et Gia-dinh, forment, depuis le 5 janvier 1876, quatre circonscriptions administratives divisées en arrondissements subdivisés eux-mêmes en cantons. Ce sont : 1° la circonscription de Saigon, avec 5 arr., 59 cantons et 656 villages; 2° celle de Mytho, avec 4 arr., 41 cantons et 577 villages; 3° celle de Vinh-long, avec 4 arr., 59 cantons, 681 villages ; 4° celle de Bassac, ch.-l. Chaudoc, avec 6 arr., 54 cantons et 530 villages. Dans chaque arrondissement, sont établis une inspection, centre de l'administration et résidence d'un administrateur des affaires indigènes, et un poste militaire.

Commerce, industrie. — Le riz constitue la principale production de la colonie, et le premier article d'exportation; les expéditions se font principalement sur la Chine, les Philippines et les Détroits. Dans un pays aussi essentiellement agricole, l'industrie ne peut exister qu'à l'état embryonnaire. Le mouvement commercial extérieur dont Saigon profite presque exclusivement, s'est élevé en 1883 à 145 millions de francs, 81 millions (dont 57 pour le riz) à l'exportation et 64 à l'importation.

Voies de communication. — La Cochinchine possède actuellement un réseau de 2998 kil. de routes classées. Un chemin de fer a été construit en 1885 entre Saigon et Mytho (72 kil.), afin d'assurer en tout temps les communications entre le Mé-kong et la capitale de la colonie. Le réseau télégraphique mesure, y compris les fils du Cambodge, 3990 kil.

COCHRANE (Alexandre DUNDAS-BAILLIE), homme polit. et litt. angl. — De 1870 à 1880, il a fait partie de la chambre des Communes comme député conservateur. Le dernier ouvrage qu'il a publié a pour titre : *François Ier et autres études historiques* (1870).

COCHUT (André), écon. fr. — Il a été appelé en août 1870 à la direction du mont-de-piété de Paris.

COGALNICEANO (Michel), homme polit. et litt. roumain. — Le 16 avril 1877, il devint ministre des affaires étrangères. Après la guerre d'Orient, il assista avec M. Bratiano au congrès de Berlin, comme représentant de la Roumanie, et il fit d'inutiles efforts pour empêcher la cession de la Bessarabie à la Russie (août 1878). Il quitta le ministère des affaires étrangères en décembre 1878, mais au mois de juillet de l'année suivante, il accepta le ministère de l'intérieur dans le nouveau cabinet Bratiano. Il conserva son portefeuille jusqu'au 26 avril 1880; au mois de juillet suivant, il fut nommé ambassadeur à Paris et il resta à ce poste jusqu'en décembre 1881.

COGHETTI (Fr.), peintre ital. — Il est mort le 23 avril 1875.

COGNIARD (Théod.), aut. dr. fr. — Il est mort à Paris le 14 mai 1872.

COGNIARD (Hipp.), aut. dr. fr., frère du précédent. — Il est mort à Paris le 6 février 1882. Dans les dernières années de sa vie, il avait pris pendant quelque temps la direction du théâtre du Château-d'Eau.

COGNIET (Léon), peintre fr. — Il est mort à Paris le 20 novembre 1880.

COHEN (Jules), compos. fr. — Depuis 1869, il a fait représenter : *Déa*, opéra-comique en 2 actes (Opéra-Comique, 1870).

COLANI (Timothée), théolog. protest. fr. — Il a été depuis rédacteur en chef du *Courrier littéraire*.

COLENSO (J.-Guill.), théol. angl. — Il est mort à Natal le 20 juin 1883. Outre les ouvrages déjà cités, on lui doit encore : *Examen critique d'un nouveau commentaire de la Bible* (Londres, 1871); *Lecture sur le Pentateuque et la pierre moabite* (Londres, 1873), et un grand nombre de *Sermons* (Genève, 1873).

COLET (Louise), femme de lettres angl. — On cite parmi ses dernières publications : *les Petits messieurs* (1869); *les Dévotes du grand monde* (1873); *Edgar Quinet* (1875). Elle est morte à Paris le 8 mars 1876.

COLLIN DE PLANCY (Jacq.-Aug.-Simon), litt. fr. — Il est mort à Paris le 24 janvier 1887. Nous citerons parmi les dernières œuvres de cet écrivain : *Dictionnaire historique et critique des athées, des libres penseurs, des hérétiques, etc.* (1870); *la Fin des temps confirmée par des prophéties authentiques* (1871); *Grande vie des Saints*, en collaboration avec l'abbé Daras (1873-75).

COLLINS (Guill.-Wilkie), litt. angl. — Il a fait représenter en 1869, au théâtre Adelphi, un drame intitulé : *Noir et blanc*, écrit en collaboration avec M. Fechter. Parmi ses derniers romans, pour la plupart traduits en français, nous mentionnerons : *la Pierre de lune* (1872); *Mari et femme* (1873); *Mademoiselle ou Madame* (1873); *la Morte vivante* (1874); *la Piste du crime* (1875); *Pauvre Lucile* (1876); *la Mer glaciale* (1877); *l'Hôtel hanté* (1881).

COLMAR, ville d'Alsace-Lorraine, chef-lieu de cercle. Pop. 26,106 hab. Chemins de fer sur Strasbourg, Mulhouse, Münster et Fribourg. Le *cercle de Colmar* est divisé en cinq cantons : Andolsheim, Colmar, Münster, Neu-Brisach, Wintzenheim, et comprend 62 communes avec une population de 82,106 hab.

COLMET D'AAGE (Gabr.-Fréd.), jurisc. fr. — Il a été nommé en juin 1868 doyen de la Faculté de droit, puis doyen honoraire en octobre 1879. Ses derniers ouvrages sont : *Histoire d'une vieille maison de province* (1885); *la Famille de Pilate*, tragédie en cinq actes (1887); *l'Ecole de droit de Paris de 1814 à 1816* (1887), etc.

COMBEROUSSE (Ch.-Jules-Félix DE), mathém. et ingén. fr. — Il a succédé à M. Hervé Mangon comme professeur de génie rural au Conservatoire des arts et métiers. On lui doit de nombreux ouvrages techniques, parmi lesquels nous mentionnerons : *Leçons de cosmographie* (1870); *Traité d'arithmétique*, en collaboration avec M. Serpette (1882). Il a publié en 1879 une *Histoire de l'Ecole centrale des arts et métiers depuis sa fondation jusqu'à nos jours*, et en 1884 une étude sur la vie et les travaux de *J.-B. Dumas*.

COMBES (Ch.-P.-Math.), ing. fr. — On lui doit encore des *Mémoires sur l'Application de la théorie mécanique de la chaleur aux locomotives*. Il est mort à Paris le 11 janvier 1872.

COMBES (Fr.), histor. fr. — A citer parmi ses derniers travaux : *Histoire des invasions germaniques en France* (1873); *les Libérateurs des nations* (1874); *Catherine de Médicis*, tragédie en trois actes (1874); *la Correspondance française du grand pensionnaire Jean de Witt*, dans la collection des documents inédits sur l'histoire de France (1874); *l'Entrevue de Bayonne de 1565 et la question de la Saint-Barthélemy, d'après les archives de Simancas* (1882); *Essai sur les idées politiques de Montaigne et de La Boétie* (1882); *Curieuse institution de Louis XIV auprès de la République de Genève et son existence jusqu'en 1798* (1884); *Mme de Sévigné historien* (1885).

COMORES (Iles), groupe d'îles de l'océan Indien. *Histoire.* — En 1869, la reine de Mohéli et, en 1883, Saïd-Omar, sultan de la Grande-Comore, sollicitèrent, sans pouvoir l'obtenir, le protectorat du gouvernement français. En 1882, bien qu'il n'existât pas un seul Anglais dans toute l'île, un consul anglais vint s'installer à la Grande-Comore, auprès d'un prétendant qui cherchait à renverser Saïd-Omar. Une guerre civile ne tarda pas à éclater. L'Anglais et le prétendant, dans le but d'affamer les sujets du sultan, firent saisir et couler les boutres de Saïd-Omar, sous prétexte qu'ils faisaient la traite avec Madagascar. Les autorités françaises intervinrent trop tard; mais il résulta de l'enquête qui fut faite par le commandant de Mayotte que les plaintes du consul anglais n'avaient aucun fondement. Les conséquences de cet acte de piraterie de l'Angleterre furent effroyables pour cette malheureuse population : les habitants de la Grande-Comore vivant de riz et n'en cultivant pas le quart de la quantité nécessaire à leur consommation; le surplus venait de Madagascar, d'où il était apporté par les boutres de Saïd-Omar. Lorsque le commodore de la station navale anglaise eut brûlé et coulé ces boutres, sans enquête ni explication, les transports de riz étant supprimés, une famine se déclara qui fit périr un nombre considérable d'habitants. Le consul anglais, ayant échoué dans ses projets, quitta l'île avec le prétendant. En 1885, un naturaliste français, M. Humblot, vint explorer l'intérieur de l'île; il y découvrit des richesses agricoles de premier ordre, en constata la parfaite salubrité, et signa avec le sultan un traité par lequel il obtenait le droit d'exploiter le sol. Ce sultan, Saïd-Ali, fils de Saïd-Omar, avait été pendant vingt ans l'hôte de la France à Mayotte; animé des meilleures intentions à notre égard, il s'engagea à préparer l'abolition de l'esclavage et à ne pas se soumettre au protectorat d'une puissance autre que la France. Le gouvernement de la République, informé de ces négociations, envoya aussitôt à la Grande-Comore le gouverneur de Mayotte une navire, le *La Bourdonnais*; mais les petits potentats de l'île, jaloux de l'influence croissante de Saïd-Ali, se réunirent contre lui et marchèrent contre Mourouni, sa capitale. Une intervention armée étant devenue nécessaire, le commandant de Mayotte fit débarquer les troupes du *La Bourdonnais*, et Saïd-Ali, bientôt dégagé, signa avec nous un traité par lequel il se plaçait sous le protectorat de la France (6 janvier 1886). Au mois d'avril suivant, les sultans d'Anjouan et de Mohéli suivirent l'exemple du chef de la Grande-Comore.

CONGO FRANÇAIS. *Limites, superficie, population.* — Aux termes de la convention du 5 février 1885, conclue entre la France et l'Association internationale africaine, et à la suite des travaux de la Commission de délimitation, les limites du Congo français ont été déterminées ainsi qu'il suit : à l'O., l'océan Atlantique; au S., la rivière Chiloango, jusqu'à sa source, et une ligne suivant la ligne de partage des eaux du Congo et du Niari ou Kilioù, et aboutissant au S. O. de Manyanga, sur le bas Congo; à l'E., le Congo et l'Oubangi; au N., la colonie allemande de Camerouns, dont elle est séparée par la rivière Campo. La superficie est évaluée à 670,000 kil. carrés. Quant à la population, il est difficile d'établir un chiffre, même approximatif.

Côtes. — La côte, très basse et presque partout bordée

de marécages et de lagunes, présente un développement de 1500 kil. Sur toute son étendue, un seul point échappe à l'influence française : ce sont les îles Elobey et Corisco, qui appartiennent à l'Espagne. A partir du large estuaire de la rivière Campo, par 2°20', on trouve successivement en descendant vers le S. : la baie de *Batas*; le cap *Saint-Jean*; la baie de *Corisco*, limitée au N. par la pointe *Mosquitos* et au S. par le cap *Esteiras*; l'embouchure de la rivière *Moundah*; le *Gabon*, qui se présente plutôt comme un golfe que comme un fleuve; la baie de *Nazareth*; la bouche principale de l'*Ogôoué*; le cap *Lopez*; l'embouchure du *Mexias*, dérivation de l'Ogôoué; la lagune de *Fernan-Vaz*; le cap *Sainte-Catherine*; la lagune de *Cama* ou *Eliva N'Couni*; la baie d'*Yumba*; la baie *Tjilunga*; l'embouchure du *Kiliou* (bas *Niari*); la baie de *Loango*; la baie de la *Pointe-Noire*, et enfin l'embouchure du *Chiloango*. Cette immense plage compte peu de bons ports; en dehors de l'estuaire du Gabon, on peut cependant citer, parmi les mouillages en baie ouverte et les points où les opérations commerciales sont relativement faciles : les embouchures des rivières *Campo*, *Mouni* (dans la baie de Corisco), *Mundah*, le cap *Lopes*, *Cama-Yumba*, *Tjilunga* et *Loango*. Sur la rive droite de l'estuaire du Gabon se trouve *Libreville*, qui représente, encore assez pauvrement, la capitale de nos possessions, et où sont établies ou représentées la plupart des grandes maisons de commerce de l'Ouest-Africain.

Configuration du sol, hydrographie. — En partant de la côte, on trouve d'abord une zone maritime plus ou moins basse et marécageuse, puis, avant d'arriver à la région qui se rattache au grand plateau central africain, un massif accidenté dont l'altitude moyenne est d'environ 500 m. au-dessus de l'Océan. La zone maritime ne s'étend guère à plus de 150 ou 200 kil. de la côte; quant au massif accidenté, sa largeur moyenne varie entre 200 et 300 kil. — Sous le rapport hydrographique, le Congo français peut se diviser en deux grands bassins : 1° le *bassin de l'Atlantique*, avec les rivières que nous avons déjà citées dans la revue des côtes; 2° le *bassin du Congo*, qui comprend ses innombrables affluents : le *Djoué*, le *Lefini*, le *Kheni*, le *Npama*, l'*Alima*, le *Mossaka*, la *Licona*, le *Sekoli-Boungo* et l'*Oubandji*. Les lacs connus sont peu nombreux : les plus importants se trouvent dans le bassin de l'Ogôoué; ce sont les lacs d'*Asingo* et d'*Eliva*.

Climat. — Comme dans la plupart des régions intertropicales, l'année se divise en deux saisons, la saison des pluies et la saison sèche. Celle-ci, qui comprend mai, juin, juillet et août, n'est cependant pas sans orages. La saison des pluies comprend les neuf autres mois de l'année, mais principalement septembre, octobre, novembre et décembre; elle ne se manifeste pas par des pluies continuelles, mais par un orage journalier qui rend supportable la température alors très élevée. L'humidité chaude de cette saison est à redouter dans toute la zone du littoral; mais l'époque la plus dangereuse est le passage de la saison des pluies à la saison sèche (mars et avril).

Flore, faune, richesses minérales. — Le climat, à la fois chaud et humide du Congo, développe une magnifique végétation. Parmi les essences forestières les plus répandues, nous citerons : le tamarinier, le santal rouge, l'ébène, le copal, l'ocoumé, dont les indigènes font de grandes pirogues, et plusieurs espèces de palmiers dont le plus intéressant est l'*Elæis guineensis*, qui fournit l'huile dite de palme. Le manioc, le bananier, l'igname, le maïs, les patates, sont cultivés depuis longtemps par les indigènes. Le tabac croît partout; le café, récemment introduit, réussit admirablement, et il en est de même du coton et de la canne à sucre; le bassin du bas Ogôoué se prête bien à la culture du riz. A citer encore : l'ananas, le poivre, la vanille, le cacao, qui, bien que peu cultivés, promettent de beaux rendements. On trouve aussi l'arbre à suif, le *détra*, et surtout le caoutchouc, qui, recueilli par incision dans l'écorce de la liane *Ndambo*, fait actuellement une des branches les plus importantes du commerce de l'Ouest-Africain. — Quant à la race animale, les mammifères les plus remarquables ou les plus nombreux sont l'éléphant, le lion, le léopard, la panthère, le chat-tigre, l'antilope, le gorille, le chimpanzé, le sanglier, le chacal, l'hippopotame, le buffle, etc. L'ornithologie est peu riche; à citer cependant : le pigeon, la pintade, et des quantités fabuleuses de perroquets gris. En revanche, les fleuves et les côtes fourmillent de poissons. Les insectes sont assez peu nombreux; mais beaucoup d'espèces telles que les termites et les moustiques sont un véritable fléau. Les serpents de toute espèce, y compris le boa, infestent les forêts qui bordent le rivage. — Le règne minéral paraît richement représenté : le bassin du Niari possède des gisements de cuivre et de plomb; le minerai de fer se trouve partout, et les indigènes savent l'utiliser pour la fabrication d'armes, d'outils et d'objets d'un usage domestique.

Population, races. — La densité de la population sur les points connus ne permet pas d'évaluer même approximativement la population totale du Congo français. Elle paraît d'ailleurs distribuée d'une façon fort inégale : très rare dans les forêts et dans les prairies du S. et du N., elle est agglomérée sur le bord des rivières et dans certaines localités favorisées par leur situation. Il est même assez difficile de répartir les indigènes en races distinctes; tout au plus pourrait-on faire le dénombrement de quelques tribus. Le bassin du Niari-Kiliou est habité par les Loango, Mayombés, Bacougnis, Bacambas, Baouendé, etc. Au centre sont les tribus des Ichogo, Okota, Achango, etc.; on trouve dans le haut Ogôoué les Niavi, les Apingi, les Ossyébas, les Aouangi, les Bakalays. Les Gallois, les Cama, les Oroungous, les Mpongoués sont établis sur la côte; les Bafourous et les Batékés habitent les rives de l'Alima et du Congo. On trouve des Toungoujoutis, des Ajumbas, des Inengas dans le bas Ogôoué. Les Fans et les Pahouins, que l'on rencontre principalement sur la rive droite de l'Ogôoué, comptent parmi les plus intéressants de tous ces peuples, chez lesquels on ne trouve aucune trace d'état politique, si ce n'est chez les nègres de la côte de Loango, chez les Batékés et chez les Bafourous de l'Alima.

Commerce, industrie. — Les produits que le commerce tire du Congo sont principalement : l'ivoire, le caoutchouc, l'huile de palme, la gomme copal, les arachides, le bois rouge, l'ébène, etc., en échange desquels les nègres reçoivent du sel, de la poudre, des spiritueux, des fusils, des cotonnades. Les plus importants de nos établissements dans l'intérieur sont Franceville, au confluent de la Passa et de l'Ogôoué supérieur, et Brazzaville, sur le Congo, au débouché du Stanley-Pool ou lac Ntamo. A citer encore : Londima, sur le Niari; les mines de cuivre de Mbko-Songho; Mbé, la capitale de Makoko; Boundgi, sur le haut Ogôoué. — Quant à l'industrie, elle se borne à la construction des habitations, à la fabrication des outils, des pirogues et des instruments de chasse ou de pêche.

Gouvernement, administration. — Par décret du 27 avril 1886, M. Savorgnan de Brazza, le célèbre explorateur de ces régions, a été nommé commissaire général de la République française au Congo. Il a pour auxiliaires quatre résidents ayant sous leurs ordres des chefs de station. La colonie du Gabon est rattachée au Congo et administrée par un lieutenant-gouverneur qui, tout en étant sous les ordres de M. de Brazza, correspond directement avec l'administration centrale pour tout ce qui concerne les services particuliers du Gabon. Le commissaire général pourvoit à tous les emplois civils, sauf à ceux de résidents, auxquels il est pourvu par décret présidentiel.

Histoire. — L'histoire du Congo français se résume dans l'histoire des explorations de Savorgnan de Brazza. En 1875, ce jeune officier entreprit de remonter le cours de l'Ogôoué, dans le but de développer le mouvement commercial dans le bassin de cette rivière. Malgré des difficultés matérielles de toutes sortes, à force d'énergie et de persévérance, il réussit à franchir les rapides, se concilia les tribus riveraines par sa bienveillance, et arriva au confluent de la Passa et du haut Ogôoué. Traversant ensuite une étendue de 80 kil., il aboutit à l'Alima, reconnut que cette rivière était un affluent du Congo, et s'avança jusqu'à la Licona. Les résultats de cette exploration étaient considérables : en effet, la grande artère fluviale de l'Afrique équatoriale, le Congo, prend sa source au S. du lac Tanganyika par environ 1300 m. d'altitude, décrit une grande demi-circonférence au travers du plateau central avec une pente d'environ 1 mètre pour 14 kil., s'étale dans le Stanley-Pool, mais ne peut traverser le massif accidenté qui limite la zone maritime qu'en tombant de 300 mètres sur une distance de 300 kil. De Brazzaville à Vivi, le fleuve et ses rives sont absolument impropres à l'établissement d'une voie commerciale. Or, l'Ogôoué, dont la largeur et le débit sont considérables, prenant sa source méridionale à proximité des sources d'un affluent du Congo, pouvait fournir une voie commerciale était ouverte de ce côté. Dans un nouveau voyage en 1879, Savorgnan de Brazza remonta de nouveau le cours de l'Ogôoué, fonda la station de Franceville au confluent de la Passa, gagna le Congo qu'il redescendit jusqu'au Stanley-Pool ou Ntamo, fonda Brazzaville, en amont de la première chute, et conclut le 10 septembre avec Makoko, roi des Batékés, une convention qui fut ratifiée ensuite par le Parlement français. Au retour, l'explorateur tenta de reconnaître une route encore plus directe du Congo à la mer. Quittant Brazzaville, il remonta la rivière Djoué, traversa les montagnes qui limitent le bassin du Congo, et aboutit au haut Niari à hauteur du confluent de ce fleuve avec le Ndono. Le bassin du Niari-Kiliou étant peu boisé et peu accidenté, les communications y présentent beaucoup moins de difficultés que dans le bassin de l'Ogôoué et à plus forte raison que dans celui du Congo. La loi du 10 janvier 1883 ayant ouvert des crédits pour

une nouvelle mission, M. de Brazza se remit en route. Cette mission comprenait 30 civils, 55 militaires, 150 laptots sénégalais et 450 noirs; plus tard on engagea des porteurs et des pagayeurs montant une petite flottille de pirogues; un vapeur, l'*Olumo*, fut mis en service sur le bas Ogôoué. Remontant l'Ogôoué, les explorateurs en levèrent le cours jusqu'à Franceville; ils déterminèrent ensuite l'itinéraire de Franceville à l'Alima, le cours de l'Alima, le cours du Congo entre Brazzaville et l'Oubandji, celui de l'Oubanbji inférieur et l'itinéraire de Brazzaville à Loango par la vallée du Niari-Kiliou. De plus, la mission créa 27 stations françaises.

CONGO PORTUGAIS, possession portugaise de la côte occidentale d'Afrique. — Cette colonie est limitée au N. par le Congo français, à l'E. et au S. par l'Etat indépendant du Congo, et à l'O. par l'océan Atlantique, depuis l'embouchure du Chiloango jusqu'à Cabo-Lumbo, au S. de la baie de Cabinda, sur une longueur de 78 kil. Comme on le voit, ce territoire forme une enclave de peu d'étendue dans l'Etat indépendant. Sa superficie est d'environ 4000 kil. carrés; sa plus grande longueur du N. au S. est de 70 kil., et sa largeur de 60. La population est évaluée approximativement à 50,000 hab. Le climat est relativement sain. Le sol bien cultivé est extrêmement fertile. Les indigènes, doux et tranquilles, sont sans contredit les plus civilisés de toute cette côte. Les stations les plus importantes sont : le chef-lieu, Cabinda; Cabo-Lombo, Mallemba et Landana. — La colonie a à sa tête un gouverneur, assisté d'un conseil privé et protégé par un bataillon spécial de chasseurs.

CONGO (Etat indépendant du). — Les limites de l'Etat sont : au N., le Congo portugais et le Congo français; le fleuve Congo et le thalweg de l'Oubandji, et la ligne de partage des eaux entre le bassin du Congo et ceux du Nil et du Bénué. A l'O., l'océan Atlantique, depuis Cabo-Lambo jusqu'à la pointe de Banana, soit 35 kil. de côtes. Au S., le fleuve Congo, depuis Banana jusqu'à Vivi; le 6e parallèle jusqu'à Loulouabourg, sur la Louloua, affluent de droite du Kassaï; la Louloua, depuis ce point jusqu'à sa source, et une ligne courbe entourant les sources de la Loualaba et le territoire des Katangas et aboutissant au S. du lac Benguélo. A l'E., la côte S. O. du lac Benguélo; une ligne dirigée vers le N. O. et aboutissant à la Louapoula; la Louapoula jusqu'à son embouchure dans le Moero; la côte occidentale de ce lac jusqu'à son extrémité N.; une ligne rejoignant un point situé sur la côte S. O. du Tanganyika; la côte occidentale de ce lac, et enfin une ligne dirigée vers le N. E., puis vers le N., et rejoignant la frontière septentrionale en suivant le 27° 39' long. E. La superficie est évaluée par Stanley à 2,700,000 kil. carrés.

Hydrographie. — L'hydrographie de l'Etat indépendant se résume dans la description du bassin du Congo. Elle commence à être connue dans la partie gauche; la partie droite est encore en grande partie inexplorée. Le Congo est, après le Nil, le plus grand fleuve de l'Afrique, et il est le quatrième fleuve du globe par l'étendue de son bassin. Ses sources, découvertes par Richard en 1884, sont : la *Loualaba* qui forme les lacs *Lohemba* et *Oupamba* et reçoit la *Loufira*, et le *Chambeze* qui prend sa source dans le S. O. du Tanganyika, par 29° long. E. et 9° lat S., se jette dans lac *Bengouelo*, et en ressort près de Kaouendé sous le nom de *Louapoula*. La Louapoula serpente vers l'O. au travers de marais, forme les cataractes de *Mombottouta*, coule ensuite vers le N. et emporte le trop-plein du lac *Moéro* qu'elle quitte à *Mpouélo* pour courir vers le N. O. rejoindre la Loualaba dans le lac *Landji*. A partir de ce point, le fleuve prend le nom de Congo. Il se dirige d'abord vers le N. O., passe devant Kassongo, la résidence de Tippoo-Tip, reçoit à droite le *Louama*, arrose Nyangoué, forme les *Wester-Falls* par 4° lat. S., puis les rapides d'*Oukassa*, par 3° 10' lat. S., et coule ensuite vers le N. jusqu'au *Stanley-Falls* qui se trouvent précisément sous l'équateur. A partir de ces chutes, le Congo coule vers l'O. en formant un arc régulier dont la convexité est tournée vers le N. Il reçoit à droite la *Mpaka*, l'*Arrouhimi*, l'*Itimbiri*, la *Ngala* et l'*Oubandji*; à gauche, la *Loumami*, le *Loubilach*, le *Sankourou*, le *Loulengou*, l'*Ikelamba* et le *Tchouapa* (*Ourouki*), dont le confluent est situé sur l'équateur symétriquement aux Stanley-Falls. Le grand fleuve se dirige ensuite vers le S. O., longe à droite le Congo français, reçoit à gauche l'*Irebou*, dérivation du lac *Matumba*, puis le *Kassaï*, le plus grand de ses affluents de gauche, et s'élargit pour former le *Stanley-Pool* ou lac *Ntombo*. Après les chutes qu'il forme au sortir de ce lac, il reprend son cours vers le S. O. et se jette dans la mer entre la pointe de Banana et la pointe Padron, après un cours de 4800 kil., dont 180 de l'Atlantique à Vivi au pied des chutes, 80 de Vivi à Issanghila, 140 d'Issanghila à Manyanga, 136 de Manyanga à Brazzaville, 1700 de Brazzaville aux Stanley-Falls, 700 des Stanley-Falls aux Wester-Falls et 750 de ce point au lac

Moéro. Sa largeur, qui atteint 2300 m. après les Stanley-Falls, dépasse 17 kil. à hauteur de Bolobo (2°30′ lat. S.) ; à Vivi le fleuve se rétrécit au point de n'avoir que 900 m. ; son embouchure, entre la pointe Rouge et la pointe Padron, forme un vaste estuaire de 32 kil. d'ouverture. En dehors des lacs déjà cités, on connaît : le lac *Léopold II*, entre le Kassaï et le Congo, et le *Mouta-Nzighé* à 300 kil. environ à l'E. des Stanley-Falls.

Histoire. — Pendant que Savorgnan de Brazza exécutait ses explorations dans l'Ogôoué et le Congo, Stanley entrait au service de l'Association internationale africaine, fondée en 1878 sous le patronage du roi Léopold II. Le 14 août 1879, il arriva à Banana, remonta le fleuve jusqu'à Vivi, construisit une route de 80 kil. de Vivi à Issanghila, pour transporter ses embarcations démontables, et arriva en décembre 1881 à Stanley-Pool où il trouva le drapeau français à Brazzaville. Déçu de ce côté, il passa sur la rive droite du fleuve et fonda en face de nos établissements la station de Léopoldville. Au mois d'avril suivant, il découvrit le lac Léopold II. Il revint ensuite en Europe, repartit à la fin de l'année pour Léopoldville, remonta le Congo en 1883, fonda la station d'Équateur, poussa jusqu'aux Stanley-Falls et revint à Léopoldville le 20 janvier 1884. Il arriva en Europe au mois de juin. À la fin de la même année, une conférence se réunit à Berlin (novembre 1884), sur l'initiative de l'Allemagne, pour régler les questions politiques et commerciales relatives à cette partie de l'Afrique. Elle aboutit à l'Acte général du 26 février 1885. Au mois de mai 1887, une convention, fixant les limites entre le Congo français et l'État indépendant, fut signée à la suite des travaux de la Commission de délimitation.

Gouvernement, administration. — Créé par les dispositions de l'Acte général signé à Berlin le 26 février 1885, cet État, déclaré neutre, a été placé sous la souveraineté du roi de Belges sur la base de l'union personnelle. Le gouvernement central qui a son siège à Bruxelles comprend trois départements : l'intérieur, les finances et les affaires étrangères. Un administrateur général réside au Congo : il a sous ses ordres quinze chefs de postes. Un tribunal siège alternativement à Boma et à Banana. La capitale de l'État est Boma, sur le Congo inférieur. Les principaux postes établis par l'administration sont : Banana, Vivi, sur le bas Congo, Issanghila, Manyanga, sur les chutes; Léopoldville, sur le Stanley-Pool; Équateur, Bangala, sur le Congo moyen; Stanley-Falls, sur le Congo supérieur; Loulouabourg, sur la Louloua, affluent de droite du Kassaï. Tout récemment, le roi Léopold a légué à la Belgique ses droits de souveraineté sur l'État indépendant. Ce legs a été accepté par la Chambre le 25 juillet 1890.

CONSCIENCE (H.), litt. fr. — Outre les nombreux ouvrages déjà cités, il a écrit : *Maître Valentin* (1869) ; *la Voleuse d'enfants* (1870) ; *le Martyre d'une mère* (1870); *le Bourgmestre de Liège* (1872) ; *l'Oncle et la nièce* (1873) ; *la Maison bleue* (1875) ; *le Remplaçant* (1875) ; *la Sorcière flamande* (1876) ; *le Cantonnier* (1876) ; *la Préférée* (1877) ; *Une affaire embrouillée* (1878) ; *l'Oncle Jean* (1879) ; *le Trésor de Roobeck* (1880) ; *l'Illusion d'une mère* (1881) ; *le Paradis des fous* (1882) ; etc. Il est mort à Anvers le 11 septembre 1883.

CONSTANTIN (NICOLAÏEWITCH), grand-duc de Russie. — En 1881, après l'avènement de son neveu Alexandre III au trône de Russie, il tomba en disgrâce et fut remplacé par le grand-duc Michel à la présidence du conseil d'État qu'il occupait depuis 1865, et par le grand-duc Alexis comme commandant en chef de la marine militaire. Il dut même quitter la Russie et n'obtint l'autorisation d'y rentrer qu'en 1883. Il a épousé en 1848 une princesse de Saxe-Altenbourg qui lui a donné six enfants dont deux filles : *Olga*, née le 3 septembre 1851, mariée le 27 octobre 1867 au roi George Ier de Grèce, et *Véra*, née le 16 février 1854, mariée le 8 mai 1874 au duc Eugène de Wurtemberg.

COOMANS (P.-Olivier-Jos.), peintre belge. — Parmi les toiles récemment exposées par cet artiste, nous mentionnerons : *l'Éponvantail* (1870) ; *l'Escarpolette* (1872) ; *le Billet vivant* (1873) ; *le Baiser intéressé* (1876) ; *Un passage périlleux* (1877).

COPPÉE (François), poète et litt. fr. — Après avoir été attaché de 1870 à 1872 à la bibliothèque du Sénat, il devint en 1878 archiviste de la Comédie-Française, en remplacement de M. Guillard. Le 21 février 1884, il a été élu membre de l'Académie française en remplacement de Victor de Laprade. Voici la liste de ses dernières pièces : *Fais ce que dois*, un acte en vers (Odéon, 1871) ; *l'Abandonnée*, en deux actes et en vers (Gymnase, 1871) ; *les Bijoux de la délivrance*, scène en vers écrite pour propager l'œuvre de la libération du territoire ; *le Rendez-vous*, comédie en un acte et en vers (Odéon, 1872) ; *les Petits marquis*, drame en quatre actes, en collaboration avec A. d'Artois (Odéon, 1873) ; *le Luthier de Crémone*, un acte en vers (Théâtre-Français, 1877) ; *la Guerre de cent ans*, drame en cinq actes et en vers, en collaboration avec A. d'Artois ; *le Trésor*, comédie en un acte et en vers (Odéon, 1879) ; *Madame de Maintenon*, drame en cinq actes et en vers (Odéon, 1881) ; *la Korrigane*, ballet en deux actes, musique de Widor (1881) ; *Severo Torelli*, drame en cinq actes et en vers (Odéon, 1883) ; *les Jacobites*, drame en cinq actes et en vers (Odéon, 1885). Nous citerons parmi ses poésies : *les Humbles* (1872) ; *l'Exilée* (1876) ; *les Mois* (1877) ; *Récits et élégies* (1878) ; *Contes en vers et poésies diverses* (1881) ; *Poèmes et récits* (1886) ; *Arrière-saison* (1887). On lui doit encore un roman : *Une idylle pendant le siège* (1875), et des *Contes en prose* (1882).

COQ (Paul), économ. fr. — Les derniers ouvrages qu'il a publiés sont : *Résumé de l'enquête parlementaire sur la situation économique de la France en 1870* (1872) ; *Cours d'économie industrielle* (1872) ; *l'Impôt et la législation des patentes en 1873* (1873) ; *Éducation et instruction* (1876) ; *Des pertes résultant du retour des inondations et en particulier de celles causées par la Garonne* (1876). Il est mort à Paris le 29 janvier 1880.

COQUEREL (Athanase-Josué), pasteur protestant fr. — Il est mort à Fismes (Seine-et-Marne) le 24 juillet 1876. Outre les écrits que nous avons déjà cités, on lui doit : *Quelle était la religion de Jésus ?* (1872) ; *Trente années de pastorat* (1873), et de nombreux *Sermons*.

CORBIÈRE (Ed.), litt. fr. — Il est mort à Morlaix le 20 octobre 1875.

CORBLET (Jules), archéol. fr. — Nous citerons parmi les derniers ouvrages de l'abbé C. : *Hagiographie du diocèse d'Amiens* (1869-1874) ; *Démocharès* (1873) ; *Aperçus historiques sur le culte de Marie* (1875) ; *Vocabulaire des symboles et des attributs employés dans l'iconographie chrétienne* (1877) ; *Étude philologique et liturgique sur les noms de baptême et les prénoms des chrétiens* (1878) ; *Iconographie du baptême* (1879) ; *Recherches historiques sur les agapes* (1885). Il mourut à Versailles le 29 avril 1886, au moment où il venait d'achever un ouvrage liturgique considérable sur les *Sacrements*.

CORDIER (H.-Jos.-Ch.), sculpt. fr. — Parmi les dernières œuvres exposées par cet artiste, nous mentionnerons : *Ibrahim-Pacha*, statue équestre en bronze (1872) ; *Triton et Néréide* (1873) ; *Prêtresse d'Isis* (1874) ; *la Poésie grecque* et *la Poésie moderne*, bustes polychromes (1875) ; *Christophe Colomb* (1876) ; *Psyché* (1877) ; *l'Aurore* (1878) ; *Torchère* (1880) ; *Ariane abandonnée* (1883) ; *l'Amiral Courbet*, buste (1885) ; *Baigneuse*; *le Général Boulanger* (1887).

CORÉE, royaume de l'Asie orientale. *Population, statistique.* — D'après le recensement de 1881, la Corée renferme 16,227,885 hab., répartis en une superficie de 218,192 kil. carrés, y compris l'île Quelpaert. Les ports ouverts au commerce étranger sont : Fousan, sur la côte méridionale; Gensan, sur la côte orientale, et Chimbulpo, sur la côte occidentale. Depuis 1885, une ligne télégraphique relie Séoul à Tien-tsin (Chine). Les principaux articles d'exportation sont : la poudre d'or (750 kilogr. en 1883) et les peaux; les importations consistent en métaux, tissus de coton, soie, riz, verreries, etc. La valeur des exportations s'est élevée en 1885 à environ 4 millions de francs; celle des importations est évaluée à près de 9 millions.

Histoire. — En 1876, à la suite d'une aggression contre des marins japonais, le gouvernement de Tokio envoya en Corée une expédition qui arriva en vue de Séoul et obligea les Coréens à ouvrir au commerce le port de Fousan sur la côte méridionale. À partir de cette époque, la Corée, qui jusque-là s'était systématiquement renfermée dans un isolement absolu, ouvrit peu à peu ses portes à la civilisation occidentale. En 1882, elle conclut un traité d'amitié avec les États-Unis; en 1884, l'Allemagne et la Grande-Bretagne obtinrent la même faveur. Malgré les résistances des grands mandarins, le roi actuel, Tui-Tschy, se décida à entrer franchement dans le mouvement qui entraîne les peuples orientaux vers le progrès. Il fut suivi dans cette voie par les Coréens à l'intelligence ouverte et désireux de réformes; mais un second parti antiprogressiste un national, systématiquement hostile à tous les étrangers, ne tarda pas à se former. Le 4 décembre 1884, une insurrection, fomentée par ce dernier parti, éclata; le prince Ming, neveu de la reine, faillit être assassiné par les émeutiers; le lendemain, six ministres furent tués et la légation du Japon fut incendiée; les massacres continuèrent jusqu'au 7, sans que la garde du ministre chinois donnât signe de vie. L'agitation finit cependant par se calmer, et, dans le courant de l'année 1885, une convention fut signée à Tien-tsin entre la Chine, la Corée et le Japon. Aux termes de cette convention, la Corée est toujours reconnue vassale des deux empires, mais les troupes chinoises et japonaises ne doivent plus stationner dans le pays; de plus, le Tsoung-li-Yamen s'engage à indemniser les Japonais ayant subi des dommages pendant l'insurrection par le fait de la non-intervention de la garde chinoise. La même année, la Russie conclut avec la cour de Séoul un traité qui lui accordait le traitement de la nation la plus favorisée. La France obtint également en 1886 le droit pour ses nationaux de voyager dans tout le pays et le droit d'enseignement pour ses missionnaires. La même année, l'Angleterre occupa Port-Hamilton, sur le détroit de Corée.

CORNE (Hyac.-Marie-Augustin), public. et homme polit. fr. — Après s'être porté sans succès aux élections de 1869 dans le Nord, il fut élu le 1er sur 28 dans le même départ. aux élections du 8 février 1871. Il vint prendre place au centre gauche de l'Assemblée, présida la commission de réorganisation de la magistrature, et vota constamment en faveur des mesures destinées à fonder le gouvernement républicain. Le 10 septembre 1875, l'Assemblée le nomma sénateur inamovible. Le dernier ouvrage qu'il a publié a pour titre : *Éducation intellectuelle* (1873). Il est mort le 15 février 1887.

CORNU (Seb.-Melch.), peintre fr. — Il est mort à Longpont (Seine-et-Oise) au mois de septembre 1870. Sa dernière toile représente *Auguste donnant une Constitution aux députés des trois provinces celtiques de la Gaule*; elle lui avait été commandée pour le conseil d'État, mais elle ne fut exposée qu'après sa mort, en 1872. — Sa femme, *Hortense Lacroix*, dame C., est morte à Longpont le 16 mai 1875.

COROT (J.-Bapt.-Camille), peintre fr. — Les dernières toiles exposées par ce grand artiste sont : *Ville-d'Avray*; *Paysage avec figures* (1870) ; *Près Arras* (1872) ; *Pastorale*; *le Passeur* (1873) ; *Clair de lune*; *le Soir* (1874) ; *les Bûcherons*; *les Plaisirs du soir* (1875). Il est mort à Paris à l'apogée de son talent le 22 février 1875.

CORTAMBERT (P.-Fr.-Eug.), géogr. fr. — Outre les ouvrages déjà cités, on lui doit : *Petite géographie illustrée* (1871) ; *les Trois règnes de la nature* (1871) ; le *Globe illustré* (1872) ; *Cours de géographie à l'usage de l'enseignement spécial*, en collaboration avec son fils *Richard C.* (1875, 4 vol.) ; *Nouvelle géographie* (1876). Il est mort à Paris le 5 mars 1881. — Parmi les ouvrages récents de son fils *Richard C.*, m. à Hyères le 27 janvier 1884, nous mentionnerons : *Un drame au fond de la mer* (1877) ; *Mœurs et caractères des peuples* (1879) ; *Nouvelle histoire des voyages et des grandes découvertes géographiques dans tous les temps et dans tous les pays* (1885).

COSSON (Ern.-St-Charles), bot. fr. — Il a été élu en 1873 membre libre de l'Académie des sciences, en remplacement du maréchal Vaillant. Son dernier ouvrage est une *Instruction sur les observations et les collections à faire dans les Vosges* (1872).

COSTA-RICA (République de), État indépendant de l'Amérique centrale. *Superficie, population, statistique.* — La population, d'après le recensement de 1885, est de 210,780 hab., dont 6000 Indiens, répartis en une superficie de 51,760 kil. carrés. La République est divisée en six provinces : San-José, Cartago, Alajuela, Heredia, Guanacate et Punta-Arenas. D'après la constitution de 1878, le pouvoir est partagé entre un président responsable, élu pour quatre ans et assisté de quatre ministres, un Congrès formé d'une Chambre unique, et une Cour suprême. Il y a à Costa-Rica une armée permanente; le service militaire est obligatoire pour tous les hommes de dix-huit à quarante ans. L'instruction primaire est donnée dans 176 écoles publiques; les principaux établissements d'enseignement supérieur sont l'université de San-José, le lycée de Cartago et le collège de San-Augustin à Heredia. La dette publique s'élève à environ 60 millions de francs. Les revenus de l'État s'élèvent en moyenne à 13 millions; ces revenus, qui excèdent les dépenses, proviennent des taxes douanières, du monopole de l'eau-de-vie et du tabac, du droit de timbre et de la vente des terres publiques. Les principales lignes de chemins de fer sont celles de San-José à Alajuela par Heredia ; de San-José à Cartago; de Port-Limon à San-José, et de Punta-Arenas à Esparza.

Histoire. — Le 27 avril 1870, le général Thomas Guardia s'empara du pouvoir par un coup de main. Il gouverna le pays jusqu'à sa mort (6 juillet 1882) et eut pour successeur le général Prospero Fernandez qui remit en vigueur le régime constitutionnel. En 1882, Barrios, président du Guatemala, ayant conçu le dessein de former un seul faisceau de tous les États indépendants de l'Amérique centrale, Costa-Rica s'y opposa et s'unit aux républiques voisines pour forcer Barrios à renoncer à ses projets. Fernandez mourut le 13 mars 1885; il fut remplacé le même jour à la présidence par le ministre de l'intérieur, don Bernardo Soto.

COSTE (Xavier-Pascal), archit. fr. — Il est mort à Marseille le 4 février 1879.

COSTE (J.-Jacq.-Marie-Cypr.-Vict.), natural. fr. — Il

fut en 1869 secrétaire perpétuel de l'Académie des sciences pendant la maladie de Flourens. Il est mort à Rézenlieu (Orne) le 19 septembre 1873. Outre les ouvrages déjà cités, il a laissé plusieurs mémoires qui n'ont été publiés qu'en 1874 : *Acclimatation des poissons; De l'aliénation des rivages comme moyen de créer des richesses nouvelles.*

COTTA (Bern. DE), géol. all. — Il est mort à Freyberg le 14 septembre 1879. Les derniers ouvrages qu'il a fait paraître sont : *l'Altaï, sa constitution géologique et ses mines* (1871); *Répertoire géologique* (Leipz., 1877).

COUAILHAC (J.-Jos.-L.), litt. fr. — Il est mort à Paris le 12 décembre 1885.

COURBET (Gustave), peintre fr.* — En 1869, à la suite de l'Exposition de Munich, le roi de Bavière lui conféra la croix de Saint-Michel. En 1870, un décret du *Journal officiel*, rendu sur la proposition du nouveau ministre des beaux-arts, Maurice Richard, le nomma chevalier de la Légion d'honneur ; Courbet refusa avec éclat la distinction dont il était l'objet. Après le 4 septembre, il fit partie d'une commission chargée de rechercher et de faire rentrer les toiles sorties des musées pendant l'administration de M. de Nieuwerkerke. En février 1871, il posa sans succès sa candidature aux élections législatives. Après l'insurrection de la Commune, il fut élu au second tour comme membre de l'Assemblée communale (16 avril). Chargé à cette époque de la direction des beaux-arts, il fut nommé le 26 avril délégué à la mairie du VIe arr. Le 27 avril, il demanda à la Commune l'exécution du décret rendu le 13 du même mois, relatif au déboulonnement de la colonne Vendôme qu'il considérait comme une insulte à la démocratie européenne et comme une reproduction vulgaire et sans valeur artistique de la colonne Trajane. Il fut désigné pour surveiller l'opération. Le 1er mai, il vota contre la création d'un comité de Salut public, et, au moment du pillage et de la démolition de l'hôtel de M. Thiers, il fut chargé de veiller à la conservation des objets d'art qui s'y trouvaient. Lorsque le 24 mai 1871 les troupes de l'armée de Versailles rentrèrent dans Paris, il se cacha chez un de ses amis, et ce ne fut que trois semaines après que sa retraite fut découverte. Traduit devant le troisième conseil de guerre, il fut défendu par Me Lachaud et condamné à six mois de prison pour usurpation de fonctions et destruction d'un monument public. Cette condamnation donna lieu dans la presse aux plus vives polémiques. Courbet fit sa captivité à Ste-Pélagie d'abord, puis dans une maison de santé. Il quitta la France au commencement de l'année 1873 et se retira en Suisse. Quelque temps après (1er juin 1873), l'État ayant, suivant un vote de la majorité, intenté contre lui une action civile, ses tableaux furent saisis et mis sous séquestre, et l'artiste se vit condamné à payer les frais de réédification de la colonne, montant à 323,091 fr. 68, avec faculté de se libérer par annuités de 10,000 fr. Au mois de mai 1872, il voulut exposer quelques tableaux au Salon ; mais, sur la proposition de Meissonier, le jury refusa de recevoir son envoi. Il exécuta encore quelques œuvres remarquables, comme *le Portrait de son père, la Réussite*, et divers paysages ; mais les tribulations qu'il avait endurées, les ennuis que lui causait sa condamnation, contribuèrent à développer en lui le germe d'une maladie de foie qui l'emporta. Il mourut à La Tour de Peilz près de Vevey, le 31 décembre 1887. Au mois de mai 1882, une exposition partielle de ses œuvres fut organisée à l'Ecole des beaux-arts. Malgré ses excentricités voulues, Courbet était un artiste remarquable, et quelques-uns de ses tableaux ont leur place marquée parmi les chefs-d'œuvre de la peinture contemporaine.

COURCELLE-SENEUIL (J.-Gust.), économ. fr. — Nommé conseiller d'État le 14 juillet 1879, il a été élu en 1882 membre de l'Académie des sciences morales et politiques. Outre les ouvrages déjà cités, on lui doit : *l'Héritage de la Révolution* (1871) ; *Protection et libre échange* (1879) ; *Manuel des affaires ou Traité théorique et pratique des entreprises industrielles, commerciales et agricoles* (1883).

COURCY (Ch. DE), aut. dr. fr. — Il a écrit en 1887 *Madame de Navarret*, en collaboration avec M. Nus.

COUSSEMAKER (Ch.-Edmond-Henri DE), archéol. fr. — Il est mort à Lille le 11 janvier 1876.

COUTURE (Thomas), peintre fr. — Il est mort à Villiers-le-Bel le 31 mars 1879. Les derniers tableaux exposés par cet artiste sont : *Damoclès* (1872) et *l'Homme à la musette* (1879). Il a écrit aussi deux livres de critique artistique : *Méthode et entretiens d'atelier* (1867) et *Paysage, entretiens d'atelier* (1869).

COUZA (Alexandre-Jean), ex-prince des principautés réunies de Moldavie et de Valachie. — Il est mort à Heidelberg le 5 mai 1873.

COWLEY (Henri-Richard-Ch. WELLESLEY, comte), diplomate angl. — Il est mort à Londres le 15 juillet 1884.

CRAIK (George-Lillie), litt. angl. — Il est mort à Belfast le 25 juin 1866.

CRÈTE ou **CANDIE**, île de la Méditerranée. *Population, statistique.* — La population de cette île est actuellement d'environ 275,000 hab., sur lesquels on compte 38,000 musulmans et 3000 israélites. La Crète forme un vilayet divisé en cinq sandjaks : Candie, La Canée, Sphakia, Rétimo et Laschid. La valeur des exportations qui consistent principalement en huile d'olive, vin, froment, miel, amandes, varie de 5 à 10 millions de francs.

Histoire. — Le règlement organique de 1867 n'ayant pas été appliqué, un mouvement insurrectionnel éclata dans l'île de 1876 à 1878 à la faveur des événements dont les Balkans furent le théâtre ; mais il fut rigoureusement réprimé. Cependant, le congrès de Berlin ayant invité le sultan à appliquer scrupuleusement à la Crète l'iradé du 18 septembre 1867, la Porte accepta en octobre 1878 le projet de réformes présenté par les délégués de l'île, et la tranquillité se rétablit. Photiadès-Pacha, envoyé comme gouverneur à La Canée, ouvrit le 14 janvier 1879 la première assemblée générale crétoise ayant le droit de légiférer. Photiadès réussit à se concilier la sympathie de la plus grande partie des habitants ; mais, en 1885, à la suite d'un dissentiment momentané avec l'Assemblée, il donna sa démission et fut remplacé par Sawas-Pacha qui passait pour hostile aux chrétiens, et dont l'arrivée servit de prétexte à des nouveaux troubles. Le calme se fit cependant ; mais, lorsque survinrent les événements de 1885 dans la Roumélie, l'agitation recommença. Le 2 octobre, les Crétois déclarèrent que si l'union bulgaro-rouméliote était maintenue, ils réclameraient pour eux-mêmes l'union avec la Grèce. Le consul grec à La Canée ayant été accusé par Sawas-Pacha de pousser au mouvement insurrectionnel, le sultan demanda au cabinet d'Athènes le rappel de son agent. La Grèce refusa et on crut un instant que la guerre allait éclater. Heureusement, il n'en fut rien, et actuellement l'agitation paraît calmée.

CRÉTINEAU-JOLY (Jacq.), écrivain fr. — Il est mort à Vincennes le 1er janvier 1875.

CROATIE, province de l'empire Austro-Hongrois. *Population, statistique.* — La population, y compris l'Esclavonie et les Confins militaires, s'élève à 1,892,000 hab. Agram, la capitale, renferme 29,000 hab.

Histoire. — En 1867, lors du couronnement de François-Joseph à Buda-Pesth, la Diète croate refusa tout projet d'union avec la Hongrie ; mais, à la suite des élections qui eurent lieu l'année suivante, la nouvelle assemblée accepta l'union politique entre les deux nationalités madgyaro et croate. Un arrangement conclu le 28 septembre 1869, et sanctionné par l'empereur le 19 novembre suivant, réunit la Croatie-Esclavonie à la couronne de Hongrie. En 1873, une loi, connue sous le nom de *Compromis*, régla avec plus de précision les rapports des deux États. Une autre loi du 25 mars 1881 modifia ce compromis dans un sens favorable aux idées d'indépendance des Croates. Aux termes de cette dernière, la Diète croate est souveraine en ce qui concerne la justice, l'instruction publique et les cultes ; elle envoie trois délégués à la Chambre des magnats, et quarante à la Chambre des députés hongroise, où se discutent les questions ayant trait aux affaires communes. En 1881, les Confins militaires furent incorporés à la Croatie au point de vue politique et administratif et la loi du 25 juin 1885 mit fin à la constitution exceptionnelle de la propriété en décidant que les communautés seraient dissoutes dans un délai de deux ans. Actuellement, les patriotes croates réclament pour leur pays une autonomie complète, et poursuivent la formation d'une grande Croatie rattachée directement à la couronne d'Autriche.

CRUIKSHANK (Georges), caricaturiste angl. — Il est mort à Londres le 1er février 1878.

CRUVEILHIER (J.), méd. fr. — Il est mort aux environs de Limoges le 6 mars 1874. Après avoir pris sa retraite comme professeur en 1866, il s'était démis en 1872 de ses fonctions de président de la Société anatomique.

CUBA, île de l'Atlantique. *Population, statistique.* — La population est de 1,521,684 hab., dont environ 45,000 Chinois et 500,000 nègres. L'île est divisée depuis 1878 en six arrondissements : la Havane, Santiago, Matanzas, Puerto-Principe, Santa-Clara et Pinal-del-Rio.

Histoire. — Les insurgés Cubains avaient dans le climat un auxiliaire puissant ; la fièvre jaune faisait des ravages terribles parmi les Espagnols que l'administration centrale laissait manquer des objets les plus nécessaires. En 1873, Cespédès donna sa démission de président de la République ; il fut aussitôt remplacé dans ces fonctions par le marquis de Santa-Lucia, riche propriétaire de l'île, qui, dès le premier jour, avait affranchi ses esclaves et s'était prononcé en faveur du soulèvement. Au commencement de 1874, le nouveau président tint tête, près de Naranjo, à un corps de plus de 3000 Espagnols. Le général Concha, envoyé à Cuba vers cette époque comme capitaine général, se décida à faire des levées dans l'île ; mais cette mesure ne donna que peu de troupes, la plupart de ceux qui ne pouvaient s'exonérer à prix d'or, préférant quitter le pays ou s'enrôler dans les bandes insurgées. L'année 1875 fut marquée par une tentative d'intervention de la part des États-Unis. Au commencement de 1876, Jovellar, successeur de Concha au gouvernement de l'île, reprit la lutte avec une nouvelle vigueur. A cette époque, les insurgés étaient au nombre de plus de 20,000, et ils avaient des affiliés dans la plupart des centres importants ; connaissant admirablement le pays, prévenus à l'avance de tous les mouvements des Espagnols, mal armés, mais ne manquant jamais de vivres, ils infligèrent aux troupes régulières des pertes sérieuses dans de nombreux coups de main. La métropole, occupée à réprimer l'insurrection carliste, ne pouvait d'ailleurs envoyer contre eux que des forces insuffisantes ; mais, lorsque les carlistes furent soumis, la situation changea de face : le général Martinez Campos, nommé gouverneur général, réussit à force de persévérance à ramener la tranquillité dans le pays. En février 1878, la paix fut signée avec la junte centrale, et, le 2 mars, un décret publié à la Havane déclara que Cuba aurait ses municipes, ses conseils généraux et ses représentants aux Cortès. Il fut stipulé en outre que les esclaves ayant pris une part active à l'insurrection seraient libres et que l'esclavage serait progressivement aboli. Lorsque, de retour dans la péninsule, le général Martinez Campos fut devenu président du Conseil des ministres, il nomma une commission chargée d'étudier les réformes à introduire dans l'administration de Cuba, et de préparer un projet de loi sur l'émancipation des noirs. Ce projet, qui fut adopté en 1880, a prononcé l'abolition de l'esclavage en astreignant les affranchis à un engagement patronal de sept ans.

CURTIUS (Ernest), archéol. all. — En 1874, le gouvernement allemand l'envoya en mission à Athènes où il réussit à faire accepter à la Grèce une convention autorisant l'Allemagne à faire exécuter des fouilles à Olympie. Ces fouilles, commencées sous sa direction en 1875, donnèrent des résultats qu'il fit connaître dans deux ouvrages : *Fouilles d'Olympie* et les *Autels d'Olympie* (Berlin, 1877-1882). On doit en outre à ce savant : *Topographie de l'Asie Mineure* (Ibid., 1872) ; *Ephèse* (Ibid., 1874) ; *les Armoiries dans l'antiquité grecque* (Ibid., 1875) ; *Antiquité et temps présent* (Ibid., 1882), et de nombreux mémoires archéologiques qui ont paru dans les revues spéciales, notamment dans le *Journal d'archéologie*.

CURTIUS (G.), philol. all., frère du précédent. — Il est mort à Warmbrunn, le 14 août 1885. Les derniers ouvrages qu'il a publiés sont : *Principes d'étymologie moderne* et *le Verbe dans la langue grecque* (Leipz., 1873).

CUVILLIER-FLEURY (Alfred-Aug.), litt. fr. — En 1872, il s'éleva dans le *Journal des Débats* contre les projets de fusion des deux branches de la maison de Bourbon. L'année suivante, il se vit chargé de recevoir son ancien élève, le duc d'Aumale, lors de son entrée à l'Académie française. Il est mort à Paris le 18 octobre 1887. Le dernier ouvrage qu'il a publié a pour titre : *Posthumes et revenants* (1879).

CZAYKOWSKI (Michel), général et litt. polonais. — Il est mort dans ses propriétés du gouvernement de Tschernigow le 18 janvier 1886. Outre les ouvrages déjà cités, on lui doit encore un volume publié à Leipzig en 1885 sous le titre de *Legendy*.

CZERMAK (Jean-Népomucène), méd. tchèque. — Il est mort à Leipzig le 16 septembre 1873.

CZÖRNIG (Ch.), statisticien all. — Il a été élu en mai 1872 membre correspondant de l'Académie des sciences morales et politiques. Le dernier ouvrage qu'il a publié a pour titre : *Goerz, la Nice autrichienne* (Vienne, 1874).

CZUCZOR (Grég.), litt. hongrois. — Il est mort à Pesth le 9 septembre 1866.

D

DAGUET (Alex.), histor. suisse. — A citer parmi ses derniers ouvrages : *Abrégé de l'histoire de la Confédération suisse* (1871); *Manuel de pédagogie et d'éducation* (1873).

DAGUIN (P.-Adolphe), physicien fr. — Il est mort à Toulouse le 20 novembre 1884. Il avait quitté en 1873 ses fonctions de professeur à la Faculté des sciences de cette ville. Son dernier ouvrage est un *Résumé des observations météorologiques faites à Toulouse* (1870).

DAHL (Vladimir), litt. russe. — Il est mort à Moscou le 3 novembre 1872.

DAHOMEY, Etat nègre de la Guinée supérieure. — En 1876, à la suite de différends avec le roi Gléglé, le commodore Hewitt déclara en état de blocus les ports du Dahomey. Le monarque nègre riposta aussitôt en emprisonnant tous les blancs des factoreries, et en attaquant les villages voisins de nos établissements du Grand-Popo. Quelques engagements sans importance eurent lieu. Enfin, Gléglé consentit à se soumettre et à payer une amende de cinq cents barils d'huile. Le commodore anglais obtint en outre pour ses nationaux la liberté du trafic dans tout le Dahomey. En 1885, une armée de 6000 combattants vint assaillir les villages de Porto-Novo, placés sous notre protectorat; mais la petite garnison française les repoussa vigoureusement. Tout récemment, de nouvelles aggressions de Gléglé viennent encore de nécessiter l'intervention du gouvernement français. Des troupes ont été envoyées au Dahomey; elles ont infligé au potentat noir quelques sanglantes leçons, et il y a lieu d'espérer qu'à l'avenir ses insolences ne se renouvelleront plus.

DAILLIÈRE (Julien), litt. fr. — Il est mort à Angers au mois d'avril 1887. Il avait publié ses œuvres complètes en 1885 sous le titre de *Drames, poèmes et contes*. Un drame de lui en cinq actes et en vers, *la Mission de Jeanne d'Arc*, a été joué à l'Ambigu en 1888.

DALL'ONGARO (Fr.), litt. ital. — Il est mort à Naples le 10 janvier 1873.

DALLOZ (Edouard), jurisc. fr. — Il est mort à Paris le 14 novembre 1886. Outre les ouvrages déjà cités, on lui doit encore : *le Code civil annoté et expliqué* (1873-75) et, en collaboration avec plusieurs jurisc., *le Code de l'enregistrement* (1878) et *les Codes annotés et expliqués* (1876-1885).

DALLOZ (Paul), litt. fr., frère du précédent. — Il est mort à Paris le 12 avril 1887.

DALY (César), architecte fr. — Outre les deux grandes publications que nous avons déjà citées, et qu'il a complétées de 1874 à 1875 en y ajoutant les *Décorations extérieures*, on lui doit : *l'Architecture funéraire* (1873); *les Théâtres de la place du Châtelet* (1874).

DAMBACH, v. d'Alsace-Lorraine, cercle et à 10 kil. N. de Schlestadt. Pop. 3200 hab. Chemin de fer de Schlestadt à Molsheim.

DANA (Richard-H.). litt. américain. — Il est mort à New-York au mois de janvier 1879.

DANA (Richard-H.), litt. américain, frère du précédent. — Après avoir représenté le gouvernement dans le procès de haute trahison intenté à Jefferson Davis, il fut désigné par le président Grant pour occuper l'ambassade de Londres (1876), mais le Sénat ne confirma pas sa nomination. Il est mort à Rome le 6 janvier 1882.

DANA (Jacques *Dwight*), natural. américain. — Il a été élu membre correspondant de l'Académie des sciences le 7 juillet 1873.

DANEMARK. *Superficie, population.* — La population du royaume de Danemark, y compris les îles Feroë, était au dernier recensement (1er février 1880) de 1,980,259 hab. pour une superficie de 39,635 kil. carrés, soit une densité moyenne de 50 hab. par kil. carré. Au 1er janvier 1887, la population de Copenhague s'élevait à 286,900 hab. Le nombre des émigrants a été en 1888 de 8659; la plupart pour les Etats-Unis.

Commerce, voies de communication. — Le chiffre des importations a été en 1887 de 251 millions de couronnes (la couronne vaut 1 fr. 39), dont 90 pour l'Allemagne, 56 pour l'Angleterre, 40 pour la Suède et la Norvège, 15 pour la Russie et 5 pour la France. La valeur des exportations a atteint 188 millions de couronnes dont 82 pour l'Angleterre, 60 pour l'Allemagne, 29 pour la Suède et la Norvège, 2,6 pour la Russie et 2,3 pour la France. — Le mouvement de la navigation a donné à la même époque les chiffres suivants : entrée, 52,532 navires jaugeant ensemble 2,210,284 tonneaux; sortie, 53,055 navires jaugeant 1,964,775 tonnes. — La marine marchande se composait en 1888 de 3326 navires au-dessus de 4 tonn. (dont 284 vapeurs), avec un tonnage de 270,515 tonn. — La longueur des chemins de fer en exploitation à la fin de 1888 était de 1942 kil., et celle des lignes télégraphiques, de 4318 kil.

Finances. — Les recettes pour l'exercice 1887-88 ont été de 54,334,000 couronnes. Le chiffre des dépenses s'est élevé à 59,868,000 couronnes dont 1,224,000 pour la liste civile, 9,700,000 pour l'intérêt de la dette, 16,042,950 pour la guerre, 8,990,850 pour la marine, 2,064,500 pour l'instruction publique et les cultes, 2,936,750 pour les travaux publics, etc. Les frais d'exploitation des postes et des télégraphes ont dépassé de 187,500 cour. le chiffre des recettes. — La dette publique s'élevait au 31 mars 1888 à 193,159,225 couronnes, dont 13,319,667 pour la dette extérieure.

Armée, marine militaire. — L'effectif de l'armée danoise n'est que de 6000 hommes en temps de paix; mais la mobilisation donnerait en cas de guerre 59,600 hommes dont 42,900 pour le premier ban, et 16,700 pour le deuxième. L'infanterie du 1er ban comprend 10 régiments de ligne à 3 bataillons et 1 bataillon de gardes du corps; la cavalerie forme 3 régiments à 3 escadrons; l'artillerie, 2 régiments à 6 batteries, plus 1 bataillon de 6 compagnies, et le génie 1 régiment. — La flotte de guerre compte actuellement : 8 cuirassés, 6 croiseurs, 8 canonnières, 20 torpilleurs, 16 transports, etc. L'effectif de paix comprend 1137 hommes commandés par 283 officiers.

Division administrative. — Le Danemark est partagé en cinq provinces (*stift*), divisées en dix-huit bailliages (*amt*), subdivisés eux-mêmes en cent trente-six arrondissements (*herreder*) : 1° Sédland, Moën et Samsoé; 2° Bornholm; 3° Fionie avec Langeland, Arroé et Taasinge; 4° Laaland et Falster; 5° Jutland.

DANIEL (H.-Jos. DUCOMMUN DU LOCLE, dit), sculpt. fr. — Il est mort à Paris le 10 septembre 1884.

DANIELO (Julien), litt. fr. — Il est mort à Paris le 6 février 1866.

DANTAN (Ant.-Laur.), sculpt. fr. — Il est mort à Saint-Cloud le 25 mai 1878.

DARDANELLES. — A la suite de la guerre entre la Russie et la Turquie, le traité de San-Stefano stipula que les Dardanelles resteraient ouvertes en tout temps aux navires marchands des Etats neutres à destination des ports russes. En 1878, le congrès de Berlin a maintenu les principales clauses du traité de Paris du 30 mars 1856 et du traité de Londres du 13 mars 1871, et a consacré le principe de la clôture des détroits pour les flottes militaires.

DAREMBERG (Victor-Charles), méd. et philol. fr. — Il est mort à Mesnil-le-Roi (Seine-et-Oise) le 24 octobre 1872.

DARESTE DE LA CHAVANNE (Ant.-Elisabeth-Cléophas), histor. fr. — Nommé en 1871 recteur de l'Académie de Nancy, il passa en 1873 avec le même titre à l'Académie de Lyon où il resta jusqu'en 1872, époque à laquelle il fut mis en disponibilité. Il est mort à Lucenay-les-Aix (Nièvre) le 6 août 1882. Il avait terminé en 1879 son *Histoire de France depuis les origines jusqu'à nos jours.*

DARESTE DE LA CHAVANNE (Camille), natural. fr., frère du précédent. — Il est devenu directeur du laboratoire de tératologie à l'Ecole des hautes études. Ses *Recherches sur la production artificielle des monstruosités* (1877) lui ont valu le grand prix de physiologie de l'Académie des sciences.

DARESTE DE LA CHAVANNE (Rodolphe-Madeleine-Cléophas), jurisc. fr., frère des précédents. — Nommé en 1877 conseiller à la Cour de cassation, il devint le 6 juillet 1878 membre de l'Académie des sciences morales et politiques en remplacement de Valette. Le gouvernement monténégrin lui a confié récemment la rédaction d'un code civil. Outre les ouvrages que nous avons déjà cités, il a publié : *le Traité des lois de Théophraste* (1870); *les Plaidoyers civils de Démosthènes* (1875); *les Plaidoyers politiques de Démosthènes* (1879); *les Anciennes lois de l'Islande* (1881); *les Papyrus gréco-égyptiens* (1883); *le Code rabbinique Eben Haezen* (1884); *la Loi de Gortyne* (1886); *Recherches sur quelques problèmes d'histoire* (1887); etc.

DARWIN (Ch.-Rob.), natural. angl. — Après s'être vu refuser en 1872 et en 1873 le titre de correspondant de l'Académie des sciences de Paris, il réussit enfin à se faire élire le 5 août 1878 dans la section de botanique. Il mourut à Down-House (comté de Kent) le 19 avril 1882, et son corps fut enseveli à Westminster. Ses derniers ouvrages sont : *les Plantes insectivores* (1875); *les Mouvements et les habitudes des plantes grimpantes* (1876); *Des effets de la fécondation croisée et de la fécondation directe dans le règne végétal* (1876); *Différentes formes de fleurs dans les plantes de même espèce* (1877); *la Faculté motrice dans les plantes* (1880); *Rôle des vers de terre dans la formation de la terre végétale* (1881), et de nombreux mémoires insérés dans les revues spéciales. Les ouvrages de D. ont été traduits pour la plupart dans toutes les langues de l'Europe.

DAUBAN (Ch.-Aimé), litt. fr. — Il est mort le 5 août 1876. Outre les ouvrages que nous avons déjà cités, il a publié : *Histoire du moyen âge; Histoire des temps modernes* (1867-69), en collaboration avec M. Grégoire; *Paris en 1794 et 1795* (1869); *les Prisons de Paris sous la Révolution* (1870); *Histoire de Louis-Philippe et de la deuxième République* (1872); *le Fond de la Société sous la Commune* (1873); *Rome ancienne* (1876); etc.

DAUBIGNY (Ch.-Fr.), peintre fr. — Nous citerons parmi les dernières œuvres du grand artiste : *Un sentier au mois de mai* (1870); *Moulins à Dordrecht* (1872); *Plage de Villerville* (1873); *les Champs au mois de juin* (1874); *Un verger* (1876); *Lever de lune; Vue de Dieppe* (1877); *le Pré de Graves à Villerville* (1878). Il est mort à Paris le 19 février 1878.

DAUBRÉE (Gabr.-Aug.), géol. fr. — Nommé en 1867 inspecteur général, il devint en 1872 directeur de l'Ecole des mines. Outre les ouvrages que nous avons déjà cités, on lui doit : *la Mer et les continents, leur parenté* (1867); *Expériences synthétiques relatives aux météorites* (1868); *Etudes synthétiques de géologie comparée* (1879), et une multitude de notes et de mémoires.

DAUMER (G.-Fréd.), écriv. all. — Il est mort à Wurtzbourg le 14 décembre 1875.

DAUMIER (H.), artiste fr. — Il est mort à Valmondois (Seine-et-Oise) le 11 février 1879. Sur la fin de ses jours, le célèbre caricaturiste, devenu aveugle, avait dû interrompre ses travaux et sa collaboration au *Charivari*. Une exposition de ses œuvres eut lieu à Paris au mois d'avril 1878 et en mai 1888.

D'AURIAC (Phil.-Eug.-J.-Marie), litt. fr. — Il a publié récemment : *l'Avant-dernier siège de Metz en l'an 1552* (1874).

DAUTZENBERG (J.-Michel), litt. flamand. — Il est mort à Ixelles le 4 février 1869.

DAVID (Christian-G.-Nathan), économiste et publiciste danois. — Il est mort à Copenhague le 18 juin 1874.

DAVID (Félicien-César), compositeur fr. — Le 15 mai 1869, il remplaça Berlioz à l'Institut. Il mourut à Saint-Germain en Laye le 29 août 1876. Ses obsèques donnèrent lieu à un incident pénible : comme il était officier de la Légion d'honneur, un piquet fut commandé pour lui rendre les honneurs militaires; mais le chef du détachement, se conformant aux ordres qu'il avait reçus, refusa d'accompagner le convoi lorsqu'il eut été informé que le célèbre compositeur devait être enterré civilement.

DAVIS (Jefferson), homme d'Etat américain. — Lorsque les passions furent apaisées, il fut d'abord mis en liberté sous caution (15 mai 1867), et plus tard les poursuites dont il était l'objet furent formellement abandonnées (janvier 1869). Après avoir été pendant quelque temps directeur d'une compagnie industrielle au Texas, il vint à Paris, et il s'y trouvait en 1869 lorsque le président Johnson fit décréter l'amnistie pour tous les faits relatifs à la guerre de Sécession. D. rentra aussitôt aux Etats-Unis, où il vécut retiré de la scène politique. Il était dans ces derniers temps directeur d'une compagnie d'assurances sur la vie. On lui doit une *Histoire de la guerre civile* publiée en 1878.

DEAK (Fr.), homme d'Etat hongrois. — Réélu à Pesth en 1869 et en 1875 à la presque unanimité, il continua à exercer son rôle de conciliateur à la diète hongroise où son parti formait la majorité. Il mourut à Pesth le 28 janvier 1876, et ses obsèques furent célébrées aux frais de l'Etat, au milieu du deuil de la nation. Ses compatriotes l'avaient surnommé le Juste, et l'élévation de son caractère lui avait attiré le respect universel.

DECAISNE (Jos.), botaniste fr. — Il est mort à Paris le 8 février 1882. Il avait terminé en 1875 son grand ouvrage sur le *Jardin fruitier du Muséum*, commencé en 1857, et il avait publié récemment un *Manuel de l'amateur de jardins* (1872) et des mémoires insérés dans les revues spéciales, notamment dans les *Nouvelles archives du Muséum*.

DECAISNE (P.), médecin belge. — Outre les ouvrages déjà cités, on lui doit encore une traduction de l'*Hygiene des écoles* de Virchow (1869).

DECHAMPS (Ad.), homme d'Etat belge. — Il est mort au château de Scailmont le 19 juillet 1875. Le dernier ouvrage qu'il a publié a pour titre : *le Prince de Bismarck et l'entrevue des trois empereurs* (1873).

DECHAMPS (Victor-Auguste), prélat belge, frère du précédent. — Il est mort à Malines le 29 septembre 1883. Il avait été élevé le 5 mars 1875 à la dignité de cardinal, et avait reçu le titre de primat de Belgique. Ses dernières publications ont pour titre : *la Franc-maçonnerie* (1875); *Avertissement aux familles sur plusieurs erreurs relatives à l'éducation* (1875); *le Libéralisme* (1878).

DE CLERCQ (Alex.), publiciste fr. — Il a terminé en 1872 le dixième volume de son *Recueil des traités de la France depuis 1713 jusqu'à nos jours*.

DECOURCELLE (Adrien), auteur dramat. fr. — Nous citerons parmi les dernières pièces de ce fécond écrivain : *Marcel*, drame, en collaboration avec Jules Sandeau (1872); *le Numéro 13*, comédie en un acte, avec Ad. Marx (1872); *Pierre Maubert*, drame en un acte (1873); *Un père*, drame en quatre actes, avec J. Cluretie (1877).

DEFORGES (Philippe-Aug. PITTAUD), auteur dramat. fr. — Il est mort à Saint-Gratien (Seine-et-Oise) le 28 septembre 1881.

DEFREMERY (Ch.), oriental. fr. — Il est mort à Saint-Valery-en-Caux le 18 août 1883. Outre les ouvrages déjà cités et de nombreux mémoires, il avait publié en 1872, en collaboration avec le baron Slave, le premier volume d'un *Recueil des historiens arabes des Croisades*.

DELABARRE-DUPARCQ (Nic.-Ed.), officier et écrivain militaire fr. — Lieutenant-colonel en 1869, colonel en 1871, il devint ensuite directeur du génie à Brest. Nous citerons parmi ses derniers ouvrages : *les Chiens de guerre* (1869); *François Ier et ses actions de guerre* (1872); *Histoire militaire des femmes* (1873); *Histoire de Charles IX* (1875); *les Chants de guerre* (1878); *Histoire de Henri III* (1882); *Histoire de Henri IV* (1884); *Histoire de Henri II* (1887).

DELACUISINE (Elisabeth-Fr.), jurisc. fr. — Il est mort à Dijon le 24 février 1874.

DELAFOSSE (Gabr.), minéral. fr. — Il est mort à Paris le 13 octobre 1878.

DELAPORTE (Michel), auteur dramat. fr. — Il est mort à Paris le 30 septembre 1872.

DELAUNAY (Ch.-Eug.), mathém. fr. — Il s'est noyé dans la rade de Cherbourg, le 23 décembre 1889, au retour d'une excursion à la digue par mauvais temps. Il avait succédé le 2 mars 1870 à Leverrier comme directeur de l'Observatoire.

DELEPIERRE (Octave), litt. belge. — Il est mort à Londres le 22 août 1875. Les derniers ouvrages qu'il a publiés sont : *la Parodie* (1871) et *Supercheries littéraires* (1872).

DELESTRE (J.-B.), artiste fr. — Il est mort à Paris au mois de janvier 1874.

DELISLE (Léopold-Victor), érudit fr. — Il a été nommé le 14 septembre 1874 conservateur sous-directeur au dépôt des manuscrits et administrateur général de la Bibliothèque nationale en remplacement de M. Taschereau. Il faut ajouter à la liste de ses travaux : *Chronique de Robert de Thorigni, abbé du Mont-Saint-Michel* (1872-74); *Mandements et actes divers de Charles V* (1874); *Inventaire général et méthodique des manuscrits français* (1876-78); *Sur un manuscrit mérovingien contenant des fragments d'Eugyppius* (1875); *Sur un livre à peintures exécuté en 1250 dans l'abbaye de Saint-Denis* (1877); *Bibliotheca Bigotina manuscripta* (1877); *Mélanges de paléographie et de bibliographie* (1880); *Choix de monuments géographiques conservés à la Bibliothèque nationale* (1883); *la Premier registre de Philippe-Auguste*, reproduction héliotypique du manuscrit du Vatican (1884); *Nouveau témoignage relatif à la mission de Jeanne Darc* (1886), etc., et de nombreuses notices insérées dans le *Recueil de la Société des antiquaires de Normandie*, dont il est membre.

DELITZCH (Fr.), théol. prot. all. — Nous citerons parmi les derniers ouvrages de cet écrivain : *la Vie des ouvriers juifs au temps de Jésus* (Erlangen, 1868) et *Une journée à Capharnaüm* (Leipz., 1873).

DÉLOCHE (Jules-Ed.-Maximin), érudit fr. — Il fut élu le 22 décembre 1871 membre de l'Académie des inscriptions et belles-lettres en remplacement de Huillard-Bréholles. Le dernier ouvrage qu'il a publié a pour titre : *le Trustis et l'Antrustion royal sous les deux premières races* (1873).

DELORD (Taxile), litt. fr. — En 1869, il se porta candidat au Corps législatif dans la 2e circonscription de Vaucluse et dans la 1re circonscription du Lot. Il échoua; mais aux élections complémentaires du 2 juillet 1871, il fut élu député à l'Assemblée nationale dans le départ. de Vaucluse. Il vint siéger à gauche et vota pour toutes les mesures tendant à l'établissement de la République. Après la dissolution de l'Assemblée, il se présenta dans l'arrondissement d'Apt (20 février 1876), mais il se désista au scrutin de ballottage en faveur de M. Naquet qui fut élu. Il mourut à Paris le 16 mai 1877, peu de temps après avoir terminé son importante *Histoire du second empire* (1869-1875, 6 vol. in-8°).

DELPIT (Martial), érudit fr. — Le 8 février 1871, le département de la Dordogne l'envoya comme représentant à l'Assemblée nationale. Il y siégea à droite et fut rapporteur de la commission d'enquête sur les événements du 18 mars. Après la dissolution, il se porta candidat au Sénat (30 janvier 1876) et à la Chambre des députés (20 février); mais il échoua dans ces deux tentatives et rentra dans la vie privée. Il est mort le 14 mai 1887.

DELTUF (Paul), litt. fr. — A citer parmi les derniers ouvrages de cet écrivain : *Théodoric, roi des Ostrogoths et d'Italie* (1869).

DEMANGEAT (Jos.-Ch.), jurisc. fr. — Il est entré à la Cour de cassation le 17 avril 1870.

DEMETZ (Fréd.-Aug.), philanthr. fr. — Il est mort à Paris le 2 novembre 1873.

DEMOGEOT (Jacq.-Cl.), littér. fr. — Outre les ouvrages déjà cités, il a publié récemment : *Deux souvenirs* (1872); *Histoire des littératures étrangères considérées dans leurs rapports avec le développement de la littérature française* (1880); *Francesca di Rimini* (1882); *Etudes sur Dante et Silvio Pellico* (1882), etc.

DEMOLOMBE (J.-Ch.-Florent), jurisc. fr. — Il est mort à Caen le 21 février 1887. Il avait terminé en 1878 la publication du *Cours de droit Napoléon* (30 vol. in-8°), ouvrage considérable, commencé en 1845, auquel l'Académie des sciences morales et politiques avait décerné en 1870 le grand prix biennal de 20,000 francs.

DENIS (Alph.), litt. fr. — Il est mort à Hyères le 5 février 1876.

DENIS (J.-Ferdin.), litt. fr., frère du précédent. — Il a publié en 1875 un livre extrêmement curieux : *De arte plumaria*, dans lequel il traite des usages industriels des plumes d'oiseaux et de leur emploi dans les œuvres d'art. On lui doit encore une *Histoire de l'ornementation des manuscrits* (1879) et une reproduction en fac-similé du missel d'*Estevan Gonçalvez Netto* (1882).

DENNERY (pseudonyme d'*Adolphe* PHILIPPE), auteur dramat. fr. — Nous citerons parmi les dernières pièces de ce fécond écrivain : *Rêve d'amour*, opéra-comique en trois actes, musique d'Auber, en collaboration avec Eug. Cormon (1870) ; *le Dompteur*, drame en cinq actes, avec Ch. Edmond (1870) ; *Don César de Bazan*, opéra-comique en trois actes, musique de Massenet, avec Chantepié (1873) ; *le Centenaire*, drame en cinq actes, avec Plouvier (1873) ; *les Deux orphelines*, drame en cinq actes, avec Eug. Cormon (Porte-Saint-Martin 1875) ; *le Tour du monde en 80 jours*, avec Jules Verne (Porte-Saint-Martin, 1875) ; *la Comtesse de Lérins*, drame en cinq actes (Théâtre-Histor., 1876) ; *Une cause célèbre*, drame en six actes (Ambigu, 1877) ; *les Mariages d'autrefois*, comédie en deux actes (Gymnase, 1877) ; *Diana*, drame en cinq actes (Ambigu, 1880) ; *Michel Strogoff*, avec Jules Verne (Châtelet, 1880) ; *le Tribut de Zamora*, opéra en quatre actes, musique de Gounod (Opéra, 1881); *les Mille et une nuits*, féerie (Châtelet, 1881) ; *Voyage à travers l'impossible*, avec Jules Verne (Porte-Saint-Martin, 1882) ; *le Cid*, opéra en quatre actes, musique de Massenet, avec Gallet et Blau (Opéra, 1885); *le Mari d'un jour*, avec Armand Silvestre (Opéra-Comique, 1886); *Martyre*, drame en cinq actes (Ambigu, 1886).

DÉPAUL (J.-Anne-H.), chir. fr. — Il fut élu en 1871 membre du conseil municipal de Paris dans le VIIe arr., mais il échoua aux élections de 1874. Il est mort à Mor- laas (Basses-Pyrénées), le 22 octobre 1883. Il avait publié en 1872 des *Leçons de clinique obstétricale*.

DERBY (Ed.-H. Smith Stanley, 15e comte DE), homme d'Etat angl. — Après l'échec du cabinet Gladstone aux élections de 1874, le comte D. se vit appelé à prendre dans le ministère Disraëli le portefeuille des affaires étrangères. Son passage au pouvoir fut signalé par l'annexion des îles Fidji, la proposition du bill ayant pour objet de conférer à la reine le titre d'impératrice des Indes, et l'achat au Khédive de ses actions du canal de Suez. Il se montra constamment ennemi de toute politique d'aventures et se fit le champion du maintien de la paix à tout

prix. Lorsque les événements d'Orient se produisirent, il chercha le plus longtemps possible à restreindre la lutte entre la Serbie et l'empire Ottoman. Après l'avortement de la conférence de Constantinople dont il avait été un des promoteurs, il tenta encore d'empêcher l'intervention de la Russie. Lorsque cette dernière puissance eut écrasé la Turquie, et que le gouvernement, jugeant les intérêts de l'Angleterre menacés, eut donné l'ordre à la flotte de se rendre aux Dardanelles (janvier 1878), lord D. refusa de s'associer à cette mesure et offrit sa démission. Il la retira le lendemain lorsque cet ordre intempestif fut retiré; mais, au mois de mars, en présence de l'attitude belliqueuse prise par lord Beaconsfield après le traité de San-Stefano, il n'hésita pas à quitter définitivement le portefeuille des affaires étrangères. Son attitude eut pour conséquence de le détacher du parti conservateur, et, le 13 décembre 1882, il entra comme secrétaire d'Etat aux colonies dans le cabinet libéral présidé par M. Gladstone. Il conserva ces fonctions jusqu'à la chute de ce ministère en juin 1885.

DERENBOURG (Jos.), oriental. fr. — Il a été élu le 22 décembre 1871 membre de l'Académie des inscriptions et belles-lettres et en 1877 professeur d'hébreu à l'École pratique des hautes études. Outre les ouvrages déjà cités, on lui doit : *Notes épigraphiques* (1877); une traduction des *Opuscules et traités d'Aboul-Walid*, en collaboration avec son fils (1880), etc.

DESAINS (Quentin-Paul), phys. fr. — Il est mort à Paris le 3 mai 1885. Il avait été élu le 12 mai 1873 membre de l'Académie des sciences en remplacement de Babinet.

DESBAROLLES (Ad.), peintre et litt. fr. — Il est mort à Paris le 11 février 1886. Son dernier ouvrage a pour titre : *Mystères de la main, révélations complètes* (1879).

DESCHANEL (Em.-Augustin-Et. MARTIN), litt. et homme polit. fr. — Lors des élections de février 1876, il posa sa candidature à la Chambre des députés dans la circonscription de Courbevoie et fut élu au second tour de scrutin. Il signa le 19 mai 1877 la protestation des gauches contre le message du président et fit partie des 363 députés qui refusèrent le vote de confiance au ministère de Broglie. Réélu après la dissolution de la Chambre dans la même circonscription, il échoua aux élections législatives de février 1881. Le 23 juin suivant, il fut élu sénateur inamovible. Il avait été nommé au commencement de cette même année (25 janvier) professeur de littérature moderne au Collège de France. Il faut ajouter à la liste des ouvrages qu'il a publiés : *la Question des femmes et la morale laïque* (1876) ; *le Peuple et la bourgeoisie* (1881); *Benjamin Franklin* (1882); *le Romantisme des classiques* (1882); *Racine* (1884); *Pascal, La Rochefoucauld, Bossuet* (1885); *le Théâtre de Voltaire* (1886); *Boileau, Charles Perrault* (1888), etc.

DES CLOISEAUX (Alf.-L.-Olivier LEGRAND), minéral. fr. — Il est devenu en 1888 vice-président de l'Académie des sciences.

DESGOFFES (Alex.), peintre fr. — Il est mort à Paris le 29 juillet 1882.

DESHAYES (Gérard-Paul), natural. fr. — Il est mort à Boran (Oise) le 9 juin 1875.

DESJARDINS (Abel), hist. fr. — Il est mort à Douai le 21 juillet 1886. Il avait été élu en 1879 membre correspondant de l'Académie des inscriptions et belles-lettres. Outre les ouvrages déjà cités, on a de lui : *Charles IX, deux années de règne, 1570-1572* (1874) ; *Une congrégation générale des cardinaux en 1595* (1875); *Maximes d'un homme d'Etat du xvie siècle* (1877); *la Vie et l'œuvre de Jean de Bologne* (1883), etc.

DESJARDINS (Arthur), jurisc. fr. — Nommé en 1873 procureur général à Douai, il passa à Rouen en 1873, et devint la même année avocat général à la Cour de cassation. Le 4 février 1882, il fut élu membre de l'Académie des sciences morales et politiques. Aux ouvrages de cet auteur déjà cités il convient d'ajouter : *la Nouvelle organisation judiciaire* (1872) ; *Traité de droit commercial maritime* (1878-1887, 6 vol. in-8°); *les Mines et les mineurs* (1885), etc.

DESJARDINS (Albert), jurisc. fr., frère du précédent. — Elu représentant du départ. de l'Oise à l'Assemblée nationale lors des élections générales du 8 février 1871, il prit place au centre droit. Il devint secrétaire de l'Assemblée, fut rapporteur de la loi sur le jury, contribua en 1873 au renversement de M. Thiers, et fut nommé le 27 novembre de la même année sous-secrétaire d'Etat à l'instruction publique. Il conserva ces fonctions jusqu'au 10 mars 1875, époque où il passa à l'Intérieur avec M. Buffet. Après la dissolution de l'Assemblée, il se présenta sans succès dans la 2e circonscription de Beauvais. Il donna alors sa démission. Un décret du 3 novembre 1877 le nomma professeur de législation criminelle à la Faculté de droit de Paris. Nous citerons parmi les derniers ouvrages qu'il a publiés : *Etude sur l'inamovibi-*

lité de la magistrature (1880); *Traité du vol dans les principales législations de l'antiquité* (1881); *les Cahiers des Etats généraux en 1789 et la législation criminelle* (1883); *Examen doctrinal, Jurisprudence criminelle* (1887).

DESLANDES (Raymond), aut. dramat. fr. — A citer parmi ses dernières œuvres : *Gilberte*, comédie en quatre actes, en collaboration avec Gondinet (1874); *la Filleule du roi*, opéra en trois actes, musique de Vogel (1875); *Une fille d'Eve*, un acte, en collaboration avec H. Bocage (1875). M. Raymond D. est aujourd'hui directeur du théâtre du Vaudeville, à Paris.

DESLYS (Ch.), litt. fr. — Il est mort à Paris le 13 mars 1885. Aux nombreux ouvrages de ce fécond écrivain il faut ajouter : *l'Ami du village* (1870); *la Maison du bon Dieu*; *le Serment de Madeleine* (1875); *la Balle d'Iéna* (1876); *les Dix-sept ans de Marthe* (1877); *la Fille à Jacques* (1878); *le Coffret d'ébène* (1879); *le Capitaine Minuit*; *Miss Eva* (1880); *l'Honneur de la marquise* (1882); *la Comtesse Rouge* (1883); *Mimie* (1884); *l'Oncle Antoine* (1885), etc., etc.

DESMARRES (L.-Aug.), méd. fr. — Il est mort à Neuilly le 23 août 1882.

DESNOIRESTERRES (Gustave Le Brysois), litt. fr. — Il a réuni sous le titre général de *Voltaire et la Société française au XVIIIe siècle* (1867-1876, 8 vol.), une série d'études remarquables sur Voltaire et son époque. Ce travail considérable a été couronné par l'Académie française et complété par une *Iconographie voltairienne* (1878). On lui doit encore : *Glück et Rossini* (1872); *Grimod de la Reynière et son groupe* (1877); *Epicuriens et lettrés, XVIIe et XVIIIe siècles* (1879); *la Comédie satirique au XVIIIe siècle* (1884); *le Chevalier Doral et les poètes légers au XVIIIe siècle* (1887).

DESNOYERS (Jules-P.-Fr.Stanislas), géol. et érudit fr. — Il est mort à Nogent-le-Rotrou le 1er septembre 1887.

DESPOIS (Eug.-André), litt. fr. — Il est mort à Paris le 23 septembre 1876. Le dernier ouvrage qu'il a publié a pour titre : *le Théâtre français sous Louis XIV* (1874).

DESPREZ (Louis), sculpt. fr. — Il est mort le 16 novembre 1870. Sa dernière œuvre, *Séduction*, a figuré au Salon de 1872.

DESSALLES (J.-Léon), érudit fr. — Il est mort au Bugue (Dordogne) le 19 novembre 1878.

DESTOUCHES (Paul-Em.), peintre fr. — Il est mort à Paris le 11 juillet 1874.

DETTWILLER, bourg d'Alsace-Lorraine, cercle et à 9 kil. E. N. E. de Saverne. Chemin de fer de Paris à Strasbourg. Pop. 2000 hab.

DEVERGIE (Marie-Guill.-Alph.), méd. fr. — Il est mort à Paris le 2 octobre 1879.

DEVISME (L.-Fr.), armurier fr. — Il est mort à Argenteuil le 29 avril 1873.

DEVRIENT (Phil.-Ed.), acteur all. — Il est mort à Carlsruhe le 6 octobre 1877.

DIAZ DE LA PENA (Narcisse), peintre fr. — Il est mort à Menton le 18 novembre 1876.

DIDION (Isidore), mathémat. fr. — Il est mort à Nancy le 3 juillet 1878.

DIDOT (Ambroise-Firmin), éditeur fr. — Il est mort à Paris le 22 février 1876. Il avait été élu en 1872 membre libre de l'Académie des inscriptions et belles-lettres en remplacement de Cherrier. Ses derniers ouvrages sont : *Etude sur la vie et les travaux de Jean, sire de Joinville* (1870); *Remarques sur la réforme de l'ortografie française* (1872); *Etude sur J. Cousin* (1872); *Recueil des œuvres choisies de J. Cousin* (1873); *Alde Manuce et l'hellénisme à Venise* (1875).

DIDOT (Hyac.-Firmin), éditeur fr., frère du précédent. — Il est mort au château de Chandal (Orne) le 6 août 1880.

DIEFFENBACH (Laur.), linguiste all. — Il est mort à Darmstadt le 28 mars 1883. Les derniers ouvrages qu'il a publiés sont : un *Dictionnaire du haut et du bas allemand* (Francfort, 1874) et une *Ethnographie de l'Europe orientale* (1880).

DIERINGER (Fr.-Xavier), théol. all. — Il quitta en 1871 sa chaire de professeur de théologie catholique et devint curé de Veringendorf. En 1874, il fut choisi par le chapitre de Fribourg comme candidat à l'évêché de cette ville, mais il ne fut pas agréé par le gouvernement badois. Il est mort le 8 septembre 1876.

DIETERICI (Fréd.), oriental. all. — Nous citerons parmi les derniers ouvrages qu'il a publiés : *Anthropologie des Arabes au Xe siècle* (Leipz., 1871); *Doctrine de l'âme universelle* (Leipz., 1873); *la Philosophie des Arabes au Xe siècle* (Leipz., 1876-79); *le Darwinisme au Xe et au XIXe siècle* (Leipz., 1878); *Dictionnaire arabe-allemand* (Leipz., 1881).

DIETRICH (Alb.), botaniste all. — Il est mort à Berlin le 22 mai 1856.

DIEUZE, ville d'Alsace-Lorraine, cercle et à 20 kil. E. de Château-Salins. Chemin de fer de Dieuze à Avricourt. Pop. 3200 hab.

DIEZ (Fréd.-Christ.), philol. all. — Il est mort à Bonn le 29 mai 1876.

DILLMANN (Chrét.-Fréd.-Aug.), oriental. all. — Il est devenu en 1869 professeur à l'Université de Berlin.

DINDORF (Guill.), hellén. all. — Il est mort à Leipzig le 1er août 1883.

DINDORF (Louis), philol. all., frère du précédent. — Il est mort le 6 septembre 1871.

DINGELSTEDT (Fr.), litt. all. — En 1876, l'empereur d'Autriche lui conféra le titre de baron héréditaire. Il prit en 1881 la direction du théâtre de la Hofburg et mourut à Vienne le 15 mai de la même année.

DIRCKING-HOLMFIELD (Constant-P.-H.-Marie-Walpurgis, baron DE), public. danois. — Il est mort à Hambourg le 3 juin 1880. Le dernier ouvrage qu'il a publié a pour titre : *le Dogme de l'infaillibilité ou la politique romaine en Allemagne* (1875).

DISRAELI (Benjamin, comte BEACONSFIELD), litt. et homme d'Etat anglais. — Depuis la fin de l'année 1868 jusqu'au commencement de 1874, D., redevenu le chef de l'opposition conservatrice, ne cessa de combattre violemment son successeur, M. Gladstone. Les meetings, les banquets, le Parlement retentirent de leurs discussions sur toutes les questions intérieures ou extérieures. Ses attaques provoquèrent en 1873 une crise ministérielle à la suite de laquelle M. Gladstone donna sa démission. Le pouvoir fut offert à D.; mais celui-ci, constatant l'impossibilité pour lui de gouverner avec la majorité libérale de la Chambre des communes, déclina l'honneur qui lui était fait, et son adversaire resta en fonctions. Lorsque les élections de février 1874 eurent donné au parti conservateur une majorité d'une soixantaine de voix, il se vit appelé à prendre la présidence du nouveau cabinet. Il commença par demander au Parlement 250 millions pour parer à la famine qui désolait le Bengale. Il fit ensuite repousser les motions proposées par le parti réformiste irlandais, notamment l'établissement d'un gouvernement et d'un parlement spécial. Sur sa proposition, les Chambres votèrent les crédits nécessaires pour le voyage entrepris par le prince de Galles dans le but de resserrer les liens entre la métropole et ses établissements de l'Inde. Il eut en même temps l'idée d'ajouter au prestige de la reine d'Angleterre dans ces immenses contrées en lui faisant conférer le titre héréditaire d'impératrice des Indes; malgré une assez vive résistance du parti whig, le bill présenté le 17 février 1876 fut voté par le Parlement. Quelques mois après (16 août), la reine lui conféra les titres de vicomte de Hughenden et de comte Beaconsfield qui lui permirent de venir siéger à la Chambre haute. A cette époque, les affaires d'Orient ne laissaient pas que de préoccuper le gouvernement anglais qui, ne paraissant pas vouloir rester indifférent aux événements du dehors, commença par se mettre en mesure en acquérant les 176,000 actions du Canal de Suez, possédées par le Khédive (novembre 1875). Les succès décisifs des Russes et l'écrasement de la Turquie décidèrent enfin lord Beaconsfield à entrer en scène: l'escadre anglaise reçut l'ordre de se rendre dans la baie de Besika, puis dans les Dardanelles, lorsque le bruit se répandit de l'occupation de Constantinople. Malgré la retraite du comte Derby, ministre des affaires étrangères, qui refusa de s'associer à cette mesure, malgré les meetings en faveur de la non-intervention, lord B. n'en continua pas moins sa lutte diplomatique contre la Russie victorieuse. Lors du traité de San-Stefano (2 avril 1878), il adressa aux puissances une circulaire de protestation contre tout arrangement conclu dans les Balkans sans l'intervention de l'Europe. Il assista au congrès de Berlin comme ministre plénipotentiaire, et l'opinion publique ne fut pas médiocrement étonnée en le voyant faire à la Russie des concessions auxquelles on s'attendait peu; mais, le 8 juillet, l'habile diplomate saisit le moment favorable pour révéler au congrès que depuis longtemps il avait pris ses mesures en signant avec la Turquie une convention qui donnait aux Anglais le droit d'occuper Chypre et les obligeait à s'unir au sultan pour défendre l'intégrité des territoires de l'Asie-Mineure contre les tentatives moscovites. Le ministre fut à son retour l'objet d'une ovation, et la reine lui conféra l'ordre de la Jarretière. Les complications qui surgirent vers la même époque du côté de l'Afghanistan (voy. ce mot) se terminèrent également à la satisfaction du gouvernement britannique qui put rectifier à son aise les frontières de l'Hindoustan. En même temps, le gouverneur du Cap, sir Bartle Frère, ayant engagé la guerre contre les Zoulous sans l'assentiment du cabinet, lord B. se vit obligé de soutenir l'expédition entreprise; mais l'opinion publique ne voyait pas sans une certaine émotion le gouvernement s'engager dans une politique d'action et d'expansion, et lorsque le premier ministre eut décidé de dissoudre le Parlement pour savoir si la nation approuvait sa ligne de conduite, les électeurs se prononcèrent à une majorité écrasante pour la politique de non-intervention soutenue par le parti libéral. Lord B. dut se retirer et céder la place à M. Glastone. Depuis cette époque il n'intervint plus que rarement dans les discussions de la Chambre des lords. Il fit paraître en 1881 un roman remarquable : *Endymion*, et mourut à Londres le 19 avril de la même année.

DIXON (Guill. HEPWORTH), publiciste angl. — Il est mort à Londres le 27 décembre 1879. Nous citerons parmi les derniers ouvrages de cet écrivain : *Histoire de deux reines, Catherine d'Aragon et Anne de Boleyn* (Londres, 1874); *la Conquête blanche*, étude sur la colonisation de l'Amérique du Nord (trad. fr., 1876); *British Cyprus*, souvenirs d'un voyage à l'île de Chypre (Londres, 1879), et des romans : *Diana* (Londres, 1877); *Ruby Grey* (Londres, 1878), etc.

DOELLINGER (J.-Jos.-Ignace), théol. cathol. all. — Il s'est toujours refusé à se soumettre à la décision du concile du Vatican qui a proclamé l'infaillibilité du pape. En juillet 1871, il fut élu recteur de l'Université de Munich, et, le 23 septembre de la même année, il convoqua dans cette ville un congrès de catholiques dissidents qui donna naissance au *Vieux-Catholicisme*. De 1872 à 1876, il tenta de réunir en un seul faisceau les diverses églises chrétiennes; à trois reprises, il présida à Bonn des conférences de théologiens grecs, anglicans et vieux catholiques afin d'étudier les conditions dans lesquelles cette union pourrait se réaliser; mais les négociations n'aboutirent pas. En 1873, le roi de Bavière le nomma président de l'Académie des sciences et conservateur général des collections scientifiques. Les derniers ouvrages qu'il a publiés sont : *Conférences sur la réunion de l'Eglise chrétienne* (1872), trad. en fr. par Mme Loyson (1880); *Documents pour servir à l'histoire du concile de Trente* (1876); *Histoire politique, religieuse et sociale des six derniers siècles* (1882).

DOENNIGES (Guill.), publiciste all. — En 1870, il fut nommé ambassadeur à Rome. Il mourut dans cette ville le 4 janvier 1872.

DOLLFUS (Jean), manufact. fr. — Après la guerre franco-allemande et l'annexion de l'Alsace-Lorraine, D. se vit obligé de rester auprès de ses manufactures de Mulhouse. Lors des élections du 10 janvier 1877, il fut élu à une énorme majorité député au Reichstag où il fit entendre d'éloquentes protestations contre le régime d'exception imposé à son pays. Il mourut à Mulhouse le 22 mai 1887.

DOLLFUS (Ch.), litt. fr., fils du précédent. — Outre les ouvrages déjà cités, on lui doit : *Considérations sur l'histoire : le Monde antique* (1872); *Dialogue sur la montagne* (1874); *l'Ame dans les phénomènes de conscience* (1876); *les Caprices de l'amour* (1882); *le Pasteur de Saint-Blaise* (1882), etc.

DOMENECH (Emm.), missionnaire fr. — Pendant la guerre franco-allemande, l'abbé D. fut attaché aux ambulances du corps d'armée du maréchal de Mac-Mahon. Il passa à l'armée de la Loire après le désastre de Sedan. Outre les ouvrages déjà cités, on lui doit : *Histoire de la campagne de 1870-1871 et de la deuxième ambulance, dite de la « Presse française »* (1871); *Voyage homérique dans l'ancienne Ichnusa* (1874); *la Prophétie de Daniel, philosophie de l'histoire depuis la Création jusqu'à la fin des temps* (1875).

DONNÉ (Alfred), méd. fr. — Il est mort à Paris le 7 mars 1878.

DONNET (Ferdin.-Fr.-Aug.), prélat fr. — Il est mort à Bordeaux le 23 décembre 1882.

DORA D'ISTRIA (Hélène GHIKA, plus connue sous le pseudonyme de), femme de lettres valaque. — Nous mentionnerons parmi ses derniers ouvrages : *Vegli* (1872); *les Epopées asiatiques* (1871-1875), qui ont paru dans la *Nuova Antologia*; *l'Eglise orthodoxe* (New-York, 1874); *la Littérature française sous le premier empire* (New-York, 1875); *la Poésie des Ottomans* (Paris, 1877).

DORÉ (Paul-Gustave), artiste fr. — Nous citerons parmi ses derniers tableaux : *le Massacre des Innocents*; *l'Alsace* (1872); *les Ténèbres*; *le Désert* (1873); *les Martyrs chrétiens* (1874); *la Maison de Caïphe* (1875); *Entrée de Jésus à Jérusalem*; *Jésus condamné* (1876); *l'Aube* (1877); *Moïse devant Pharaon*; *Ecce homo* (1878); *l'Aurore dans les Alpes*; *Souvenir d'Ecosse*, à l'Exposition universelle de 1878; *la Mort d'Orphée* (1879); *le Gari* (1882). Comme sculpteur, il a exposé : *la Parque et l'Amour* (1877); *l'Effroi* (1879); *la Madone* (1881); *la Vigne* (1882), vase colossal en bronze dont le modèle avait figuré à l'Exposition universelle de 1878. On lui doit encore le monument en l'honneur d'Alexandre Dumas père, sur la place Malesherbes. Malgré le mérite de la plupart des œuvres que nous venons d'énumérer, c'est moins comme peintre ou comme sculpteur que comme illustrateur que G. Doré s'est fait une réputation européenne. Outre les ouvrages déjà cités, il a illustré les *Contes drôlatiques* de Balzac; les œuvres de *Rabelais* (1872); *l'Espagne* du baron Davillier (1873); la *Chanson du vieux marin* de Coleridge (1876); le *Londres* de Louis Enault (1877); *Roland furieux* (1879), etc. Il est mort à Paris le 23 janvier 1883. Au mois de mars 1885, une exposition partielle de ses œuvres a été organisée par le cercle de la Librairie.

DORN (H.-L.-Edm.), compositeur all. — Après avoir pris en 1869 sa retraite comme maître de chapelle du théâtre de la cour à Berlin, il s'occupa de la rédaction de ses *Souvenirs* (Berlin, 1872).

DORN (J.-Alb.-Bern.), oriental. all. — Il est mort à Saint-Pétersbourg le 30 mai 1881. Il avait été élu en 1876 membre correspondant de l'Académie des inscriptions et belles-lettres. Le dernier ouvrage qu'il a publié est intitulé : *Invasion des vieux Russes dans le Tabaristan* (St-Pétersbourg, 1875).

DOSTOIEWSKI (Fédor-Michaïlowitch), litt. russe. — Ses dernières œuvres sont : *les Mauvais esprits; le Crime et le châtiment* (1867. trad. fr., 1885), études remarquables où il se montre l'adversaire du nihilisme qu'il regarde comme une impuissante folie; *l'Idiot* (1869); *Podrostok; les Frères Karanrasow; Krotkaïa* (1875). En 1876 il fonda, sous le titre de *Journal d'un écrivain*, une revue mensuelle où il développa ses idées sur toutes les questions intéressant particulièrement le peuple russe. Il mourut à Saint-Pétersbourg le 28 janvier (9 février) 1881. Ses obsèques eurent lieu au milieu d'une affluence considérable avec une pompe extraordinaire. Une partie de sa *Correspondance* a été publiée en 1884.

DOUCET (Ch.-Camille), aut. dr. fr. — Il est devenu le 30 mars 1876 secrétaire perpétuel de l'Académie française en remplacement de M. Patin, et en cette qualité il a fait sur les concours annuels et les prix de vertu des rapports qui ont été réunis par lui sous le titre de *Concours littéraires* (1886).

DOVE (H.-Guill.), physic. all. — Il est mort à Berlin le 4 avril 1879.

DOZY (Reinhart-P.-Anne), oriental. holl. — Il est mort à Leyde le 29 avril 1883. Les derniers ouvrages qu'il a publiés sont : un *Calendrier de Cordoue de l'année 961* (1874) et un *Supplément aux dictionnaires arabes*, ouvrage considérable auquel il a travaillé depuis 1875 jusqu'à sa mort.

DRAKE (H.-Aug.-Fréd.), sculpt. all. — Il est mort à Berlin le 6 avril 1882. Il avait exécuté depuis 1845 les bustes de *Bismarck*, de *de Moltke* et des historiens *Ranke* et *Raumer*; une statue colossale de la *Victoire*; le monument élevé à Aix-la-Chapelle à la mémoire des soldats morts pendant la guerre de 1870; le tombeau de la grande-duchesse *Michaïlovna de Nassau*, près de Wiesbaden, etc.

DROUYN DE LHUYS (Ed.), homme d'Etat fr. — Il est mort à Paris le 1er mars 1881. Il avait donné en 1878 sa démission de président de la Société des agriculteurs de France.

DROYSEN (J.-Gust.), histor. all. — Il est mort à Berlin le 19 juin 1884. Il avait terminé en 1876 sa grande *Histoire de la politique prussienne* commencée en 1855. Son *Histoire de l'hellénisme* (Hambourg, 1836-43) a été traduite en français par Bouché-Leclerc (1883-85).

DROZ (Ant.-Gustave), litt. fr. — Il a publié depuis 1872 : *Une femme gênante; les Etangs* (1875); *Tristesses et sourires* (1884); *l'Enfant* (1885).

DUBOIS (Paul-Fr.), publiciste fr. — Il est mort à Paris le 12 juin 1874. Il avait été élu le 13 avril 1870 membre libre de l'Académie des sciences morales et politiques.

DUBOIS (Fréd.), méd. fr. — Il est mort à Amiens le 10 janvier 1873.

DUBOIS (Edm.-Paulin), hydrogr. fr. — Il a été nommé en 1874 examinateur des candidats à l'Ecole navale. Ses derniers ouvrages sont : *les Passages de Vénus sur le disque solaire, considérés au point de vue de la distance du Soleil à la Terre* (1873); *Cours élémentaire d'astronomie et de navigation* (1880); *Résumé analytique de la théorie des marées* (1885). M. D. est l'inventeur du compas étalon à double aiguille et d'un gyroscope nautique.

DUBOIS (Paul), sculpt. fr. — Il fut nommé en 1873 conservateur adjoint du musée du Luxembourg, puis, au mois de mai 1878, directeur de l'Ecole des beaux-arts en remplacement de M. Guillaume. Le 30 décembre 1876, l'Académie des beaux-arts l'admit au nombre de ses membres. Nous citerons parmi les dernières œuvres qu'il a exposées *Eve naissante* (1873); *Narcisse* (1874). Le *Courage militaire* et la *Charité*, statues destinées au monument de Lamoricière à Nantes, valurent à l'artiste la grande médaille d'honneur du Salon de 1876. A l'Exposition de 1878, M. Paul Dubois était représenté par le monument de *Lamoricière* et par les bustes d'*Henner*,

de *Baudry* et du *Docteur Parrot*. On lui doit encore un buste de *Fillette* (1878); le buste de *Pasteur* (1880); le buste de *Gounod* (1886) et la statue du *Connétable Anne de Montmorency*, œuvre remarquable, exécutée pour le château de Chantilly. Depuis 1876, il a envoyé aux divers Salons de peinture un certain nombre de toiles dans lesquelles il a montré le même sentiment de la vérité et de la vie qui caractérise ses sculptures. A citer notamment : les *Portraits de ses enfants* (1876) et un *Portrait de jeune fille* exposé en 1878.

DUBOIS-REYMOND (Emile), physiol. all. — Les derniers ouvrages qu'il a publiés sont : *les Idées de Leibnitz et les sciences naturelles modernes* (Berlin, 1871); *les Limites de la connaissance de la nature* (Berlin, 1872).

DUBREUIL (Alph.), horticulteur fr. — Il a été nommé professeur d'horticulture, d'arboriculture et de viticulture à l'Institut agronomique lors de la création de cet établissement en 1876. Le dernier ouvrage publié par lui est intitulé : *les Vignobles, les arbres à fruits, etc.* (1874).

DURUFE (Ed.), peintre fr. — A citer parmi les dernières toiles exposées par cet artiste : *Medjé* (1872); *Mort d'Adonis* (1877); et les portraits d'*Alexandre Dumas fils* (1873), d'*Emile Augier*, de *Philippe Rousseau* et d'*Harpignies*. Il est mort à Versailles le 10 août 1883.

DU CAMP (Maxime), litt. fr. — Il a été élu en 1880 membre de l'Académie française en remplacement de M. Saint-René Taillandier. Désigné en 1885 pour prononcer au nom de l'Académie un discours aux obsèques de Victor Hugo, il dut renoncer à cet honneur en présence de l'attitude hostile des journaux révolutionnaires, et il fut remplacé par M. Emile Augier. Outre les ouvrages déjà cités, on lui doit encore : *Souvenirs de l'année 1848* (1876); *l'Emplacement de l'Ilion d'Homère* (1876); *les Ancêtres de la Commune; l'Attentat Fieschi* (1877); *les Convulsions de Paris* (1878); *Souvenirs littéraires* (1882); *la Charité privée à Paris* (1885); *la Vertu en France* (1887); *Paris bienfaisant* (1888).

DU CASSE (P.-Emm.-Albert, baron), litt. fr. — A citer parmi les derniers ouvrages de cet écrivain : *Journal authentique du siège de Strasbourg* (1871); *la Guerre au jour le jour*, 1870-1871 (1875); *Variétés militaires* (1879); *les Rois frères de Napoléon* (1883); *Souvenirs de Saint-Cyr et de l'Ecole d'état-major* (1886); *Supplément à la correspondance de Napoléon I* (1887).

DUCHARTRE (P.-Et.-Simon), botan. fr. — Les travaux de ce savant, relatifs pour la plupart à l'organographie et à la physiologie végétale, se trouvent en général dispersés dans les recueils scientifiques; aussi nous citerons seulement ses *Observations sur le genre Lis* (1871); ses *Notions sur l'organisation des fleurs doubles* (1878); ses *Observations sur les marronniers hâtifs* (1879). On lui doit encore : *Une visite de deux heures au jardin de l'Isola Bella, sur le lac Majeur* (1874); *Notice sur le jardin du Hamma, près d'Alger* (1880), etc.

DU CHATELLIER (Arm.-René), hist. et économ. fr. — Il est mort au château de Kernuz, près de Pont-l'Abbé (Finistère), le 8 mai 1885. Nous citerons parmi ses derniers travaux : *Invasions de l'étranger dans les xive et xve siècles* (1873); *Hoche, sa vie, sa correspondance* (1874); *la Mort de Louis XVI* (1875); *les Guerres de la Vendée; Correspondance inédite des généraux Travot et Watrin* (1876); *l'Eglise pendant la Révolution* (1878); *le Finistère et la persécution religieuse après le 18 fructidor an V* (Angers, 1882); *Etudes sur quelques anciens couvents de la Bretagne* (Angers, 1884); *Un essai de socialisme*, 1793, 1794, 1795 (1885), etc.

DUCHENNE (Guill.-Benj.), méd. fr. — Il est mort à Paris le 18 septembre 1875.

DUFAU (P.-Arm.), public. fr. — Il est mort à Paris le 25 octobre 1877.

DUFAURE (Jules-Arm.-Stan.), homme d'Etat fr. — Après le message présidentiel du 13 novembre 1872, il présenta à l'Assemblée une proposition tendant à la nomination d'une commission de trente membres chargée d'étudier les projets de loi destinés à régler les attributions des pouvoirs publics. Il chercha ensuite à se concilier la majorité conservatrice en parlant du gouvernement de la République, comme d'un gouvernement provisoire (15 décembre), et, peu de temps après, des obligations « éternelles » qui liaient la France au Saint-Siège. Ce fut encore dans ce but qu'il demanda le 1er mars 1873 que l'Assemblée ajournât à une autre époque le moment où elle se prononcerait sur la constitution définitive du gouvernement, et qu'il appuya le 4 avril la loi contre la municipalité lyonnaise. Il conserva son portefeuille et la vice-présidence du conseil dans le cabinet du 19 mai; mais, cinq jours après, il donna sa démission à la suite de l'interpellation de M. de Broglie qui provoqua la retraite du président de la République. Redevenu

simple député, il vota tantôt avec le centre gauche, tantôt avec le centre droit, et, le 25 février 1875, il se prononça pour l'ensemble des lois constitutionnelles. Le 10 mars suivant, il prit le portefeuille de la justice dans le nouveau ministère constitué sous la présidence de M. Buffet, et montra dans ce poste le plus grand respect pour les institutions nouvelles. Le 30 janvier 1876, il échoua aux élections sénatoriales dans la Charente-Inférieure; mais, 20 février suivant, l'arrondissement de Marennes l'élut député. La France ayant envoyé à la Chambre une majorité républicaine, M. Buffet dut se retirer, et M. Dufaure se vit appelé par le maréchal de Mac-Mahon à constituer le premier ministère républicain (9 mars). Devenu président du conseil, il représenta le gouvernement lors de la transmission des pouvoirs de l'Assemblée nationale aux nouvelles Chambres, combattit la proposition d'amnistie en faveur des combattants de la Commune (mai 1876), défendit sans succès la proposition de M. Waddington tendant à rendre à l'Etat la collation des grades universitaires, et fut élu le 11 août sénateur inamovible en remplacement de M. Casimir Périer. Cependant, des tiraillements ne tardèrent pas à se produire entre la majorité républicaine avide de réformes et le ministère qui, composé d'anciens membres du centre gauche, était par tempérament opposé aux innovations. M. Dufaure combattit notamment le projet de réduction des traitements des aumôniers militaires; il s'opposa également à une proposition présentée par M. Talandier tendant à la séparation de l'Eglise et de l'Etat; enfin, un projet de loi pour la cessation des poursuites contre les insurgés de la Commune ayant été adopté malgré lui à la Chambre (3 novembre) et au Sénat (1er décembre), il donna sa démission. Lors des événements du 16 mai 1877, il se rangea du côté des républicains et vota contre la dissolution (22 juin). Appelé après les élections du 14 octobre à former le nouveau cabinet, il reprit le portefeuille de la justice et se signala par une attitude franchement libérale qui lui concilia les sympathies de la majorité républicaine. Lorsque, le 5 janvier 1879, le maréchal de Mac-Mahon, ayant saisi le prétexte d'un dissentiment avec le cabinet au sujet du projet de loi concernant les grands commandements militaires, eut donné sa démission et passé le pouvoir à M. Grévy, M. Dufaure comprit « qu'il n'était plus l'homme d'une situation dans laquelle la République démocratique allait remplacer la République simplement libérale », et, alléguant son grand âge, il se retira du ministère pour se renfermer dans ses devoirs législatifs au Sénat. Il est mort à Rueil le 27 juin 1881.

DUFOUR (Ch.), archéol. fr. — Il est mort à Amiens le 2 février 1887.

DUGAT (Gust.), orient. fr. — Le dernier ouvrage qu'il a publié a pour titre : *Histoire et législation des Etats musulmans* (1873).

DULAURIER (J.-Paul-L.-Fr.-Ed.), oriental. fr. — Il est mort à Meudon le 22 décembre 1881. Outre les ouvrages déjà cités, on lui doit une édition de l'*Histoire générale du Languedoc* de Dom Devic et Dom Vaissete (1873-1886) et une traduction inachevée de l'*Histoire universelle* de l'historien arménien Acogh'ig de Daron (1re partie, 1883).

DUMAS (J.-B.), chimiste fr. — Il est mort à Cannes le 11 avril 1884. Il avait été élu le 16 décembre 1875 membre de l'Académie française, en remplacement de M. Guizot. Son dernier travail important est un *Mémoire sur les moyens de combattre le phylloxera* (1874), dans lequel il préconise l'emploi du sulfocarbonate de potasse.

DUMAS (Alex.), romancier et aut. dr. fr. — En 1872, il écrivit, sous le titre de l'*Homme-femme*, une brochure à sensation où il formula le droit du mari à tuer la femme adultère par le célèbre *Tue-la*. L'année suivante, il exposa de nouveau cette théorie dans une comédie, la *Femme de Claude*, qui n'obtint au Gymnase, où elle fut jouée, qu'un succès de curiosité. Quelque temps après (novembre 1873), il donna au même théâtre une pièce en trois actes, *Monsieur Alphonse*, œuvre remarquable dans laquelle il flétrit l'exploitation honteuse de la femme. *L'Etrangère*, comédie en cinq actes, qu'il donna au Théâtre-Français en février 1876, fut encore pour lui l'occasion d'un éclatant succès. Depuis, il a fait représenter : la *Princesse de Bagdad*, comédie en trois actes (Théâtre-Fr., 1881); *Denise*, drame en quatre actes (Théâtre-Fr., 1885); *Francillon*, comédie en trois actes (Théâtre-Fr., 1887). Il a collaboré en outre aux *Danicheff*, de M. P. Newski (Odéon, 1876), et à la *Comtesse Romani*, de M. G. Fould, représentée sous le pseudonyme de Gustave de Jalin (Odéon, 1876). Le théâtre du Vaudeville a donné en 1887 l'*Affaire Clémenceau*, pièce tirée de son roman par M. Arm. d'Artois. En dehors de ses ouvrages dramatiques, il a publié un roman, *Thérèse* (1875), et de nombreuses brochures sur divers sujets : *les Femmes qui tuent et les femmes qui votent*

(1880); *la Question du divorce* (1880); *la Recherche de la paternité* (1883), etc. Ses articles de journaux, feuilletons, lettres, etc., ont été réunis en volumes sous le titre d'*Entr'actes* (1877-79). M. A. Dumas est membre de l'Académie française depuis le 29 janvier 1874.

DUMESNIL (Ant.-Jules), litt. et homme pol. fr. — Élu sénateur du départ. du Loiret aux élections du 30 janvier 1876, il vint siéger au centre gauche. Après l'acte du 16 mai, il se prononça contre la dissolution de la chambre des députés. Il fut réélu le 5 janvier 1879. Outre les ouvrages déjà cités, on lui doit une *Histoire de Jules II* (1873).

DUMONT (Augustin-Alex.), sculpt. fr. — Il est mort à Paris le 28 janvier 1884.

DUMONT (Fr.-Marcelin-Aristide), ingénieur fr. — Outre les ouvrages que nous avons déjà cités, on lui doit : *les Eaux de Paris, de Nîmes et de Londres* (1874).

DUMORTIER (Barth.-Ch.), natural. belge. — Il est mort à Tournai le 9 juillet 1878.

DUNCKER (Maximilien-Wolfgang), histor. all. — Il a pris en 1875 sa retraite comme directeur des archives de l'État à Berlin.

DUNTZER (J.-H.Jos.), philol. all. — Nous citerons parmi les derniers ouvrages qu'il a publiés : *Deux convertis, Zacharias Werner et Sophie de Schardt* (Leipz., 1873); *Charlotte de Stein et Corona Schrœter* (Stuttg., 1876); *Gœthe, Schiller et Lessing* (Leipz., 1882).

DUPANLOUP (Fél.-Ant.-Philib.), prélat fr. — A l'Assemblée nationale, où le département du Loiret l'avait envoyé en 1871, il vota constamment ainsi que devaient le faire prévoir ses antécédents. Il prit la parole pour soutenir la nécessité d'une intervention pour rétablir le pouvoir temporel du Pape, fut nommé président de la Commission chargée de l'examen du projet de loi relatif à l'instruction publique, et se prononça vivement contre le principe de l'obligation (janvier 1872). Il prit une part active à la discussion de la loi militaire, et fit adopter un amendement ayant pour but de faire les curés membres de droit des conseils d'administration des hospices. Lors des négociations entamées par les monarchistes en vue du rétablissement de la royauté, il écrivit au comte de Chambord, qui d'ailleurs lui répondit d'une façon assez sèche, pour l'inviter à consentir à la fusion entre les deux branches de la maison de Bourbon. Élu le 4 juin 1873 membre du conseil supérieur de l'instruction publique, il fit rétablir dans le programme des études les vers latins supprimés au commencement de l'année par une circulaire ministérielle de M. Jules Simon, contre laquelle il s'était alors vainement opposé, et il approuva le projet de scission du baccalauréat ès lettres. Lors des élections pour la composition de la Chambre-Haute, il fut élu sénateur inamovible au neuvième tour de scrutin, le soixante-treizième sur soixante-quinze, et il continua à défendre dans cette Assemblée les doctrines qu'il avait soutenues jusque-là. Les occupations politiques ne lui firent cependant pas oublier les devoirs de son épiscopat. La constante préoccupation de sa vie fut la poursuite du procès de la canonisation de Jeanne Darc. Dès 1874, il institua dans son diocèse une commission chargée de rassembler et de contrôler tous les matériaux de la procédure. Il mourut au château de La Combe, près de Domène (Isère), le 10 octobre 1878. Son corps fut transporté à Orléans, où des funérailles solennelles lui furent faites le 23 du même mois. Outre les écrits déjà cités, il avait publié depuis 1871 un grand nombre de brochures ou de discours. Ses *Œuvres choisies* ont été éditées de 1873 à 1875 (7 vol. in-8°).

DUPARC (J.-L.-Léon-René), marin fr. — Il est mort à Paris en juin 1855.

DUPIN (J.-H.), aut. dramat. fr. — Né à Paris en 1787, et non en 1791, il est mort dans cette ville le 5 avril 1887. A l'âge de quatre-vingt-quinze ans, il avait publié un ouvrage intitulé : *la Vieillesse de Mazarin*, qui fut couronné par l'Académie française.

DUPLESSIS (G. GRATET), litt. fr. — Nous citerons, parmi les derniers ouvrages de cet érudit, qui est aujourd'hui conservateur des estampes à la Bibliothèque nationale : *Un curieux au XVIIe siècle, Michel Bégon, intendant de La Rochelle* (1874); *Histoire de la gravure du portrait en France* (1874); *Gavarni* (1876); *Histoire de la gravure en Italie, en Espagne, dans les Pays-Bas, en Angleterre et en France* (1879); *l'Œuvre de Lucas de Leyde* (1883); *les Livres à gravures du* XVIe siècle (1884); *Dictionnaire des marques et monogrammes des graveurs*, en collaboration avec M. H. Bouchon. Il a édité en outre : *le Livre des peintres et graveurs* de l'abbé Michel de Marolles, et il a collaboré à la *Gazette des beaux-arts* et à diverses revues.

DUPONT (Paul), imprimeur fr. — Aux élections sénatoriales du 30 janvier 1876, il fut élu dans le départ. de la Dordogne. Il vint siéger dans les rangs des bonapartistes, et il vota en 1877 en faveur de la dissolution de la Chambre des députés. Il est mort à Paris le 11 décembre 1879.

DUPONT-WHITE (Ch. Brooke), publiciste fr. — Il est mort à Paris le 10 décembre 1878. Outre les ouvrages déjà cités, on lui doit : *le Suffrage universel; la République conservatrice* (1872); *Réflexions d'un optimiste; la Politique actuelle* (1873); *Mélanges philosophiques* (1878). Quelques mois avant sa mort, il avait publié dans la *Critique religieuse* une étude remarquable intitulée : *La grande question : ce que l'homme dure*.

DUPRAT (P.-Pascal), publiciste et homme polit. fr. — A l'Assemblée nationale, où le départ. des Landes l'avait envoyé en 1871, il siégea dans les rangs de la gauche et vota constamment en faveur des mesures tendant à la consolidation de la République. Non réélu par ses électeurs après la dissolution, il fut nommé à Paris dans le dix-septième arr., où M. Lockroy avait laissé une place vacante en optant pour Aix (30 avril 1876). Il signa le 18 mai 1877 la protestation des gauches contre le Message du président, et il fut le 22 juin un des 363 députés qui votèrent l'ordre du jour de défiance contre le cabinet de Broglie. Ses électeurs lui renouvelèrent son mandat le 14 octobre suivant, mais aux élections du 14 août 1881, il se présenta sans succès dans le dix-septième arr. de Paris et dans l'arr. de Senlis. Un décret du 11 novembre 1882 le nomma ministre plénipotentiaire au Chili. Il mourut en rentrant en France à bord du paquebot *le Niger*, le 17 août 1885. Le dernier ouvrage qu'il a publié est intitulé : *l'Esprit des révolutions* (1879).

DUPRÉ (Léon-Victor), peintre fr. — Nous citerons parmi les dernières toiles qu'il a exposées : *Lisière de forêt* (1873); *les Bords de la Marne* (1875); *Une mare dans le Berry* (1878). Il est mort à Paris le 31 octobre 1879.

DUPRÉ (J.), sculpt. ital. — On lui doit encore le monument élevé à Turin en 1873 en l'honneur de *Cavour*, et la composition allégorique qui décore le portail de l'église Santa-Croce, à Florence, et qui représente le *Génie de l'humanité*. Il est mort à Florence le 9 janvier 1882.

DUPREZ (Gilb.-L.), chanteur fr. — Il a fait paraître en 1873 un ouvrage intitulé : *Mélodie, études complémentaires vocales et dramatiques de l'art du chant*, et, en 1880, il a publié ses mémoires sous le titre de *Souvenirs d'un chanteur*.

DUPUY DE LÔME (Stan.-Ch.-H.-Laur.), ingén. fr. — Après avoir posé sans succès sa candidature aux élections du 20 février 1876 dans l'arr. de Dunkerque, il fut élu sénateur inamovible, le 10 mars de l'année suivante, en remplacement du général Changarnier, et prit place au Sénat dans les rangs des bonapartistes. Il est mort à Paris le 1er février 1885.

DUPUYNODE (Mich.-Gust. PASTOUREAU), économ. fr. — Il s'est présenté sans succès dans le départ. de la Vienne aux élections sénatoriales du 5 janvier 1876. En 1885, il a été élu membre correspondant de l'Académie des sciences morales et politiques. Les derniers ouvrages qu'il a publiés sont : *les Grandes crises financières de la France* (1876); *Caractères et portraits politiques* (1883).

DURAND-FARDEL (Max), méd. fr. — Outre les ouvrages déjà cités, on lui doit : *les Eaux minérales et les maladies chroniques* (1874); *la Vie irrégulière et la condition des femmes en Chine* (1876); *la Lèpre en Chine* (1877), etc.

DURUY (Victor), histor. et homme pol. fr. — Il a été élu le 14 novembre 1873 membre libre de l'Académie des inscriptions et belles-lettres en remplacement de Vitet; le 1er février 1879, il a succédé à Naudet à l'Académie des sciences morales et politiques, et, le 4 décembre 1884, il est devenu membre de l'Académie française, où il occupe le fauteuil laissé vacant par Mignet. Lors des élections sénatoriales du 30 janvier 1876, sa candidature a échoué dans le départ. de Seine-et-Oise. M. D. a terminé en 1876 sa grande *Histoire des Romains* commencée en 1870, et il a entrepris sur le même plan philosophique et critique une *Histoire des Grecs* dont le premier volume a paru en 1887.

DU SOMMERARD (Edm.), érudit fr. — Il fut chargé, à titre de commissaire général, de l'organisation de la section française à l'Exposition de Londres en 1871, à celle de Vienne en 1872, et à celle de Philadelphie en 1876. Il devint en 1882 membre libre de l'Académie des beaux-arts en remplacement de M. Ch. Blanc. Il est mort à Paris le 5 février 1885.

DUSSIEUX (L.-Et.), histor. et géogr. fr. — Outre les ouvrages déjà cités, il a publié dans ces dernières années : *les Volontaires de 1792 et le service militaire obligatoire* (1872); *Histoire générale de la guerre de 1870* (1874); *Lettres intimes de Henri IV* (1876); *les Invasions des Hongrois en Europe et spécialement en France* (1879); *les Grands faits de l'histoire de France racontés par les contemporains* (1880, 8 vol. in-12); *le Château de Versailles* (1881); *les Grands faits de l'histoire de la géographie* (1884, 5 vol. in-12); *le Siège de Belfort* (1882); *l'Armée en France, histoire et organisation depuis les temps les plus anciens jusqu'à nos jours* (1884, 3 vol. in-12), et des études biographiques sur *Colbert, Sully*, etc.

DU TEMPLE (J.-L. DE LA CROIX), marin fr. — Il a été mis à la retraite comme capitaine de frégate en 1875. Au mois de janvier 1876, il a posé sans succès sa candidature au Sénat dans le départ. du Finistère. Le dernier ouvrage qu'il a publié est intitulé : *les Sciences naturelles et leurs applications mises à la portée de tous* (1873).

DU TEMPLE (J.-Marie-Félix DE LA CROIX), marin et homme pol. fr. — A l'Assemblée nationale, où les électeurs du départ. d'Ille-et-Vilaine l'avaient envoyé en 1871, il fut un des membres les plus fougueux de l'extrême droite et se signala autant par l'ardeur de son zèle religieux que par la violence de ses attaques contre les chefs du gouvernement. Mis à la retraite en 1876 comme capitaine de frégate, il s'est retiré de la scène politique après la dissolution de l'Assemblée.

DUVAL (Ch.-Jér.-Alph.), archit. fr. — Il est mort en 1870.

DUVAL-JOUVE (Jos.), philos. et érudit fr. — Il est mort à Montpellier en 1883. Nous citerons parmi ses derniers travaux scientifiques : *Étude anatomique de l'arête des graminées* (1872); *Étude histotaxique des cyperus de France* (1874). On lui doit encore une *Histoire populaire de Montpellier* (1878) et *Montpellier pendant la Révolution* (1881).

DUVERGIER DE HAURANNE (Prosper), homme polit. fr. — Il est mort à Herry (Cher) le 19 mai 1881. Lors des élections sénatoriales du 30 janvier 1876, il avait posé sans succès sa candidature dans le départ. du Cher.

DUVERGIER DE HAURANNE (Ern.), homme pol. fr. — A l'Assemblée nationale, où les électeurs du Cher l'avaient envoyé en 1871, il vota constamment avec la gauche pour toutes les mesures tendant à l'établissement définitif de la République. Élu député dans le même département après la dissolution (20 février 1876), il vint siéger au centre gauche; mais le mauvais état de sa santé ne lui permit pas de prendre une part régulière aux travaux de la Chambre; toutefois, le 18 mai 1877, il envoya son adhésion à la protestation des gauches contre le message du maréchal de Mac-Mahon, et le 19 juin suivant, il fit partie des 363 députés qui votèrent l'ordre du jour de défiance contre le cabinet de Broglie-Fourtou. Il mourut à Deauville deux mois après (12 août 1877), laissant inachevée une *Histoire populaire de la Révolution française* qui a été publiée en 1879 par les soins de son père.

DUVERT (Féd.-Aug.), aut. dramat. fr. — Il est mort à Paris le 29 octobre 1876. M. Sarcey a publié en 1877 une édition de ses *Œuvres choisies*.

DUVEYRIER (H.), voyageur fr. — En 1874, il a fait avec le capitaine Roudaire une exploration dans la région des Chotts de l'Algérie. Outre les ouvrages déjà cités, on lui doit : *Historique des explorations au S. et au S.-O. de Géryville* (1873); *Livingstone et ses explorations dans la région des lacs de l'Afrique orientale* (1873); *Rapport sur la mission des Chotts du Sahara* (1875); *Sculptures antiques de la province marocaine de Sous* (1876); *la Tunisie* (1881), etc.

E

EBRARD (J.-H.-Aug.), théol. all. — Les derniers ouvrages qu'il a publiés ont pour titres : *Apologétique* (1875); *Saint Boniface destructeur de l'Eglise de saint Colomban* (Gutersloh, 1882).

EGGER (Emile), helléniste fr. — Il est mort à Royat le 31 août 1885. Outre les ouvrages déjà cités, on lui doit : *Notice sur un papyrus gréco-égyptien inédit appartenant à la bibliothèque de l'Université d'Athènes* (1873); *Un sénatus-consulte romain contre les industriels* (1873); *Des documents qui ont servi aux anciens historiens grecs* (1875); *les Substantifs verbaux formés par apocope de l'infinitif* (1875); *Observations et réflexions sur le développement de l'intelligence et du langage chez les enfants* (1879); *Histoire du livre depuis ses origines jusqu'à nos jours* (1880); *la Tradition et les réformes dans l'enseignement universitaire* (1883), etc.

EGUILAZ (Louis), auteur dram. espag. — Il est mort en 1878. La dernière pièce qu'il a écrite, intitulée *el Salto del Pasiego*, a été publiée à Madrid l'année suivante.

EGUISHEIM, bourg d'Alsace-Lorraine, cercle et à 6 kil. de Colmar. Chemin de fer de Strasbourg à Bâle. Pop. 1770 hab.

ÉGYPTE. *Superficie, population.* — La souveraineté du khédive s'étendait en 1877 jusqu'à l'équateur; mais, depuis l'insurrection du Mahdi, la limite méridionale de l'Egypte a été reculée jusqu'à Wady-Halfa, sur la 2ᵉ cataracte. La superficie totale (non compris les territoires du Soudan encore non occupés) est de 1,021,354 kil. carrés. D'après le dernier recensement (3 mai 1882), la population est de 6,817,265 hab.; mais cette population est condensée dans les 27,000 kil. carrés de terres susceptibles d'être cultivées. On compte environ 90,000 étrangers, en majeure partie grecs (37,000), Italiens (18,000), et Français (16,000). Les villes principales sont : le Caire, 374,838 hab.; Alexandrie, 227,064 hab.; Damiette, 34,044 hab.; Tanta, 33,750 hab., et Assiout, 31,575 hab.

Commerce. — Le mouvement commercial, le seul à considérer, puisque l'industrie est à peu près nulle en Egypte, est entièrement concentré à Alexandrie. Quelques autres ports, Damiette, Rosette, Port-Saïd, Suez, Kéneh et Souakim, ont un commerce extérieur qui, en dehors du simple transit entre Suez et Port-Saïd par le canal, représente pour eux tous un dixième du commerce d'Alexandrie. Le chiffre des exportations, joint à celui un peu inférieur des importations, forme un total d'environ 500 millions, dont 260 pour l'Angleterre et 50 pour la France. L'Egypte importe les bois de construction, le charbon, les pierres et marbres, les métaux, les boissons fermentées, les machines, le tabac, etc. L'exportation consiste principalement en coton, sucre, céréales, cuirs ouvrés, denrées coloniales, ivoire, etc. Le mouvement de la navigation dans le canal a été en 1888 de 3,440 navires, jaugeant 6,631,102 tonneaux, dont 2,625 anglais, jaugeant 5,222,854 tonneaux et 187 français, jaugeant 387,486 tonneaux. Les recettes ont été pendant la même année de 67,705,348 fr. et les dépenses de 31,433,901, dont 7,743,064 pour les travaux.

Divisions administratives. — L'Egypte se divise administrativement en Haute-Egypte et en Basse-Egypte. Celle-ci comprend les *moudiriehs* de Behérah, Charkieh, Dakhalieh, Gharbieh, Kalioubieh, Menoufieh, et les gouvernorats du Caire, d'Alexandrie, de Damiette et de Rosette. La Haute-Egypte forme les moudiriehs d'Assiout, de Fayoum, des Beni-Souëf, de Ghizeh, de Minia, d'Esna, de Guerga, de Kena, et le gouvernorat du Kosseïr. L'Isthme de Suez et El-Arich (Syrie) ont en outre chacun un gouverneur à leur tête.

Finances. — Au 1ᵉʳ janvier 1889, la situation financière de l'Egypte était la suivante :

Dette unifiée à 4 °/₀	55.989.440	liv. sterl.
Dette privilégiée à 5 °/₀	22.996.800	—
Emprunt domanial à 5 °/₀	5.530.820	—
Emprunt garanti de 1885 à 5 °/₀	9.152.100	—
Daïra-Sanieh et Daïra-Khassa	8.636.480	—
Emprunt de 1868 à 4 1/2 °/₀	2.330.000	—
Total	103.935.640	liv. sterl.

A ajouter la dette dite *Moukabalah*, emprunt intérieur remboursable en 50 annuités de 150,000 livres égyptiennes (25 fr. 61), et les intérêts des actions du canal vendues à l'Angleterre en 1875, soit 393,858 livres égyptiennes par an. La caisse de la dette publique est placée actuellement sous le contrôle de la France, de l'Angleterre, de l'Autriche-Hongrie, de l'Allemagne, de la Russie et de l'Italie.

Armée. — L'armée égyptienne est placée sous les ordres d'un major-général anglais et commandée par 60 officiers anglais et 447 officiers égyptiens. Elle comprend environ 7,900 fantassins, 860 artilleurs et 530 cavaliers. La marine militaire ne se compose que des deux stationnaires d'Alexandrie et de Port-Saïd, et de quelques petits gardes-côtes.

Histoire. — Ismaïl-Pacha qui, en 1866, avait obtenu du sultan l'hérédité en ligne directe pour ses descendants mâles, en 1867, le titre de *khédive*, en 1872 le droit d'augmenter à son gré son armée et sa marine, se vit autoriser en 1873 à diriger sans contrôle l'administration intérieure de l'Egypte. De 1873 à 1876, il fut presque constamment en guerre avec l'Abyssinie; après avoir réussi à s'emparer des districts des Boghos, de Gallabat et de Djefareh, les troupes égyptiennes, sous les ordres du colonel Azendrup-Bey, furent mises en déroute dans une expédition du côté de Massouah (1875). De 1871 à 1873, Samuel Baker et Gordon, sous prétexte d'assurer la répression de la traite, établirent l'autorité du vice-roi jusqu'à la région des grands lacs; au mois d'octobre 1874, la soumission du Darfour vint reculer jusqu'au 25ᵉ long. E. les frontières de la Haute-Egypte, et, de 1876 à 1877, Emin organisa la région située sous l'Equateur. Les nouvelles provinces furent divisées en gouvernements : Maraka et Berber pour la Nubie; Khartoum et Souakim pour le Soudan; Wadelaï pour les pays de l'Equateur. En 1875, le khédive, à court d'argent, vendit au gouvernement anglais les 177,000 actions du canal de Suez qui lui avaient été attribuées par la compagnie; mais cet expédient ne pouvait suffire; le désordre des finances était extrême; la France et l'Angleterre durent intervenir. Une commission internationale ayant été instituée au mois de mars 1876, le taux de l'intérêt de la dette fut unifié à 7 pour 100, et la limite de l'amortissement fixée à 65 ans. Il fut en outre stipulé que, pour assurer le payement de l'annuité de plus de 130 millions représentant les intérêts et l'amortissement de la dette unifiée, on affecterait à ce service les revenus de quatre provinces, des douanes, des chemins de fer et des octrois du Caire et d'Alexandrie. En 1878, les deux puissances obligèrent le khédive à admettre dans le conseil des ministres deux Européens : M. de Blignières pour la France, et M. Revers-Wilson pour l'Angleterre. Ces derniers, dans un but d'économie, voulurent faire réduire l'effectif de l'armée; mais les officiers licenciés se révoltèrent, une émeute éclata, et le khédive profita aussitôt de l'occasion pour retirer la présidence du conseil à Nubar-Pacha, sur lequel les puissances européennes croyaient pouvoir compter, et la donner à son fils Mohammed-Tewfik. Quelques mois après (6 avril 1879), les ministres européens furent destitués. La France et l'Angleterre protestèrent et obtinrent du sultan un firman de déposition. Ismaïl préféra abdiquer, et le 26 juin 1879 il se retira, laissant le pouvoir à Tewfik. Les 2 contrôleurs-généraux français et anglais furent rétablis le 4 septembre, et quelque temps après un décret leur conféra pleins pouvoirs d'investigation sur tous les services publics. Le 31 mars 1880 un décret khédivial institua sur leur proposition une commission de liquidation dont les conclusions firent l'objet d'une loi qui fut promulguée le 17 juillet de la même année. Aux termes de cette loi, le montant de la dette consolidée est arrêté au 31 décembre 1880 à 98,376,630 livres sterling; cette dette est divisée en dette unifiée et en dette privilégiée; le taux de l'intérêt de la première est réduit de 7 pour 100 à 4 pour 100; celui de la seconde est maintenu à 5 pour 100. Le 1ᵉʳ février 1881, un soulèvement militaire, suscité par le colonel Arabi, éclata au Caire; ce mouvement fut suivi d'un autre, au mois de septembre; 4000 hommes de la garnison, Arabi à leur tête, entourèrent la résidence du khédive qui n'osa opposer un refus à leurs revendications, donna la présidence du conseil à Chérif-Pacha, un des chefs du nouveau parti, dit national, et promit de convoquer une assemblée de notables. Le 4 février 1882, Arabi fut appelé au ministère de la guerre. Le présence de ce personnage dans les conseils du gouvernement déplut souverainement à la France et à l'Angleterre, qui demandèrent aussitôt sa destitution et appuyèrent leurs réclamations d'une démonstration navale devant Alexandrie (18 mai). Le ministère dut se retirer; mais, dès le lendemain, un télégramme d'Alexandrie vint annoncer que, si, dans les douze heures, Arabi n'était pas rappelé, la garnison ne répondait plus de l'ordre public. Le khédive s'inclina, et le chef du parti national revint au pouvoir plus puissant que jamais (28 mai). La Porte, qui voyait d'un bon œil la résistance du nouveau parti à l'influence européenne, consentit bien, sur les représentations des puissances, à envoyer au Caire un commissaire avec mission de rétablir l'autorité du khédive; mais elle se refusa à adhérer au projet de conférence suggéré à l'Europe par les cabinets de Londres et de Paris. Cette conférence se réunit cependant à Constantinople le 23 juin sous la présidence du comte Corti, ambassadeur d'Italie. Le 11 du même mois, une émeute sanglante avait éclaté à Alexandrie, et un grand nombre d'Européens avaient été tués ou blessés; le sultan, invité à rétablir l'ordre, laissant attendre sa réponse, l'amiral anglais, lord Seymour, signifia aux autorités d'Alexandrie qu'à la moindre apparence d'hostilité il bombardait la ville. Le 30, en effet, les Egyptiens ayant paru construire des fortifications, un ultimatum fut adressé au gouverneur Toulba-Pacha par le commandant de la flotte anglaise. Le gouvernement français ne voulut pas s'associer à cette mesure, et, lorsque le conflit parut imminent, l'amiral Conrad, commandant notre escadre, reçut l'ordre de se retirer à Port-Saïd (1ᵉʳ juillet). Le lendemain Alexandrie était bombardée. L'Angleterre ne demandait d'ailleurs pas mieux que d'agir seule; en effet, la Porte ayant, le 19, informé la conférence qu'elle consentait à participer à ses travaux, et ayant exprimé l'intention d'intervenir de la force en Egypte, le cabinet de Londres riposta qu'en raison des retards du gouvernement ottoman, il se considérait comme investi de la mission de rétablir l'ordre. L'amiral Seymour reçut l'ordre d'occuper le canal, et une expédition fut organisée, dont le commandement fut confié au général sir Garnet Wolseley, Arabi, déclaré rebelle par le khédive et le sultan, se fit charger par les ulémas de la défense de l'Egypte. Après le bombardement d'Alexandrie, il s'était retiré dans le camp de Kafr-el-Douar, où il avait réuni près de 40,000 hommes. L'armée anglaise, de son côté, comprenait environ 36,000 combattants. Les premiers jours du mois d'août ne furent marqués que par des escarmouches, dont la plus importante fut celle de Ramleh (5 août). Transportant sa base d'opérations sur le canal, le général anglais résolut de se porter sur la capitale par la route d'Ismaïlia-Tell-el-Kébir; une division resta cependant à Alexandrie pour protéger la ville contre toute attaque, et menacer la route du Caire. Arabi, informé de ces dispositions, laissa 12,000 hommes à Kafr-el-Douar, et vint concentrer ses forces à Tell-el-Kébir, qui fut mis en état de défense. Le 29 août et le 9 septembre, deux combats indécis eurent lieu en avant de cette position, à Kassassim; mais, le 13, Wolseley prenant l'offensive s'empara de Tell-el-Kébir et culbuta les Egyptiens, qui se retirèrent en désordre. Le lendemain, les troupes anglaises firent leur entrée au Caire; Arabi-Pacha, qui s'était constitué prisonnier, fut condamné à mort par une cour martiale; mais Tewfik commua la peine en un exil perpétuel. Peu de temps après, le *condominium* anglo-français fut aboli (15 janvier 1883) malgré les protestations du gouvernement français. L'Angleterre, qui avait été seule à la peine, voulait être seule à tirer profit de son intervention; mais, à ce moment, éclata l'insurrection du Mahdi. Au mois de novembre, le général Hicks, avec 10,000 hommes de troupes égyptiennes, fut battu et tué à El-Obéïd, et, le 4 février 1884, Baker perdit 2500 hommes à Tokar. Le gouvernement anglais conseilla au khédive l'abandon pur et simple du Soudan; Gordon fut chargé de ramener les garnisons égyptiennes; mais ce dernier, investi dès le 26 mars, se vit définitivement couper la retraite le 13 juin par la prise de Berber par les troupes du Mahdi. Cet événement ne laissa pas que d'émouvoir fortement l'opinion publique en Angleterre; mais, peu soucieux d'entreprendre une campagne dans une région aussi difficile, M. Gladstone chercha à éviter une nouvelle expédition en provoquant une intervention du négus. L'amiral Hewett fut donc envoyé en Abyssinie; mais le roi Jean, qui ne voyait pas sans une certaine satisfaction son ennemi le khédive aux prises avec le fanatique prophète, fit à l'envoyé anglais une réception assez froide, et ne consentit à marcher qu'après avoir recouvré au préalable les villes qui lui avaient été enlevées : Kassala,

Amhedib et Sanhit. Le gouvernement anglais se décida enfin à envoyer des secours à Gordon; et, le 9 septembre, Wolseley arriva au Caire. La marche vers le Sud commença aussitôt; elle fut forcément très lente. Le 20 janvier 1885, le général Stewart rencontra les rebelles à Abou-Kléa; il fut blessé mortellement pendant le combat, et les troupes anglaises durent s'arrêter devant Métamneh au-dessous de Schendy. L'avant-garde de cette division, sous les ordres du colonel Wilson, s'embarqua sur le Nil, remonta le fleuve et arriva le 28 en vue de Khartoum; mais, depuis deux jours, la place était aux mains du Mahdi; Gordon avait été tué. Il fallut revenir précipitamment en arrière. Depuis cette époque, le gouvernement britannique s'est attaché à reculer le moment de l'évacuation des troupes anglaises : tout en paraissant poursuivre l'organisation d'une Égypte neutre, autonome sous la suzeraineté du sultan, il entend se réserver le droit d'intervenir dans la vallée du Nil lorsqu'il jugera l'ordre en péril. Le 22 mai 1886, un accord dans ce sens a été conclu entre le plénipotentiaire anglais sir Drummond Wolff et les délégués du sultan; mais, sur les représentations de la France et de la Russie, ce dernier a refusé au dernier moment de ratifier cette convention (4 juillet 1886).

EHRENBERG (Chrétien-God.), natural. all. — Il est mort à Berlin le 27 juin 1876. Nous citerons parmi ses derniers travaux : *Sur les terres rouges, nourriture des nègres de la Guinée* (Berlin, 1868); *les Organismes invisibles de l'atmosphère* (Berlin, 1871-72); *les Petits organismes des profondeurs de la mer* (Berlin, 1873); *Sur l'argile à polycistes des Barbades* (Berlin, 1876), etc.

EHRENFEUCHTER (Fréd.-Aug.-Ed.), théol. all. — Il est mort à Gœttingue le 20 mars 1878. Le dernier ouvrage qu'il a publié a pour titre : *le Christianisme et les idées modernes sur l'univers* (Gœttingue, 1876).

EICHENS (Fréd.-Ed.), grav. all. — Il est mort à Berlin le 5 mai 1877.

EICHENS (Phil.-Hermann), graveur all., frère du précédent. — A citer parmi ses dernières œuvres : *l'Orpheline*, d'après Compte-Calix (1874).

EICHOFF (Fréd.-Gust.), publicist. fr. — Il est mort à Paris le 10 mai 1875.

EICHTAL (Gustave d'), publiciste fr. — Il est mort à Paris le 8 avril 1886. A citer parmi ses derniers ouvrages : *Mémoire sur le texte primitif du premier récit de la Création* (1875); *le Site de Troie, selon M. Lechevalier ou selon M. Schliemann* (1875); *Des rapports des sciences et de l'industrie* (1876); *Socrate et notre temps* (1884).

EICHWALD (Ed.), natural. russe. — Il est mort à Saint-Pétersbourg le 26 novembre 1876.

EISENLOHR (Guill.), phys. all. — Il est mort à Carlsruhe le 10 juillet 1872.

ELIOT (George), pseudonyme de *Marie-Anne Evans*, femme de lettres anglaise. — Ses derniers ouvrages sont : *la Légende de Tubal* (1874); *Daniel Deronda* (1876); *Theophrastus Such* (1879). Elle est morte à Londres le 22 décembre 1880.

ELLIS (Guill.), missionnaire angl. — Il est mort à Londres en 1872.

ELLISEN (Adolphe), litt. all. — Il est mort à Gœttingue le 5 novembre 1872.

ELOY (H.), jurisc. fr. — Le dernier ouvrage qu'il a publié est une *Vie de Martin de Douai* (1872).

ELSHOLZ (Fr. d'), litt. all. — Il est mort à Munich en 1872.

ELVENICH (P.-Jos.), philos. et théol. all. — Il est mort à Breslau le 16 juin 1886. A citer parmi ses derniers ouvrages : *le Pape infaillible* (Breslau, 1874); *le Pape et la science; Étude sur les Jésuites* (1875).

ELWART (Ant.-Amable-Élie), compos. fr. — Il est mort à Paris le 14 octobre 1877.

EMERSON (Ralph-Waldo), philos. américain. — Il est mort à Concord le 27 avril 1882. Il avait été élu en 1877 associé étranger de l'Académie des sciences morales et politiques en remplacement de Motley.

EMPIS (G.-Simonis), méd. fr. — Il a été élu en 1875 membre de l'Académie de médecine.

ENAULT (Et.), litt. fr. — Il est mort à Paris le 21 août 1883. A citer parmi les derniers ouvrages qu'il a publiés : *les Jeunes filles de Paris* (1873); *Gabrielle* (1879); *les Drames de la jeunesse* (1882).

ENAULT (L.), litt. fr., cousin du précédent. — Outre les ouvrages déjà cités, on doit encore à ce fécond écrivain : *le Baptême du sang* (1873); *la Destinée* (1874); *Londres* (1876); *la Veuve* (1877); *la Circassienne* (1878); *le Chien du capitaine* (1879); *Cordoval* (1882); *les Diamants de la couronne* (1884); *un Drame intime* (1887), etc.

ÉQUATEUR (République de l'). Superficie, population. — La superficie de la République, en y comprenant les îles Galapagos, est de 650,938 kil. carrés. D'après le dernier recensement, fait en 1885, la population est de 1,004,651 hab. sans compter les 60,000 Indiens de la province d'Orriente et du versant oriental des Andes; elle se répartit de la manière suivante :

PROVINCES	HABITANTS (1885)	CAPITALES	HABIT.
Azogues o Cañar	43.265	Azogues	4.000
Assuay	104.309	Cuença	30.000
Bolívar	31.327	Guaranda	6.000
Carchi	29.383	Tulcan	4.000
Chimborazo	90.782	Riobamba	18.000
Esmeraldas	11.146	Esmeraldas	3.000
Galapagos	304	»	»
Guayas	95.640	Guayaquil	40.000
Imbabura	56.476	Ibarra	10.000
León	80.028	La Tacunga	15.000
Loja	60.880	Loja	10.000
Manabi	64.284	Porto-Vieja	10.000
Oro	21.606	Machala	5.000
Orriente ou Napo	15.850	»	»
Pichincha	187.844	Quito	80.000
Rios	32.041	Babahoyo	5.000
Tungurahua	79.526	Ambato	12.000
TOTAL	1.004.651		

Commerce. — Le mouvement commercial a dépassé en 1887 22 millions de sucres dont 10 pour l'exportation. Celle-ci comprend principalement : le cacao (5 millions), le café (450,000), le caoutchouc, les métaux précieux, les peaux, le quinquina, l'orseille, l'ivoire végétal et les chapeaux. Le principal port est Guayaquil; puis viennent ceux de Manta, Esmeraldas, Bahia de Caraques et Ballenida. 550 navires, jaugeant 260,000 tonneaux, sont entrés en 1887 dans les ports de la République. L'Équateur est en communication télégraphique avec l'univers par une ligne allant de Guayaquil par terre à Ballenita et de là par câble à l'isthme de Tehuantepec et à New-York. Deux chemins de fer en exploitation de Quito à Bahia de Caraques, et de Machala à Cuenca.

Finances. — Au 1er janvier 1888, la dette s'élevait au chiffre de 14,217,202 sucres (le sucre vaut 5 fr.). On estime en moyenne les dépenses annuelles à 9,750,000 sucres; les recettes, qui proviennent principalement des douanes et des dîmes, s'élèvent approximativement au même chiffre.

Armée. — L'armée compte environ 4800 hommes, dont 3300 fantassins. La flotte se compose d'un transport, d'une canonnière et d'un croiseur, montés par 100 hommes d'équipage.

Gouvernement. — Le pouvoir exécutif se compose du président, élu directement par le peuple pour quatre ans, et du Conseil d'État. Le pouvoir législatif est entre les mains d'un Sénat (deux membres par chaque province) et d'une Chambre de députés (un député par 30,000 hab.). Le pouvoir judiciaire appartient à une Cour suprême dont les membres sont élus pour 6 ans par le Congrès. Il n'y a que quatre ministères : instruction publique; finances et crédit public; intérieur, affaires étrangères et travaux publics; guerre et marine.

Histoire. — En 1873, Gab. Garcia Moreno fit adopter une loi établissant une dîme en faveur du Saint-Siège. Pendant sa longue dictature, il se signala par une énergie cruelle dans la répression des insurrections qui ensanglantèrent plusieurs provinces. En 1875, lorsque le terme de son mandat fut arrivé, il brigua pour la troisième fois les fonctions de président de la République; mais à peine avait-il posé sa candidature qu'il fut assassiné sur le seuil de son palais. Il fut remplacé par M. Antonio Borrero, qui ne conserva le pouvoir que pendant quelques mois et eut pour successeur M. Vintimille. En 1882, une nouvelle révolution éclata. Le général Alfaro, à la tête des insurgés, occupa les provinces du centre, vint mettre le siège devant Quito, s'empara de la capitale malgré les efforts de Vintimille pour la débloquer, et constitua aussitôt un gouvernement provisoire. Le 9 juillet 1883, il entra à Guayaquil pendant que l'ex-président s'enfuyait à Lima. Quelques mois après (23 octobre), M. Placido Caamano fut élu pour quatre ans président de la République. Ce dernier a été remplacé le 30 juin 1888 par M. Antonio Florès, ex-ministre plénipotentiaire à Paris.

ERBEN (Ch.-Jitomar), écrivain tchèque. — Il est mort à Prague le 21 novembre 1871.

ERCKMANN-CHATRIAN (Émile ERCKMANN et Alexandre CHATRIAN, dits), litt. fr. — Les deux écrivains jumeaux ont donné depuis 1872 : *les Deux frères* (1873); *le Brigadier Frédéric* (1874); *Une campagne en Kabylie* (1876); *Maître Gaspard Fix* (1876); *Souvenirs d'un chef de chantier de l'isthme de Suez* (1876); *Contes vosgiens* (1877); *le Grand-père Lebigre* (1880); *les Vieux de la vieille* (1881); *le Banni* (1882); *Époques mémorables de l'Histoire de France* (1884). On leur doit en outre un ouvrage de critique : *l'Art et les grands idéalistes* (1885) et un recueil de pensées philosophiques : *Quelques mots sur l'esprit humain* (1880). Au théâtre, ils ont fait représenter *l'Ami Fritz* (Théâtre-Français, 1877), drame en trois actes, tiré de leur roman, dont le succès fut éclatant; *la Taverne des Trabans*, opéra-comique en trois actes, musique de M. H. Maréchal (1882); *les Rantzau*, comédie en quatre actes (Théâtre-Français, 1882); *Madame Thérèse*, pièce tirée de leur roman (Châtelet, 1882); *la Guerre*, drame historique en cinq actes (Châtelet, 1885), etc. M. Erckmann est mort à Villemomble (Seine) le 3 septembre 1890.

ERDAN (André-Alex. JACOB, dit), litt. fr. — Il est mort à Fracasti, près de Rome, le 24 septembre 1878.

ERDELYI (J.), litt. hongrois. — Il est mort à Sarospatak le 23 janvier 1868.

ERDMANN (Othon-Linné), chimiste all. — Il est mort à Leipzig le 9 octobre 1869.

ERMAN (G.-Adolphe), phys. all. — Il est mort à Berlin le 12 juillet 1877.

ERNEST IV (Aug.-Ch.-J.-Léop.-Alexandre-Édouard) ou ERNEST II dans la ligne propre de Cobourg, duc de SAXE-COBOURG-GOTHA. — Il a commencé récemment la publication de ses mémoires : *Sur ma vie et mon temps* (1887).

ERNOUF (Alfred-Auguste, baron), litt. fr. — Outre les ouvrages déjà cités, on doit encore à cet écrivain : *Histoire des chemins de fer français pendant la guerre franco-prussienne* (1874); *Souvenirs d'un officier polonais, 1808-1812* (1877); *Souvenirs militaires d'un jeune abbé, soldat de la République, 1793-1801* (1881); *l'Art musical au XIXe siècle* (1888), etc., et de nombreuses études biographiques : *Denis Papin, sa vie, son œuvre* (1874); *les Inventeurs du gaz et de la photographie : Lebon, Niepce et Daguerre* (1877); *Histoire de Maret, duc de Bassano* (1878); *Pierre Latour du Moulin* (1878); *Histoire de quatre inventeurs français : Sauvage, Heilmann, Thimonnier, Giffard* (1884); *Paulin Talabot, sa vie, son œuvre* (1886); *Histoire de trois ouvriers français : Richard-Lenoir, Bréguet, Brezin* (1887).

ERSTEIN, ville d'Alsace-Lorraine, ch.-l. de cercle, à 21 kil. N. E. de Schlestadt. Chemin de fer de Strasbourg à Bâle. Embranchement du tramway de Strasbourg à Marckolsheim. Pop. 4400 hab.

ESAAD EFFENDI (Mohammed), litt. turc. — Il est mort à Constantinople le 11 janvier 1848.

ESCOSURA (Patricio DE LA), homme polit. et litt. espag. — Il est mort à Madrid le 22 janvier 1878. Il avait occupé l'ambassade de Berlin de 1872 à 1874.

ESPAGNE. *Population.* — D'après les derniers renseignements (décembre 1887), la population de l'Espagne est de 17,550,246 hab., dont 312,646 pour les Baléares et 287,728 pour les Canaries. Sur ce chiffre, on en compte à peine 30,000 non catholiques. Au commencement de ce siècle, l'Espagne possédait le plus vaste étendue des colonies que jamais peuple eût possédée jusqu'alors; aujourd'hui, sa puissance, sous ce rapport, est singulièrement déchue; cependant elle occupe encore le troisième rang après l'Angleterre et la Hollande parmi les États de l'Europe. Outre les Canaries, que nous avons déjà mentionnées, l'Esp. possède : dans les Antilles, *Cuba* et *Porto-Rico* qui renferment respectivement 1,521,684 et 754,313 hab.; dans l'océan Indien oriental, les *Philippines*, avec 5,559,020 âmes; les îles *Mariannes*, 8665 hab.; les îles *Carolines*, 22,000 hab.; les îles *Palaos*, 14,000 hab., et les îles *Sulu*, 75,000 hab.; en Afrique, le territoire d'*Ifni*, le cap *San-Juan*, les îles *Fernando-Pô*, *Corisco*, *Elobey* et *Annobon*; enfin, les établissements de la côte du Maroc, qui, en dehors de Ceuta, rattaché administrativement à la province de Cadix, renferment une population de 5000 hab.

Situation économique. — Le total des affaires commerciales avec l'extérieur a atteint en 1887 1,533,394,000 pesetas. Ce chiffre, qui représente les importations et les exportations réunies (722,182,000 pour ces dernières), se décompose comme il suit : commerce avec la France, 542 millions; avec la Grande-Bretagne, 301 millions; avec l'Allemagne, 91 millions, dont 9 seulement pour l'exportation; avec l'Amérique, 290 millions, etc. Les principaux articles d'importation consistent en céréales, denrées coloniales, tabac, houille, bois, machines et tissus. L'exportation porte sur les vins (281 millions), les fruits, les métaux ou minerais (cuivre, mercure, etc.), la sparterie, les cuirs ouvrés et le liège. En 1886, l'effectif de la marine marchande nationale était de 1450 navires jaugeant plus de 50 tonneaux avec un déplacement de 270,000 tonneaux, et de 350 navires de plus de 100 tonneaux avec un déplacement à peu près égal.

Instruction publique. — Depuis 1881, l'Espagne est partagée en 10 circonscriptions, à la tête de chacune desquelles se trouve une Université. Le nombre des écoles primaires a été considérablement augmenté ; mais, malgré les progrès réalisés, on compte encore près de 70 pour 100 d'illettrés. Une Ecole forestière fonctionne à l'Escurial ; Madrid possède en outre une Ecole des mines, une Ecole des beaux-arts et un Conservatoire de musique.

Finances. — Au 1er janvier 1889, la dette publique de l'Esp. était de 6,275,268,482 pesetas (la peseta vaut 0 fr. 92). Le dernier budget que nous avons sous les yeux, celui de 1888-89, se résume comme il suit :

RECETTES.

Contributions directes...........	310.983.000 pesetas.
Contributions indirectes.........	314.204.394 —
Douanes.......................	173.903.000 —
Monopoles de l'Etat (timbre, etc.)...	21.198.038 —
Recettes diverses................	32.199.500 —
Total........	851.667.932 pesetas.

DÉPENSES.

Liste civile....................	9.350.000 pesetas.
Dette publique.................	270.090.611 —
Pensions......................	50.503.826 —
Ministère des affaires étrangères..	5.300.620 —
Ministère de la grâce et de la justice.	59.092.850 —
Ministère de la guerre...........	151.720.262 —
Ministère de la marine..........	26.093.267 —
Ministère de l'intérieur........	34.486.581 —
Ministère des travaux publics....	100.385.507 —
Ministère des finances..........	20.826.781 —
Dépenses diverses..............	111.418.311 —
Total........	848.657.985 pesetas.

PROVINCES ANCIENNES ET NOUVELLES	POPUL. DÉCEMBRE 1887	HABIT. par kilom. carré	POPUL. du ch.-lieu
1. Madrid	684.630	86	472.228
2. Tolède	359.562	23	20.837
3. Guadalaxara.	201.496	16	11.243
4. Cuença	242.024	14	9.745
5. Ciudad-Real	292.291	15	14.702
6. Burgos.	337.822	24	31.301
7. Logrono	181.465	36	15.567
8. Santander	242.843	44	41.829
9. Soria	151.471	15	7.783
10. Ségovie	154.457	22	14.399
11. Avila	193.093	24	40.935
12. Palencia	188.954	22	15.050
13. Valladolid	267.297	35	62.018
14. Léon	380.229	24	18.446
15. Zamora	269.261	25	15.209
16. Salamanque. . . .	314.424	25	22.199
17. Oviedo	595.420	55	42.716
18. Corogne	613.792	78	37.244
19. Lugo	431.644	45	19.952
20. Orense	405.074	58	14.168
21. Pontevedra. . . .	443.385	101	19.996
22. Badajoz	480.418	22	27.279
23. Caceres	339.793	17	14.880
24. Séville.	543.944	38	143.182
25. Cadix (avec Ceuta) . .	429.381	58	62.531
26. Huelva	254.831	25	18.485
27. Cordoue.	420.714	31	55.614
28. Jaen.	437.843	32	25.706
29. Grenade	484.341	38	73.006
30. Almeria.	339.383	39	30.200
31. Malaga.	519.377	71	134.016
32. Murcie.	491.438	42	98.538
33. Albacete.	229.492	15	20.533
34. Valence.	733.978	68	170.763
35. Alicante	432.335	76	39.638
36. Castellon.	292.437	45	25.193
37. Saragosse.	414.007	24	92.407
38. Huesca.	254.958	17	13.043
39. Teruel.	241.865	17	9.423
40. Barcelone.	899.264	117	272.481
41. Tarragone	318.579	54	27.225
42. Lérida.	285.417	23	21.885
43. Gerone.	305.539	52	15.497
44. Navarre (ch.-l. Pampelune)	304.051	29	26.656
45. Biscaye (ch.-l. Bilbao). .	235.059	109	50.772
46. Guipuzcoa (ch.-l. St-Sébastien)	181.856	96	29.047
47. Alava (ch.-l. Vittoria) . .	92.893	35	27.660
TOTAL.	16.945.786	34	

Armée. — L'organisation de l'armée date des années 1882, 1883 et 1887. L'effectif total de toutes les troupes espagnoles en temps de paix est fixé à 131,400 hommes, dont 31,400 pour Cuba, Porto-Rico et les Philippines. Ce chiffre s'élèverait en temps de guerre à environ 870,000 hommes, avec 23,500 chevaux et 490 canons. La flotte de guerre comprend 4 brigades cuirassées, 10 croiseurs, 4 avisos, 3 transports, 12 canonnières, 8 torpilleurs et 1 contre-torpilleur. De plus 11 croiseurs sont actuellement en construction. L'effectif des divers corps

de la marine comprend 14,000 matelots et 7000 soldats d'infanterie de marine. Ces derniers forment 3 brigades à 2 régiments. Les écoles militaires sont les suivantes : d'état-major, à Madrid ; du génie, à Guadalaxara ; d'artillerie, à Ségovie ; d'infanterie, à Tolède ; de cavalerie, à Alcala de Henarès ; et l'Ecole navale à San-Fernando, près de Cadix. L'Espagne militaire est répartie en 14 capitaineries générales : Andalousie, Aragon, Baléares, Burgos, Canaries, Catalogne, Estrémadure, Galicie, Grenade, Navarre, Nouvelle-Castille, provinces Basques, Valence, Vieille-Castille.

Gouvernement. — Aux termes de la constitution du 30 juin 1876, l'Espagne est une monarchie constitutionnelle, héréditaire en ligne masculine et féminine. Le Sénat se compose de 180 membres à vie nommés par la couronne ou en faisant partie de droit comme princes du sang, grands d'Espagne, etc., et de 180 membres élus par les corporations ou les électeurs payant un chiffre d'impôt déterminé. La Chambre des députés comprend 432 membres (1 député par 50,000 hab.) élus pour cinq ans. Le roi actuel est ALPHONSE XIII (*Léon-Ferdin.-Marie-Jacques-Isidore-Pascal-Antoine*, etc.), né à Madrid le 17 mai 1886, fils du feu roi Alphonse XII et de la reine *Marie-Christine*, archiduchesse d'Autriche, née le 21 juillet 1858, et régente du royaume jusqu'à la majorité du roi (17 mai 1902). Pour l'histoire de l'Espagne, voy. ALPHONSE XII et don CARLOS, dans le Supplément ; MARIE-CHRISTINE et SERRANO, dans le Dictionnaire.

ESPARTERO (Baldomero), duc DE LA VICTOIRE, général et homme d'Etat espagnol. — Retiré à Logrono, l'exrégent d'Espagne s'est constamment tenu à l'écart de la politique active. Il est mort dans cette ville le 9 janvier 1879.

ESQUIROS (Alph.), litt. et homme polit. fr. — A l'Assemblée nationale, où les électeurs du départ. des Bouches-du-Rhône l'avaient envoyé en 1871, il siégea à l'extrême gauche et ne joua qu'un rôle effacé. Il fut élu dans le même départ. aux élections sénatoriales du 20 février 1876 ; mais la maladie le tint constamment éloigné des débats, et il mourut à Versailles quelques mois après

(10 mai 1876). Outre les ouvrages déjà cités, il a publié dans ces dernières années : *le Bonhomme Jadis* (1875) et *le Château enchanté* (1877), ouvrage posthume. — Sa femme, *Adèle Esq.*, née Batanchon, dont il vivait séparé depuis fort longtemps, est morte à Paris en 1885.

ESTERNO (H., comte D'), écon. fr. — Il est mort à Paris le 16 mai 1883. A citer parmi les derniers ouvrages qu'il a publiés : *le Crédit de la petite culture* (1876) ; *la Femme envisagée au point de vue naturaliste, spiritualiste, philosophique, providentiel* (1882).

ÉTATS-UNIS DE L'AMÉRIQUE DU NORD. *Superficie, population, divisions politiques.* — La superficie totale des Etats-Unis, y compris le territoire d'Alaska, est de 9,212,270 kil. carrés. La population, d'après le dernier recensement (1er juin 1880), s'élève à 50,445,336 hab. Un dénombrement officiel exécuté à la fin de l'année 1887, a fourni le chiffre de 61,702,000 hab. En 1880, le nombre des hab. se décomposait comme il suit : blancs, 43,402,970 ; noirs et hommes de couleur, 6,580,793 ; Asiatiques, 105,613 ; Indiens, 255,000. Sur les 6,679,943 étrangers résidant aux Etats-Unis, on compte 1,966,000 Allemands, 1,854,000 Irlandais, 717,000 nés dans l'Amérique anglaise, 662,000 Anglais, 194,000 Suédois, 181,000 Norvégiens, 170,000 Ecossais, 135,000 Autrichiens-Hongrois, 107,000 Français, 105,000 Chinois, 88,000 Suisses, 44,000 Italiens, 35,000 Russes, 128,000 Danois, etc. L'élément anglo-saxon entre à peine pour la moitié dans la formation du peuple yankee. Le nombre des immigrants, qui a atteint en 1882 le chiffre considérable de 730,349, s'est abaissé ensuite progressivement jusqu'en 1885 (350,510) ; depuis cette époque il tend à se relever, et en 1888 il a été de 546,889, dont 109,000 Allemands, 73,000 Suédois-Norvégiens, 52,000 Italiens, 46,000 Autrichiens, 39,000 Russes, 8900 Danois, 7700 Suisses, 6500 Français, 26 Chinois, etc. Les Etats-Unis comprennent un district fédéral, 42 Etats et 5 territoires. En voici la liste avec le chiffre de leur population, la densité par kil. carré, le nom de leurs capitales, et la date d'admission de chacun d'eux dans l'Union.

ÉTATS ET TERRITOIRES	KILOMÈTRES	POPULATION (1880)	HABIT. par KILOM. CARRÉ	CAPITALES	DATE de l'entrée dans l'Union
1. Alabama.	135.322	1.262.505	9	Montgomery . . .	1820
2. Arkansas.	139.460	802.525	6	Little-Rock. . . .	1836
3. Californie.. . . .	410.135	864.694	2	Sacramento. . . .	1850
4. Caroline du Nord.	135.322	1.399.750	10	Raleigh.	1789
5. Caroline du Sud..	79.173	995.577	13	Columbia. . . .	1788
6. Colorado.. . . .	269.154	194.327	0.7	Denver.	1875
7. Connecticut. . .	12.924	622.700	48	Hartford . . .	1788
8. Delaware. . . .	5.309	146.608	28	Dover. . . .	1787
9. Dakota.	386.153	135.177	0.4	Bismarck. . . .	»
» Distr. de Colombie..	481	177.624	981	Washington . . .	1800
10. Floride.	151.975	290.493	1.7	Tallahassee . .	1845
11. Géorgia.	154.034	1.542.180	10	Atlanta.	1788
12. Illinois.. . . .	146.717	3.077.871	21	Springfield. . .	1818
13. Indiana.. . . .	94.143	1.978.301	21	Indianopolis. . .	1816
14. Jowa..	145.099	1.624.615	11	Des Moines. . .	1846
15. Kansas.	212.578	996.096	4.7	Topeka.	1861
16. Kentucki. . . .	104.632	1.648.690	16	Francfort. . . .	1792
17. Louisiane. . . .	126.180	939.946	7	Bâton-Rouge. . .	1812
18. Maine.	85.570	648.936	8	Augusta.	1820
19. Maryland. . . .	31.623	934.943	30	Annapolis. . . .	1788
20. Massachusetts. .	21.535	1.783.085	83	Boston.	1788
21. Michigan. . . .	152.584	1.630.937	11	Lansing. . . .	1837
22. Minnesota.. . .	215.907	780.773	3.6	Saint-Paul. . .	1858
23. Mississipi. . . .	121.232	1.131.797	9	Jackson.	1817
24. Missouri. . . .	179.778	2.168.380	12	Jefferson City .	1821
25. Montana. . . .	378.331	39.159	0.1	Helena. . . .	»
26. Nébraska. . . .	199.046	452.402	2.3	Lincoln. . . .	1854
27. Névada.. . . .	286.701	62.266	0.2	Carson City. . .	1864
28. New-Humpshire. .	24.099	346.991	11	Concord. . . .	1788
29. New-Jersey.. . .	20.240	1.131.116	56	Trenton. . . .	1787
30. New-York.. . .	127.345	5.082.871	40	Albany. . . .	1788
31. New-Mexique. . .	317.469	119.565	0.4	Santa-Fé. . . .	»
32. Ohio..	106.544	3.198.062	30	Columbus . . .	1802
33. Orégon.. . . .	248.707	174.768	0.7	Salem. . . .	1859
34. Pensylvanie.. .	117.102	4.282.891	37	Harrisburg.. . .	1787
35. Rhode-Island. .	3.237	276.531	86	Newport. . . .	1790
36. Tennessee . . .	108.905	1.542.359	14	Nashville. . . .	1796
37. Texas.	688.343	1.591.749	2.3	Austin	1845
38. Vermont. . . .	94.772	332.286	13	Montpellier. . .	1791
39. Virginie	109.942	1.512.565	14	Richmond. . . .	1788
40. Virginie occidentale . .	64.178	618.457	10	Charleston. . .	1802
41. Washington.. .	179.169	75.116	0.4	Olympia. . . .	»
42. Wisconsin. . . .	145.137	1.315.497	9	Madison. . . .	1848
TERRITOIRES					
1. Alaska.	1.376.292	33.426	0.03	Sitka.	1870
2. Arizona. . . .	292.700	40.440	0.1	Prescott.. . . .	1863
3. Idaho.	219.623	32.610	0.2	Boise-City. . .	1863
4. Utah..	230.063	143.963	0.7	Salt-Lake-City. .	1850
5. Wyoming. . . .	253.525	20.789	0.1	Cheyenne. . .	1865
Indian territ.. . .	467.540	76.895	0.5	»	»
Territoire non organ. . .	14.866	»	»	»	»

Les villes principales sont : New-York (N.-Y.), 1,206,299 hab.; Philadelphie (Pensyl.), 847,170; Brooklyn (N.-Y.), 566,663; Chicago (Ill.), 503,185; Boston (Mass.), 362,839; Saint-Louis (Missou.), 350,518; Baltimore (Maryl.), 332,313; Cincinnati (Ohio), 255,139; San Francisco (Calif.), 233,959; Nouvelle-Orléans (Louis.), 216,090.

Agriculture. — L'agriculture constitue la base fondamentale de la prospérité de la grande République. En 1885, la récolte du froment était évaluée à 120 millions d'hectolitres, celle du maïs à 1500 millions de dollars, et celle du coton à 6,700,000 balles. La Californie, l'Ohio, le New-York et le Missouri produisent chaque année plus de 80,000 hectol. de vin. Outre le sucre de canne, dont la production est en baisse, les Etats-Unis produisent encore une quantité notable de sucre de sorgho et de sucre d'érable (30,000,000 de kilogr. pour ce dernier en 1886). La culture du tabac se maintient dans la Virginie, le Maryland, le Kentucky, le Tennessee et la Caroline du Nord. Les Etats du Centre et de l'Ouest se livrent surtout à l'élevage du bétail et spécialement des porcs. 1,500,000 porcs sont passés en 1886 dans les seuls abattoirs de Chicago. Les moutons ont donné la même année 80 millions de kilogr. de laine.

Industrie. — Tout le monde sait que l'industrie extractive, particulièrement celle des métaux précieux, s'est développée aux Etats-Unis avec une ardeur fébrile. La fièvre s'est calmée depuis que les mineurs se sont vus dans la nécessité de recourir à l'emploi des machines et de se constituer en compagnies disposant de capitaux considérables. Mais l'exploitation n'a pas été pour cela interrompue, elle a seulement devenue plus régulière. La production de l'année 1886 (non compris les pétroles) a été d'une valeur approximative de 250 millions de dollars dont 147 pour le charbon, 51 pour l'argent, 35 pour l'or, 16 pour le cuivre, 12,5 pour le plomb et 1 pour le mercure. Au point de vue de l'industrie manufacturière, les Etats-Unis tendent de plus en plus à se suffire à eux-mêmes. En dehors de la métallurgie, à laquelle les Yankees se sont toujours particulièrement appliqués, toutes les autres branches de l'industrie se sont prodigieusement développées dans ces dernières années. Pour les tissus de laine et coton, les Américains sont en passe de rivaliser avec les Anglais, et pour les tissus de soie avec les Français ; leurs cuirs manufacturés, leurs machines à coudre, leurs montres s'envoient sur tous les points du globe, et l'Europe voit chaque année le chiffre de ses exportations diminuer.

Commerce, navigation, voies de communication. — Le commerce extérieur a présenté, pour les deux dernières années dont nous avons le compte rendu officiel, les chiffres suivants : pour l'année 1886-87, importations, 752 millions de dollars ; exportations, 783 millions ; pour l'année 1887-88, importations, 725 millions de dollars ; exportations, 717 millions ; réexportations, 33 millions. Les principaux articles constituant la base de l'exportation sont les céréales (127 millions de dollars), le tabac (25 millions), les viandes fraîches ou conservées (100 millions), le coton et les huiles minérales. Quant aux importations, elles consistent surtout en denrées coloniales (158 millions), tissus et corderies (138 millions), boissons (13 millions), métaux bruts (51 millions), bijouterie, œuvres d'art, produits chimiques, poteries, etc. Toutes ces valeurs sont exprimées en millions de dollars. Le mouvement de la navigation a atteint, dans l'année 1887-88, le chiffre de 62,666 navires, jaugeant ensemble 31,062,000 tonneaux ; à l'entrée, 31,254 nav. jaugeant 15,393,000 tonn., et à la sortie, 31,412 nav., avec 15,669,000 tonn. Sur ce total, on ne compte, tant à l'entrée qu'à la sortie, que 19,142 nav. américains avec 6,779,000 tonn., soit à peine la cinquième partie du mouvement commercial des Etats-Unis. Au 30 juin 1888, la marine marchande se composait de 23,281 navires jaugeant ensemble 4,191,916 tonn. Ces chiffres se répartissaient ainsi : vapeurs, 5694 et 1,648,069 tonn. ; voiliers, 15,579 et 2,124,351 tonn. ; divers, 2008 et 419,496 tonn. Le nombre des navires au long cours n'était que de 1433, jaugeant 919,302 tonn. ; la pêche de la baleine avait fait armer 97 baleiniers, et celle de la morue 1589 barques. Sur ce total de 23,281 navires faisant un service actif, on en comptait 18,737 se livrant à la navigation maritime, 3290 naviguant sur les lacs, et 1254 sur les grands fleuves. Au 31 décembre 1888, il y avait aux Etats-Unis 252,662 kil. de chemins de fer en exploitation, donnant un revenu de 931,385,000 dollars. Le nombre des bureaux de poste était de 57,376, et les recettes ont atteint de ce chef 52 millions de dollars. Les lignes télégraphiques parcouraient 306,060 kil., non compris les télégraphes de chemins de fer, du gouvernement et des particuliers. Les lignes téléphoniques avaient une longueur de 225,300 kil.

Finances. — Au 1er juillet 1887, la dette publique des Etats-Unis était de 1,175,169,000 dollars, en diminution de 107 millions sur celle du 1er juillet de l'année précé-

dente. Le compte de 1887-88 a présenté les résultats suivants :

RECETTES.

Douanes.	219.091.174 dollars.
Contributions intérieures	124.296.872 —
Vente de terres.	12.082.104 —
Chemin de fer du Pacifique	2.857.028 —
District de Colombie	2.650.250 —
Recettes diverses.	18.288.647 —
Total.	379.266.075 dollars.

DÉPENSES.

Intérêts de la dette	44.715.007 dollars.
Département de la guerre.	38.522.436 —
Département de la marine.	16.926.438 —
Affaires étrangères.	1.593.464 —
Pensions.	80.288.509 —
District de Colombie.	4.278.113 —
Indiens.	6.249.308 —
Service civil.	22.852.334 —
Travaux publics et dépenses diverses.	44.228.353 —
Total.	259.653.959 dollars.
Excédent de recettes sur les dépenses.	119.612.116 —

Chacun des Etats de l'Union a en outre sa dette spéciale. Ces dettes locales varient considérablement, depuis le Nebraska, qui ne doit que 449,000 dollars, jusqu'au Massachusetts, qui en doit 31,430,000. Au reste la somme totale des dettes des différents Etats s'élève approximativement à 228,348,000 dollars.

Armée. — L'armée régulière, de 2174 officiers et 25,000 hommes, ne forme que le noyau autour duquel se groupe, en cas de guerre, la grande armée milicienne. Elle comprend 25 régiments d'infanterie, 10 régiments de cavalerie, 5 régiments d'artillerie, 1 bataillon du génie, des troupes spéciales, et est répartie en 3 divisions militaires : Missouri, Atlantique et Pacifique. Outre cette armée fédérale, chaque Etat possède une *milice* dont doivent faire partie tous les citoyens de 18 à 45 ans capables de porter les armes. L'effectif de ces milices s'élèverait à 7,920,000 hommes ; mais il n'y en a guère que 120,000 qui soient organisés et disciplinés. La flotte militaire, d'après l'état de 1887, comprend 18 navires blindés, de 3000 à 800 tonneaux, 34 vapeurs à hélice, 12 navires à voiles et quelques autres navires de moindre importance, soit en tout : 81 navires armés de 385 canons, montés par 1939 hommes, et commandés par 76 officiers.

Histoire. — Voici la liste chronologique des présidents qui se sont succédé au pouvoir depuis 1869 :

Ulysse Grant.	4 mars 1869	4 mars 1877
Robert Hayes.	4 mars 1877	4 mars 1881
James Garfield.	4 mars 1881	20 septembre 1881
Chester Arthur.	20 septembre 1881	4 mars 1885
Grover Cleveland.	4 mars 1885	4 mars 1889
Benjamin Harrison.	4 mars 1889	

ÉTEX (Ant.), sculpt. fr. — Il est mort à Chaville (Seine-et-Oise) le 14 juillet 1888. Nous citerons parmi les dernières œuvre de ce grand et fécond artiste : *Enfant endormi* (1874) ; *Suzanne au bain* (1875) ; *Daphnis et Chloé* (1883) ; *la Ville de Paris* (1885) ; et une foule de bustes : *Alex. Dumas père* (1875) ; *Eugène Delacroix* (1876) ; *E. de Girardin*, *Marimoni* (1877) ; *Berryer*, *Daubrée* (1878) ; *V. Schœlcher* (1879) ; *Géricault* (1885), etc. On lui doit aussi quelques tableaux et des aquarelles. Quant à ses travaux d'architecture, comme ils sont restés à l'état de projets, nous n'avons pas à nous en occuper. Outre ses opuscules de critique ou d'enseignement déjà mentionnés, il a publié : *les Souvenirs d'un artiste* (1877) et *les Trois tombeaux de Géricault* (1885).

ÉTIENNE-GALLOIS (Aug.-Alph.), litt. fr. — Il a publié en 1874-75 un recueil d'études intitulé *Passim*.

ETTMULLER (Ern.-Maurice-L.), philol. all. — Il est mort à Zurich le 5 avril 1877,

EUROPE. — L'estimation la plus vraisemblable porte la population totale de notre globe à environ 1483 millions d'habitants, savoir : Europe, 347 millions ; Asie, 789 ; Afrique, 197 ; Amérique, 112 ; Océanie, 38. Si l'on adopte ces chiffres, on trouve que l'Europe possède à elle seule 23 pour 100, ou presque le quart de cette population totale, bien que sa surface représente au plus 7,6 pour 100, ou à peu près le 14e de la surface entière de la terre. Il est à peine besoin de dire que la population européenne est très inégalement répartie : son maximum de densité s'observe en Belgique, et son minimum, en laissant de côté l'Islande, dans la Suède, la Norvège et les provinces septentrionales de la Russie. Au reste, on pourra aisément s'en rendre compte en jetant un coup d'œil sur le tableau ci-contre, qui indique à la fois les différents Etats entre lesquels se partage l'Europe, la superficie de chacun de ces Etats, et le chiffre, en général pour l'année 1889, de la population tant absolue que relative de chacun d'eux. Nous donnons dans le second tableau les budgets de recettes et de dépenses, les crédits affectés à l'armée et à la marine et l'état des forces militaires des principales puissances de l'Europe.

ÉTATS	SUPERFIC. en KIL. CARRÉS	POPULATION	
		ABSOLUE	RELATIVE
ALLEMAGNE (Empire d').	540.596	46.855.704	87
Royaumes :			
Prusse	348.347	28.318.470	81
Bavière	75.850	5.420.109	71
Saxe	14.992	3.182.003	212
Wurtemberg	19.503	1.995.185	102
Grands-duchés :			
Bade	15.081	1.601.255	106
Hesse	7.681	956.611	125
Mecklembourg-Schwerin	13.303	575.152	43
Mecklembourg-Strelitz	2.929	98.371	34
Oldenbourg	6.422	341.525	53
Saxe-Weimar	3.594	313.946	87
Duchés :			
Anhalt	2.347	248.166	106
Brunswick	3.690	372.452	101
Saxe-Altembourg	1.323	161.460	122
Saxe-Cobourg-Gotha	1.950	198.829	102
Saxe-Meiningen	2.468	214.884	87
Principautés :			
Lippe-Detmold	1.215	123.212	110
Reuss-Greitz	316	55.904	177
Reuss-Schleitz	825	110.598	134
Schaumbourg-Lippe	339	37.204	109
Schwartzb.-Rudolstadt	940	83.836	89
Schwartzb.-Sondershausen	862	73.606	85
Waldeck	1.121	56.575	50
Villes libres :			
Brême	255	165.628	648
Hambourg	409	518.620	1.266
Lubeck	297	67.658	227
Pays de l'empire :			
Alsace-Lorraine	14.509	1.564.335	108
ANDORRE (République d').	385	5.750	15
AUSTRO-HONGR. (Monarchie).	622.309	37.882.712	61
Autriche (Empire d')	300.024	22.144.244	74
Hongrie (Royaume de)	322.285	15.738.408	49
BELGIQUE (Royaume de).	29.457	6.030.043	204
DANEMARK (Royaume de).	144.420	2.052.704	14
Danoises (Iles) et Jutland	38.302	1.969.039	51
Féroé (Iles)	1.333	11.220	8
Islande	104.785	72.445	0,7
ESPAGNE (Royaume d').	504.516	17.545.100	35
Espagne continentale	492.230	16.945.786	34
Baléares (Iles)	5.014	312.646	62
Canaries (Iles)	7.272	287.728	40
FRANCE (République).	528.854	38.218.903	72
France propre	520.076	37.940.402	72
Corse	8.722	278.501	32
GR.-BRET. et Irl. (Roy. de).	314.628	35.241.482	112
Angleterre, Galles, Écosse et îles	230.180	29.710.012	129
Irlande	84.252	5.174.836	61
Normandes (Iles)	196	87.702	447
Malte, Gibraltar	374	178.500	»
GRÈCE (Royaume de).	64.689	1.979.501	30
SUISSE (République).	41.346	2.934.057	71
ITALIE (Royaume d').	296.323	30.565.253	103
Italie propre	242.740	26.609.454	109
Sardaigne	24.342	730.240	30
Sicile	29.241	3.225.559	110
LICHTENSTEIN (Princip. de).	157	9.124	58
MONACO (Princip. de).	22	13.304	005
PAYS-BAS (Royaume des).	32.900	4.505.932	137
Luxembourg (Gr.-Duché)	2.587	213.283	82
PORTUGAL (Royaume de).	92.075	4.708.178	51
Portugal propre	88.872	4.306.554	48
Açores et Madères	3.203	401.624	125
RUSSIE (Empire de).	5.614.433	94.547.812	18
Russie d'Europe propre	5.016.381	89.685.489	18
Finlande (Gr.-duché de)	373.012	2.270.912	7
Cis-Caucasie	224.440	2.501.411	11
SAINT-MARIN (Républ. de).	59	7.840	133
SUÈDE et NORVÈGE (Roy. de).	775.996	6.555.157	8,4
Suède	450.574	4.748.257	11
Norvège	325.422	1.806.900	5,5
TURQUIE (Empire de).	325.779	10.233.491	31
Bosnie et Herzégovine	51.110	1.336.091	26
Sandjak de Novibazar	9.055	168.000	17
Bulgarie et Roumélie	93.276	3.154.375	31
ROUMANIE (Royaume de).	129.947	5.376.000	41
SERBIE (Royaume de).	48.589	2.010.612	41
MONTÉNÉGRO (Princip. de).	2.030	236.000	26
Spitzberg, N.-Zemble, etc.	443.800	»	»
TOTAL.	10.008.496	347.000.000	34.7

ÉTATS	RECETTES	DÉPENSES	BUDGET DE LA GUERRE	BUDGET de la MARINE	SOLDATS	CHEVAUX	CANONS	MARINS	NAVIRES	CANONS
Allemagne	968.053.886 marcs (= 1 fr. 25).	968.053.886	454.918.078	51.406.090	(1) 1.129.920	312.820	2.810	15.235	77	537
Autriche-Hongrie	1.025.803.507 florins (= 2 fr. 50).	1.029.074.496	414.158.578	11.241.077	(2) 1.298.000	265.084	1.290	11.589	414	585
Belgique	330.514.902 francs.	322.414.138	46.834.732	»	103.680	13.500	240	»	»	»
Danemark	54.333.290 couronnes (= 1 fr. 39).	59.808.223	10.563.443	6.257.101	58.562	»	»	1.437	43	280
Espagne	851.667.932 pesetas (= 1 fr.).	843.657.985	154.720.262	26.683.627	809.353	23.467	484	14.000	136	620
France	3.046.020.874 francs.	3.046.417.120	750.406.550	203.148.225	(3) 2.000.000	260.000	3.200	41.227	388	»
Grande-Bretagne	133.497.441 liv.-sterling (= 25 fr.).	133.497.441	45.957.738	12.999.895	821.224	54.674	»	90.155	733	556
Grèce	96.449.453 drachmes (= 1 fr.).	95.974.420	17.131.000	4.241.486	26.113	3.724	120	2.945	24	210
Italie	1.801.397.772 lires (= 1 fr.).	1.857.906.850	284.537.059	124.059.719	(4) 1.143.000	»	»	16.786	276	583
Suède et Norvège	137.131.400 couronnes (= 1 fr. 39).	137.362.700	27.250.030	8.947.840	227.346	»	313	50.000	120	247
Pays-Bas	120.852.965 florins (= 2 fr. 10).	133.596.613	20.772.947	14.209.556	179.568	»	»	11.996	446	»
Portugal	40.692.531 milreis (= 5 fr. 68).	44.439.871	5.004.831	2.444.139	125.057	7.821	264	2.800	58	171
Russie	895.461.810 roubles (= 4 fr.).	895.461.840	215.509.510	39.383.129	(5) 1.715.350	445.750	5.292	28.824	358	»
Suisse	59.882.864 francs.	58.555.088	22.824.366	»	206.285	»	»	»	»	»
Turquie	»	»	»	»	850.000	»	»	48.572	75	»

(1) Non compris le landsturm. — (2) Non compris le landsturm (431.500 hommes). — (3) Non comprises l'armée territoriale (1.022.000) et sa réserve (762.000 hommes). — (4) Non comprise la milice territoriale (1.620.000 hommes). — (5) Non comprise l'opoltchenye (armée territoriale).

EWALD (G.-H.-Aug.), oriental. all. — Il est mort à Gœttingue le 4 mai 1875.

EXPILLY (J.-Ch.-Marie), litt. fr. — Il est mort à Tain (Drôme) le 12 février 1886.

EYMA (T.-Xavier), litt. fr. — Il est mort à Paris au mois de mars 1876. Après avoir collaboré au *Figaro* de 1870 à 1872, il avait fondé en 1874 un journal quotidien, *le Nouvelliste*, qui n'eut qu'une durée éphémère. Le dernier ouvrage qu'il a publié a pour titre : *les Gamineries de Mme Rivière* (1874).

F

FAV

FAIDHERBE (L.-Léon-César), général fr. — Porté dans le départ. du Nord comme candidat républicain aux élections sénatoriales du 30 janvier 1876, il ne fut pas élu. Il fut plus heureux au renouvellement triennal du 5 janvier 1879. Le 28 février 1880, il devint grand chancelier de la Légion d'honneur en remplacement du général Vinoy, et le 4 avril 1884 il fut élu membre de l'Académie des inscriptions et belles-lettres. Outre les mémoires que nous avons déjà cités, on lui doit encore : *Epigraphie phénicienne* (1873) ; *Essai sur la langue poul, grammaire et vocabulaire* (1875) ; *le Zénaga des tribus sénégalaises* (1877) ; *Langues sénégalaises : Ouolof, hassania, soninké, sérère* (1887) ; *Pénétration au Niger* (Lille, 1886). La ville de Saint-Louis du Sénégal lui a érigé une statue le 20 mars 1887. Il est mort à Paris le 28 septembre 1889.

FAIRBAIRN (Guill.), ingén. angl. — Il est mort en 1874.

FALLEX (J.-Eugène), litt. fr. — Il est devenu en 1878 censeur au lycée Charlemagne. Outre les ouvrages déjà cités, on a de lui une *Anthologie des poètes latins* avec la traduction française (1878).

FALLOUX (Alfred-Fréd.-P., comte DE), homme polit. et litt. fr. — Malgré ses insuccès aux élections de 1869, 1870 et 1871, il ne consentit pas à se désintéresser de la politique. En 1872, il proposa de demander au comte de Chambord la réconciliation et la fusion entre les deux branches de la maison de Bourbon, et, après l'échec des négociations, sans s'arrêter aux attaques des journaux légitimistes, il préconisa hautement la forme du septennat. Cette attitude commença sa rupture avec ses anciens coréligionnaires politiques. En 1876, il eut quelques démêlés avec Mgr Freppel, évêque d'Angers, au sujet de la rétrocession d'un terrain attenant à l'hospice Swetchine à Ségré. Depuis cette époque, il ne fit plus parler de lui que rarement et il s'occupa activement de la fondation d'une université catholique à Angers. Il mourut dans cette ville le 6 janvier 1886.

FALRET (J.-P.), méd. fr. — Il est mort à Paris le 28 octobre 1870.

FABR (Guill.), méd. et statisticien angl. — Il est mort le 14 avril 1883. Il avait été élu en 1872 membre correspondant de l'Académie des sciences morales et politiques.

FAUGÈRE (Armand-Prosper), litt. fr. — Il est mort le 18 mars 1888.

FAVÉ (Ildephonse), gén. et écrivain militaire fr. — Admis dans le cadre de réserve en 1874, il a été élu en 1876 membre libre de l'Académie des sciences en remplacement du baron Séguier. Ses derniers ouvrages sont : *De la forme administrative de l'armée française* (1875) ; *l'Armée française depuis la guerre* (1875) ; *l'Ancienne Rome, sa grandeur et sa décadence expliquées par les transformations de ses institutions* (1880).

FAZ

FAVRE (Jules-Cl.-Gabr.), avocat et homme d'État fr. — Lors des élections sénatoriales du 30 janvier 1876, il posa sa candidature dans le départ. du Rhône et fut élu le premier sur quatre par 183 voix sur 333 votants. Il prit place au Sénat dans les rangs de la gauche républicaine et prononça plusieurs discours remarquables, dont notamment en faveur de l'abolition de la peine de mort. Il signa le 19 mai 1877 la protestation des gauches contre le message du maréchal de Mac-Mahon, et il vota le 22 juin contre la dissolution de la Chambre des députés. A partir de cette époque, il ne prit plus que rarement la parole à la tribune. Il mourut à Versailles le 20 janvier 1880. Outre son livre intitulé : *le Gouvernement de la Défense nationale* (1871-75), ouvrage considérable où il a raconté les événements auxquels il a été mêlé, il a publié : *Conférences et discours littéraires* (1873) ; *Conférences faites en Belgique* (1874) ; *De la réforme judiciaire* (1876), etc. Sa veuve et ses amis ont rassemblé ses œuvres littéraires, ses plaidoyers, ses conférences et ses discours dans les ouvrages suivants : *Conférences et mélanges* (1880) ; *Discours parlementaires* (1881) ; *Mélanges politiques, judiciaires et littéraires* (1882) ; *Plaidoyers politiques et judiciaires* (1882).

FAYE (Hervé-Aug.-Etienne-Albans), astron. fr. — Il est depuis 1876 président du Bureau des longitudes, et depuis 1877 inspecteur général de l'enseignement supérieur. Après être resté jusqu'en ces derniers temps étranger à la politique, il accepta aux élections du 14 octobre 1877 une candidature officielle dans le xvie arr. de Paris. Battu par son concurrent, M. Marsoulan, il n'en fut pas moins choisi le 23 novembre par le maréchal pour succéder à M. Brunet comme ministre de l'instruction publique dans le cabinet Rochebouët. Cette fugue politique fut d'ailleurs de courte durée ; dès le 14 décembre il put se remettre à ses travaux scientifiques. Il a publié depuis lors plusieurs ouvrages importants : *Cours d'astronomie nautique* (1880) ; *Cours d'astronomie de l'Ecole polytechnique* (1881 et 1887) ; *Sur l'origine du monde : théories cosmogoniques des anciens et des modernes* (1885) ; *Sur les tempêtes* (1887).

FAZY (J.-James), public. et homme polit. suisse. — Il est mort à Genève le 6 novembre 1878. Le dernier ouvrage qu'il a publié a pour titre : *De l'intelligence collective des sociétés* (Bâle, 1874).

FER

FECHNER (Gust.-Théod.), phys. et philos. all. — Il est mort à Leipzig le 19 novembre 1887. Nous citerons parmi les derniers ouvrages qu'il a publiés : *Quelques idées sur la Création* (1873) ; *Introduction à l'esthétique* (1876) ; *Questions de psychophysique* (1877). Ses écrits humoristiques ont été réunis sous le titre de : *Petits écrits du docteur Mises* (1875).

FELDMANN (Léopold), aut. comique all. — Il est mort à Vienne le 26 mars 1882.

FÉLIX (le Père), prédicat. fr. — Nous citerons parmi ses derniers écrits : *la Paternité pontificale devant l'ordre social* (1876) ; *la Guerre aux Jésuites* (1878) ; *Christianisme et socialisme* (1878) ; *le Patriotisme* (1881) ; *le Charlatanisme social* (1884) ; *la Destinée* (1887). Il a publié en outre une série de lettres contre les projets de loi Ferry sur l'enseignement, et dans la *Défense*, une étude sur les rapports de l'Eglise et de la République.

FELLOWS (Ch.), archéol. angl. — Il est mort à Londres le 8 novembre 1860.

FELSING (Jacob.), graveur all. — Il est mort à Darmstadt le 10 juin 1883.

FÉRAUD-GIRAUD (L.-Jos.-Delphin), jurisc. fr. — Il est devenu conseiller à la Cour de cassation. Outre les ouvrages déjà cités, on lui doit : *Code des transports de marchandises et de voyageurs par chemins de fer* (1883) ; *les Justices mixtes dans les pays hors chrétienté* (1881) ; *Traité des voies rurales publiques et privées* (1886) ; *Code des mines et des mineurs* (1887), etc.

FERDINAND Ier (Ch.-Léopold-Fr.-Marcellin), empereur d'Autriche. — Il est mort à Prague le 29 juin 1875.

FERGUSSON (Jacq.), archit. écossais. — Il a envoyé à l'Exposition universelle de 1878 les plans et dessins d'une *Restauration du palais de Khosroès à Méshita*. Outre les ouvrages déjà cités, on lui doit : *les Monuments en pierres brutes dans tous les pays* (1872) ; *l'Architecture hindoue et orientale* (1876). Il est mort à Londres le 9 janvier 1886.

FÉRON (Firmin-Eloi), peintre fr. — Il est mort à Conflans (Seine-et-Oise) le 24 avril 1876.

FERRARI (Jos.), philos. ital. — Il est mort à Rome le 1er juillet 1876. Il avait été nommé peu de temps auparavant sénateur du royaume d'Italie.

FERRY (Jules), homme polit. fr. — Après le renversement de M. Thiers (24 mai 1873), il résigna ses fonctions de ministre plénipotentiaire de France à Athènes, et vint reprendre sa place à l'Assemblée dont il fut élu vice-président à plusieurs reprises. Il s'y prononça pour la liberté des funérailles, contre l'érection de l'église du

Sacré-Cœur, contre le septennat, pour la levée de l'état de siège, prit part aux discussions sur la loi des maires, sur les réformes à introduire dans l'enseignement supérieur, sur la collation des grades, etc., etc., et vota l'ensemble des lois constitutionnelles. Il posa sa candidature dans l'arr. de Saint-Dié aux élections générales du 20 février 1876, fut élu à une grande majorité, vint siéger à la Chambre des députés dans les rangs de la gauche républicaine qui le choisit pour président, fut rapporteur du projet de loi d'organisation municipale, se prononça contre l'amnistie pleine et entière, signa la protestation des gauches contre la politique du maréchal, et fut un des 363 députés qui votèrent l'ordre du jour de défiance contre le cabinet de Broglie-Fourtou (22 juin 1877). Réélu le 14 oct. de la même année, aux élections qui suivirent la dissolution de la Chambre, il vota l'enquête parlementaire contre les agissements du cabinet du 16 mai, et devint président de la commission des tarifs douaniers. Lors de l'avènement de M. Grévy à la présidence de la République, après la démission du cabinet Dufaure, il se vit chargé du portefeuille de l'instruction publique et des beaux-arts dans le ministère présidé par M. Waddington (4 février 1879). Son passage au pouvoir fut signalé par la création d'un sous-secrétariat d'État pour les beaux-arts et par la présentation d'un projet de loi tendant à restituer à l'État la collation des grades universitaires. L'article 7 de ce projet devenu fameux interdisait l'enseignement aux membres des congrégations non autorisées ; voté par la Chambre, il fut repoussé plus tard par le Sénat ; il constituait cependant une véritable transaction, puisque, moyennant la renonciation au droit d'enseigner, on continuait à tolérer en France les congrégations non reconnues. Vers cette époque, M. J. Ferry fit dans le midi de la France une série de voyages qui lui fournirent l'occasion de prononcer plusieurs discours importants sur la politique générale du cabinet. Maintenu à l'instruction publique dans le ministère du 28 décembre 1879, il continua son œuvre de réforme en déposant deux projets de loi tendant à l'obligation, à la gratuité, et, sur l'avis de la Commission, à la laïcité de l'enseignement primaire. Le 29 mars, à la suite du rejet de l'article 7 par le Sénat, le gouvernement enjoignit par un premier décret, à la Société de Jésus de se dissoudre dans les trois mois ; un second décret donna le même délai aux autres congrégations pour faire leur demande d'autorisation. Après la crise ministérielle du 19 septembre 1880, M. Jules Ferry se vit appelé à prendre la succession de M. de Freycinet. L'année 1881 fut marquée par l'établissement de notre protectorat sur la Tunisie (voy. ce mot) et par la répression de l'insurrection du Sud-Oranais. Réélu aux élections législatives du 21 août dans la 1re circonscription de Saint-Dié, le président du conseil eut à défendre à la rentrée la politique suivie pendant les vacances parlementaires. Une triple interpellation fut faite à la tribune de la Chambre sur les affaires tunisiennes, et le gouvernement n'en sortit vainqueur que grâce à l'intervention de Gambetta, devant lequel M. Ferry crut devoir se retirer (10 novembre). Le ministère constitué par le chef de l'Union républicaine n'eut qu'une existence éphémère. Dès le 13 janvier 1882, M. de Freycinet revenait au pouvoir et M. Jules Ferry reprenait le portefeuille de l'instruction publique. Ce retour dans les conseils du gouvernement lui permit de reprendre devant le Sénat la discussion de la loi sur l'instruction obligatoire, qu'il réussit enfin à faire adopter (11 mars 1882). Le ministère fut renversé le 29 juillet ; mais six mois s'étaient à peine écoulés que le président de la République confiait de nouveau à M. Jules Ferry la présidence du conseil. Le département de l'instruction publique le revit de nouveau à sa tête ; mais les affaires de la politique générale le mirent dans l'obligation de reléguer au second plan les questions relatives à l'enseignement. Après avoir proposé et obtenu la mise en non-activité des membres des familles royales jouissant de grades supérieurs dans l'armée française, le cabinet se vit appelé à se prononcer sur la politique coloniale. Le commandant Rivière venait d'être tué à Hanoï, où il avait été envoyé pour faire respecter le traité conclu en 1874 entre la France et l'Annam, et le gouvernement dut demander une réparation à l'empereur Tu-Duc. Dès ce moment, un parti d'opposition se forma à la Chambre contre la politique belliqueuse que le ministère adoptait au Tonkin sans y avoir associé le Parlement. A Madagascar, simultanément, nos troupes étaient aux prises avec les Hovas. Le 20 novembre, M. J. Ferry prit possession du portefeuille des affaires étrangères, en remplacement de M. Challemel-Lacour, et dès lors ce fut à lui que la presse et l'opinion publique firent remonter la direction et la responsabilité de toute la conduite de nos affaires coloniales. En effet, les affaires du Tonkin se compliquaient chaque jour ; l'expédition, entreprise avec des forces insuffisantes et soutenue par des renforts envoyés par « petits paquets », traînait en longueur. Tout

d'abord, nos troupes ne rencontrèrent que des Pavillons-Noirs et des irréguliers chinois, et, malgré la prétention du gouvernement chinois de faire valoir ses droits de suzeraineté sur l'Annam, les relations diplomatiques subsistèrent entre le quai d'Orsay et le Tsong-li-Yamen ; mais, en juin 1884, un traité ayant été conclu à Tien-tsin entre la France et le Céleste-Empire, nos troupes, conformément à cet acte diplomatique, voulurent occuper Lang-son. Elles furent reçues à Bac-lé par un feu violent des Chinois postés en embuscade sur les hauteurs. Des pourparlers eurent lieu entre les cabinets de Paris et de Pékin ; ils n'aboutirent pas, la Chine refusant toute réparation du guet-apens dressé contre les nôtres, et les hostilités commencèrent. Bien que désignées sous le nom euphémique de « représailles », elles n'en constituaient pas moins l'état de guerre, et, de ce chef, la constitution se trouva violée, puisqu'il n'y avait pas eu de déclaration sanctionnée par le Parlement ; mais il faut dire que l'approbation des Chambres ne fit jamais défaut au gouvernement. Lorsque, le 25 mars 1885, arriva la dépêche du général Brière de l'Isle annonçant la retraite précipitée de Lang-son, les représentants du pays, qui jusque-là avaient accordé docilement tous les crédits demandés, renversèrent le cabinet Ferry par 310 voix sur 471 votants. La mise en accusation du ministère tout entier fut même réclamée par l'extrême gauche alliée à l'extrême droite (5 juin) ; mais, non soutenue par le nouveau gouvernement, elle fut repoussée après de violentes discussions. Réélu dans les Vosges le 4 octobre 1885, le cinquième sur six, M. Ferry reparut comme simple député à la Chambre, où il soutint de ses votes la politique opportuniste. Ayant, en 1877, dans un discours extraparlementaire, traité le général Boulanger, alors si populaire, de « Saint-Arnaud de café-concert », ces paroles motivèrent l'envoi des témoins du général qui ne purent faire accepter leurs conditions, et le duel n'eut pas lieu. Lorsque, le 3 décembre de la même année, le Congrès se réunit à Versailles pour donner un successeur à M. Grévy, la candidature de M. Jules Ferry fut combattue à outrance par le parti radical ; elle réunit cependant 303 voix au premier tour ; mais, sous la pression de l'opinion populaire violemment surexcitée, l'ancien président du conseil crut devoir se désister en faveur de M. Carnot qui n'avait obtenu que 212 voix, et dont l'élection se trouva dès lors assurée. Quelques jours après, un voyageur de commerce, nommé Aubertin, tira sur lui deux coups de revolver qui ne lui firent que des blessures légères. Aux dernières élections, il s'est vu refuser par ses électeurs des Vosges le mandat de député qu'il leur redemandait.

FEUILLET (Octave), litt. fr. — Il faut ajouter à la liste de ses romans : *Un mariage dans le monde* (1875) ; *les Amours de Philippe* (1877) ; *le Journal d'une femme* (1878) ; *la Veuve* (1884) ; *la Morte* (1886). Au théâtre, il a donné depuis *le Sphinx*, drame en quatre actes, joué au Théâtre-Français en 1874 : *Un roman parisien*, comédie en cinq actes (Gymnase, 1882) et *Chamillac*, comédie en cinq actes (Théâtre-Français, 1886).

FEUILLET DE CONCHES (Baron Félix-Sébast.), écriv. fr. — Outre les ouvrages déjà cités, on lui doit encore : *les Salons de conversation au XVIIIe siècle* (1883), et une *Histoire de l'école anglaise de peinture* (1883). Il est mort à Paris le 5 février 1887.

FÉVAL (Paul-H.-Corentin), litt. fr. — Il est mort à Paris le 8 mars 1887. Nous citerons parmi les derniers romans de cet écrivain dont la fécondité fut à peine inférieure à celle d'Alexandre Dumas : *le Chevalier de Keramour* (1874) ; *les Cinq* (1875) ; *la Première aventure de Corentin Quimper* (1876). Vers 1877, il se fit chez M. Paul Fév. un retour vers la plus ardente foi catholique, et, à partir de cette époque, il se consacra à la revision de ses anciennes romans dont une nouvelle édition soigneusement expurgée fut donnée en 44 vol. de 1877 à 1883. Les nouveaux ouvrages qu'il publia ensuite portent la trace de ce revirement dans ses titres : *la Reine des épées* (1877) ; *les Étapes d'une conversion* (1877) ; *Château pauvre* (1877) ; *le Denier du Sacré-Cœur* (1878) ; *Veillées de famille* (1882), etc.

FICHTE (Emm.-Hermann), philos. all. — Il est mort à Stuttgard le 8 août 1879.

FIDJI ou **VITI** (Iles), archipel de l'océan Pacifique. — Outre les deux grandes îles de *Viti Levou* et de *Vanoua Levou*, l'archipel comprend 255 petites îles, îlots ou roches représentant une superficie de 20,800 kil. carrés. La population est de 122,600 hab., dont 2300 blancs. Les principaux articles d'exportation sont les fruits, à destination des marchés australiens, les écailles et l'huile de coco. Le mouvement commercial est d'environ 12 millions de francs, dont 7 pour l'exportation. — Le 30 septembre 1874, un traité de cession a été conclu à Levouka, la capitale, entre le roi Tacombaou et les principaux chefs et le gouvernement britannique. Une charte, proclamée

le 1er septembre 1875, a constitué la nouvelle colonie, qui a à sa tête un gouverneur assisté d'un conseil législatif et d'un conseil exécutif.

FIGUIER (Guill.-Louis), savant et litt. fr. — Il a ajouté à la longue liste de ses œuvres de vulgarisation scientifique : *les Merveilles de l'industrie* (1873-76, 4 vol. in-8°) ; *les Six parties du monde*, drame (1873) ; *Connais-toi toi-même*, éléments de physiologie (1878) ; *Scènes et tableaux de la nature* (1879) ; *les Aérostats* (1881) ; *les Nouvelles conquêtes de la science* (1883-85, 4 vol. in-8°) ; *les Mystères de la science* (1887). Il a poursuivi en outre sans discontinuer la publication de son *Année scientifique*, revue sommaire des progrès les plus importants de la science et de l'industrie, commencée en 1856. On lui doit encore une série de pièces de théâtre dans lesquelles il a mis en scène la vie des inventeurs illustres : *Denis Papin* (1882) ; *Gutenberg* (1886) ; mais cette tentative pour constituer un nouveau genre dramatique n'a eu que peu de succès. — Mme Louis F. (*Juliette Bouscaret*) a donné au théâtre : *la Parisienne*, comédie en un acte (Renaissance, 1873) ; *Barbe d'or*, drame historique (1876) ; *les Deux cornets*, comédie en trois actes (Cluny, 1877). Elle a réuni en un volume intitulé : *Théâtre scientifique* (1879), neuf drames tirés de l'histoire des sciences ou de la biographie des savants. Elle est morte à Paris le 6 décembre 1879.

FILLMORE (Millard), 13e président des États-Unis. — Il est mort à Buffalo le 10 mars 1874.

FILLON (Benj.), archéol. fr. — Il est mort à Saint-Cyr en Talmondais (Vendée) le 23 mai 1881. A citer parmi ses derniers écrits : *le Blason de Molière* (1878) ; *l'Art romain et ses dégénérescences* (1878), etc.

FILON (Ch.-Aug.-Désiré), histor. fr. — Il est mort à Paris le 1er décembre 1875.

FILON (P.-Marie-Augustin), litt. fr., fils du précédent. — On lui doit une *Histoire de la littérature anglaise depuis les origines jusqu'à nos jours* (1883). Il a écrit en outre sous le pseudonyme de *Sandrié* un recueil de nouvelles intitulé : *les Mariages de Londres*, etc. (1875).

FISQUET (Honoré-J.-P.-H.), litt. fr. — Il est mort à Paris en 1883. Nous citerons parmi ses derniers ouvrages : *Rome et l'épiscopat catholique* (1874) ; *la France départementale* (1876) ; *Dictionnaires des célébrités de la France* (1879) ; *Histoire des chemins de fer* (1882).

FIZEAU (Arm.-Hippol.-L.), phys. fr. — Il est depuis 1878 membre du Bureau des longitudes.

FLAMENG (Léop.), grav. fr. — A citer parmi les dernières œuvres de cet artiste : *la Ronde de nuit*, d'après Rembrandt (1875) ; *la Leçon d'anatomie et les Syndics*, d'après le même (1876) ; *Portrait de Rubens*, d'après Rubens (1877) ; *la Sainte Vierge en prière*, d'après Murillo (1878) ; *les Ruines romaines*, d'après Taylor (1883) ; *la Mort de sainte Geneviève*, d'après J.-P. Laurens (1886) ; *Wedded*, d'après Lighton (1887) ; *les Moissons*, d'après Jules Breton (1888). On lui doit en outre un grand nombre d'illustrations, notamment pour la *Gazette des beaux-arts*.

FLAMMARION (Camille), astronome fr. — Il a publié depuis 1874 : *les Terres du Ciel* (1877) ; *Atlas céleste* (1878) ; *Astronomie populaire* (1880) ; *Voyages aériens* (1881) ; *les Étoiles et les curiosités du ciel* (1881) ; *le Monde avant la création de l'homme* (1885) ; *Dans le ciel et sur la terre* (1886) ; *les Comètes, les Étoiles et les Planètes* (1886) ; *Contemplations scientifiques* (2e série, 1887) ; *Uranie* (1889), etc. On lui doit en outre plusieurs mémoires sur l'astronomie insérés dans les *Comptes rendus de l'Académie des sciences*.

FLANDIN (Eug.-Napoléon), peintre et archéol. fr. — Il est mort en 1876.

FLANDRIN (J.-Paul), peintre fr. — Nous citerons parmi les dernières toiles exposées par cet artiste : *Idylle* (1874) ; *Souvenir du Bas-Bréau* (1875) ; *Dans les bois* (1876) ; *les Bords du Gardon* (1877) ; *Près d'Étretat* (1878) ; *Étude en Provence* (1879) ; *Au bord de l'Albarine* (1880) ; *Souvenir du Bugey* (1881) ; *Vue prise des hauteurs de Sèvres* (1882) ; *Environs de Montmorency* (1883) ; *Ombrages* (1885) ; *Vallée du Chalet dans l'Ain* (1886) ; *Dans les montagnes du Bugey* (1887) ; *Falaises du Tréport à marée basse* (1888).

FLAUBERT (Gust.), litt. fr. — Il est mort à Croisset, près de Rouen, le 8 mai 1830, laissant presque achevé un roman, *Bouvard et Pécuchet*, épopée de la bêtise humaine, qui, après avoir été inséré dans la *Nouvelle Revue*, fut publié en volume en 1881. Outre les ouvrages déjà cités, on doit encore au célèbre écrivain un recueil de nouvelles intitulé : *Trois contes* (1877). Après sa mort, on a publié : *Par les champs et par les grèves*, impressions de voyage en Bretagne (1885), et sa *Correspondance*, notamment celle qu'il a entretenue avec George Sand (*Œuvres complètes* éditées en 1885 forment 8 vol. in-8°.

FLEURY (L.), méd. fr. — Il est mort à Paris en 1872.

FLEURY (Ed.), litt. fr. — Il est mort à Vorges (Aisne) en 1883. À citer parmi les derniers travaux d'érudition et d'histoire qu'il a publiés : *les Habitations souterraines de la vallée de l'Ourcq* (1875); *Un épisode de la chute des Carlovingiens* (1876); *les Antiquités et monuments du département de l'Aisne* (1877-82).

FLEURY (Jules), dit *Champfleury*, litt. fr. — Il a été nommé au mois de mars 1872 conservateur du musée de la manufacture de Sèvres. Outre les ouvrages déjà cités, on doit encore à cet écrivain : *Histoire de la caricature sous la République* (1874); *le Secret de M. Ladureau* (1875); *la Pasquette* (1876); *la Petite Rose* (1877), etc.

FLOTOW (Fréd.-Ferd.-Ad. DE), comp. all. — Ses dernières œuvres sont : *Naïda*, opéra en trois actes, joué à Milan en 1873; *la Fleur d'Harlem*, opéra en trois actes, joué à Turin en 1876, et *Alma l'incantatrice*, opéra en quatre actes, représenté à Paris en 1878 sur la scène du Théâtre-Italien.

FLOTTE (Et.-Gaston, baron DE), litt. fr. — Il est mort le 24 août 1882.

FLUEGEL (Gust.-Lebrecht), oriental. all. — Il est mort à Dresde le 5 juillet 1870.

FOERSTER (Fréd.), peintre et litt. all. — Il est mort à Munich le 29 avril 1885. Les derniers ouvrages qu'il a publiés sont : *Histoire de l'art italien* (Leipz., 1869-73) et *Monuments de la peinture italienne* (Leipz., 1869-74).

FOGARASSY (Jean), jurisc. et philol. hongrois. — Il est mort le 11 juin 1878.

FOISSAC (P.), méd. fr. — Nous citerons parmi ses derniers ouvrages : *Considérations sur le traitement des névralgies* (1876); *les Localisations cérébrales* (1878); *le Matérialisme et le spiritualisme scientifiques* (1881); *Hygiène des saisons* (1883).

FOISSET (Jos.-Théoph.), litt. fr. — Il est mort à Dijon le 28 février 1873. Le dernier ouvrage qu'il a publié est une *Vie de Lacordaire* (1870).

FONSSAGRIVES (J.-B.), méd. fr. — Il est mort à Auray en 1884. Nous citerons parmi ses derniers ouvrages : *Dictionnaire de la santé* (1875); *Traité de thérapeutique* (1878); *Leçons d'hygiène infantile* (1883), etc.

FONVIELLE (Wilfrid DE), écriv. fr. — Il a ajouté à la liste déjà longue de ses ouvrages de vulgarisation scientifique : *la Conquête de l'air* (1874); *le Mètre international* (1876); *l'Aérostation militaire* (1876); *Aventures aériennes et expériences mémorables des grands aéronautes* (1876); *la Conquête du Pôle Nord* (1877); *le Glaçon du « Polaris »* (1877); *la Prévision du temps* (1878); *les Drames de la science* (1882); *l'Aérostat dirigeable de Meudon* (1884); *l'Expédition Greely* (1885); *le Monde des atomes* (1885); *Histoire de la Lune* (1886); *le Pétrole* (1887); *le Pôle Sud* (1888), etc.

FORCHHAMMER (P.-Guill.), archéol. all. — Le dernier ouvrage qu'il a fait paraître a pour titre : *les Pérégrinations d'Io, fille d'Inachos* (Kiel, 1881).

FORGUES (Paul-Emile DAURAND), litt. fr. — Il est mort à Cannes au mois de novembre 1883.

FORMOSE, île de la mer de Chine. — Cette île, dont la superficie est de 38,803 kil. carrés, fait partie de la province de Fo-kien. Elle a une population de 2,500,000 âmes. La ville la plus importante est Tam-soui, sur la côte N.-O. Sa baie, dans laquelle débouche la rivière la plus considérable de toute l'île, est la plus vaste de Formose, et la ville même, qui compte 50,000 habitants, est le siège principal du commerce, surtout depuis que le traité de Tien-tsin en a permis l'accès aux étrangers. En 1888, le mouvement commercial de ce port a été de 9,046,620 francs, dont seulement 344,520 pour l'exportation. — Au cours de l'expédition du Tonkin, après le guet-apens de Bac-lé, l'amiral Courbet, commandant en chef l'escadre d'Extrême-Orient, reçut l'ordre de s'établir à Formose. Le 1er octobre 1884, nos troupes débarquèrent à Kélung, et, en même temps, la côte septentrionale de l'île fut mise en état de blocus. Jusqu'au 4 mars de l'année suivante, le mauvais temps obligea notre petit corps d'occupation à rester dans ses cantonnements; mais à cette époque, deux colonnes, sous les ordres des colonels Duchesne et Bertaux-Levillain, se portèrent vers les lignes chinoises, et, après un combat acharné qui dura quatre jours, réussirent à s'emparer des hauteurs où l'ennemi s'était retranché. Les hostilités prirent fin après la convention de Tien-tsin, le blocus fut levé le 15 avril, et quelques jours après l'île fut évacuée.

FORSTER (Ch.), litt. polonais. — Ses derniers ouvrages sont : *l'Insurrection du peuple polonais* (1872) et *la Question polonaise* (1873).

FORSTER (J.), public. angl. — Il est mort à Londres au mois de janvier 1876.

FORTLAGE (Arnould-Rod.-Ch.), philos. all. — Il est mort à Iéna le 8 novembre 1881.

FOUCHER DE CAREIL (Louis-Alex., comte), philos. fr. — Lors des élections sénatoriales du 30 janvier 1876, il fut élu dans le département de Seine-et-Marne dont il avait été préfet pendant le gouvernement de M. Thiers. Il vint siéger au centre gauche et vota constamment avec la minorité républicaine. Au renouvellement triennal du Sénat (8 janvier 1882), il fut réélu dans le même département à une très grande majorité. Nommé l'année suivante ambassadeur à Vienne en remplacement de M. Duchâtel, il remplit ces hautes fonctions jusqu'au mois de juillet 1886; à cette époque, il crut devoir donner sa démission à la suite du vote de la loi qui expulsa les prétendants. Les derniers ouvrages qu'il a fait paraître sont : *Leibniz et les deux Sophie* (1876); *Descartes, la princesse Elisabeth et la reine Christine, d'après des lettres inédites* (1879).

FOURNEL (Fr.-Victor), litt. fr. — Sous le pseudonyme de *Bernadille*, il a publié dans le journal le *Français* des chroniques qui ont été réunies en vol. sous le titre d'*Esquisses et croquis parisiens* (1876-78). Il a en outre fait paraître sous son nom : *les Vacances d'un journaliste : 8 jours dans les Vosges* (1876); *Voyages hors de ma chambre* (1878); *l'Ancêtre* (1881); *Au pays du soleil* (1883); *Petites comédies rares et curieuses du xviiie siècle* (1884), etc. On lui doit encore un *Dictionnaire encyclopédique d'anecdotes modernes, anciennes françaises et étrangères* publié en 1872 sous le pseudonyme d'*Edmond Guérard*.

FOURNEL (Marie-Jér.-H.), ingén. fr. — Il est mort à Blois le 22 juillet 1876.

FOURNIER (Narcisse), litt. fr. — Il est mort à Paris le 24 juin 1880.

FOURNIER (Marc-J.-L.), litt. fr. — Il est mort à Saint-Mandé (Seine) le 5 janvier 1879. Le dernier ouvrage qu'il a publié a pour titre : *les Aventures d'un comédien* (1875).

FOURNIER (Ed.), litt. fr. — En 1872, il fit jouer avec succès sur la scène du Théâtre-Français une adaptation en vers modernes de la célèbre *Farce de maître Pathelin*. Un recueil de pièces anciennes, intitulé *Mystères, moralités et farces*, lui valut en 1873 un des prix Montyon. Il publia ensuite : *Histoire de la Butte des Moulins* (1877); *le Mystère de Robert le Diable* (1879); *Souvenirs poétiques de l'école romantique* (1880), etc., et mourut à Paris le 24 avril 1880.

FOURNIER (Ed.), aut. dramat. fr. — Il est mort à Paris le 15 mars 1882.

FOUTA-DJALON ou **FOUTA-GHIALO**, territoire de la partie méridionale de la Sénégambie, qui s'étend, d'une part entre 10° et 12° lat. N., d'autre part entre 13° et 15° long. O. Il est divisé en treize provinces (*diaouals*), dont les deux plus importantes sont celles de *Timbou* et de *Laby*. Les centres principaux de population sont : Timbou, Laby, dont nous avons déjà parlé dans le Dictionnaire; Kambaya, près des sources du Tamkisso, affluent du Niger; Fougoumba, à mi-chemin entre Laby et Timbou; Kétimbo, à la source du Rio-Grande; Kébalé, Sarebowal, Porrédaka, Assanguéré et Donhol-Félla. — Les Peulhs du Fouta sont les mieux doués de tous les peuples de l'Afrique occidentale. Leur organisation politique consiste en une sorte de république oligarchique, gouvernée alternativement par deux *almamys* toujours choisis dans les mêmes familles, et assistés d'un Conseil des anciens. Ils sont musulmans et ont de nombreuses écoles dirigées par des *marabouts*. — Le 5 juillet 1881, à la suite d'une exploration dans ces contrées, le docteur Bayol a réussi à conclure avec les deux almamys Ibrahima Sory et Ahmadou, un traité aux termes duquel les chefs du Fout.-Dj. acceptent le protectorat de la France, moyennant le payement de deux rentes de 3000 francs chacune, et donnent aux Français le privilège exclusif de voyager, de commercer et de s'établir.

FOVILLE (Achille-L.), méd. fr. — Il est mort à Toulouse le 22 juillet 1878.

FRACCAROLI (Innocent), sculpt. ital. — Il est mort à Milan le 28 avril 1882.

FRAIKIN (Ch. Aug.), sculpt. belge. — Il a encore envoyé au Salon de 1875 : *Une mère*, statue en marbre.

FRANÇAIS (Fr.-L.), peintre fr. — A citer parmi les dernières œuvres du célèbre artiste : *le Ravin du Puits-Noir* (1875); *le Miroir de Scey* (1876); *Adam et Eve chassés du Paradis*; *le Baptême du Christ*, à l'église de la Trinité (1877); *le Mont-Cervin*; *le Lac de Némi* (1878); *la Vallée du Roussillon* (1879); *le Soir*; *la Grand'route à Combs-la-Ville* (1880); *l'Ave Maria*; *Un lavoir à Pierrefonds* (1881); *Villa provençale*; *Rivage de Capri* (1883); *l'Etang de Clisson* (1884); *les Bords du lac de Némi* (1885); *Souvenirs de Plombières* (1886); *l'Hiver*, panneau décoratif commandé pour la manufacture de Beauvais (1887); *la Garenne Lemot à Clisson* (1888).

FRANCE. *Population*. — Sous le rapport de l'étendue de son territoire, la France, avec ses 528,854 kil. carrés, occupe le cinquième rang parmi les Etats de l'Europe : elle vient après la Russie, la Suède et la Norvège, l'Autriche-Hongrie et l'Allemagne. Sous le rapport de la population, si l'on considère uniquement le chiffre des habitants qui, d'après le recensement du 30 mai 1886, atteint 38,218,903, elle occupe le troisième rang, car elle ne le cède qu'à la Russie et à l'Allemagne; mais, si l'on considère sa population au point de vue de la densité, qui est exactement de 72 par kil. carré, elle ne vient plus qu'en sixième ligne, à la suite de la Belgique, des Pays-Bas, de la Grande-Bretagne, de l'Italie et de l'Allemagne. Le tableau ci-contre indique les résultats principaux du dernier recensement fait en 1886, savoir : la superficie de chaque département en kil. carrés et hectares; le nombre absolu, puis le nombre relatif de la population par département et le chiffre de la population des chefs-lieux. Les villes de plus de 30,000 hab. qui ne sont pas classées comme chefs-lieux sont : Le Havre, 112,074; Roubaix, 100,299; Reims, 97,903; Brest, 70,778; Toulon, 70,122; Calais, 58,969; Tourcoing, 58,008; Saint-Denis, 48,009; Saint-Quentin, 47,553; Boulogne-sur-Mer, 47,916; Béziers, 42,785; Lorient, 40,055; Dunkerque, 38,025; Cette, 37,058; Cherbourg, 37,013; Levallois-Perret, 35,649; Rochefort, 31,256; Roanne, 30,402; Boulogne-sur-Seine, 30,084; Douai, 30,030. — La France possède 36,121 communes dont 768 au-dessous de 100 hab., 16,463 de 100 à 500 hab., 10,362 de 500 à 1000, 5,837 de 1000 à 2000, 2,179 de 2000 à 5000, 328 de 5000 à 10,000, et 184 au-dessus de 10,000. — Le tableau qui suit indique, d'après le cens de 1886, le chiffre des étrangers résidant en France :

Alsac.-Lorrains....	68.040	Italiens..........	264.568
Allemands..........	32.074	Espagnols..........	79.550
Austro-Hongrois....	11.817	Russes............	11.980
Anglais...........	36.434	Suédois, Norvégiens,	
Américains........	10.253	Danois............	2.423
Belges............	482.261	Portugais.........	1.202
Suisses...........	78.584	Autres étrangers....	7.043
Hollandais........	37.149	De nation. incon....	3.363
		Total.....	1.126.531

Le mouvement de la population, pour 1887, est indiqué dans le tableau ci-contre.

CIRCONSCRIPTIONS	MARIAGES	DIVORCES	NAISSANCES		TOTAUX	MORT-NÉS	DÉCÈS
			ENFANTS légitimes	ENFANTS naturels			
Seine.	25.461	1.144	58.769	19.008	77.777	5.410	72.026
Population urbaine. . (communes de plus de 2000 habit.).	76.206	1.503	236.409	29.087	256.406	14.793	268.170
Population rurale. . .	175.393	980	530.301	25.759	556.060	23.028	502.601
TOTAL.	277.060	3.636	825.479	73.854	899.333	43.930	842.797

L'émigration, toujours fort restreinte, a donné, d'après les derniers renseignements (1884), les chiffres suivants : République Argentine, 2564; Etats-Unis, 2485; Brésil, 366; Chili, 333; Antilles espagnoles, 82; Mexique, 53; Canada, 33; autres pays, 164. Au total, 6100 émigrants. Pendant toute la période de 1877 à 1884, c'est-à-dire en sept ans, nos colonies n'ont reçu en tout que 516 émigrants français.

La répartition de la population suivant les différentes professions donne les chiffres suivants, savoir : agriculture, 17,698,402; grande et petite industrie, 8,324,196; commerce, 4,247,764; transports, 1,020,721; mines et usines, 965,010; administration, 711,027; force publique, 613,362; enseignement, 348,527; droit, 225.657; médecine, 207,401; sciences, lettres et arts, 152,016; les rentiers, au nombre de 2,296,000, et les individus sans profession ou de profession inconnue, forment le complément.

Agriculture. — La superficie des terres cultivées est

de 330,000 kil. carrés, soit environ 63 pour 100 de la surface totale de la France. En tête de nos cultures se place naturellement celle des céréales. L'étendue du sol cultivé en froment était en 1883 de 6,866,000 hectares, avec un rendement moyen de 15,25 hectolitres; le seigle occupait 1,724,000 hectares; l'orge, 1,016,000; l'avoine, 3,677,000; le maïs, 598,000; le méteil, 356,000; le sarrasin, 629,000; le millet, 42,000; la pomme de terre, 1,346,000. Les autres cultures se répartissaient ainsi qu'il suit : fourrages, 10,448,000; vignes, 2,175,000; bois et forêts, 1,600,000; vergers, 338,000; betterave, 521,000; textiles, 117,000; cultures oléagineuses, 320,000; tabac, 13,000; houblon, 3500, etc. Depuis quelques années, l'agriculture traverse une crise due à des causes multiples : le phylloxera, après avoir ravagé nos vignobles du Midi et de la Bourgogne, menace aujourd'hui la Champagne. Les découvertes récentes de la chimie ont amené la ruine des cultures de certaines régions; celle de la garance notamment, qui a trouvé dans l'alizarine de la houille une concurrence mortelle. Les pétroles russes et américains sont venus supplanter dans l'éclairage les huiles de colza et porter un coup fatal à la culture des plantes oléagineuses. D'un autre côté, en raison de la concurrence étrangère, les prix de vente des produits agricoles ont subi une baisse considérable; le blé par exemple qui, en 1872, se vendait 23 francs l'hectol., ne vaut plus aujourd'hui que 16 ou 17 francs. Au lieu d'avoir à cultiver avec force engrais, des terrains épuisés, morcelés à l'infini, grevés d'impositions (25 pour 100 du revenu), dont les prix d'achat ou de location sont considérables, la concurrence étrangère, devant laquelle nous nous trouvons, exploite des pays neufs, cultive sans engrais, avec des capitaux considérables, des territoires immenses dont les prix d'achat ou de location sont minimes, et, malgré les frais d'un long transport, vient inonder de ses produits les marchés européens. Une autre raison de la crise actuelle consiste dans la dépopulation de nos campagnes et dans l'augmentation des salaires qui en est la conséquence. En 1872, on trouvait en France 69 ruraux sur 100 habitants; en 1887, on n'en compte plus que 60, et même que 47, si on ne considère que les agriculteurs.

Commerce. — Dans le commerce *extérieur*, il faut distinguer entre le commerce *général* et le commerce *spécial*. Le premier embrasse la totalité des marchandises qui entrent en France, soit pour l'entrepôt et le transit, soit pour la consommation, et toutes celles qui en sortent, sans distinction d'origine. Par commerce spécial, on entend les marchandises qui entrent en France pour y être consommées, et celles qui, à leur sortie, sont qualifiées produits du terroir sol ou de l'industrie nationale. En 1887, le mouvement du commerce général a atteint 9181 millions de francs. Sur ce chiffre, les importations figurent pour 4943 millions et les exportations pour 4238. Les exportations de numéraire ont été de 397 millions, dépassant de 126 celui des importations. Quant au commerce spécial pendant la même année, il a été de 7272 millions (non compris les métaux précieux), dont 4026 pour l'importation et 3246 pour l'exportation. Le tableau qui suit indique en détail les pays de provenance et de destination, et montre avec quels États et quelles régions nous faisons le plus d'affaires. Les valeurs y sont exprimées en millions et centaines de millions.

DÉPARTEMENTS	SUPERFICIE	POPULATION ABSOLUE	POPULATION RELATIVE	CHEFS-LIEUX	POPULATION
1. Ain	5.798.97	364.408	63	Bourg	18.113
2. Aisne	7.852.06	555.925	76	Laon	13.567
3. Allier	7.308.37	424.582	58	Moulins	21.721
4. Alpes (Basses-)	6.954.19	129.494	18	Digne	7.083
5. Alpes (Hautes-)	5.580.64	122.424	22	Gap	11.021
6. Alpes-Maritimes	3.749.49	238.057	64	Nice	77.478
7. Ardèche	5.526.65	374.472	68	Privas	7.600
8. Ardennes	5.242.80	342.760	63	Mézières	6.674
9. Ariège	4.893.87	237.619	48	Foix	7.369
10. Aube	6.004.30	257.374	43	Troyes	46.972
11. Aude	6.343.24	332.040	53	Carcassonne	29.330
12. Aveyron	8.743.33	415.826	47	Rodez	15.375
13. Belfort (territ. de)	610.14	79.758	131	Belfort	23.481
14. Bouches-du-Rhône	5.184.87	604.857	119	Marseille	376.143
15. Calvados	5.540.72	437.267	79	Caen	43.809
16. Cantal	5.740.47	241.742	42	Aurillac	14.013
17. Charente	5.912.38	366.408	62	Angoulême	34.647
18. Charente-Inférieure	6.825.00	462.803	68	La Rochelle	23.829
19. Cher	7.190.34	355.349	49	Bourges	42.820
20. Corrèze	5.866.09	326.494	56	Tulle	16.277
21. Corse	8.778.08	278.501	32	Ajaccio	17.576
22. Côte-d'Or	8.761.10	381.574	44	Dijon	60.855
23. Côtes-du-Nord	6.885.02	628.256	91	Saint-Brieuc	19.240
24. Creuse	5.568.30	284.042	51	Guéret	7.065
25. Dordogne	9.182.56	492.205	54	Périgueux	29.611
26. Doubs	5.527.55	310.963	59	Besançon	56.511
27. Drôme	6.521.55	314.615	48	Valence	21.701
28. Eure	5.957.64	358.820	60	Evreux	16.755
29. Eure-et-Loir	5.874.30	283.719	48	Chartres	21.904
30. Finistère	6.721.12	707.820	105	Quimper	17.174
31. Gard	5.835.56	417.099	71	Nîmes	69.898
32. Garonne (Haute-)	6.289.68	481.169	76	Toulouse	147.617
33. Gers	6.280.34	274.391	44	Auch	15.090
34. Gironde	9.740.32	775.845	79	Bordeaux	240.582
35. Hérault	6.407.99	439.044	70	Montpellier	56.765
36. Ille-et-Vilaine	6.725.83	621.384	94	Rennes	66.139
37. Indre	6.795.30	296.147	44	Châteauroux	22.860
38. Indre-et-Loire	6.143.70	340.921	56	Tours	59.585
39. Isère	8.289.34	581.680	70	Grenoble	52.482
40. Jura	4.991.04	281.292	57	Lons-le-Saulnier	12.290
41. Landes	9.321.31	302.266	32	Mont-de-Marsan	11.760
42. Loir-et-Cher	6.350.92	270.214	44	Blois	22.150
43. Loire	4.750.02	603.884	127	Saint-Etienne	117.875
44. Loire (Haute-)	4.962.25	320.053	64	Le Puy	19.031
45. Loire-Inférieure	6.874.56	643.884	95	Nantes	127.482
46. Loiret	6.771.49	374.875	55	Orléans	60.826
47. Lot	5.214.74	271.514	52	Cahors	15.632
48. Lot-et-Garonne	5.353.98	307.487	57	Agen	22.055
49. Lozère	5.169.73	143.261	27	Mende	8.038
50. Maine-et-Loire	7.120.93	527.680	74	Angers	73.044
51. Manche	5.928.98	520.865	88	Saint-Lô	10.580
52. Marne	8.180.41	429.494	53	Châlons-sur-Marne	23.648
53. Marne (Haute-)	6.219.08	247.781	40	Chaumont	12.852
54. Mayenne	5.470.63	340.063	66	Laval	30.627
55. Meurthe-et-Moselle	5.232.34	431.803	82	Nancy	79.038
56. Meuse	6.227.90	291.971	47	Bar-le-Duc	18.860
57. Morbihan	6.797.81	535.256	79	Vannes	20.036
58. Nièvre	6.816.56	347.645	51	Nevers	25.006
59. Nord	5.680.87	1.670.184	294	Lille	188.272
60. Oise	5.855.06	403.146	69	Beauvais	18.441
61. Orne	6.007.29	367.248	61	Alençon	17.550
62. Pas-de-Calais	6.605.03	853.525	129	Arras	26.914
63. Puy-de-Dôme	7.950.51	570.964	72	Clermont-Ferrand	46.718
64. Pyrénées (Basses-)	7.622.06	439.099	57	Pau	30.624
65. Pyrénées (Hautes-)	4.529.45	234.825	52	Tarbes	25.146
66. Pyrénées-Orientales	4.122.11	211.187	51	Perpignan	34.183
67. Rhône	2.790.39	772.912	277	Lyon	401.930
68. Saône (Haute-)	5.339.92	290.954	54	Vesoul	9.783
69. Saône-et-Loire	8.551.74	625.885	73	Mâcon	18.669
70. Sarthe	6.206.68	430.111	70	Le Mans	57.591
71. Savoie	5.809.68	267.428	46	Chambéry	20.910
72. Savoie (Haute-)	4.667.01	275.018	59	Annecy	11.817
73. Seine	475.50	2.961.089	6.227	Paris	1.344.550
74. Seine-Inférieure	6.035.50	833.386	138	Rouen	107.403
75. Seine-et-Marne	5.736.35	355.136	62	Melun	12.564
76. Seine-et-Oise	5.603.65	618.089	110	Versailles	49.852
77. Sèvres (Deux-)	5.999.88	353.706	59	Niort	23.015
78. Somme	6.464.20	548.982	89	Amiens	80.288
79. Tarn	5.742.16	358.757	62	Albi	21.234
80. Tarn-et-Garonne	3.720.16	214.046	58	Montauban	29.803
81. Var	6.035.90	283.689	47	Draguignan	9.753
82. Vaucluse	3.547.71	241.787	68	Avignon	41.007
83. Vendée	6.703.50	434.808	65	La Roche-sur-Yon	11.773
84. Vienne	6.970.97	342.785	49	Poitiers	36.878
85. Vienne (Haute-)	5.516.58	363.182	66	Limoges	68.477
86. Vosges	5.863.80	413.707	70	Epinal	20.932
87. Yonne	7.428.00	355.364	48	Auxerre	17.456
TOTAUX	528.854.90	38.218.903	72		

PAYS	IMP.	EXP.	TOTAL
Iles Britanniques	476.1	822.4	1.298.5
Belgique	443.9	480.6	894.5
Allemagne	321.9	316.2	638.1
Italie	307.7	192.1	499.8
Espagne	356.7	140.3	506.0
Suisse	104.8	216.6	321.4
Russie	178.5	15.2	193.7
Autriche	99.1	19.9	119.0
Turquie	97.1	46.7	143.8
Autres pays	208.7	88.4	297.1
EUROPE	2.364.5	2.347.4	4.711.9
États-Unis	324.9	271.3	596.2
République Argentine	181.8	143.7	325.5
Brésil	68.8	59.6	128.4
Autres pays	169.1	128.7	297.8
AMÉRIQUE	744.6	603.3	1.347.9
Indes anglaises	182.4	7.9	190.3
Chine	117.7	4.5	122.2
Japon	39.2	7.7	46.9
Indes hollandaises	25.1	1.8	26.9
ASIE	864.4	21.9	886.3
AFRIQUE	71.3	36.4	107.7
Algérie	133.9	153.9	287.8
Saint-Pierre et Miquelon	29.2	4.3	33.5
Martinique	21.7	14.2	35.9
Guadeloupe	21.2	9.8	31.0
Sénégal et côte de Guinée	18.9	8.6	27.5
Etablissements des Indes	19.0	0.3	19.3
Réunion	13.7	4.9	18.6
Tunisie	6.0	15.7	22.7
Indochine	2.7	10.0	12.7
Autres colonies	2.5	9.1	11.6
COLONIES FRANÇAISES	268.8	230.1	480.9
DIVERS	12.4	7.4	19.8
TOTAL	4.026.0	3.246.5	7.272.5

Au point de vue de la nature des produits, l'importation et l'exportation offrent en millions les résultats suivants

	IMP.	EXP.	TOTAL
Denrées coloniales.	227.6	68.1	295.7
Boissons.	474.4	300.4	774.8
Céréales.	345.3	37.9	383.2
Tabac.	19.9	1.6	21.5
Autres objets d'alimentation .	490.7	334.5	834.2
Matières à filer.	910.4	326.5	1.236.9
Matières combustibles. . . .	130.1	7.5	137.0
Métaux.	96.5	33.4	129.9
Peaux et cuirs	205.1	195.1	400.2
Autres matières brutes (bois, pierres, etc.).	246.9	58.8	305.7
Tissus et confections.	199.8	847.5	1.047.3
Machines et métaux manufact.	81.7	160.6	242.3
Bijouterie et œuvres d'art.. .	17.6	163.0	180.6
Cuirs et peaux..	10.3	130.5	140.8
Verreries, porcelaines et poteries.	23.4	34.9	58.3
Autres produits manufact.. . .	128.8	150.1	278.9
Produits chimiques..	162.2	108.2	270.4
Huiles, résines et graisses.. .	105.8	58.0	163.8
Divers.	145.3	228.9	374.0
Métaux précieux	271.2	396.7	667.9
Total.	4.297.2	3.643.2	7.940.4

Voies de communication, postes, télégraphes, téléphones. — La longueur des routes nationales est de 38,000 kil.; leur l'entretien coûte annuellement environ 35 millions de francs. Celle des chemins de fer était au 31 décembre 1887 de 46,511 kil., se décomposant ainsi : lignes d'intérêt général, 42,543 kil.; lignes d'intérêt local, 3687; chemins industriels, 281. Sur cette longueur 34,234 kil. étaient en exploitation, dont 31,770 à titre d'intérêt général, 2233 à titre d'intérêt local, et 231 comme chemins industriels. Enfin, parmi les 12,277 kil. non livrés à l'exploitation, 8535 étaient en construction ou à construire, et 3742 classés, mais non déclarés d'utilité publique. Sur les 31,770 kil. de chemins de fer d'intérêt général, 29,050 étaient exploités par les grandes compagnies, et 238 par des compagnies diverses. Quant aux grandes compagnies, elles comptaient respectivement, à la même date, les longueurs ci-après en exploitation : Nord, 3455 kil.; Est, 4349; Ouest, 4498; Orléans, 5925; Paris-Lyon-Médit., 7988; Midi, 2708; Ceinture et Grande-Ceinture, 127. Les recettes d'exploitation ont été de 1,060,543,142 fr., dont 414,473,835 fr. pour la grande vitesse et 603,847,804 pour la petite vitesse. Il y a eu 218,367,436 voyageurs. Les dépenses d'exploitation ressortent à 560,684,763 fr., c'est-à-dire à 51,07 pour 100 des recettes. Malgré cela, le produit net n'a été que de 499,858,879 fr., chiffre notablement inférieur à celui nécessaire pour le service des titres (673,145,756 fr.). L'État a donc dû intervenir en vertu de sa garantie pour combler la différence au moyen d'avances. Quant aux lignes d'intérêt local, la longueur totale exploitée est de 2233 kil. Les recettes, pour cette catégorie de lignes, ont été de 10,934,975 fr. dont 5,482,781 fr. pour la grande vitesse. Les dépenses d'exploitation se sont élevées à 9,733,448 fr., soit à 87 pour 100 des recettes, ne laissant qu'un produit net de 1,201,427 fr., mais une partie de ces lignes bénéficient d'une garantie limitée de l'État. Le tonnage général des marchandises transportées, ramené au parcours d'un kilom., présente le chiffre de 10,488 millions de tonnes. Au 31 décembre 1888, la longueur des lignes exploitées par les grandes compagnies s'était accrue de 537 kil. La construction de ce réseau a coûté près de 12 milliards. Le matériel roulant se compose de 9422 locomotives, 21,809 voitures à voyageurs et 233,155 wagons à marchandises pouvant tous servir au transport des troupes. — Les recettes des postes et télégraphes, en y comprenant celles de l'Algérie et de la Tunisie, se sont élevées en 1887 à 177,064,400 fr., et les dépenses à 137,656,903 fr. Le nombre des bureaux de poste était à cette époque de 7436, et celui des bureaux télégraphiques de l'État de 5785. 388,449 kil. de fil reliaient ces derniers. — Depuis le 1er septembre 1889, l'État a pris l'exploitation des réseaux téléphoniques exploités précédemment par la Société générale des téléphones, savoir : Paris, Lyon, Marseille, Bordeaux, Nantes, Saint-Etienne, Rouen, Le Havre, Calais, Alger, Oran. Les autres réseaux de l'État sont : Reims, Roubaix, Tourcoing, Saint-Quentin, Troyes, Nancy, Elbeuf, Dunkerque, Lille, Amiens, Armentières, Boulogne-sur-Mer, Caen, Cahues, Bergues, Fourmies, Anor, Avesnes, Glageon, Sains, Trélon, Wignehies, Halluin, Don, Nice, Pontfaverger et Warmeriville et Dijon. Des communications téléphoniques à grandes distances fonctionnent entre Paris et Bruxelles, Paris et Reims, Paris et Rouen, Paris et Lille, Rouen et Le Havre, Rouen et Elbeuf, Elbeuf et Louviers.

Navigation intérieure. — La longueur de nos rivières est de 8876 kil.; celle des canaux s'élève à 4789 kil., de sorte que le développement de toutes nos voies navigables intérieures, non compris 2978 kil. de cours d'eau seulement flottables, présente le chiffre de 13,665 kil. Le poids des marchandises transportées par cette voie, s'élève d'après les dernières statistiques à 23 millions de tonnes. Ce tonnage, ramené au parcours d'un kil., donne le chiffre de 3075 millions de tonnes kilométriques.

Marine marchande. — Au 1er janvier 1888, l'effectif de notre marine marchande comprenait 15,237 navires (au-dessus de 2 tonneaux) dont 14,253 à voiles et 984 à vapeur. Les premiers ne jaugeaient ensemble que 465,873 tonneaux, tandis que les seconds en jaugeaient 972,525. Les navires à voiles comptaient 71,008 hommes d'équipage, et les navires à vapeur 13,147. Au point de vue de la destination, cette flotte se répartissait ainsi : petite pêche, 10,141 voiliers et 17 vapeurs; grande pêche, 409 voil.; cabotage, 1868 voil. et 158 vap.; navigation dans la Méditerranée et les mers d'Europe, 362 voil. et 234 vap.; long cours, 475 voil. et 209 vap.; pilotage, service des ports, 424 voil. et 306 vap.; yachts, 69 voil. et 40 vap. Le mouvement des ports en 1888, en n'y comprenant que les navires chargés, est indiqué dans le tableau qui suit :

	ENTRÉE		SORTIE	
	NOMBRE	TONNAGE	NOMBRE	TONNAGE
Navires français. . .	8.291	4.797.677	7.556	4.495.091
— étrangers. .	19.885	8.751.751	13.906	4.858.481
Total.	28.176	13.549.378	21.402	9.353.572

Assistance publique. — En 1887, le nombre des bureaux de bienfaisance était pour toute la France de 14,729, jouissant d'un revenu de 37,843,331 fr. Celui des hôpitaux et des hospices s'élevait à 1664 avec 150,065 lits et un personnel de 3019 médecins ou chirurgiens. Les recettes effectuées dans l'année, pour ce dernier service, ont atteint 118,402,610 fr. Le nombre des malades traités a été de 470,330, avec une moyenne de sept jours de présence pour chacun d'eux. 7307 enfants trouvés ou abandonnés ont été recueillis dans le courant de l'année, ce qui a porté à 70,487 le chiffre total des enfants assistés.

Armée. — Le principe fondamental de notre législation militaire actuelle, c'est que tout citoyen français est tenu au service militaire personnel. Tout Français qui n'est pas déclaré impropre au service des armes est appelé, depuis l'âge de vingt ans jusqu'à celui de quarante-cinq, à faire partie de l'armée active et des réserves, ainsi qu'il suit : 1° de l'armée active pendant trois ans; 2° de la réserve de l'armée active pendant sept ans; 3° de l'armée territoriale pendant six ans; 4° de la réserve de l'armée territoriale pendant neuf ans. Le volontariat d'un an est aboli. Les hommes incapables de porter les armes payent une taxe militaire. Chaque corps d'armée comprend en temps de paix : 2 divisions d'infanterie à 2 brigades de 2 régiments, 1 brigade de cavalerie à 2 régiments, 1 brigade d'artillerie à 2 régiments, 1 bataillon du génie, 1 bataillon de chasseurs à pied, 1 escadron du train, 1 section de secrétaires d'état-major et de recrutement, 1 section de commis et d'ouvriers d'administration, 1 section d'infirmiers, et le service de santé. En campagne, il organise son quartier général (état-major, justice militaire, aumônerie, force publique et prévôté), son parc d'artillerie, son parc du génie, ses convois administratifs, ses ambulances, son équipage de pont, son dépôt de remonte mobile, son service télégraphique et son service de la trésorerie et des postes. Le tableau suivant donne la répartition de l'armée française suivant les différentes armes :

INFANTERIE.

162 régiments de ligne, savoir :
144 rég. dits *subdivisionnaires* (Nos 1 à 144), à 3 bat. de 4 comp.
18 rég. dits *régionaux* (Nos 145 à 162), à 3 bat. de 4 comp.
12 bataillons de chasseurs de montagne à 6 comp.
18 bataillons de chasseurs à pied à 4 comp.
4 rég. de zouaves à 4 bat. de 4 comp., plus 2 comp. de dépôt.
4 rég. de tirailleurs algériens à 4 bat. de 4 comp., plus 1 comp. de dépôt.
2 rég. étrangers à 4 bat. de 4 comp., plus 2 comp. de dépôt.
5 bataillons d'infant. légère d'Afrique à 6 comp.

4 compagnies de discipline.
1 régiment de tirailleurs tonkinois (N° 4) à 3 bataillons.
4 bataillons de chasseurs annamites.

CAVALERIE.

12 régiments de cuirassiers à 5 escadrons.
28 — dragons —
21 — chasseurs —
12 — hussards —
6 — chasseurs d'Afrique à 5 escadrons.
4 — spahis (1 à 3 escadrons et 3 à 6 escadrons).
1 — spahis tunisiens.
8 compagnies de cavaliers de remonte.
20 dépôts de remonte.

ARTILLERIE.

19 régiments d'art. à 12 batteries montées,
19 — à 9 — et 3 batt. à cheval.
4 batteries montées indépendantes.
20 batteries de montagne.
16 bataillons d'art. de forteresse à 6 batteries à pied.
4 batteries à pied indépendantes.
10 compagnies d'ouvriers d'artillerie,
8 — d'artificiers.

GÉNIE.

3 régiments de sapeurs à 5 batailllons de 5 comp.
1 — à 4 batailllons de 5 compagnies.
1 — de sapeurs de chemins de fer à 3 bataillons.
2 — de pontonniers à 14 comp.

ÉQUIPAGES MILITAIRES.

20 escadrons à 3 compagnies,
16 compagnies en Algérie et en Tunisie.

CHASSEURS FORESTIERS ET DOUANIERS.

47 compagnies de chasseurs forestiers actifs.
17 sections —
3 escadrons —
1 compagnie de chasseurs forestiers de forteresse.
18 sections —
14 détachements —
31 bataillons de douaniers actifs.
1 peloton de cavalerie.
8 bataillons de douaniers de forteresse.
18 compagnies —
15 sections —

L'armée territoriale comprend des troupes de toutes armes, excepté les chasseurs à pied dans la France continentale. L'infanterie est organisée par subdivisions de région, les autres armes par région. Cette armée se compose de :

144 rég. d'infant. à 3 bat. de 4 comp., plus 1 comp. de dépôt.
40 bataillons de zouaves.
172 escadrons de cavalerie.
6 escadrons de chasseurs d'Afrique.
18 régiments d'artillerie.
13 batteries à pied en Algérie.
2 bataillons de canonniers sédentaires du Nord.
1 bataillon du génie.
1 escadron du train.
1 section de commis et d'ouvriers.   } par région de corps d'armée.
1 — d'infirmiers.   }
La gendarmerie territoriale.

Les effectifs de guerre de l'armée française sont évalués actuellement à 3,784,000 hommes, dont 2,000,000 pour l'armée active et sa réserve, 1,022,000 pour l'armée territoriale et 762,000 pour la réserve de cette dernière.

Marine militaire. — La flotte de guerre de la France se composait au 1er janvier 1889 de 395 bâtiments, savoir : 45 navires à voiles et 352 navires à vapeur. Ces derniers se répartissaient ainsi qu'il suit : 45 cuirassés, dont 20 cuirassés d'escadre, 9 cuirassés de croisière et 9 garde-côtes; 14 croiseurs de 1re classe, 14 de 2e classe, 17 de 3e classe; 2 croiseurs torpilleurs; 48 avisos, dont 15 de 1re classe; 16 avisos-transports, 8 avisos-torpilleurs, 16 canonnières, 23 chaloupes, 10 torpilleurs de haute mer, 110 torpilleurs, et 24 transports, dont 10 de 1re classe et 10 de 2e classe. Il y avait en outre sur les chantiers : 5 cuirassés d'escadre, 5 canonnières cuirassées, 3 croiseurs à batterie, 2 croiseurs de 1re classe, 2 de 2e classe, 4 de 3e classe, 1 croiseur-torpilleur, 10 avisos, 3 éclaireurs torpilleurs, 3 torpilleurs de haute mer, 51 torpilleurs, 1 transport et 2 frégates à voiles. L'effectif des équipages est de 41,227 marins, commandés par 1688 officiers. L'infanterie de marine forme 8 régiments avec un effectif de 19,201 hommes dont 683 officiers; le corps d'artillerie de la marine comprend 5527 hommes dont 392 officiers; la gendarmerie maritime se compose de 5 compagnies.

Colonies et protectorat. — Le tableau suivant donne la superficie et la population de nos colonies, en les distinguant en colonies proprement dites et en pays placés sous notre protectorat.

Possessions françaises hors d'Europe	SURFACE en kil. car.	POPULATION
Algérie dans les attrib. du minist. de l'int.	600.000	3.817.485
COLONIES ET PROTECTORATS		
Afrique. — Sénégal et dépendances.	»	»
Rivières du Sud.	»	»
Haut-Sénégal, Haut-Niger et Fouta-Djalon (protectorat).	»	»
Territoire de la Côte-d'Or.	24.000	»
Territoire du golfe de Bénin.	»	»
Congo français et Gabon.	»	»
La Réunion.	2.511	163.881
Mayotte.	366	10.551
Iles Comores (protectorat).	1.606	53.000
Nossi-Bé et dépendances.	293	8.281
Iles Aldabrah ou Glorieuses.	»	»
Sainte-Marie de Madagascar.	175	7.468
Madagascar (protectorat).	591.970	3.500.000
Diego-Suarez.	»	4.607
Obock et Tadjourah.	»	25.000
Cheick-Saïd.	»	»
Iles Kerguelen.	»	»
Tunisie (protectorat).	116.000	1.500.000
Amérique. — Guyane française (non compris le territoire contesté).	121.413	25.796
Martinique.	988	177.078
Guadeloupe et dépendances (Marie-Galante, la Désirade, les Saintes, St-Barthélemy et St-Martin).	1.780	188.188
Saint-Pierre et Miquelon.	235	5.929
Asie. — Établissements de l'Inde.	513	279.066
INDO-CHINE FRANÇAISE		
Cochinchine française.	59.800	1.864.214
Cambodge (protectorat).	100.000?	2.000.000?
Annam id.	280.000?	8.000.000?
Tonkin.	90.000?	8.000.000?
Océanie. — Nouvelle-Calédonie et dépendances (Iles Loyalty et Wallis).	20.046	66.252
Iles Marquises.	1.274	6.000
Tahiti et Moorea, îles Tubuaï, îles Gambier, archipel des Touamotou	2.500	20.000
Ile Clipperton.	6	»

Finances. — Depuis 1870 jusqu'en 1886, les exercices budgétaires se sont soldés de la manière suivante : en balance, celui de 1871; en déficit, ceux de 1872, 1873, 1874, 1882, 1883, 1884, 1885, 1886; en excédent, ceux de 1875 à 1881. La loi du 17 juillet 1889 a arrêté ainsi qu'il suit le budget général de 1890 :

DÉPENSES.

1. Dette publique	1.318.248.408
2. Pouvoirs publics	13.044.043
3. Ministère de la justice et des cultes.	
Justice	37.468.450
Cultes	45.085.503
4. Ministère des affaires étrangères.	
Service ordinaire	13.591.900
Protectorats	576.600
5. Ministère de l'intérieur.	
Service général	60.873.310
Gouvernement général de l'Algérie	7.282.635
6. Ministère des finances	82.553.953
7. Ministère de l'instruction publique.	
Instruction publique	139.984.038
Beaux-arts	12.063.905
8. Ministère de l'agriculture	20.737.830
9. Ministère des travaux publics	170.761.318
10. Ministère du commerce, de l'industrie et des colonies.	
Commerce et industrie	20.539.483
Colonies	53.238.716
Postes et télégraphes	1.9.6.000
11. Ministère de la guerre	556.333.550
12. Ministère de la marine	203.148.225
13. Frais de régie et de perception.	
Contributions directes	19.848.160
Enregistrement, domaine, timbre	19.357.450
Douanes	31.077.301
Contrib. indirectes	39.945.620
Manuf. de l'État	68.297.000
Postes et télégraphes	135.782.624
Forêts	15.524.930
Affaires étrangères	60.000
14. Divers	22.066.500
Total	3.046.020.874

RECETTES.

1. Impôts directs.	
Contributions directes	411.100.800
Taxes spéciales assimilées	28.530.500
Contrib. dir. et taxes spéciales en Algérie	8.779.700
2. Produits domaniaux	42.706.350
3. Impôts et revenus indirects.	
A reporter :	491.117.350

Report :	491.117.350
Enregistrement	512.944.200
Timbre	163.931.400
Taxe de 3 % sur le revenu des valeurs mobilières	50.621.500
Douanes	384.396.800
Contributions indirectes	584.195.400
Produits des sucres	173.700.000
Monopoles de l'État (allumettes, tabacs, poudres, postes et télégraphes)	591.841.362
4. Ressources exceptionnelles	766.945
5. Recettes d'ordre proprement dites	60.486.969
Total	3.046.417.120

Budget de dépenses sur ressources extraordinaires.

1. Ministère de la guerre	154.073.000
(dépense couverte par des obligations à court terme).	

Budget sur ressources spéciales.

RECETTES.

1. Contributions directes	388.771.567
2. Produits divers	86.900.539
Total	475.672.106

DÉPENSES.

1. Ministère de l'intérieur	246.506.779
2. — des finances	210.491.187
3. — du commerce	273.000
4. — de l'instruction publique	15.767.860
5. — de l'agriculture	2.633.280
Total	475.672.106

Services spéciaux rattachés par ordre au budget de 1890,

RECETTES ET DÉPENSES.

1. Monnaies et médailles	1.658.400
2. Imprimerie nationale	9.307.500
3. Légion d'honneur	16.805.600
4. Caisse des invalides de la marine	14.427.633
5. École centrale des arts et manufactures	642.000
6. Chemins de fer de l'État	34.808.000
7. Chemins de fer et port de la Réunion	4.185.000
8. Caisse d'épargne	12.055.000
Total	93.881.833

Nous avons vu que la somme à payer en 1890 pour les intérêts de la *dette* de la France s'élève à 1,318,248,408 fr. Ce chiffre énorme se décompose ainsi qu'il suit : 739,039,919 fr. pour la dette consolidée ; 358,460,863 fr. pour la dette remboursable à terme ou par annuités, et 220,727,626 fr. pour la dette viagère. Ces intérêts représentent un capital élevé à près de 32 milliards.

FRANCK (Adolphe), philos. fr. — Il a quitté en 1887 sa chaire de droit international au Collège de France. Indépendamment des livres déjà cités, on doit à l'éminent philosophe : *Philosophes modernes français et étrangers* (1879); *Réformateurs et publicistes de l'Europe au XVIIe siècle* (1881); *Essais de critique philosophique* (1885); *le Péché originel et la femme* (1886); etc.

FRANÇOIS-JOSEPH Ier, empereur d'Autriche. — Au mois de février 1874, il fit un voyage à St-Pétersbourg, où il reçut du tzar le plus brillant accueil. L'année suivante, il visita la Dalmatie, et, le 5 avril, il arriva à Venise, où il rendit à Victor-Emmanuel la visite que celui-ci lui avait faite à Vienne deux ans auparavant. Le choix de cette ville comme lieu de rendez-vous démontra à tout le monde (suivant les propres paroles de l'empereur), que l'Autriche avait renoncé définitivement à toute aspiration sur l'Italie. Lors des complications qui surgirent dans les Balkans, en 1877, le gouvernement autrichien s'entremit sans succès pour éviter un conflit. Lorsque la Russie victorieuse voulut, en 1878, imposer à la Turquie vaincue des conditions léonines, le cabinet de Vienne adressa à celui de Saint-Pétersbourg une note déclarant qu'elle considérerait comme non avenu tout ce qui pourrait porter préjudice aux intérêts de l'Autriche-Hongrie et modifier l'équilibre européen, et il proposa la réunion d'une conférence à Vienne. En présence de l'attitude presque unanime de l'Europe, le gouvernement russe accepta, mais sous la réserve que le siège des délibérations serait ailleurs qu'à Vienne. Le congrès qui se réunit à Berlin sous la présidence de M. de Bismarck, éleva à cet honneur par la proposition du comte Andrassy, plénipotentiaire d'Autriche, donna à cette dernière puissance la Bosnie et l'Herzégovine, à charge pour elle d'assurer la pacification de ces provinces (13 juillet). Cette annexion fut envisagée d'une façon défavorable par les Hongrois et par les Autrichiens-Allemands, mécontents de voir grandir le nombre et l'importance des populations slaves, sur lesquelles le gouvernement cisleithan ne tarda pas en effet à s'appuyer. A l'extérieur, François-Joseph est devenu le satellite de la chancellerie prussienne,

l'allié de l'Italie. Un traité d'alliance offensive et défensive, dont le texte a d'ailleurs été en partie divulgué, a été conclu entre les trois puissances sous le prétexte d'assurer le maintien de la paix en Europe (voy. Autriche-Hongrie). Le 24 avril 1879, les noces d'argent de l'empereur et de l'impératrice ont été célébrées avec une pompe extraordinaire. De son mariage, contracté en 1854 avec la princesse *Elisabeth* de Bavière, née le 24 décembre 1837, François-Joseph a eu trois enfants : l'archiduchesse *Gisèle*, née le 12 juillet 1856, mariée en 1873 au prince Léopold de Bavière; l'archiduc *Rodolphe*, prince royal, né le 21 août 1858, marié en 1881 à la princesse *Stéphanie*, fille du roi des Belges, et mort tragiquement à Meyerling le 30 janvier 1889; l'archiduchesse *Marie-Valérie*, née le 22 avril 1868.

FRANÇOIS (Alph.), graveur fr. — Admis en 1873 à l'Académie des beaux-arts, il en fut vice-président en 1876 et président en 1877. Il est mort à Paris le 7 juillet 1888.

FRANKEL (Zacharie), hébraïsant all. — Il est mort à Breslau le 13 février 1875.

FRÉDÉRIC III (*Frédéric-Guillaume-Nicolas-Charles*), empereur d'Allemagne et roi de Prusse. — De retour en Allemagne après la campagne de France, le prince royal ne prit qu'une part assez restreinte aux affaires du gouvernement. Plus porté vers les sciences, les arts et l'économie politique que vers les parades, il était peu aimé du parti militaire, et les tendances libérales qu'il manifestait volontiers n'étaient pas faites pour plaire aux vieux conservateurs, en particulier au prince de Bismarck, qui montrait pour la princesse une aversion non déguisée. En 1873, il fit un voyage en Italie et en Danemark, et, l'année suivante, il assista à Saint-Pétersbourg au mariage du duc d'Edimbourg et de la grande-duchesse Marie, fille d'Alexandre II. Il représenta l'empereur d'Allemagne aux funérailles de Victor-Emmanuel. Quelques semaines après, le vieux Guillaume, obligé de quitter momentanément les affaires, à la suite de l'attentat de Nobiling, chargea son fils de le suppléer (4 juin). Jusqu'au 5 décembre, date où l'empereur reprit les rênes du gouvernement, Frédéric montra les sentiments les plus louables dans l'exercice des fonctions souveraines. En 1883, il fit un voyage en Espagne, puis à Rome, et, en 1886, il présida les fêtes du cinquantième anniversaire de la fondation de l'Université de Heidelberg. Ce fut en mars 1887 qu'il ressentit les premières atteintes du mal qui devait l'emporter. Un séjour qu'il fit à Ems n'amena aucune amélioration. Le docteur Morell-Mackenzie, appelé de Londres par la princesse, n'admit pas le diagnostic du médecin allemand Bergmann, qui, attribuant la maladie à un cancer, jugeait, dès le 25 mai, la trachéotomie nécessaire. Le traitement qu'il prescrivit parut produire au début les meilleurs effets : le prince put même se rendre le 13 juin à Londres au jubilé de la reine Victoria. Au commencement de l'hiver, il vint s'installer à San-Remo; mais bientôt le mal empira, et en février, il dut subir l'opération de la trachéotomie. Deux crises s'ensuivirent qui faillirent emporter le malade. Pendant ce temps, des intrigues se tramaient à Berlin pour arracher au malheureux prince une abdication anticipée en faveur de son fils Guillaume. Ce dernier, qu'une ordonnance venait de charger des affaires courantes, se rendit même deux fois à San-Remo dans ce but; mais toutes les manœuvres échouèrent, grâce à la fermeté de la princesse Victoria. Le 9 mars, Guillaume Ier mourut, Frédéric-Guillaume, proclamé le jour même roi de Prusse et empereur d'Allemagne sous le nom de Frédéric III, se mit aussitôt en route pour Berlin. Sa première déclaration fut résolument pacifique : « Peu soucieux de l'éclat des grandes actions qui apportent de la gloire, dit-il, je serai satisfait si plus tard on dit de mon règne qu'il a été bienfaisant pour mon peuple, utile à mon pays et une bénédiction pour l'empire. » Si ce langage obtint en Europe une approbation unanime, il fut loin d'en être de même en Allemagne. La proclamation dans laquelle l'empereur rappela aux Alsaciens-Lorrains qu'ils étaient pour toujours sujets de l'Empire, les décrets soumettant à des formalités sans nombre les passeports nécessaires pour franchir la frontière du côté de la France, parurent des concessions insuffisantes au parti de la guerre et aux vieux conservateurs qui, joints aux antisémites et soutenus par M. de Bismarck et même par le prince royal, firent à Frédéric III une opposition violente. Le chancelier, bien que maintenu à la tête des affaires, sentit sa situation diminuer devant l'influence prépondérante de l'impératrice. Il vit congédier son ami et son collaborateur, M. de Puttkammer, ministre de l'intérieur, dont l'empereur avait condamné le système de pression électoral; mais il continua plus tard sans faiblir. L'empereur, en effet, n'avait plus que quelques jours à vivre : à la fin d'avril, il avait eu une crise terrible, et, depuis cette époque, il ne pouvait plus supporter aucune nourriture; il respirait d'ailleurs avec une extrême difficulté; depuis longtemps déjà, l'usage de

la parole lui était impossible, et il ne conversait plus que
par écrit. Il expira le 15 juin au château de Frédérik-
skrone. Ses funérailles eurent lieu le 18 à Potsdam, où
son corps fut déposé dans l'église de la Paix. De son
mariage avec Victoria, princesse royale de Grande-Bretagne et d'Irlande, née à Londres le 21 novembre 1840,
il a eu six enfants : 1° le prince Frédéric-*Guillaume*, né à
Berlin le 27 janvier 1859, marié le 27 février 1881 à la
princesse Augusta-Victoria de Slessvig-Holstein, et aujourd'hui empereur d'Allemagne sous le nom de Guillaume II ; 2° la princesse *Charlotte*, née à Potsdam le
24 juillet 1860, mariée le 18 février 1878 au prince Bernard de Saxe-Meiningen ; 3° le prince *Henri*, né à Potsdam
le 14 août 1862, marié le 24 mai 1888 à la princesse
Irène de Hesse ; 4° la princesse *Victoria*, née à Potsdam
le 12 avril 1866 ; 5° la princesse *Sophie*, née à Potsdam
le 14 juin 1870, mariée le 27 octobre 1889 à Constantin,
prince royal de Grèce ; 6° la princesse *Marguerite*, née
à Potsdam le 22 avril 1872. L'empereur Frédéric a laissé
un journal de sa vie dont une partie a paru en 1888 dans
la *Deutsche Rundschau*.

FRÉDÉRIC-CHARLES (Nicolas), prince de Prusse. —
Il est mort à Potsdam le 25 juin 1885.

FRÉMIET (Emm.), sculpt. fr. — Nous citerons parmi
les dernières œuvres de cet artiste : une statue tumu-
laire de *Jeanne Darc à genoux*; l'*Homme de l'âge de
pierre*; le *Ménestrel*, statuette (1875); *Reliaire et gorille* (1876); *Saint Grégoire de Tours*, statue en marbre
pour le Panthéon ; l'*Éléphant*, sculpture décorative,
dans le bassin du Trocadéro (1878); *Saint Michel*; *Un
spadassin*, statuettes (1879); *Hommage à Corneille*;
Capture d'un jeune éléphant (1880); le *Grand Condé*,
statuette équestre (1881); la statue équestre du prince
Stéfan-al-Mare, pour la ville d'Iassy (1882); *Lutte d'un
ours et d'un homme de l'âge de pierre* (1885); *Chiens
courants*; *Lévriers* (1886); l'*Incroyable*, statuette, et
Gorille enlevant une femme, groupe curieux qui a obtenu la médaille d'honneur au Salon de 1888.

FRÉMONT (J.-Ch.), voyag. et gén. améric.—Il a été
nommé en 1878 gouverneur du territoire d'Arizona.

FREMY (Arnould), litt. fr. — Le dernier ouvrage
qu'il a fait paraître a pour titre : la *Guerre future*
(1875).

FREMY (Edm.), chim. fr. — Il a été appelé en 1879 à
remplacer M. Chevreul comme administrateur du Muséum. Nous citerons parmi ses derniers travaux : le
Métal à canon (1874); *Recherches sur la betterave à
sucre*, en collaboration avec M. Dehérain (1875); *Sur
la génération des ferments* (1875); le *Guide du chimiste* (1885). Depuis 1882, il dirige la publication
de l'*Encyclopédie chimique*, œuvre considérable qui
embrasse la science chimique tout entière.

FREPPEL (Ch.-Emile), prélat et homme polit. fr. —
En 1875, après le vote de la loi sur la liberté de l'enseignement supérieur, il s'occupa activement de l'organisation d'une université catholique à Angers. Le 6 juin 1880,
il posa sa candidature à la Chambre des députés dans la
3ᵉ circonscription de Brest, pour remplacer M. de Kerjégu
décédé, et fut élu à une forte majorité. Il prit plusieurs
fois la parole pour défendre les prérogatives du clergé, et il
s'associa à l'opposition faite par la droite aux projets de loi
sur l'enseignement supérieur et aux décrets du 29 mars.
Réélu aux élections générales du 21 août 1881, il parla
contre le rétablissement du divorce, combattit la loi sur
l'enseignement secondaire, la réduction du budget des
cultes, et s'éleva contre l'expulsion des congrégations non
autorisées. Il ne se sépara de ses coreligionnaires politiques que pour défendre la politique d'expansion coloniale
du gouvernement. Le 1ᵉʳ septembre 1885, il prononça à
Amiens l'oraison funèbre de l'amiral Courbet. Le départ
du Finistère le renvoya à la Chambre le 4 octobre de la
même année. Pendant la durée de cette nouvelle législa-
ture, il prononça plusieurs discours en faveur des crédits
demandés pour le Tonkin, contre la séparation de l'Église
et de l'État, contre l'obligation du service militaire pour
les séminaristes, etc., et déposa un projet de loi contre le
duel. Après la démission de M. Jules Grévy, il se prononça hautement pour la candidature de M. J. Ferry à la
présidence de la République. Partisan de l'intervention

active du clergé dans le domaine de la politique, Mgr Freppel, qui a été réélu aux dernières élections, a appelé plusieurs fois sur lui l'attention publique, en dehors des
Chambres, par ses lettres ou ses circulaires. Outre les
écrits que nous avons déjà cités, il a publié : l'*Église et
les ouvriers* (1876); les *Devoirs du chrétien dans la
vie civile* (1876); *Œuvres polémiques* (1881-87); la
Révolution française (1889), etc.

FRÈRE (Éd.-Benj.), bibliogr. fr. — Il est mort à
Rouen au mois d'avril 1874. Son dernier travail est un
*Catalogue des manuscrits de la bibliothèque munici-
pale de Rouen* (1874).

FRÈRE-ORBAN (Hubert.-Jos.-Walther), homme polit.
belge. — Le 13 juin 1878, à la suite des élections générales qui ramenèrent au pouvoir le parti libéral, il se vit
appelé à prendre, avec le portefeuille des affaires étrangères, la présidence du nouveau conseil. Malgré la violence des attaques du clergé belge, la laïcisation des écoles
fut mise à exécution, et, le 5 juin 1880, l'ambassadeur de
Belgique auprès du Vatican fut rappelé. Les élections du
10 juin 1884 ayant donné la majorité au parti catholique,
M. Frère-Orban dut se retirer. Il a repris sa place sur
les bancs de la Chambre et est devenu le chef de l'opposition.

FRERICHS (Fréd.-Théod.), méd. all. — Il est mort
à Berlin le 4 mars 1885. Quelques années auparavant,
il avait fondé en collaboration avec le professeur Leyden
la *Revue de médecine interne*.

FREYCINET (Ch.-L. DE SAULSES DE), ingén. et homme
polit. fr. — Lors des élections sénatoriales du 30 janvier
1876, il fut élu le premier sur cinq dans le départ. de la
Seine, et il prit place dans les rangs de la gauche républicaine. Nommé rapporteur de la loi sur l'administration de
l'armée, il soutint brillamment à la tribune le principe de
la subordination de l'intendance au commandement (novembre 1876). Le 22 juin 1877, il vota contre la dissolution de la Chambre, demandée par le ministère de Broglie,
et, après les élections du 14 octobre qui renvoyèrent une
majorité républicaine, il se vit appelé à prendre dans
le cabinet Dufaure le portefeuille des travaux publics
(14 décembre). Il montra dans ce poste la plus grande
activité, fit voter le rachat de 2615 kil. de chemins de fer,
la constitution d'un réseau desservi par les employés
de l'État (27 mai 1879), et soumit au maréchal de Mac-
Mahon un plan de réorganisation de notre système de
communications ferrées ou fluviales, représentant une
dépense de quatre milliards. Après l'élection de M. Grévy
à la présidence de la République, M. de Freycinet conserva son portefeuille dans le cabinet Waddington (4 février 1879), et, à la chute de ce ministère, il fut chargé
d'en constituer un nouveau dans lequel il prit le portefeuille des affaires étrangères (28 décembre). Son passage
au pouvoir fut marqué par la discussion devant le Sénat
de la loi sur l'enseignement supérieur, par l'exécution des
décrets du 29 mars rendus à la suite du rejet du fameux
article 7, et par le vote de l'amnistie pour les condamnés
des insurrections de 1870 et 1871. Le 19 septembre 1880,
le chef du cabinet, n'étant plus d'accord avec ses collègues
au sujet de la dispersion des congrégations non autorisées,
donna sa démission et reprit sa place au Sénat. Élu à la
fois, lors du renouvellement triennal, dans les départements de la Seine, de Tarn-et-Garonne, de l'Ariège et
dans l'Inde, il opta pour la Seine. A la chute du cabinet
Gambetta, il se vit appeler à former et à présider le nouveau conseil, dans lequel il reprit le portefeuille des affaires
étrangères (31 janvier 1882). Pendant son court passage
au pouvoir, il poursuivit l'organisation du protectorat de
la France sur la Tunisie. Lorsque survinrent les événements
d'Égypte, désireux de manifester son éloignement pour
toute politique d'aventures, il refusa de s'associer au bombardement d'Alexandrie, et la flotte française reçut l'ordre
de se retirer devant Port-Saïd. Il se proposait de lui faire
occuper le canal ; mais la Chambre des députés ayant
refusé les crédits nécessaires, il donna sa démission
(29 juillet 1882). Après la chute du cabinet Ferry, sur-
venue à la suite de la retraite de Lang-son (31 mars 1885),
M. de Freycinet, invité à former le nouveau conseil,
échoua dans sa mission ; mais il consentit à reprendre
dans le ministère Brisson le portefeuille des affaires étran-

gères (6 avril). A ce titre, il continua les négociations
entamées par son prédécesseur et il les fit aboutir à la
signature des traités de paix avec la Chine et avec les
Hovas. Le 7 janvier 1886, il remplaça M. Brisson à la
présidence du conseil. Son premier acte fut de rattacher
à son département l'administration des pays de protectorat
jusqu'alors laissée à la marine. Dans le courant de l'année,
il s'associa aux démarches des puissances en Bulgarie et
en Serbie, et réussit à maintenir le protectorat de la France
sur les missions catholiques de la Chine, en obtenant du
Vatican qu'il renonçât à envoyer auprès du Tsong-li-Yamen
un délégué apostolique. Il donna sa démission le 3 décembre de la même année, à la suite du rejet par la Chambre
des crédits relatifs aux sous-préfectures. Au Congrès de
Versailles, réuni le 2 décembre 1887 pour élire un nouveau président de la République en remplacement de
M. Grévy, il obtint au premier tour de scrutin les voix
d'un certain nombre de radicaux. Le 3 avril 1888, il prit
le portefeuille de la guerre dans le cabinet présidé par
M. Floquet. A ce titre, il soutint devant le Sénat le service de trois ans, proposa à la Chambre l'unification de la
solde des officiers, réorganisa le conseil supérieur de la
guerre et s'occupa activement de l'armement de nos forteresses, particulièrement de celles de nos frontières E. et
S.-E. qu'il alla étudier sur place à diverses reprises. Il
a conservé son portefeuille dans le ministère Tirard et,
après la chute de ce dernier, il est devenu pour la quatrième fois président du conseil des ministres. M. de
Freycinet a été élu le 8 mai 1882 membre libre de l'Académie des sciences en remplacement de Brunet.

FREYTAG (Gust.), litt. all. — Il a publié dans ces
dernières années, sous le titre général : les *Ancêtres*,
une série de romans dans lesquels il a voulu écrire l'histoire d'une même famille pendant quinze siècles : *Ingo
et Ingraban* (1872); le *Nid du Roitelet* (1873); le *Roi
Marcus* (1876); les *Sœurs* (1878), etc. A l'occasion du
soixante-dixième anniversaire de sa naissance, une statue
lui a été élevée par ordre de l'empereur dans la galerie
nationale de Berlin. La publication de ses *Œuvres complètes* a été commencée à Leipzig en 1886.

FRIEDERICH (André), sculpt. fr. — Il est mort à
Strasbourg le 9 mars 1877.

FRITZSCHE (Fr.-Volkmar), philos. all. — Il est mort
à Rostock le 17 mars 1887.

FRITZSCHE (Ad.-Théod.-Hermann), philol. all. — Il est
mort à Leipzig le 8 février 1878.

FROEBEL (Jules), public. all. — Il a été nommé en
1876 consul d'Allemagne à Alger.

FROHSCHAMMER (Jacq.), philos. all. — A citer
parmi ses derniers écrits : la *Vieille et la nouvelle foi*
(1873); *Questions religieuses* (1875); le *Christianisme
du Christ et le christianisme du pape* (1876).

FROMENTIN (Eug.), peintre et littér. fr. — Il est
mort à La Rochelle le 27 août 1876.

FROUDE (J.-Ant.), hist. angl. — En 1874, il a été
envoyé au Cap par lord Carnavon, ministre des colonies,
pour y diriger une enquête sur les causes de l'insurrection cafre.

FRYXELL (André), histor. suéd.—Il est mort à Stockholm le 20 mars 1881. Il avait terminé l'année précédente son immense et célèbre ouvrage, *Récits de l'histoire de Suède*, commencé en 1833 et formant 46 volumes.

FULLERTON (Georgiana LEVESON GOWER, lady), romancière angl. — Elle est morte à Ayrfield le 18 janvier
1885.

FURST (Jules), oriental. all. — Il est mort à Leipzig
le 9 février 1873.

FUSTEL DE COULANGES (Numa-Denis), hist. fr. — Il
fut de 1880 à 1883 directeur de l'École normale supérieure. A citer parmi ses derniers travaux : *Étude sur
la propriété à Sparte* (1880); *Recherches sur quelques
problèmes d'histoire* (1885). Il a publié en 1888 le
2ᵉ vol. de sa magistrale *Histoire des institutions politiques de l'ancienne France*. Il est mort à Paris le
12 septembre 1889.

FUSTER (Jos.-Jean-Nic.), méd. fr. — Il est mort le
20 octobre 1876.

DICTIONNAIRE-ENCYCLOPÉDIE

DICTIONNAIRE DES NOMS PROPRES

ou

ENCYCLOPÉDIE ILLUSTRÉE

DE BIOGRAPHIE, DE GÉOGRAPHIE, D'HISTOIRE ET DE MYTHOLOGIE

LA PARTIE BIOGRAPHIQUE ET HISTORIQUE

COMPREND

La vie des hommes célèbres à quelque titre que ce soit, souverains, guerriers, hommes d'État, écrivains, philosophes, savants, artistes, inventeurs, etc., etc. ; le résumé de l'histoire de tous les pays et de tous les temps; la chronologie des empires; l'indication de tous les faits et événements remarquables; les noms des personnages mythologiques et légendaires; la bibliographie détaillée de tous les ouvrages importants, publiés ou manuscrits, etc., etc.

LA PARTIE GÉOGRAPHIQUE

CONTIENT

La nomenclature de tous les lieux dont la connaissance offre un intérêt quelconque ; la description des villes, des monuments, des curiosités de la nature et de l'art; l'ethnologie ; la population des États, des provinces et des villes ; les institutions, mœurs et coutumes des différents peuples ; les religions et les cultes ; la statistique politique, industrielle et commerciale, l'hydrographie des principaux ports de mer; la position géographique des lieux cités ; les notions de géographie anciennes indispensables pour l'intelligence des auteurs classiques, etc.

PAR

B.-DUPINEY DE VOREPIERRE

Chevalier de la Légion d'honneur, licencié en droit, docteur en médecine, etc.

CETTE NOUVELLE PUBLICATION FORMERA DEUX VOLUMES GRAND IN-4

et sera enrichie

DE 400 CARTES OU PLANS, DE 2000 PORTRAITS, ET DE 2000 GRAVURES

représentant des vues de villes, monuments ou sites remarquables, des types de races, etc.

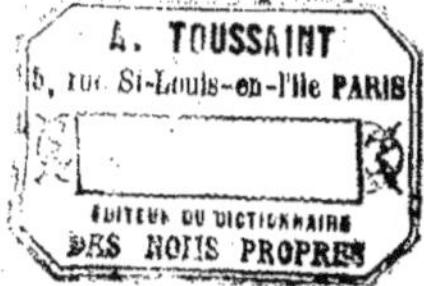

PARIS

| B.-DUPINEY DE VOREPIERRE | CALMANN-LÉVY FRÈRES, |
| AUTEUR-ÉDITEUR, RUE SAINT-HONORÉ, 203 | RUE AUBER, 3 |

Supplément 1 à 6

LE DICTIONNAIRE DES NOMS PROPRES

ou

ENCYCLOPÉDIE ILLUSTRÉE

DE BIOGRAPHIE, DE GÉOGRAPHIE, D'HISTOIRE ET DE MYTHOLOGIE

Formera environ 200 livraisons

Chaque livraison se compose de 2 feuilles de texte et contient presque la matière d'un volume in-8° ordinaire.

L'ouvrage, imprimé sur papier de luxe et avec des caractères neufs, formera 2 volumes très-grand in-4° de plus de 3000 pages.

CONDITIONS DE LA SOUSCRIPTION

Pour Paris et les Départements.

50 CENTIMES LA LIVRAISON.

On souscrit sans rien payer d'avance

AU BUREAU DE L'AUTEUR-ÉDITEUR, RUE SAINT-HONORÉ, 203, PRÈS DE SAINT-ROCH,

Et chez tous les Libraires de Paris et des Départements.

OUVRAGE TERMINÉ.

DICTIONNAIRE FRANÇAIS ILLUSTRÉ

ET

ENCYCLOPÉDIE UNIVERSELLE

Par B. DUPINEY DE VOREPIERRE.

169 Livraisons formant deux volumes très-grand in-4°, de près de 3000 pages, et illustrés d'environ 20,000 figures.

50 centimes la livraison.

EN VENTE :

AU BUREAU DE L'AUTEUR-ÉDITEUR, 203, rue Saint-Honoré. — CALMANN LÉVY, 3, rue Auber,

ET CHEZ TOUS LES LIBRAIRES DE PARIS ET DES DÉPARTEMENTS.

BOURLOTON. — Imprimeries réunies, B